V&R

PIETISMUS UND NEUZEIT

EIN JAHRBUCH ZUR GESCHICHTE DES NEUEREN PROTESTANTISMUS

Im Auftrag der Historischen Kommission
zur Erforschung des Pietismus
herausgegeben von Martin Brecht,
Friedrich de Boor, Rudolf Dellsperger,
Ulrich Gäbler, Hartmut Lehmann, Arno Sames,
Hans Schneider und Johannes Wallmann

Band 17 – 1991

VANDENHOECK & RUPRECHT
IN GÖTTINGEN

Geschäftsführender Herausgeber:
Prof. Dr. Martin Brecht, Universitätsstraße 13–17, 4400 Münster; ab Band 18 1992 Prof. Dr. Ulrich Gäbler. Manuskripte sind an seine Adresse: Hebelstr. 9, CH-4056 Basel, zu senden. – Für Besprechungsexemplare und Rezensionen ist Privatdozent Dr. Udo Sträter, Ruhr-Universität Bochum, Evang. Theologische Fakultät, 4630 Bochum-Querenburg zuständig.

Die Deutsche Bibliothek – CIP-Einheitsaufnahme

Pietismus und Neuzeit:
ein Jahrbuch zur Geschichte des neueren Protestantismus / im Auftr. der Historischen Kommission zur Erforschung des Pietismus hrsg. von Martin Brecht ... – Göttingen: Vandenhoeck und Ruprecht, 1991
(Pietismus und Neuzeit; Bd. 17)
ISBN 3-525-55889-9
NE: Brecht, Martin [Hrsg.]; GT

ISBN 3-525-55889-9
ISSN 0172-6943

– Satz und Druck: Gulde-Druck GmbH, Tübingen. – Bindearbeit: Hubert & Co., Göttingen

Vorwort

Erstmals seit seinem Bestehen muß das Jahrbuch ohne Pietismus-Bibliographie erscheinen. Intensive Bemühungen, nach dem Tod Klaus Deppermanns die Bibliographie sogleich fortzuführen, blieben schließlich leider ergebnislos. Vom Jahrbuch 18 (1992) an wird Priv.-Doz. Dr. Udo Sträter, Bochum, die Bibliographie betreuen. Die Herausgeber danken ihm schon im voraus für seine Bereitschaft, diesen wichtigen Teil des Jahrbuchs zu übernehmen. Zugleich gilt der Dank Dr. Dietrich Blaufuß, Erlangen, für seine bisherige Mitarbeit an der Bibliographie.

Weiter ist mitzuteilen, daß ich mit diesem Jahrbuch von meiner Funktion als geschäftsführender Herausgeber zurücktrete, aber weiterhin unter den Mitherausgebern verbleibe. Der Grund für diese Entscheidung liegt ausschließlich darin, daß ich es für an der Zeit halte, in der Geschäftsführung wieder einmal einen Wechsel mit den dabei zu erwartenden Innovationen eintreten zu lassen. Von mir sind damit die Jahrbücher 4 (1974/1978) bis 17 (1991) betreut worden. Die Aufgabe, jedes Jahr einen Band, und diesen einigermaßen pünktlich vorzulegen, war bei diesem vergleichsweise noch jungen Organ nicht immer leicht, zumal die Decke der in Frage kommenden Mitarbeiter nach wie vor dünn ist. Anfänglich wurde dem durch die Konzentration auf Schwerpunktthemen zu begegnen gesucht. Dies gab dem Jahrbuch sein eigenes Profil, unterschied es aber auch von normalen Periodica. Darum wurde bereits in den letzten Bänden, auch in dem nunmehr vorliegenden, von diesem Verfahren abgegangen.

Ohne die tatkräftige Unterstützung, den Rat und die Kritik der Mitherausgeber hätte ich meiner Aufgabe nicht gerecht werden können. Ich habe mich für die gute Zusammenarbeit bei ihnen, bei den Autoren, beim Verlag und bei der Historischen Kommission zur Erforschung des Pietismus zu bedanken. Meine Bitte an die mit der Pietismusforschung und dem neueren Protestantismus befaßten Wissenschaftler geht dahin, dem Jahrbuch geeignete Manuskripte anzubieten, damit es seine Funktion als Plattform neuerer protestantischer Kirchengeschichte weiterhin erfüllen und fortentwickeln kann.

Nunmehr wird Professor Dr. Ulrich Gäbler, Basel, die geschäftsführende Herausgeberschaft übernehmen. Ich darf dem Nachfolger gutes Gelingen und Erfolg für die Fortführung des Jahrbuches wünschen. Mir ist bewußt, was damit an persönlichem Einsatz gefordert ist, obwohl dieser notwendige Service für die Wissenschaft nicht gerade im Rampenlicht geschieht.

Für die Herausgeber: *Martin Brecht*

Anschriften der Autoren und Mitarbeiter

Dozent Dr. Bo Andersson, Stockholms universitet, Tyska institutionen, S-106 91 Stockholm

Dozent Edwin Brandt, Theologisches Seminar, Rennbahnstraße 115, 2000 Hamburg 74

Prof. Dr. Martin Brecht D. D., Schreiberstr. 22, 4400 Münster

Prof. Dr. Ulrich Gäbler, Hebelstr. 9, CH-4056 Basel

Dr. Friedhelm Groth, Pastoratsstr. 6, 5870 Hemer-Deilinghofen

Eberhard Gutekunst, Gänsheidestr. 4, 7000 Stuttgart 1

Dr. Beate Köster, Einsteinstr. 22, 4400 Münster

Prof. Dr. Hartmut Lehmann, German Historical Institute, 1759 R Street, N. W., Washington, D. C. 20009

Dr. Markus Matthias, Ruhr-Universität Bochum, Evangelisch-Theologische Fakultät, Postfach 102148, 4630 Bochum

Prof Dr. Peter Menck, Universität-Gesamthochschule, Fachbereich 2, Postf. 101 140, 5900 Siegen

Ryoko M. Mori, Tholuck-Konvikt, Jägerplatz 30a–31, O-4020 Halle

Prof. Dr. Rainer Piepmeier, Stierlinstr. 2B, 4400 Münster

Prof. Dr. Aleksander Radler, Möllevangsvägen 12B, S-22240 Lund

Dr. Nicholas Saul, University of Dublin, Trinity College, Department of Germanic Studies, Dublin 2

Prof. Dr. Martin Seils, Neumannstr. 9, O-6900 Jena

Archivdirektor D. Dr. Gerhard Schäfer, Pfeifferstr. 16, 7440 Nürtingen-Hardt

Prof. Dr. Hans Schneider, Im Feldchen 20, 3550 Marburg-Cyriaxweimar

Dr. Karl-Otto Strohmidel, Sophienstr. 16, 4400 Münster

Dr. Rainer Vinke, Institut für Europäische Geschichte, Abt. Religionsgeschichte, Alte Universitätsstr. 19, 6500 Mainz

Prof. Dr. Christian Wagenknecht, Seminar für Deutsche Philologie der Georg-August-Universität Göttingen, Humboldtallee 13, 3400 Göttingen

Prof. D. Dr. Johannes Wallmann, Ruhr-Universität Bochum, Abt. für Evangelische Theologie, Universitätsstr. 150, 4630 Bochum 1

Peter Weniger, Melscher Straße 8, O-7027 Leipzig

Dr. Michael Weyer, Bellinostr. 38, 7410 Reutlingen

Jochen Winkler, Evang. Luthergemeinde, Schützenstr. 2, 7750 Konstanz

Inhalt

Forschungsberichte

Rezensionen

Bo Andersson

Die Autorität der Prophetin

Eva Margaretha Frölich und der theologische Diskurs

Einleitung

Die schwedisch-deutsche Prophetin Eva Margaretha Frölich (gest. 1692) erregte unter ihren Zeitgenossen großes Aufsehen.[1] Sie begann ihre öffentliche prophetische Tätigkeit im Jahre 1683, als sie dem schwedischen König Karl XI. eine Botschaft von einem Rigaer Goldschmied und Propheten namens Bernd Dörchmann brachte.[2] Nach dieser Botschaft, die auf Dörchmanns Visionen basierte und durch die eigenen Visionen der Eva Margaretha Frölich bestätigt worden sei, werde der schwedische König Herr über die Christenheit werden. Zuerst werde er die katholischen, widergöttlichen Mächte, die unter der Führung Ludwigs XIV. kämpfen würden, besiegen, um danach, zusammen mit drei anderen protestantischen Fürsten, den Marsch nach Jerusalem anzutreten. Nach der Ankunft dort würden der Aufbau des Tempels und die Bekehrung der 144000 Juden erfolgen. Dies sei der Anbruch des tausendjährigen Friedensreiches, in dem Karl XI., auf Davids Thron sitzend, herrschen werde.[3] Es handelt sich bei diesen Gedan-

---

[1] Eva Margaretha Frölich war adliger Herkunft. Sie wurde in Mecklenburg geboren; ihr Geburtsjahr ist aber unbekannt. In den 70er Jahren des 17. Jhs. wohnte sie in Riga. Über sie ist wenig geschrieben worden. Siehe aber *J. Kirschfeldt*, „Eva Margaretha Frölich: Ein Beitrag zur Kirchengeschichte des 17. Jahrhunderts", Theologische Studien und Kritiken 101 (1929), 205–232; *P. Laasonen*, „Spiritualistiset traktaatit kolmen vuosisaden takaa", in: Album amicorum: Kirja–ja kultuurihistoriallisia tutkielemia Eeva Mäkelä-Henrikssonille 29. 7. 1986 (Hilsingin yliopiston kirjaston julkaisuja, 51). Helsinki 1986, 112–117 (deutsche Übersetzung: Chiliastische Strömungen aus dem Baltikum nach Skandinavien im 17. Jahrhundert, in: *J. Martikainen/H.-O. Kvist*, Makarios-Symposium über das Gebet, Åbo 1989, 158–168. *B. Andersson*, „Eva Margaretha Frölich und ihre Schriften: Ein aufgefundener Sammelband", Wolfenbütteler Barock-Nachrichten 14 (1987), 71–76; *Ders.*, Die fröhliche Botschaft einer tausendjährigen Prophetin: Einige ideengeschichtliche und rhetorische Bemerkungen zu Eva Margaretha Frölichs Traktat Eine Warhaftige Propheceyung/ Und außlegung über 2. Pet Cap. 3 (1686) (Schriften des deutschen Instituts der Universität Stockholm, 20) Stockholm 1990. *C. F. Paullini*, Hoch- und Wohl-gelahrtes Teutsches FrauenZimmer [...], Frankfurt–Leipzig 1712, 62f.; *S. Grauers*, Frölich, Svenskt Biografiskt Lexikon 16 (1966) 629f.; *P. Laasonen*, Johannes Gezelius d. J. und die Rezeption des deutschen Pietismus in Finnland, Wolfenbütteler Beiträge 8 (1988) 121–231, hier: 144f.

[2] Über Dörchmann ist wenig bekannt. Siehe jedoch *Kirschfeldt* (wie Anm. 1), 209ff.

[3] Zu ihrer nationalen Eschatologie, siehe *Andersson* 1990 (wie Anm. 1), 20ff.

ken um den deutlichen Entwurf einer nationalen Eschatologie, die freilich nicht ohne Parallelen in der frühen Neuzeit ist.[4]

Obwohl es der Adeligen Eva Margaretha Frölich gelungen war, dem König diese prophetische Botschaft zu bringen – der Handwerker Dörchmann hatte schon zweimal vergeblich versucht, beim König Audienz zu erhalten –, so führten die Versuche, in Stockholm ihre theologisch-politischen Ideen zu verbreiten, bald dazu, daß die kirchlichen und weltlichen Behörden eingriffen, um sie zum Schweigen zu bringen. Diese Auseinandersetzung dauerte bis Ende 1684, als sie des Landes verwiesen wurde.[5] Nach einem kurzen Aufenthalt in Dresden wurde ihr im Sommer 1685 befohlen, auch Kursachsen zu verlassen.[6] Sie ließ sich dann in Amsterdam nieder, dem damaligen Refugium aller religiösen Radikalen[7], und entwickelte dort eine intensive literarische Tätigkeit.[8] Im Jahre 1692 kehrte sie aus unbekannten Gründen nach Schweden zurück, wurde aber sofort verhaftet und starb nach kurzer Zeit im Gefängnis.[9]

In dieser Arbeit werde ich nur einen begrenzten, aber zentralen Aspekt der literarischen Tätigkeit der Eva Margaretha Frölich erörtern, nämlich die Frage nach ihrer prophetischen Autorität. Obwohl sich im Europa des

---

[4] Für Frankreich, siehe *R.H. Popkin*, Isaac la Peyrère (1596–1676): His Life, Work and Influence (Brill's Studies in Intellectual History, 1) Leiden... 1987, 94ff.; für England und Schottland, siehe *B.S. Capp*, „The political Dimension of Apocalyptical Thought." In: The Apocalypse in Renaissance Thought and Literature: Patterns, Antecedents and Repercussions, hrsg. v. *C.A. Patrides/J. Witreich*, Manchester 1984, 93–124; *Ders.*, „The Fifth Monarchists and Popular Millenarianism," in: Radical Religion in the English Revolution, hrsg. v. *J.F. McGregor/B. Reay*. Oxford 1984, 165–189; *A.H. Williamson*, „Latter-Day Judah, Latter Day Israel: The Millennium, the Jews and the British Future," Pietismus und Neuzeit 14 (1988), 149–165; *Ders.*, „The Jewish Dimension of the Scottish Apocalypse: Climate, Covenant and World Renewal," in: *Kaplan et al.*, Menasseh ben Israel (Brill's Studies in Intellectual History, 15) Leiden... 1989, 7–30. Für Deutschland, siehe *R. Haase*, Das Problem des Chiliasmus und der Dreißigjährige Krieg. [Diss.] Leipzig 1933, passim.

[5] Das Urteil des Hofgerichts erging am 12. 11. 1684 (Svea Hovrätt, Huvudarkivet B IIa: 55 (Riksarkivet, Stockholm im folgenden RA).

[6] Dies geht aus einem Reskript der kursächsischen Regierung an den Rat von Meißen vom 12. 8. 1685 hervor (Staatsarchiv, Dresden).

[7] Zu Amsterdam als radikalem Zentrum im 17. Jahrhundert, siehe u. a. *J. Björkhem*, Antoinette Bourignon: Till den svärmiska religiositetens historia och psykologi, Stockholm 1940, 1ff.; *L. Kolakowski*, Chrétiens sans Église: La conscience religieuse et le lien confessionell au XVIIe siècle, Paris 1969; *R.B. Evenhuis*, Ook dat was Amsterdam, Bd. 3, Amsterdam 1971, und *E.G.E. van der Wall*, De mystieke chiliast Petrus Serrarius (1600–1669) [Diss.] Leiden 1987, passim. Bibliographische Information über E. M. Frölichs Schriften enthält *I. Collijn*, Sveriges bibliografi: 1600-talet: Bidrag till en bibliografisk förteckning, Uppsala 1942, Sp. 283ff.

[8] Vgl. *J. Bruckner*, A Bibliographical Catalogue of Seventeenth Century German Books published in Holland, Anglica Germanica 13, The Hague–Paris 1971, 471–473.

[9] In einem Brief über E. M. Frölich vom Stockholmer Oberstatthalter an den König vom 12. 9. 1692 wurde mitgeteilt, daß sie gerade gestorben sei und daß der Oberstatthalter mündliche Anweisungen über ihre Beerdigung und das Verbrennen ihrer Bücher haben möchte. Der Brief ist vorhanden in Justitierevisionens utslagshandlingar, 12. 12. 1692 (RA).

17. Jahrhunderts Parallelen durchaus finden lassen[10], gehören Prophetinnen, jedenfalls in einem schwedischen Kontext, zum Außergewöhnlichen.[11] Interessant wird dann, durch eine rhetorische Analyse festzustellen, wie eine Prophetin für ihre theologische Autorität argumentiert.[12] Dies ist für sie keine nebensächliche Frage, denn die prophetische Botschaft steht und fällt mit der Glaubwürdigkeit (dem ethos) der Person, die sie vertritt. Kann diese ihren göttlichen Auftrag plausibel machen, bestehen gute Chancen auf eine positive Aufnahme der Botschaft beim Zuhörer/Leser.[13]

Im folgenden werde ich so vorgehen, daß ich zuerst den Diskursbegriff kurz umreiße, wie ich ihn in meiner Analyse benutzen werde. Danach beschreibe ich einige der zentralen Strategien, die von den Stockholmer Theologen gegen Eva Margaretha Frölich verwendet wurden, um sie von der Teilnahme am theologischen Diskurs auszuschließen. Zum Schluß wende ich mich dann ihrer eigenen Argumentation zu, und zwar in der Schrift „Mein und des Goldschmitz Berendt Dorchmans Predig-Ampt" (1686). Dieses Werk behandelt ausführlich die prophetische Stellung der Autorin.

---

[10] Vor allem sind hier englische Beispiele zu erwähnen, deren Häufigkeit mit dem Zusammenbruch der Zensur in der Revolutionszeit zusammenhängt. „Well over half the texts published by women between 1649 and 1688 were prophecies," konstatiert *E. Hobby*, Virtue of Necessity: English Women's Writing 1649–1688. London 1988, 26. Siehe hierzu auch *P. Mack*, „Women as Prophets during the English Civil war." Feminist Studies 8 (1982), 21–45; *Dies.*, „The Prophet and her Audience: Gender and Knowledge in the World Turned Upside Down," in: Reviving the English Revolution: Reflections and Elaborations on the Work of Christopher Hill, hrsg. v. *G. Eley/W. Hunt*, London–New York 1988, 139–152.

[11] Eine Visionärin, die im Schweden des 17. Jhs. gewisses Aufsehen erregte, war Margaretha i Kumla. Siehe zu ihr *J. Gabrielsson*, „Ärkebiskop Paulinus om prästdottern Margareta i Kumla. Ett blad ur ekstasens historia," Kyrkohistorisk årsskrift 24 (1924), 89ff., und *E. Linderholm*, „Margareta i Kumla: En bild ur 1600-talets religiösa liv i Närke," in: Risebergaboken, Stockholm 1931, 257ff.

[12] Rhetorische Analysen von Texten der frühen Neuzeit brauchen kaum mehr näher motiviert zu werden. Siehe beispielsweise *L. Fischer*, Gebundene Rede: Dichtung und Rhetorik in der literarischen Theorie des Barock in Deutschland (Studien zur deutschen Literatur, 10) Tübingen 1968; *J. Dyck*, Ticht-Kunst: Deutsche Barockpoetik und rhetorische Tradition, Bad Homburg v. d. H. ... [2]1969; *B. Stolt*, Studien zu Luthers Freiheitstraktat mit besonderer Rücksicht auf das Verhältnis der lateinischen und der deutschen Fassung zueinander und die Stilmittel der Rhetorik (Stockholmer germanistische Forschungen, 6) Stockholm 1969; *Dies.*, Wortkampf: Frühneuhochdeutsche Beispiele zur rhetorischen Praxis (Respublica literaria, 2) Frankfurt/M 1974; *W. Barner*, Barockrhetorik: Untersuchungen zu ihren geschichtlichen Grundlagen, Tübingen 1970.

[13] Für eine Diskussion der rhetorischen Autorität des von Gott Belehrten, siehe *B. Andersson*, „Du Solst wissen es ist aus keinem stein gesogen": Studien zu Jacob Böhmes Aurora oder Morgen Röte im auffgang (Stockholmer germanistische Forschungen, 33) Stockholm 1986, bes. 63ff.

Der Diskursbegriff

Der von Michel Foucault in die wissenschaftliche Diskussion eingeführte Begriff ‚Diskurs' ist in den letzten zehn Jahren zu einem Modewort geworden. ‚Diskurs' wird freilich oft schlagworthaft und unpräzise benutzt, aber die Perspektiven, die dieser Begriff auf Fragen wie Wissensproduktion und Macht eröffnet, sind jedoch äußerst fruchtbar.[14]

Das größte Problem, was Foucaults Texte betrifft, ist jedoch, daß sich sein Denken ständig entwickelte, ohne daß er selber darüber Aufschluß gab, wie neuere Ideen von älteren abwichen.[15] Behauptet er beispielsweise in der Schrift „Die Ordnung der Dinge: Eine Archäologie der Humanwissenschaften"[16] den Tod des Menschen und die Herrschaft der Strukturen und Episteme über das Subjekt, so kann das Subjekt nach einer seiner letzten Schriften „Sexualität und Wahrheit II: Der Gebrauch der Lüste"[17] sich relativ selbständig zum Diskurs verhalten und vom Ausgangspunkt des eigenen Ich zu den Regeln Stellung nehmen, die der sexualethische Diskurs gebietet.[18]

Was ist aber ein Diskurs? Am einfachsten kann man sagen, daß Diskursregeln Vorschriften sind, die die Produktion von Texten auf einem spezifischen Gebiet der gesellschaftlichen Praxis wie Jurisprudenz, Medizin oder Theologie regeln. Man kann folglich vom juridischen, medizinischen und theologischen Diskurs einer jeweiligen Epoche sprechen. Es gibt auch Regeln, die gleichzeitig für mehrere Diskurse gültig sind.

Im folgenden gehe ich hauptsächlich von den Diskursregeln aus, wie Foucault sie formulierte in seiner Inauguralvorlesung am Collège de France (1970) mit dem Titel „L'Ordre du discours".[19] Im Gegensatz zu der früher erschienenen Schrift „Die Archäologie des Wissens"[20], nach der der Diskurs alles dominierte und überhaupt entscheide, was gesagt werden könne, verwendet Foucault in seiner Vorlesung Kategorien wie Ausschließung und Verbot, was bedeutet, daß die Diskursregeln entscheiden, welche Texte

---

[14] Dabei darf aber die berechtigte Kritik nicht übersehen werden, die gegen Foucault gerichtet worden ist. Zwei Beispiele: *J. Merquior*, Foucault, London 1985 und *A. Honneth*, Kritik der Macht: Reflexionsstufen einer kritischen Gesellschaftstheorie, Frankfurt/M 1989. Merquior tadelt Foucaults mangelnde Empirie; Honneth diskutiert seine theoretischen Widersprüche.

[15] Für Introduktionen zu Foucaults Denken, siehe u. a. *A. Sheridan*, Michel Foucault: The Will to Truth, London–New York 1980; *C. Kammler*, Michel Foucault: Eine kritische Analyse seines Werkes (Studien zur französischen Philosophie des 20. Jahrhunderts, 12) Bonn 1986; *H. Dreyfus/P. Rabinow*, Michel Foucault: Beyond Structuralism and Hermeneutics, Chicago 1986; *H. Fink-Eitel*, Foucault zur Einführung, Hamburg 1989.

[16] Frankfurt/M [3]1980, franz. Original 1966.

[17] Frankfurt/M 1986, franz. Original 1984.

[18] Für eine kurze Darstellung von Foucaults Einstellung zum Subjekt, siehe *Fink-Eitel* (wie Anm. 15). Eine Übersicht über die Subjektdiskussion der letzten Jahrzehnte enthält *P. Smith*, Discerning the Subject (Theory and History of Literature, 55) Minneapolis 1988.

[19] Ich habe die deutsche Übersetzung benutzt: *M. Foucault*, Die Ordnung des Diskurses, München 1974.

[20] Frankfurt/M [3]1988, franz. Original 1969.

angenommen werden. Dies setzt aber voraus, daß es schon formulierte Texte gibt, die von den Regeln disqualifiziert werden können. Obwohl eine durchgehende Systematik in der Vorlesung fehlt, erwähnt Foucault jedoch einige wichtige Ausschließungsprozeduren. Was das Objekt des Diskurses betrifft, spricht er von den Gegensätzen Vernunft/Unvernunft und wahr/falsch, was heißt, daß gewisse Texte und Äußerungen unannehmbar seien, weil sie die Forderungen an Vernunft und Wahrheit, die die Diskursregeln erheben, nicht erfüllten. Noch interessanter sind jedoch die Regeln, die die Subjekte betreffen, die am Diskurs teilnehmen möchten. Es gibt nach Foucault beispielsweise Rituale; ein Exempel, das man nennen könnte, sind rhetorische Disputationsregeln, die in der frühen Neuzeit damit nicht vertraute Personen vom wissenschaftlichen Diskurs ausschlossen. Foucault erwähnt auch Diskursgesellschaften, „welche die Aufgabe haben, Diskurse aufzubewahren oder zu produzieren, um sie in einem geschlossenen Raum zirkulieren zu lassen und sie nur nach bestimmten Regeln zu verteilen, so daß die Inhaber bei dieser Verteilung nicht enteignet werden".[21] Die Rede von der Diskursgesellschaft ist sehr interessant, wenn man Texte auf einem Gebiet wie der Theologie des 17. Jahrhunderts analysieren möchte. Wir haben es dort nämlich mit sehr strikten Regeln zu tun, die die Frage betreffen, wer sich zu theologisch-dogmatischen Dingen überhaupt äußern darf. Dies ist nämlich eine Aufgabe ausschließlich für das Lehramt, d. h. für Theologen – Pastoren und Universitätsprofessoren[22]; alle anderen – besonders natürlich Frauen – sind davon grundsätzlich ausgeschlossen.[23] Wer in der frühen Neuzeit am theologisch-dogmatischen Diskurs hat teilnehmen wollen, ohne das kirchliche Lehramt zu vertreten, hat deswegen eine noch höhere Subjektsposition im theologischen Diskurs beanspruchen müssen als die des ordinierten Theologen. Nur eine solche Position ist möglich, nämlich die des von Gott belehrten und in seinem Auftrag handelnden Propheten.

Eva Margaretha Frölichs Auseinandersetzung mit den Stockholmer Theologen

Schon in der ersten Konfrontation, die Eva Margaretha Frölich im Herbst 1683 mit den Stockholmer kirchlichen Behörden hatte, werden die Ausschließungsstrategien deutlich, die auch später gegen sie verwendet werden

---

[21] *Foucault* 1974 [wie Anm. 19], 27 f.

[22] Zur Frage des Amtsverständnisses der lutherischen Kirche, siehe *H. Fagerberg*, „Amt/Ämter/Amtsverständnis VI: Reformationszeit", in: Theologische Realenzyklopädie, hrsg. *G. Krause/G. Müller*, Bd. 2, Berlin–New York 1978, 552–574.

[23] Erlaubte Subjektspositionen gibt es jedoch für Frauen im theologischen Diskurs, wenn es sich um Fragen der theologischen Ethik handelt wie das Kompilieren oder Übersetzen von Erbauungsbüchern sowie das Dichten religiöser Lyrik. Theologisch-dogmatische Stellungnahmen, besonders natürlich solche radikaler Art, sind ihnen jedoch untersagt.

sollten. Es handelt sich erstens um drei Argumente, die von zeitgenössischen Theologen gegen sog. Enthusiasten benutzt wurden, d. h. gegen Menschen, die sich auf die unmittelbare Erleuchtung durch Gott beriefen. Die drei Argumente sind das der Teufelsbesessenheit, das der Verrücktheit sowie die Behauptung, daß die Tätigkeit des Enthusiasten zur sozialen Unruhe führen könne.[24] Zweitens werden von den Theologen misogyne Aussagen bei Paulus gegen sie zitiert, wie man so gerne tat, wenn es sich um eine Frau handelte. Drittens verlangen die Theologen Zeichen und Wunder, als Beweis für ihre Berufung zum „Predigtamt".[25] Für den Gebrauch dieser Argumente werde ich im folgenden einige Beispiele bringen.

Schon bei der ersten Erwähnung ihres Namens in einer Konsistorialsitzung behauptet einer der Pastoren, daß Eva Margaretha Frölich ihn „zu sich gerufen und mit ihm ihre verrückten Offenbarungen und Auslegungen von mehreren Stellen der Schrift diskutiert habe".[26] Die Pastoren diskutierten, ob sie aber nicht versuchen sollten, sie zu bekehren. Der Hauptpastor der deutschen Gemeinde stellte aber fest, daß dies von keinem Nutzen sein könne, wenn die Pastoren „nicht auch einen Arzt mit sich haben, der versteht, ihre Krankheit zu heilen".[27] Das Konsistorium meinte aber, daß ihre „entusiasterij" keine größere Gefahr sei und daß keiner ihr Glauben schenken würde. Der Präses des Konsistoriums bekam aber den Auftrag, den König zu informieren.

Der König hegte jedoch eine andere Ansicht und verlangte eine weitere Untersuchung. In der Konsistorialsitzung am 11. Dezember 1683 wurde mitgeteilt, daß die Pastoren der deutschen Gemeinde Eva Margaretha Frölich schon einem Glaubensverhör unterzogen hätten.[28] Sie war außerdem zu dieser Sitzung vorgeladen worden, damit man sie „in pleno consistorio noch

---

[24] Zu diesen Argumenten siehe *T. G. Steffen*, „The Social Argument against Enthusiasm (1650–1660)," Studies in English 1941, 39–63; *G. Rosen*, „Enthusiasm: A Dark Lanthorn of the Spirit'," Bulletin of the History of Medicine 42 (1968), 393–421; *J. F. Sena*, „Melancholic Madness and the Puritans," Harvard Theological Review 66 (1973), 293–309.

[25] Die Forderung nach Zeichen und Wundern als Beweis für die unmittelbare Berufung durch Gott zum theologischen Amt erhebt schon Luther 1524 gegen Thomas Müntzer (WA 15,210–221). Wichtig ist zu bemerken, daß die direkte Berufung durch den Geist für Luther eine äußerst selten vorkommende Ausnahme ist. Zu dieser Argumentation, siehe auch *(N. Hunnius)*, Außführlicher Bericht Von der Newen Propheten/ (die sich Erleuchtete)/ Gottesgelehrte/ vnd Theosophos nennen) ... Lübeck 1634, 68 (Uppsala universitetsbibliotek, Obr. 48,251).

[26] „Låtit ... kalla honom til sigh och discurrerat medh Honom om hennes gallna uppenbarelser och uthläggningar öf" åthskillige skrifftenes rum ..." Stockholms konsistorie protokoll (im folgenden StKP) vom 5. 12. 1683. Die Konsistorialprotokolle sind vorhanden in Stockholms domkapitel, protokoll, huvudserien, A I:38 (1683) in Stockholms stadsarkiv (im folgenden SSA).

[27] „Att dett är fåfengt alt hvad en präst på henne för flijt ahnwänder, om icke en Medicus bijfogas som hennes siukdomb förstår att curera" StKP 5. 12. 1683.

[28] Das Protokoll ist in zwei Abschriften vorhanden, in Justitierevisionens utslagshandlingar, 12. 12. 1692 (RA), und in Stockholms domkapitel, Handlingar, Allmän serie, E III:32 (1684), Nr. 214 (SSA).

weiter" examinierte.[29] Diese Examination verlief aber nicht gerade ruhig: „Das Consistorium arbeitete mit allem Fleiß daran, ihr ihre Verrücktheit zu zeigen, aber alles war vergeblich, besonders weil sie schrie und wütete, sowie Bibelsprüche anhäufte, der eine verrückter als der andere."[30] Eva Margaretha Frölich sei aber nicht nur verrückt, sondern die Theologen behaupten auch, daß sie vom „bösen Geist", also vom Teufel, inspiriert sei. Mit dem Argument, daß Gottes Geist durch sie spreche, versucht sie aber diese Behauptung zu entkräften. Gerade das Verrücktheitsargument ist hier interessant, weil es an dieser Stelle nicht wie in der vorher zitierten Äußerung, daß sie einen Arzt brauche, ihre Person betrifft, sondern ihre Gedanken, ihren theologischen Diskurs; sie verwende Bibelsprüche auf eine verrückte Weise. Das von Foucault erwähnte Ausschließungsverfahren ‚Vernunft vs. Unvernunft' wird also hier benutzt, funktioniert metonymisch aber auch als ein Angriff auf die Textproduzentin. Das Unvernunftsargument fließt aber auch mit der Disqualifizierungsstrategie wahr/falsch zusammen, weil Unvernunft (Verrücktheit) hier eine falsche theologische Anschauung bedeutet. Später versucht auch einer der Theologen zu beweisen, daß Eva Margaretha Frölichs Auslegungen von Textstellen des Alten Testaments falsch seien, wenn sie diese als Verweise auf das apokalyptische Wirken Karls XI. auffaßt. Sie sei als schlimmer als alle anderen Ketzer zu betrachten, weil sie die klarsten Sprüche über Christus auf Menschen auslege; sie bezieht also Verheißungen auf Christus auf den schwedischen König. Dies ist nach der Meinung der Theologen selbstverständlich eine falsche Exegese.

Verrücktheit und falsche Exegese sind also die Angriffspunkte in der Konsistorialsitzung. In dem schon erwähnten Glaubensverhör, das die Pastoren der deutschen Gemeinde am 7. Dezember 1683 mit ihr durchführten, tauchen aber auch andere interessante Ausschließungsversuche auf. So wird beispielsweise die Frage gestellt, ob sie nicht wisse, „was Paulus sagt, das das Weib die Schrift zu erklären, sich nicht unterstehen soll I. Cor XIV und das ein jeglicher soll wandeln, wie u. worin ihn der Herr berufen hat I. Cor VII." Darauf antwortete sie, daß „der apostel sage, wen(n) die Weiber sollten weißagen sollen sie das Haupt bedecken, daraus sie sehen das ihnen das weißagen nicht verwehret". Danach entspann sich eine Diskussion um die rechtmäßige Berufung von Aposteln und Propheten; diese müsse nach der herrschenden Lehrmeinung ordentlich erfolgen oder durch Zeichen und Wunder bewiesen werden.[31] Eva Margaretha Frölich behauptete jedoch, auf drei Zeichen verweisen zu können, die bewiesen, daß Karl XI. König Cores sei, was damit für die Wahrheit ihres Prophetentums indirekt auch bürgen würde. Erstens habe

---

29 „ähn ytterligare in pleno consistorio att examinera." StKP 11. 12. 1683.

30 „Consistorium arbetade med all flijt wijsa henne sin galenskap, men alt förgiäfwes, hälst emädan hon ropade och regerade sampt cumulerade dett ena skriftenes språk gallnare ähn det andra." StKP 11. 12. 1683.

31 Siehe oben Anm. 25.

eine frau aus Norland des Königes nahm in Granbaum gewachsen gebracht, 2. Gott habe des Königs hand regiret, das er bei außgang aus dem Senat ihr den Hut aufgesetzt 3. daß Ihre Majestät bei übergabung ihrer ersten Supplic niedergefallen u. sei sie zugesprungen u. habe ihm auffgeholfen, welches sie dahin deute, das sie dem in sünd und laster gefallenen Königreiche solle auffhelffen durch des Goldschmiedes Prophezeiung, die dafür ziele, das der König sein reich soll einrichten mit gerechtigkeit.

Gerade der Tannenzweig, der wie das Spiegelmonogramm des Königs gewachsen war, scheint für Eva Margaretha Frölich sehr wichtig gewesen zu sein. In ihren Schriften wird er öfters erwähnt, in einem Flugblatt wird er sogar abgebildet. Der Hut, den sie vom König bekommen habe, ist natürlich ein Hinweis auf die Forderung, daß die Frauen ihren Kopf bedecken sollten, wenn sie weissagen wollten.

Das Ergebnis des Glaubensverhörs am 7. Dezember und der Konsistorialsitzung am 11. Dezember 1683 wurde ein Brief an den König, in dem das Konsistorium bittet, daß Seine Königl. Majestät „wille låta skaffa henne af wägen", da die Gefahr bestehe, daß sie jemand zu ihrer verrückten Auffassung verführen könne.[32] Der Ausdruck „skaffa af wägen" ist hier sicher mit Bedacht gewählt, weil damit nicht angedeutet wird, wie sie unschädlich gemacht werden sollte. „Skaffa af wägen" kann hinrichten bedeuten, aber auch Gefängnis oder daß sie des Landes verwiesen werden soll.

Der König befiehlt jedoch neue Bekehrungsversuche, die etwa eine Woche erfolglos fortdauern. Eva Margaretha Frölich gibt aber nicht nach, was aus dem Sitzungsprotokoll vom 19. Dezember 1683 deutlich hervorgeht. Sie habe nach diesem Protokoll behauptet, keine Frau mehr zu sein, weil sie vom König einen Hut bekommen habe, außerdem sei sie glücklich, wenn man sie aufgrund ihrer Lehre mit glühenden Zangen foltern würde. Gegen eine Person mit solchen Märtyrerträumen hat auch die explizite Drohung mit der Todesstrafe wenig Erfolg. Die Theologen wollten ihre Bekehrungsversuche aufgeben, weil sie sie offensichtlich als einen hoffnungslosen Fall betrachtet haben.[33]

Wie aus den Diskussionen im Stockholmer Konsistorium hervorgeht, wird von Verrücktheit gesprochen und davon, daß Menschen von Eva Margaretha Frölichs ketzerischen Ansichten „verführt" werden könnten, was in einem Staat, für den Einheit in der Religion als das sine qua non für gesellschaftliche Ruhe und Ordnung gilt, als eine ernstzunehmende Bedrohung der sozialen Ruhe gesehen werden muß.[34] Ferner behaupten die Theo-

---

[32] Eine Kopie des Briefes ist vorhanden in Stockholms domkapitel, handlingar, allmän serie, E III:32 (1684), Nr. 214 (SSA).

[33] Auf die weitere Auseinandersetzung der Behörden mit EMF, die bis Ende 1684 dauert, kann ich hier nicht eingehen. Ich habe aber vor, die hier behandelte Thematik in einem anderen Zusammenhang ausführlich zu behandeln.

[34] Für die Bedeutung, die die Einheit in der Religion für das damalige Denken hatte, siehe *H. Pleijel*, Karolinsk kyrkofromhet, pietism och herrnhutism 1680–1772 (Svenska kyrkans historia, 5). Stockholm 1935, 12ff.; *B. Lindberg*, „Religionens politiska användning – en akade-

logen, daß Eva Margaretha Frölichs Exegese falsch sei, weil sie Stellen im Alten Testament auf Karl XI. bezieht. Auch das Teufelsargument wird angeschnitten. Schließlich versucht man sie mit Hilfe von Paulus als Frau zu disqualifizieren, und fordert von ihr Zeichen und Wunder, mit denen sie ihre Berufung durch Gott zu beweisen habe. Zu beachten ist hier natürlich, daß die Theologen die Fragen stellen und die Protokolle aufzeichnen. Die aufbewahrten Texte dürften aber einen guten Eindruck von den Strategien geben, mit denen die Stockholmer Theologen Eva Margaretha Frölich vom theologischen Diskurs auszuschließen versuchten. Diese Argumente der Theologen, die für die zeitgenössischen Angriffe auf Personen mit prophetischen Ansprüchen typisch sind, hat sie dann in ihren eigenen Schriften rhetorisch möglichst effektiv entkräften müssen. Wie wir in der folgenden Analyse von einer ihrer Schriften sehen werden, argumentiert sie gerade mit ihrer eigenen Person und dem eigenen Prophetentum. Dies ist dabei – wie schon erwähnt – die wirkungsvollste Strategie, die sie wählen kann. Die Stellung des von Gott berufenen Propheten übertrifft nämlich im theologischen Diskurs die eines jeden gewöhnlichen Theologen.

Mein und des Goldschmitz Berendt Dorchmans Predig-Amt

Die eigene prophetische Autorität (und die ihres Mitpropheten Bernd Dörchmann) ist das Thema einer besonderen Schrift der Eva Margaretha Frölich, die 1686 in Amsterdam, sowohl auf deutsch als auch auf niederländisch erschien. Der Titel der deutschen Ausgabe lautet:

> Mein und des Goldschmitz | BERENDT DORCHMANS | Predig-Ampt | wegen das EVANGELIUM, | vom Reiche Christi aus | der Bibel bewiesen. Nebst warhafftige Propheceyung | der vorstehenden Christenheit. | Aus hertzlicher Liebe zu einer jeden Christ= | liebenden Seelen zeitlichen und ewigen | Wolfahrt/habe dieses drucken lassen/ damit | sie sich können bereit machen/ bevorstehende | Unglück mit Gedult zu überwinden/ und | ihrem Breutigam Christum JEsum | mit Freuden zu empfangen. | Dieses auffgesetzt/ wie auch die Vor= | rede/ den 12 April, 1686. | EVA MARGARETHA FRÖLICH. | [Figur: Unter einer Krone ein „C" – Carl – als Spiegelmonogramm] | Zu Amsterdam/ | Gedruckt vor der Author, den | 22. Juny, 1686.[35]

---

misk doktrin under 1700-talet," in: *R. Ambjörnsson et al.*, Idé och lärdom, Lund 1973, 85–108; *I. Montgomery* „... enighet i religionen och den rätta gudstjänsten är den kraftigaste grundval till ett... varachtigt regemente...'," in: *G. Inger* (Hrsg.), Den svenska juridikens uppblomstring i 1600-talets politiska, kulturella och religiösa stormaktssamhälle: Föreläsningar vid ett svenskt-finskt rättshistoriskt symposium i Uppsala 18–20 april 1983 (Rättshistoriska studier, 9) Stockholm 1984, 47–66.

[35] Mir zugänglich war ein Exemplar in Vitterhetsakademiens bibliotek, Stockholm (Bibl. rar). Der niederländische Druck dieser Schrift ist etwa eine Woche später datiert. Der Titel lautet: Mijn en des Goudsmits | BERENDT DORCHMANS | PREDIK-AMPT. | welk is het | *Evangelium* van het Rijke Christi, | uyt de Bijbel bewesen. | Neffens waarachtige

In der folgenden rhetorischen Analyse werde ich drei Dinge behandeln: Das *exordium*, eine kürzere autobiographische Darstellung und schließlich die systematische Auslegung der Bibel, die Eva Margaretha Frölich macht, um ihre und Dörchmanns prophetische Autorität zu beweisen.

Das exordium

Nach der Rhetorik, der dominierenden Theorie der Textproduktion von der Antike bis weit in das 18. Jahrhundert, ist die Einleitung zu einer Rede oder einer Schrift, das *exordium*, einer der wichtigsten Textteile.[36] Es ist darin die Aufgabe des Redners, das Publikum aufmerksam, interessiert und wohlwollend zu machen, was die Person des Redners und seine Botschaft betrifft.[37] Um dies zu erreichen benutzt er Argumente, die an vier Stellen (loci) zu finden sind. Diese Stellen sind die eigene Person, der Gegenstand der Rede, das Publikum und die Gegner. Besonders wichtig ist die Darstellung vom Charakter des Redners, seinem *ethos*.[38] Schon in der griechischen Antike findet man die Einsicht verbreitet, daß der gute Eindruck, den der Redner macht, für die Überzeugungskraft der Rede wichtiger ist als triftige Sachargumente.[39]

Das *exordium* der Schrift „Mein und des Goldschmitz Berendt Dorchmans Predig-Ampt", das acht Seiten umfaßt, hat einen deutlichen rhetorischen Aufbau. Eva Margaretha Frölich spricht einleitend von einer früher verfaßten Schrift, in der sie die Tatsache behandelt habe, daß die jüdischen Rabbinen „den Himmels-König Christum Jesum nicht [haben] erkennen können daß er schon ins Fleisch gekommen [ist].[40] Als Parallele dazu betrachtet sie das Unvermögen der zeitgenössischen Theologen zu akzeptieren, daß Karl XI. der König sei, „der die Erde beherrschen soll". Die Argumentation besteht hier also darin, daß eine gängige Vorstellung – das Unvermögen der Rabbinen, die Aufgabe Christi zu verstehen – als *argumentum a simili* benutzt

---

Prophetie der voorstaande tijd deser Christenheid. | Uyt hertelijke liefde tot elke Christ- | lievende Ziele, tijdlijke en eeuwige | welvaart, hebbe ik dit drukken la- | ten, op dat sy haar konnen bereyd | maken tegen voorstaande ongeluk, | met gedult te overwinnen, en haren | Bruydegom *Jesum Christum*, met vreugden mogen ontfangen. | Dit geschreven, als ok de Voor-rede, den | 12. April, 1686. EVA MARGARETA FRÖLICH. | [Krone und „C" im Spiegelmonogramm] | t'AMSTERDAM, | Voor E. M. F. den 30. Juny, 1686. (Stifts- och landsbibl., Skara).

36 Für eine systematische Übersicht über die Rhetorik, siehe *H. Lausberg*, Handbuch der literarischen Rhetorik: Eine Grundlegung der Literaturwissenschaft, 2 Bde., München ^{2}1973. Für einen historischen Überblick, siehe u. a. *B. Vickers*, In Defence of Rhetoric, Oxford 1988.

37 Für eine Diskussion der Aufgaben des exordium, siehe *Lausberg* 1973 (wie Anm. 36), §§ 263 ff.

38 Für eine Erörterung des ethos, siehe *Andersson* 1986 [wie Anm. 13], 31 ff.

39 Siehe *A. Hellwig*, Untersuchungen zur Theorie der Rhetorik bei Platon und Aristoteles (Hypomnemata, 38), Göttingen 1973, 80.

40 *Frölich* 1686, fol. [A]2^{r}. Diese Seite ist falsch paginiert als fol. B2.

wird, um eine weniger absolute Wahrheit zu beweisen, nämlich die mangelnde Einsicht der zeitgenössischen Geistlichen in die apokalyptische Aufgabe Karls XI.[41]

Das Buch über das mangelnde Verständnis der Rabbinen und der Geistlichen behauptet Eva Margaretha Frölich am 16. Januar 1686 an den Hamburger Bürgermeister Schlütter geschickt zu haben mit der Bitte, daß es gedruckt werde.[42] Ein Druck sei von großem Gewicht gewesen, weil die „zeitliche und ewige Wolfahrt" der ganzen Christenheit davon abhängig sei. Eva Margaretha Frölich argumentiert hier mit einem gängigen *topos*, indem sie behauptet, daß sie eine Botschaft von weltweiter Bedeutung bringe.[43] Selbstverständlich verlangte sie für ihre Schrift kein Geld, ein anderer *topos*, sondern suchte „die Ehre Christi/ und der gantzen Lutherischen Christenheit/ zeitliche und ewige Wolfahrt".[44] Damit behauptet sie, daß ihr Handeln von den zwei Motiven geleitet wurde, die von der rhetorischen Theorie als besonders wirkungskräftig betrachtet werden: „Ehre und Wolfahrt", *honestum* und *utilitas*.[45]

Nach dieser Darstellung ihrer Beweggründe folgt ein Abschnitt in Dialogform, in dem sie ihre eigene Argumentation und die des Bürgermeisters präsentiert.[46] Schlütter bekommt darin die Rolle des Widersachers. Es handelt sich hier um eine rhetorische *narratio*, die den Standpunkt der Autorin unterstützt.[47] Schlütter darf jedesmal nur einige Worte einfügen, während das Ich des Textes längere Auslegungen macht. Die Funktion des Dialogs ist deutlich; er wird benutzt, um Argumente zu widerlegen, die gegen die theologische Position der Autorin gebraucht worden sind.

Schlütter soll nach der Darstellung (genau wie das Stockholmer Konsistorium) gesagt haben, daß Eva Margaretha Frölich Texte nähme, die auf Christus verwiesen „und setze sie auff König Carel". Die Argumentation der Autorin dagegen ist, daß gewisse Texte des Alten Testaments zwar auf Christus zu beziehen seien, dies sind die Stellen, die die Apostel explizit erwähnt haben „und die Aposteln haben den Heiligen Geist gehabt/ alle Texten aus dem Alten Testament/ die auff Christi Zukunfft ins Fleisch ziehlten/ anzuführen" – während sie und Dörchmann nur andere Textstellen

---

41 Für die Argumentation mit loci a simili, siehe *Lausberg* 1973 (wie Anm. 36), § 394. Ob diese Schrift je gedruckt wurde ist unklar. Alle Texte der E. M. Frölich behandeln jedoch dieselbe Thematik.

42 Die exakte Zeitangabe macht den Text hier konkret und dadurch auch glaubwürdig.

43 Siehe *Lausberg* 1973 (wie Anm. 36), § 271.

44 *Frölich* 1686, A2^v.

45 Siehe *Lausberg* 1973 (wie Anm. 36), §§ 233 ff.

46 Der Dialog hat hier die Funktion, die Argumentation sowohl deutlich als auch anschaulich zu machen. Wir können vor uns sehen, wie E. M. Frölich mit dem Bürgermeister diskutiert. Gerade die Konkretion durch sprachliche Mittel ist eine von den wichtigsten Aufgaben der Rhetorik, weil das Konkrete so wichtig ist, wenn es darum geht, die Gefühle des Publikums zu beeinflussen. Für eine Diskussion der rhetorischen evidentia, siehe *Quintilianus*, Institutio oratoria (Loeb classical library) Cambridge, Mass. – London 1980, 8,3,61 ff.

47 Eine narratio ist also gar nicht objektiv. Siehe *Lausberg* 1973 (wie Anm. 36), §§ 289 ff.

auslegen, d.h. solche, auf die sich die Apostel in diesem Zusammenhang nicht berufen haben.[48] Eva Margaretha Frölich behauptet auch, sie habe den Bürgermeister gebeten, ihre Schrift den Geistlichen zu geben, damit sie darauf schriftlich antworten könnten, „wann sie etwas gegen dem Worte Gottes darin fünden".[49] Der Bürgermeister habe sich jedoch geweigert, dies zu tun, weswegen ihm gedroht wird, für das kommende Unglück der Christenheit verantwortlich zu sein. Um dies eindringlich zu machen, geht die Autorin hier von der indirekten zur direkten Rede über:

> Nun so mögt ihr [Schlütter] es für Gott und dieser Stadt/ und gantzen Lutherschen Christenheit verantworten/ wann Unglück über sie kompt/ durch versäumniß der Lutherschen Verbündnissen.[50]

Nach dieser Drohung versucht Eva Margaretha Frölich Schlütters Benehmen zu erklären, was ihr gar keine Schwierigkeiten bereitet. Schlütter ist nämlich der Sohn eines Pastors, und Schlütters Sohn ist auch als Pastor tätig. Eine Person wie Schlütter habe natürlich ein Vermögen, aus hinterlassenen Beichtgeldern bestehend, erben können.[51] Die Autorin benutzt hier eine traditionelle theologische Disqualifizierungsstrategie, indem sie ihren Gegner zum Werkzeug des Teufels macht. Die Argumentation ist auch für die antiklerikale Einstellung der Eva Margaretha Frölich typisch.

Nach der Auseinandersetzung mit Schlütter wendet sich Eva Margaretha Frölich grundsätzlicheren Fragen zu. Sie spricht von der Macht Satans und davon, wie er „alle Christliebenden Seelen" wie auch sie verfolgt.[52] Sie rät allen Lesern, in der Bibel zu suchen, und ermahnt sie, die göttlichen Gebote zu halten. Eva Margaretha Frölich erweist sich hier als eine Anhängerin der spiritualistischen Lehre des Perfektionismus.[53] Ein Christ könne nämlich die zehn Gebote halten. Nach der Darstellung der Autorin scheint es jedem Christen möglich zu sein, dies aus eigener Kraft zu vollbringen. Geistliche Wiedergeburt und göttliche Belehrung werden hier nur angedeutet.[54]

Wenn man versucht, Eva Margaretha Frölichs Argumentation in der hier

---

[48] *Frölich* 1686, fol. A3^r.

[49] *Frölich*, fol. A3^v.

[50] *Frölich*, fol. A3^v.

[51] Das Beichtgeld wird in E. M. Frölichs Schriften dauernd angegriffen. Die Kritik an Geldabgaben für verschiedene Leistungen der Pastoren findet man auch bei anderen Radikalen. Siehe *K. Fahlgren*, Hädare och kättare i Norrland under vår stormaktstid, Umeå 1969.

[52] *Frölich* 1686, A4^r.

[53] Der Perfektionismus wird in der Konkordienformel als eine falsche Lehre der Schwenckfeldianer verworfen. Siehe Die Bekenntnisschriften der evangelisch-lutherischen Kirche, Göttingen ^{9}1982, 825.

[54] Hierin unterscheidet sie sich von den zeitgenössischen finnischen Spiritualisten und Chiliasten, von denen Lars Ulstadius wohl der bekannteste Name ist. E. M. Frölichs Antiklerikalismus ähnelt dem der finnischen Spiritualisten, „wohingegen ihr Chiliasmus wesentlich politisch betont ist, während die Finnen von einer sich erneuernden inneren Religiosität träumten", *P. Laasonen*, „Johannes Gezelius d.J. und die Rezeption des deutschen Pietismus in Finnland". Wolfenbütteler Beiträge 8 (1988), 121–231, 144.

analysierten Vorrede zusammenzufassen, kann man also feststellen, daß sie ihre Sache als ehrbar und nützlich darstellt, um die Sympathie des Publikums zu erwecken. Autorität bekommt sie vor allem dadurch, daß sie auf Verfolgung verweist und behauptet, daß dahinter die Macht des Teufels stünde. Von ihm verfolgt zu werden, ist ein Argument für die eigene theologische Autorität, weil er selbstverständlich die Wahrheit nicht leiden kann.[55] Es zeigt sich, daß Eva Margaretha Frölich dazu durchaus fähig ist, ein *exordium* nach den Regeln der Rhetorik effektiv aufzubauen. Ihre Ideen mögen außergewöhnlich sein; ihre Texte sind, was ihre rhetorisch-sprachliche Gestaltung betrifft, jedoch nicht so wirr, wie man vielleicht erwarten könnte, wenn man an das Bild von ihr denkt, das in den Stockholmer Konsistorialprotokollen hervortritt. Sie verwendet die Exordialtopik bei der Darstellung ihrer eigenen Person, wendet sich an den Leser, widerlegt einen Gegner und deutet ihre eigene Botschaft an. Kurzum: Sie konstruiert ein *exordium* mit Hilfe von den vier loci, die die rhetorische Theorie dabei gebietet.

Autobiographische narratio

Genau wie wir bei Eva Margaretha Frölichs Darstellung von ihrer Auseinandersetzung mit dem Hamburger Bürgermeister Schlütter annehmen müssen, daß wir es mit einer Erzählung aus der Perspektive der Autorin zu tun haben, die die Intention verfolgt, von ihr selber ein positives und von dem Gegner ein negatives Bild zu geben, so müssen wir auch bei anderen, längeren „autobiographischen" Abschnitten davon ausgehen, daß diese mit einer bestimmten Absicht geschrieben worden sind. Um das autobiographische Schreiben überhaupt zu erfassen, möchte ich von dem folgenden Modell ausgehen, das aus drei Ebenen besteht[56]:

1. *Lebensweltliches Substrat* (Die Gedanken, Gefühle und Handlungen des Subjekts, Ereignisse und Handlungen, von denen es betroffen worden ist)

2. *Autobiographie* (Organisierte narrative Konstruktion mit relevanten Elementen der ersten Ebene als Basis[57])

---

[55] Bei Luther findet man eine ähnliche Argumentation. Siehe *H.-M. Barth*, Der Teufel und Jesus Christus in der Theologie Martin Luthers (Forschungen zu Kirchen- und Dogmengeschichte, 19) Göttingen 1967, bes. 121 ff.

[56] Das folgende Modell basiert auf Arbeiten wie *U. Quasthoff*, Erzählen in Gesprächen: Linguistische Untersuchungen zu Strukturen und Funktionen am Beispiel einer Kommunikationsform des Alltags (Kommunikation und Institution, 1) Tübingen 1980; *W.-D. Stempel*, „Fiktion in konversationellen Erzählungen", in: *D. Heinrich/W. Iser* (Hrsg.), Funktionen des Fiktiven (Poetik und Hermeneutik, 10), München 1983, 331–356; *H. Leitner*, Lebenslauf und Identität: Die kulturelle Konstruktion von Zeit in der Biographie, Frankfurt/M–New York 1982; *G. Michel*, Biographisches Erzählen – zwischen individuellem Erlebnis und kollektiver Geschichtstradition: Untersuchung typischer Erzählfiguren, ihrer sprachlichen Form und ihrer interaktiven und identitätskonstituierenden Funktion in Geschichte und Lebensgeschichte (Reihe germanistische Linguistik, 62), Tübingen 1985.

[57] Diese strukturierte Narration kann mit Whites Begriff ‚emplotment' verglichen werden

3. Situation (Wichtigste Komponente: der Autobiographiegenerator[58], die Anregung zum autobiographischen Schreiben)

Wichtig ist hier zuerst die Tatsache, daß die drei Ebenen zu verschiedenen ontologischen Bereichen gehören. Die erste Ebene sind *Ereignisse* usw. in der Vergangenheit, die zweite Ebene ist ein *Text* und die dritte Ebene eine *Kommunikationssituation*. Das lebensweltliche Substrat hat eine etwas eigenartige Natur. Wenn der Leser der autobiographischen Darstellung die Ereignisse im Leben des Autobiographen nicht selber beobachtet hat, sind sie ihm nur zugänglich, wenn davon erzählt wird. Dies bedeutet natürlich, daß der Leser meistens keine Möglichkeit hat, den Wahrheitswert der erzählten Fakten zu überprüfen. In der Autobiographie besteht hier eine unmittelbare Analogie zur Geschichtsschreibung. Nur in der Narration kann ein historisches Ereignis vermittelt werden. Ein historisches Ereignis, von dem nicht erzählt wird, gerät einfach in Vergessenheit.[59]

Das hier skizzierte Modell stellt wie jedes Modell einen synchronen Zustand dar. Wichtig zu bemerken sind aber die historischen Dimensionen des autobiographischen Schreibens. Die Autobiographieforschung hat sich mit wenigen Ausnahmen gerade für das 18. Jahrhundert und den zu dieser Zeit entstehenden bürgerlichen Individualismus interessiert, für den die Gattung Autobiographie kongenial gewesen sein soll.[60] Die Annahme einer unmittelbaren Selbstdarstellung eines individuellen Subjekts (die an und für sich auch für das 18. Jahrhundert anfechtbar ist[61]) darf aber unter keinen Umständen auf frühere Epochen übertragen werden.[62] Im Mittelalter werden Lebensläufe öfters nach hagiographischen Vorbildern stilisiert[63], und auch für die frühe

---

(*H. White*, Tropics of Discourse: Essays in Cultural Criticism, Baltimore–London, 1978, bes. 51 ff.). Interessant ist in diesem Zusammenhang auch Nadels These über die Biographie: „language and modes of narration, not content, structure a biography" (*I. B. Nadel*, Biography: Fiction, Fact and Form, London 1984, 9). Wichtig ist also, daß biographische und autobiographische Texte Konstruktionen sind, keine unmittelbaren Abbilder der „Wirklichkeit".

58 Den Terminus ‚Biographiegenerator' verwendet in diesem Zusammenhang *A. Hahn*, „Identität und Selbstthematisierung", in: *Ders.*, *V. Kapp* (Hrsg.), Selbstthematisierung und Selbstzeugnis: Bekenntnis und Geständnis, Frankfurt/M 1987, 9–24, 12.

59 Vgl. *Leitner* 1982 [wie Anm. 56], 18.

60 Siehe *B. Neumann*, Identität und Rollenzwang: Zur Theorie der Autobiographie, Frankfurt/M 1970; *R.-R. Wuthenow*, Das erinnerte Ich: Europäische Autobiographie und Selbstdarstellung im 18. Jahrhundert, München 1974; *G. Niggl*, Geschichte der deutschen Autobiographie im 18. Jahrhundert: Theoretische Grundlegung und literarische Entfaltung, Stuttgart 1977.

61 Siehe *M. Schneider*, Die erkaltete Herzensschrift: Der autobiographische Text im 20. Jahrhundert, München 1986, 26 ff.

62 Durchaus problematisch ist hier beispielsweise *W. Mahrholz*, Deutsche Selbstbekenntnisse: Ein Beitrag zur Geschichte der Selbstbiographie von der Mystik bis zum Pietismus, Berlin 1919. Interessante Einblicke in die Geschichte der Autobiographie bietet das erste Kapitel in *P. Sloterdijk*, Literatur und Organisation von Lebenserfahrung: Autobiographien der Zwanziger Jahre, München 1978.

63 Siehe *S. Ringler*, „Die Rezeption mittelalterlicher Frauenmystik als wissenschaftliches Problem, dargestellt am Werk der Christine Ebner", in: *P. Dinzelbacher/D. R. Bauer*, Frauen-

Neuzeit ist unbedingt nach der Funktion der Selbstdarstellung zu fragen.[64] Diese Funktion ist öfters eine rhetorische, weshalb angenommen werden muß, daß der Textproduzent in einer den Erwartungen des Publikums angepaßten Rolle auftritt.[65] Selbstaussagen in älteren Texten sind daher mit Vorsicht zu benutzen.

Mit dem skizzierten Modell als Ausgangspunkt möchte ich im folgenden einen autobiographischen Abschnitt in Eva Margaretha Frölichs Schrift „Mein und des Goldschmitz Berendt Dorchmans Predig-Ampt" untersuchen. Es geht darin um eine Auslegung des 109. Psalms, der nach der Meinung der Autorin von ihr selber handelt. Sie schreibt:

> Im 109. Psalm ist beschrieben/ wie die leichtfertige Gottlose Priester im Stockholmschen Consistorio mit ihrem Anhang mich verfolget haben umb die Predigt und das Evangelium vom Reiche Christi/ und mich aus Schweden wie ein Schatten vertrieben/ und wie ein Heuschrecken verjaget/ wie sie mich im kalten Winter/ da alles schon zugefroren war/ im Sturm und Kalt über die See nach Lübeck schickten/ in Meinung/ ich solte versauffen/ aber GOtt erhielte mich wider ihrem Willen/ weil er wolte/ ich solte die Luthersche Städten als die Städte Juda/ wie im 40. Cap. Jesaja 9. 10. vers stehet/ das Reich Christi predigen; aber jetzt hat es Dresen [sic!] ihre Priester und Gottlose Rähte des Churfürsten nicht besser gemacht/ sondern mich auch befohlen aus Dresen zu ziehen/ und wollen von der Busse und dem Reiche Christi nichts hören; wiewol GOtt auff meine Bitte ihnen ein Zeichen sehen ließ/ auff was Art er solche Boßheit straffen wolte/ indem Er mit einer Donnerschlag das Dach vom Pulver turn und des Churfürsten Wapen vom Stadts Thor abschlug. Aber sie wolten solches nicht achten/ und müste ich den 31 July 1685 aus Dresen ziehen/ weil ich sagte/ es were Sünde daß die Priester Beichtgeld nehmen/ und Christi Leib und Blut verkaufften. Und wie ich ins Schiff gieng/ war es schön klar Sonnenschein/ aber in der Eil überzog die Stadt mit dicke schwartze Wolcken/ und donnerte und blitzte gantz starck/ als wan Gott wolte sagen: ihr Gottlosen Seelen/ ich wil euch meinen Eiffer lassen sehen/ und wahr machen was diese Frau in meinem Nahmen euch verkündigt/ nemlich/ daß wo ihr nicht mit Ninive Busse thut/ daß ihr wie Sodoma und Gomorra solt mit Feur verderbt werden.
> Darauff hat Gott der Herr den 6. Augusti fast die gantze alte Stadt Dresen lassen mit Feuer verzehrt werden/ doch wollen sie nicht gläuben daß eine Prophetin unter sie gewesen/ wie im Propheten Ezech. 33. cap. 33. vers stehet; also wird es ihnen weiter gehen/ wie im 22 Ezech. vom 23. vers biß zu Ende stehet.[66]

---

mystik im Mittelalter, Ostfildern 1985, 178–200; *U. Peters*, Religiöse Erfahrung als literarisches Faktum: Zur Vorgeschichte und Genese frauenmystischer Texte des 13. und 14. Jahrhunderts (Hermaea, 56) Tübingen 1988.

[64] Dieser Frage ist in der Forschung nur begrenzt nachgegangen worden. Eine Übersicht über die Forschung zur Autobiographie des Pietismus bietet die Einleitung zu *H.-J. Schrader*, Literaturproduktion und Büchermarkt des radikalen Pietismus: Johann Heinrich Reitz' „Historie Der Wiedergebohrnen" und ihr geschichtlicher Kontext (Palaestra, 283) Göttingen 1989.

[65] Siehe *Andersson* 1986 (wie Anm. 13), 35f.

[66] *Frölich* 1686, 14ff.

Der Ausgangspunkt für Eva Margaretha Frölichs autobiographische Darstellung ist also ein Psalm. Darin wird u. a. von der Verfolgung des Gerechten gesprochen, der Gott bittet, die Widersacher zu strafen. Der Gerechte ist sich des göttlichen Beistandes sicher, wie es im 31. Vers heißt: „Denn er [Gott] stehet dem Armen zur Rechten/ Das er jm helffe von denen/ die sein Leben verurteilen" (Ps. 109:31).[67]

Deutlich ist in dem zitierten Text, wie sich Eva Margaretha Frölich in der Beschreibung ihres Lebens eines bestimmten biblischen Musters bedient. Sie ist die Prophetin, die – wie so viele von den Propheten im Alten Testament – von Geistlichkeit und Obrigkeit verfolgt wird.[68] Die „gottlose[n] Priester" des Stockholmer Konsistoriums und ihr Anhang haben Eva Margaretha Frölich, die das Evangelium vom Reiche Christi predigen wollte, verfolgt. Sie wurde „wie ein Schatten vertrieben/ und wie ein Heuschrekken verjaget" – Bilder, die dem 23. Vers des 109. Psalms entnommen sind. Sie versuchten sie zu töten, indem sie sie im kalten Winter des Landes verwiesen. Gott hat sie aber am Leben erhalten.

Der Kampf zwischen Gottes Werkzeug – Eva Margaretha Frölich – und ihren Widersachern geht aber nach ihrer Ankunft in Dresden weiter. Auch Dresden hat sie verlassen müssen. Auf ihre Bitte hat aber Gott „ein Zeichen sehen lassen", ein Gewitter, das keinen allzu großen Effekt hatte, obwohl natürlich als tief symbolisch aufgefaßt worden sein muß, daß das Wappen des Kurfürsten vom Stadttor abgeschlagen wurde.[69] Nach der Verbannung der Prophetin aus der Stadt kommt noch eine Warnung in der Form eines weiteren Gewitters. Die Einwohner Dresdens bekommen also mehrere Gelegenheiten zur Buße, die sie aber verpassen. Die Erwähnung der Stadt Ninive wird im Text zu einer Anspielung auf den Propheten Jona. Die Einwohner Ninives haben durch Buße ihre Stadt gerettet; trotz der Ermahnungen der Eva Margaretha Frölich haben die Einwohner in Dresden diese Möglichkeit nicht wahrnehmen wollen.

Die Dresdener Bürger sind aber geistlich verstockt und verstehen offensichtlich den ernsten Charakter der prophetischen Verkündigung der Eva Margaretha Frölich nicht. Deshalb sendet Gott am 6. August ein verzehrendes Feuer. (Der Vergleich mit Sodom und Gomorra deutet hier natürlich den moralischen Verfall der Stadt an.) Auch dieses göttliche Zeichen kann die

---

[67] Die Bibel wird hier und im folgenden nach *M. Luther*, Die gantze Heilige Schrifft Deudsch, Wittenberg 1545, hrsg. v. *H. Volz*, München 1972, zitiert.

[68] Zum prophetischen Verfolgungsmotiv, siehe *J. Lindblom*, Profetismen i Israel, Stockholm 1934, 312ff. Wichtig ist natürlich, daß es im 17. Jahrhundert eine Reihe von Propheten und Visionären gibt. Die beste Übersicht gibt immer noch *G. Arnold*, Unparteyische Kirchen- und Ketzer-Historie/ Vom Anfang des Neuen Testaments Biß auff das Jahr Christi 1688 [Th. I–IV] Frankfurt/M 1700, III, 206ff. (Västerås stadsbibliotek).

[69] Gewitter werden in der frühen Neuzeit allgemein als göttliche Zeichen verstanden. Zum Gewitter als „Sprache" Gottes, siehe *H.-G. Kemper*, Deutsche Lyrik der frühen Neuzeit, Bd. 2: Konfessionalismus, Tübingen 1987, 27.

Stadtbewohner nicht davon überzeugen, daß Gottes Prophetin sie zuvor besucht hat.

Wenn wir diese kurze Erzählung etwas näher betrachten, so tritt ihr rhetorischer Charakter deutlich zutage. Eva Margaretha Frölich will hier offensichtlich ihre prophetische Autorität beweisen. Damit die Erzählung diese Funktion bekommt, strukturiert sie die Ereignisse im Zusammenhang mit den Konflikten, die sie mit den Stockholmer und Dresdener Behörden gehabt hatte, auf eine derartige Weise, daß diese Konflikte als ein Kampf zwischen den Gottlosen – für die antiklerikal eingestellte Eva Margaretha Frölich in erster Linie die Geistlichkeit – und der von Gott berufenen Prophetin erscheinen. Die Verfolgung der Propheten durch die Widersacher ist ein Phänomen, das in der Bibel immer wieder geschildert wird und ist daher eine Tatsache, die die prophetische Berufung beweist. Erscheinungen in der Natur werden als göttliches Eingreifen – als Zeichen – interpretiert und werden als Bestrafungen derer aufgefaßt, die Gottes Prophetin verfolgen. Das verheerende Feuer in Dresden am 6. August 1685 ist übrigens eine historische Tatsache. Eva Margaretha Frölich beschreibt also Ereignisse in ihrem Leben und in der umgebenden Wirklichkeit aus einer spezifischen Perspektive und versucht, eine kurze autobiographische Erzählung zu konstruieren nach dem biblischen Muster, das für das Wirken eines Propheten gültig ist. Psychologisch gesehen trägt ihre Erzählung sicher auch zur Etablierung und Stärkung einer prophetischen Identität bei.[70]

Will man Eva Margaretha Frölichs autobiographische Erzählung vom Dresdener Feuer im Jahre 1685 mit Hilfe des vorher skizzierten Modells erfassen, kann man konstatieren, daß sie sich u. a. nach den Angriffen durch die Stockholmer Pastoren in einer Situation befindet, in der sie theologische Autorität braucht – eine Autorität, die für die Wahrheit ihrer theologischen und politischen Ideen bürgen soll. Für sie stellt – wie vorher schon erwähnt – die Rolle als Prophetin im Grunde die einzige Möglichkeit dar, sich in einer autoritativen Subjektsposition am theologischen Diskurs zu beteiligen. Die rhetorische Forderung nach der Autorität des Textproduzenten, die für die Überzeugungskraft eines Textes dieser Diskursart eine entscheidende Rolle spielt, ist also hier der Autobiographiegenerator, und von diesem Zweck wird auch die autobiographische Erzählung geprägt. Mit dieser Erzählung versucht die Autorin, eine überzeugende Darstellung von sich selber zu geben, die die Forderungen von Kohärenz und Wahrscheinlichkeit erfüllt.[71]

---

[70] Auf die Entstehung von Identität durch das Schreiben von Texten gehe ich hier nicht ein. Siehe dazu *H. U. Gumbrecht*, Funktionen parlamentarischer Rhetorik in der Französischen Revolution: Vorstudien zur Entwicklung einer historischen Textpragmatik, München 1978, 66ff. Zur Frage der Identität, siehe u. a. die Beiträge in *Hahn/Kapp* [wie Anm. 58] und in *O. Marquard/K. Stierle* (Hrsg.), Identität (Poetik und Hermeneutik, 8) München 1979.

[71] Zur Kohärenz und Wahrscheinlichkeit („coherence" und „fidelity") als Forderung für die Glaubwürdigkeit einer Erzählung, siehe *W. R. Fisher*, Human Communication as Narration: Toward a Philosophy of Reason, Value, and Action, Columbia, SC 1987, passim.

Interessant ist, daß so viele der Schlüsse in dieser Erzählung implizit sind. Der Leser kann sie aber im Sinne der Autorin auffassen, weil er mit dem biblischen Prophetenschema vertraut ist.[72] Propheten werden von den Gottlosen verfolgt, Gott sendet Zeichen und zerstört die Städte, die die Botschaft seiner Propheten nicht aufnehmen wollen. Die Hinweise auf dieses autoritative biblische Schema fügen die Dresdener Ereignisse in ein Muster ein, das dem damaligen Leser vertraut war. Für einen heutigen Menschen ist ihre Erzählung wohl kaum wahrscheinlich; bei ihren Zeitgenossen entsprach jedoch die Erscheinung von Propheten sowie von Gewitter und Feuer als göttliche Strafen für begangene Sünden allgemein verbreiteten Vorstellungen.[73]

Wir müssen also annehmen, daß Eva Margaretha Frölich die Darstellung der Dresdener Ereignisse und ihre damit verbundene Rolle nach einem prophetischen Muster stilisiert hat. Natürlich kann man hier einwenden, daß das Prophetentum die Identität der Eva Margaretha Frölich gewesen sein muß. Dies ist natürlich möglich. Zu beachten ist jedoch, daß sie auch andere Geschichten von sich selber hätte erzählen können. Andere autobiographische Identitäten wären die Adelige oder die gescheiterte Kapitalistin (Eva Margaretha Frölich versuchte in Riga eine Textilmanufaktur zu gründen). In dem hier erörterten Text tritt aber eine prophetische Persönlichkeit hervor, weil eine solche – rhetorisch gesehen – in diesem theologischen Kontext sinnvoll ist. Wichtig ist aber, daß es für die Überzeugungskraft ihrer Botschaft aber keineswegs genügen würde, nur eine prophetische Identität zu haben. Diese kann so stark wie immer nur möglich sein, wenn es ihr aber nicht gelingt, diese Autorität rhetorisch überzeugend darzustellen, bewirkt sie nichts. Die Qualität der Konstruktion des Selbstbildes wird also zu einem entscheidenden Faktor für das Gelingen der rhetorischen Kommunikation.

---

[72] Zur rhetorischen Bedeutung von Schemen, was die Glaubwürdigkeit einer Erzählung betrifft, siehe u. a. *W. L. Bennett*, „Storytelling in Criminal Trials: A Model of Social Judgment“, Quarterly Journal of Speech 64 (1978), 1–22, bes. 2f. Für interessante Ausführungen zum Schemabegriff, siehe u. a. *M. Crawford/R. Chaffin*, „The Reader's Construction of Meaning: Cognitive Research on Gender and Comprehension“, in: *E. A. Flynn/P. P. Schweickart* (Hrsg.), Gender and Reading: Essays on Readers, Texts, and Contexts, Baltimore–London 1986, 3–30 (mit weiterführender Literatur).

[73] Die Frage ‚Wirklichkeit oder Fiktion‘ wird hier natürlich sehr interessant. Ist Eva Margaretha Frölichs Erzählung Fiktion, gerade weil sie Elemente enthält, die mit unseren heutigen Wirklichkeitsmodellen nicht übereinstimmen? Dies ist aber keine besonders befriedigende Lösung. Überhaupt ist die Frage nach der Fiktionalität der Autobiographie intensiv erörtert worden. Siehe u. a. *D. Mansell*, „Unsettling the Colonel's Hash: ‚Fact‘ in Autobiography,“ Modern Language Quarterly 37 (1976), 115–132; *P. J. Eakin*, Fictions in Autobiography: Studies in the Art of Self-Invention, Princeton 1985 (mit Hinweisen auf die frühere Diskussion).

Der Hauptteil der Schrift „Mein und des Goldschmitz Berendt Dorchmans Predig-Ampt" besteht aus 37 Abschnitten.[74] Alle diese behandeln Stellen in der Bibel, die nach Eva Margaretha Frölichs Meinung von ihrem und Dörchmanns göttlichen Auftrag handeln. Dabei geht sie systematisch-chronologisch vor. Im ersten Abschnitt legt sie den 2. Psalm aus, geht dann dauernd weiter in der Schrift, um im 37. Abschnitt die Erzählung vom Sonnenweib in der Offenbarung zu interpretieren. Das Sonnenweib sei selbstverständlich sie, Eva Margaretha Frölich, selber. Das Kind, das geboren wird, sei nach ihrer Auslegung Karl XI., den sie selber geistlich gebären werde.

Im folgenden werde ich nicht alle diese Abschnitte behandeln können, sondern konzentriere mich auf solche, in denen Eva Margaretha Frölichs Ansprüche auf prophetische Autorität besonders deutlich hervortreten.

Grundlegend für die prophetische Autorität ist die Berufung, den göttlichen Auftrag zu erfüllen. Diese Berufung besteht öfters aus einem Traum oder einer gewaltigen Vision.[75] Eigenartigerweise findet man aber keine Beschreibung einer Berufungsvision in Eva Margaretha Frölichs Schriften.[76] Sie beruft sich statt dessen auf Dörchmanns Visionen, die dann durch Gesichte bestätigt worden sind, die sie selber erfahren haben. Sie schreibt beispielsweise über Jes 50:10, wo von den Knechten Gottes gesprochen wird:

> Dieß ist die Explication... / daß Christus seinen Knecht gesandt/ als dem Goldschmidt/ den er im Gesicht erschienen in der Nacht/ und ihm ein Liecht angezündet/ wie auch in seinen Verstand; Und weil ich seine Worte gehöret/ und meinen Jesum geliebt und in seine Worte geforscht/ so hat er sich mich auch im Gesicht offenbahret. Weil nun die Propheten und Christus selbst von uns in seinen Worte verkündiget/ so werden diejenige so uns annehmen/ derer ihr Lohn empfahen.[77]

Gott hat sich also dem Goldschmied in einer nächtlichen Vision offenbart. Eva Margaretha Frölich hat seine Botschaft gehört und an der Bibel überprüft. Danach ist die Wahrheit dieser Botschaft auch visionär bestätigt worden. Eva Margaretha Frölich hebt hier die Bedeutung der Bibel stark hervor. Sie sucht in der Schrift und weist am Ende des zitierten Abschnittes darauf hin, daß diese von ihr und ihrem Mitpropheten spricht.[78] Auch an anderen Stellen, wo sie ihre Visionen und Auditionen erwähnt, wird die Bedeutung der Bibel betont. Sie schreibt u. a.:

---

[74] Nach diesen 37 Abschnitten folgen Gedichte und ein ausführliches Inhaltsverzeichnis.

[75] Siehe in diesem Zusammenhang *Lindblom* [wie Anm. 68], 100ff.

[76] Biblische Parallelen lassen sich aber dazu finden. Siehe *Lindblom* (wie Anm. 68), 190.

[77] *Frölich* 1686, 55. Vgl. auch S. 88f.

[78] Gerade durch ihre starke Hervorhebung von der Bedeutung der Bibel und deren Inspiration unterscheidet sie sich von anderen Spiritualisten. Dies betont *Kirschfeldt* (wie Anm. 1).

> Es hat der liebe Heyland mir alle Nacht um Glocke zwölff/ das Ohr geöfnet/ und mich nicht länger ruhen lassen/ sondern ist mir alle mahl gewesen/ als wan mir jemandes für die Ohren stünde/ und sagte/ den Text mustu so expliciren und wan die dir so frage(n)/ so mustu so antworte/ daß ich auch nicht habe ruhen können/ sondern habe mein Metgen [Mädchen] müssen auffwecken/ daß sie Liecht angesteckt/ mir die Bibel gelanget/ und habe nach gehalten Gebeht/ allezeit im ersten Auffschlag/ wunderbare Sachen gefunden/ und alsofort die explication daraus geschrieben/ und denn des Tages auff dem Schloß/ und bey vornehme Leuten davon gepredigt/ wie die Apostel zu ihrer Zeit.[79]

Wie wir sehen können, handelt es sich hier eindeutig um eine Audition: „als wan mir jemandes für die Ohren stünde", die ihr ermöglichte, wunderbare Auslegungen der Bibel zu machen. Sie behauptet also nicht wie so viele andere Spiritualisten des 16. und 17. Jahrhunderts, neue Offenbarung erhalten zu haben, sondern ihre Einsicht besteht in einem hermeneutischen Vermögen, in der richtigen Interpretation der Schrift. Diese Einsichten behält sie nicht für sich selber, sondern verkündet sie öffentlich, genau wie die Apostel.

Hinsichtlich ihres Auftrags verweist sie nicht nur auf das Beispiel der Apostel, sondern sie gebraucht auch gerne typologische Interpretationen.[80] Sie findet Gestalten in der Bibel, zu denen sie und der Goldschmied sich typologisch verhalten. Sie seien beispielsweise der Antitypus zu Moses und Aaron:

> Und ist er [Dörchmann] wie Moses und ich wie Aaron/ da Gott im Gesicht mit ihm geredt/ und ich muß es dem Volcke vortragen/ und ruffe ich also mit der Buß posaunen/ und verkündige den grossen und erschrecklichen Tag des HErren über alle Gottlose Christen/ wie im Joël 2 cap. vom 30 vers biß zu Ende stehet/ daß Gott wil Wunderzeichen geben/ auff Erden soll das Schwerdt regieren/ vom Himmel soll Feuer und Schwefel kommen.[81]

Moses und Aaron sind jedoch nicht der einzige biblische Typus, den Bernd Dörchmann und Eva Margaretha Frölich in der Endzeit erfüllen; sie seien nämlich auch Antitypen zu Adam und Eva:

> Und weil durch einem Weib und durch einen Mann die Sünde/ Todt und Ungerechtigkeit in die Welt gekommen/ also soll das Reich Christi auch durch einen Mann und Weib gepredigt werden.
>
> ...

[79] *Frölich* 1686, 53.

[80] Der Typologiebegriff ist bekanntlich umstritten. Es scheint jedoch sinnvoll, bei E. M. Frölich von Typologie zu sprechen, und zwar von einer halbbiblischen nach der Terminologie Ohlys. Siehe *F. Ohly*, Schriften zur mittelalterlichen Bedeutungsforschung, Darmstadt 1977, 361 ff. Für eine Diskussion von verschiedenen Auffassungen von Typologie, siehe die Einleitung zu *R. Suntrup*, „Zur sprachlichen Form der Typologie", in: *K. Grubmüller et al.* (Hrsg.), Geistliche Denkformen in der Literatur des Mittelalters (Münstersche Mittelalter-Studien, 51) München 1984, 22ff.

[81] *Frölich* 1686, 74f.

> Weil aber das Weib ein Anfang der Sünden ist/ also muß auch ein Weib das Evangelium vom Reiche Christi von dem Mann empfangen/ so wie er den Apffel vom Weibe empfangen/ und dadurch die Sünde über die gantze Welt gebracht/ also muß sie das Reich Christi predigen/ und muß durch ihr das Evangelium vom Reiche Christi über die gantze Welt erschallen.[82]

Wenn Eva Margaretha Frölich das Gottesreich predigt, ist dies also das Ergebnis eines Prozesses, der die strukturelle Umkehrung des Eintritts der Sünde in die Welt ist: Eva gab Adam den Apfel – Dörchmann gibt Eva Margaretha Frölich die prophetische Botschaft vom Gottesreich. Aus der Perspektive der feministischen Theologie ist hier interessant, daß Eva Margaretha Frölich die Vorstellung von Eva als Urheberin der Sünde akzeptiert.[83] Die strukturell umgekehrte Parallele zum Sündenfall gibt hier Eva Margaretha Frölichs prophetischer Verkündigung eine weltgeschichtliche Dimension; sie wird zu einem einmaligen Ereignis der Heilsgeschichte.

Es gibt aber auch andere Stellen in der Bibel, die von einem Mann und einer Frau handeln und von Eva Margaretha Frölich selbstbezogen ausgelegt werden. Eine solche Stelle ist Jer 31, wo es heißt, daß die Israeliten zum Gelobten Land wiederkehren würden. In diesem Zusammenhang wird auch im 22. Vers davon gesprochen, daß das Weib den Mann umgeben werde. Eva Margaretha Frölich interpretiert diese Stelle mit Hilfe von Jes 50,4 und kommt zu dem Schluß, daß sie bedeute, daß eine Frau das Herz eines Mannes haben werde: Sie werde das Evangelium wie ein Jünger predigen. Danach knüpft sie direkt an die Frau in Jer 31,22 an, die den Mann umgeben werde. Sie schreibt:

> Auch wird sie mit ihrer Predigt umbgeben dem Mann der die Christenheit soll mit Gerechtigkeit richten/ und jederman den Glauben fürhalten/ nach dem sie werden Christum in Wolcken des Himmels gesehen haben/ daß Er warhafftig von den Todten/ aufferstanden ist/ und die Juden und Heyden solches vor dem nicht haben glauben wollen...
> Und ist dieser Mann König Karel und ich das Weib...[84]

Wir bekommen hier eine kurze Zusammenfassung des von Eva Margaretha Frölich entworfenen apokalyptischen Szenarios. Der Mann, den sie mit ihrer Predigt umgibt, ist also Karl XI., der die Christenheit mit Gerechtigkeit richten soll. Wie aus anderen Stellen in ihren Schriften hervorgeht, wird dies geschehen, wenn der schwedische König auf Davids Thron in Jerusalem sitzt.

Die Tatsache, daß Eva Margaretha Frölich keine Kinder hatte, verwendet sie auch, um zu beweisen, daß die Bibel von ihr spricht. Im Buch der Weisheit heißt es (3,13): „selig ist die Vnfruchtbare", und sie fragt sich, „was

---

82 *Frölich* 1686, 20f.

83 Für heftige Kritik an dieser Vorstellung, siehe *Cornelivs Agrippa*, Vom Adel vnd Fürtreffen Weibliches geschlechts, s.l. 1540 (Herzog August Bibliothek Wolfenbüttel, HL 4).

84 *Frölich* 1686, [64] (die Seite ist falsch paginiert).

das für Leute seyn die es von mir als eine von GOtt dazu verordnete leibliche unfruchtbare nicht annehmen wollen". Um wirklich zu erhärten, daß diese Stelle auf sie zu beziehen sei, hebt sie hervor, daß der Unfruchtbare im 14. Vers ihr Ehemann sei.

Eva Margaretha Frölich war jedoch nicht geistlich unfruchtbar. Am Ende ihrer Schrift behauptet sie, das Sonnenweib in der Offenbarung zu sein: „Und ich bin das Weib im 12. cap. und ist das Weib die/ wovon in der gantzen Bibel geschrieben stehet."[85] Sie erwähnt die Verfolgung, der sie ausgesetzt worden war, da sie „das Geistliche Kind König Karel solte gebehren, welcher das Reich Christi mit einer eisern Ruhte weiden solte". Die Geburt sei aber noch nicht vollbracht worden, so muß man Eva Margaretha Frölichs Text hier interpretieren, sondern die eigentliche Geburt wird bei der Installation Karls auf Davids Thron in Jerusalem geschehen. Ihre Behauptung, daß sich „Elend und Plage" fortsetzen werden bis sie geboren habe, deutet darauf hin.

Das Sonnenweib der Offenbarung ist nicht die einzige biblische Frau, auf die in „Mein und des Goldschmitz Berendt Dorchmans Predig-Ampt" hingewiesen wird. Die Geburt Christi durch Maria wird beispielsweise zu einem Ereignis, das eine typologische Auslegung erfährt und auf die Autorin selber bezogen wird:

> Es muste da die Zeit erfüllet ward/ Christus von einem Weibe geboren werden/ also jetzt nun die Zeit erfüllet ist/ muß das Reich Christi von einem Weibe gepredigt werden."[86]

Ferner heißt es, daß die Geistlichen sich an Christi Jüngern ein Beispiel nehmen sollten:

> die waren nicht unwillig/ daß Christus sich erst einen Weibe offenbarte da Er vom Todt aufferstanden war/ die es ihnen müste verkündigen.[87]

Ein wichtiges und im 16. und 17. Jahrhundert gerne verwendetes Argument, wenn es darum ging, theologische Autorität zu begründen, war bekanntlich die Behauptung, daß man zu den Geringen und Verachteten gehörte.[88] In diesem Zusammenhang wurde oft erwähnt, daß die Propheten des Alten Testaments Hirten waren. Außerdem wurde gerne darauf hingewiesen, daß Christus ein einfacher Handwerker war und daß seine Jünger vor der Berufung zum Apostelamt arme Fischer waren, usw. Eine Bibelstelle, die dabei öfters zitiert wird, ist Mt 11,25: „Ich preise dich Vater vnd

[85] *Frölich* 1686, 129. Interessant ist, daß auch Antoinette Bourignon die Rede vom Sonnenweib auf sich selber bezieht. Den Sohn betrachtet sie als das Werk, das sie vollbringen werde. Siehe *Björkhem* (wie Anm. 7), 73f., 77, 196, 206, 317. Für die Auslegung des Sonnenweibes, siehe ferner *E.M. Vetter*, „Mulier amicta sole und Mater salvatoris," Münchner Jahrbuch der bildenden Kunst, 3. F. 9/10 (1958/59), 32ff.

[86] *Frölich* 1686, 90.

[87] *Frölich* 1686, 91.

[88] Siehe *Andersson* 1986 (wie Anm. 13), 89ff.

HERR Himels vnd der Erden/ Das du solchs den Weisen vnd Klugen verborgen hast/ Vnd hast es den Vnmündigen offenbaret." Dieses Jesuswort ließ sich als ein antiintellektualistisches Argument mit großer Überzeugungskraft benutzen.

Die Anspielung auf diese Stelle ist an der folgenden Stelle deutlich:

> Dieses alles hat GOtt nicht geoffenbahret denen Weltweisen/ deren Verstand GOtt der HErr verwerffen wil und sie umbringen/ ... also hat GOtt gefallen es an einen einfältigen Goldschmidt und schwachen Weibe zu offenbahren.[89]

An mehreren anderen Stellen im Text nennt sich Eva Margaretha Frölich selber ein schwaches Weib.[90] Einfachheit (Einfalt) und Schwäche sind also Eigenschaften, die für Autorität bürgen. Die Weisen und Klugen dagegen sind die, die die Wahrheit verfolgen.

Schließlich möchte ich nur die wichtige Namensetymologie erwähnen, die in „Mein und des Goldschmitz Berendt Dorchmans Predig-Ampt" vorkommt.[91] Wenn man bedenkt, was der Name Eva Margaretha Frölich bedeutet, ist gar nicht erstaunlich, daß sie die endzeitliche Prophetin ist:

> ... weil durch der Eva die Sünde und Ungerechtigkeit in die Welt gekommen/ also muß auch eine EVA MARGARETA FRÖLICH die Predigt vom Reiche Christi/ worin die Gerechtigkeit durch König Karel als eine köstliche Perl soll eingericht werden/ die fröliche Bohtschafft bringen.[92]

Wir finden hier den Hinweis auf Eva, und Eva Margaretha Frölich behauptet also, die zweite Eva zu sein – eine typologische Auslegung mit einer langen Tradition, wobei Maria jedoch die zweite Frau zu sein pflegt, die durch die Geburt Jesu Evas Schuld tilgt.[93] Daß die Gerechtigkeit eine Perle ist, hängt natürlich damit zusammen, daß Margareta die ‚Perle' bedeutet. „[D]ie fröliche Botschafft" schließlich ist die Bezeichnung für das Evangelium, die fröhliche Botschaft, die Eva Margaretha Frölich verkündet.

Versuch einer Bilanz

Durch die Analyse vom *exordium* der Schrift „Mein und des Goldschmitz Berendt Dorchmans Predig-Ampt", einer „autobiographischen" *narratio*

---

89 *Frölich* 1686, 47f.

90 Das Schwachheitsargument ist in Texten von Frauen traditionell. Siehe für die hl. Birgitta von Schweden: *K.B. Westman*, Birgitta-studier, Bd. 1 (Uppsala universitets årsskrift 1911: teologi, 1) Uppsala 1911, 137ff.

91 Zum Phänomen der Namensetymologie, siehe *E.R. Curtius*, Europäische Literatur und lateinisches Mittelalter, Bern–München [9]1978, 486f. Siehe auch *Schwarz* et al., Alte Texte lesen, München 1988, 207ff.

92 Frölich 1686, 46.

93 Zur Tradition des typologischen Verhältnisses Eva – Maria, siehe E. Guldan, Eva und Maria: Eine Antithese als Bildmotiv, Graz–Köln 1966.

und durch Beispiele für die selbstbezogene Exegese der Eva Margaretha Frölich habe ich auf einige wichtige rhetorische Techniken aufmerksam machen wollen, die sie benutzt, um von sich selber das Bild der endzeitlichen Prophetin zu geben. Ihre Selbstdarstellung hat dabei die Aufgabe, ihre prophetische Botschaft glaubwürdig zu machen. Wenn wir hier an den Diskursbegriff anknüpfen, können wir sehen, wie sie aus einer Subjektsposition argumentiert, die ihr höhere Autorität gibt als allen ihren Widersachern. Diese werden jedoch in den Text integriert. In der „autobiographischen" *narratio* ist deutlich, wie die Darstellung so strukturiert wird, daß Geistliche und Behörden als die hervortreten, die die von Gott gesandte Prophetin verfolgen. Eine ähnliche Argumentationsweise finden wir an der Stelle, wo sie in Anlehnung an Mt 11,25 behauptet, daß ihre Gegner die Weltweisen seien, denen keine Einsicht in die göttlichen Geheimnisse gewährt wird.

Besonders interessant ist hier aber Eva Margaretha Frölichs Argumentation im Sinne einer feministischen Theologie, die ich etwas ausführlicher diskutieren möchte.

Im 17. Jahrhundert entfachte sich der heftige Streit über die Frau und ihre intellektuellen Fähigkeiten, der gewöhnlich mit dem französischen Ausdruck „Les querelles des femmes" bezeichnet wird.[94] In diesem Streit wurden öfters biblische Argumente benutzt. Diejenigen, die sich gegen die Abqualifizierung der Frauen wandten, wiesen Evas Schuld beim Sündenfall zurück und behaupteten auch, daß Eva als die zuletzt Geschaffene eine Adam übergeordnete Position einnehmen müsse, weil die Ordnung der Schöpfung vom Niedrigeren – Pflanzen, Fischen, Säugetieren, Menschen – zum Höheren verlaufe. Ferner wurde gerne auf starke Frauen des Alten Testaments wie Judith und Esther verwiesen. Marias einmalige Rolle in der Heilsgeschichte wurde hervorgehoben, sowie die Tatsache, daß Christus nach der Auferstehung sich zuerst einer oder mehreren Frauen offenbahrte. Diese Argumente, die in Agrippa von Nettesheims Schrift „Vom Adel und Fürtreffen Weibliches geschlechts" (1540)[95] besonders elaboriert sind, waren also nicht nur einer schmalen lateinkundigen Schicht bekannt. Wie biblische Gestalten benutzt werden konnten, um die literarische Aktivität einer Frau zu verteidigen, geht u. a. aus der Vorrede Andreas Osianders d. Ä. zu einer Schrift der bayerischen Adeligen und Reformationsanhängerin Ursula von Grumbach (1523) hervor.[96] Um hier nur einige Argumente zu nennen, so weist Osian-

[94] Für eine Übersicht, siehe *E. Gössmanns* Einleitung zu: *Dies.* (Hrsg.), Das Wohlgelahrte Frauenzimmer (Archiv für philosophie- und theologiegeschichtliche Frauenforschung, 1) München 1984. Einen Überblick über die Auffassungen von der Frau in verschiedenen Disziplinen der Renaissance bringt *I. Maclean*, The Renaissance Notion of Woman: A Study in the Fortunes of Scholasticism and the Medical Science in European Intellectual Life, Cambridge... 1980.

[95] Siehe oben Anm. 83.

[96] Wie ain Christliche Fraw des Adels... die Hohenschul zu Ingolstat... straffet [Augsburg 1523] (Universitätsbibliothek Tübingen, Gh 788 a 4°). Zu Argula von Grumbach, siehe *P. A.*

der auf eine wichtige Stelle beim Propheten Joel hin (Joel 2,28ff.), wo es heißt, daß Gott in der Endzeit seinen Geist ausgießen werde, „vnd werden Propheceyen oder warsagen ewer süne/ vn(d) ewer döchter“.[97] Ursula von Grumbach greife nach Osiander die Gelehrten an der Universität Ingolstadt an, „als Judith am 8. die irrenden Priester“. Sie läßt sich nicht aufhalten, sondern habe sich

> gleych der hayligen Hester/ vmb hayls willen des volcks (Hester am 4) dem tode vnd der verderbung ergeben... Vnd will mit der hayligen Susanna (Danielis am 13) lieber on werck in die hend der menschen fallen/ dan(n) mit verschweygung der warheit vor Gott sündigen.[98]

Judith, Esther und Susanna werden hier zu *exempla* und Vorbildern. Durch die Autorität, die sie als biblische Gestalten besitzen, können sie zu Beweisen für das Recht einer Frau zur literarisch-polemischen Aktivität in der frühen Neuzeit werden. Freilich muß hier zugegeben werden, daß die biblischen Frauengestalten gewöhnlich nicht zur Unterstützung eines feministischen Anliegens interpretiert wurden. Üblicherweise werden sie als Verkörperung weiblicher Tugenden, vor allem Unterwürfigkeit, benutzt.[99] In einer Ausgabe von dem bekannten Erbauungsbuch des Hieronymus Ortelius „Frauenzimmer-Spiegel“ heißt es z. B. in einem Lied über Susanna:

> Diß keusche Röselein Susanne/
> War ihren hertzgeliebten Manne
> So treu/ daß sie viel eher wählt
> Durch Menschen Hand zu seyn gequält/
> Als sich in geile Lust zu sencken/[100]

Diese Susanna, die Tugend und Treue verkörpert, unterscheidet sich beträchtlich von der Susanna in Osianders Argumentation, die statt dessen ein *exemplum* dafür ist, daß eine Frau nicht durch Verschweigen der Wahrheit gegen Gott sündigen soll. Biblische Frauen lassen sich also als Beispiele in verschiedenen rhetorischen Kontexten und zu unterschiedlichen argumentatorischen Zwecken benutzen.[101]

Russell, Lay Theology in the Reformation: Popular Pamphleteers in Southwest Germany 1521–1525, Cambridge... 1986, 186ff., und vor allem *K. E. Schöndorf*, Argula von Grumbach: Eine Verfasserin von Flugschriften in der Reformationszeit, in: *J. Valgaard/E. Wessel* (Hrsg.), Frauen und Frauenbilder dokumentiert durch 2000 Jahre (Osloer Beiträge zur Germanistik, 8) Oslo 1983, 182–202.

97 Im Text wird fehlerhaft Johannes 2 statt Joel 2 angegeben.

98 *von Grumbach* [1523], fol. A ij^v.

99 *F. van Ingen*, „Frauentugend und Tugendexempel: Zum Frauenzimmer-Spiegel des Hieronymus Ortelius und Philipp von Zesens biblischen Frauenporträts“, in: Barocker Lust-Spiegel: Studien zur Literatur des Barock: Festschrift für Blake Lee Spahr, hrsg. v. *M. Bircher et al.* (Chloe, 3), Amsterdam 1984, 345–383.

100 Zit. nach *van Ingen* (wie Anm. 99), 367. Es handelt sich um ein Lied in einer Ausgabe von 1689.

101 Da exempla dazu benutzt werden können, verschiedene Thesen zu beweisen, besitzen sie also Polyvalenz. Vgl. in diesem Zusammenhang die Diskussion von der Verwendung von

Wenn wir uns Eva Margaretha Frölichs Argumentation mit Bibelstellen wieder zuwenden, handelt es sich also bei ihrer selbstbezogenen Exegese um die Behauptungen, daß sie und Bernd Dörchmann wie Adam und Eva, aber auch wie Moses und Aaron, seien, daß sie wie Maria einen einmaligen Auftrag in der Heilsgeschichte habe, daß sie eine schwache Frau sowie das Sonnenweib der Apokalypse sei und daß man ihrer Botschaft Glauben schenken soll, weil sich Christus nach der Auferstehung zuerst einer Frau zeigte. Bemerkenswert ist, daß sie gar nicht auf die Prophetinnen des Alten Testaments hinweist, die wohl als *exempla* sehr brauchbar hätten sein können. Mir leuchtet nicht ein, weshalb sie in „Mein und des Goldschmitz Berendt Dorchmans Predig-Ampt" ihre Bibelauslegung mit dem 2. Psalm beginnen läßt, wodurch sie keine Gelegenheit bekommt, Texte wie Ruth und Esther zu behandeln.

Etwas Auffallendes bei der Prophetenkonstellation Dörchmann – Frölich ist übrigens, daß es sich dabei um einen Propheten handelt, der eine Mitprophetin und Verkünderin hat. Die Konstellation Mann – Frau ist gar nicht ungewöhnlich bei prophetisch begabten Personen, aber üblich ist, daß das Verhältnis umgekehrt ist, nämlich eine Prophetin mit einem Mann, der die Botschaft aufzeichnet und verbreitet. Visionärin – Beichtvater ist beispielsweise eine traditionelle Erscheinung in der mittelalterlichen Mystik.[102] Was Bernd Dörchmann und Eva Margaretha Frölich betrifft, ist die Erklärung sicher die, daß der Goldschmied aus sozialen Gründen sehr begrenzte Aussichten hatte, seine Botschaft zu verbreiten. Zweimal hatte er beispielsweise versucht, beim König eine Audienz zu erhalten, was ihm aber nicht gelungen war. Eva Margaretha Frölich – die Adelige, die mit einem Offizier verheiratet war und außerdem einen Bruder hatte, den der König sehr schätzte[103] – hatte dagegen völlig andere Möglichkeiten, durch Kontakte in Hofkreisen Zugang zum Monarchen zu bekommen. Daß sie sich so stark für ihre nationale Eschatologie engagierte, hängt sicher mit der damaligen politischen Lage zusammen sowie mit sozialgeschichtlichen Umständen.[104]

Wichtig hervorzuheben ist schließlich, daß wir der Rede der Eva Margaretha Frölich von Dörchmann als einem armen, verachteten Handwerker und sich selber als einer schwachen Frau nicht allzuviel Glauben schenken sollten.

Beispielen in *C. Perelman*, Das Reich der Rhetorik: Rhetorik und Argumentation, München 1980, 111 ff. Interessant sind hier auch die Ausführungen zur Mythenrezeption in: *H. Blumenberg*, „Wirklichkeitsbegriff und Wirkungspotential des Mythos", in: *M. Fuhrmann* (Hrsg.), Terror und Spiel: Probleme der Mythenrezeption (Poetik und Hermeneutik, 4) München 1971, 11–66, bes. S. 66.

102 Ein deutliches Beispiel wäre hier die hl. Birgitta. Auch kann hier Antoinette Bourignon erwähnt werden, für deren Gedanken sich Pierre Poiret eingesetzt hat. Siehe dazu *Björkhem* (wie Anm. 7), passim, und *G. A. Krieg*, Der mystische Kreis: Wesen und Werden der Theologie Pierre Poirets (Arbeiten zur Geschichte des Pietismus, 17) Göttingen 1979.

103 Zur Biographie Carl Gustaf Frölichs, siehe *S. Grauers*, „Generalen och presidenten Carl Gustaf Frölich: En omstridd karolin," Karolinska förbundets årsbok 1966, 87–128.

104 Zu den verschiedenen Faktoren, siehe *Andersson* 1990 (wie Anm. 1).

Goldschmiede waren im späten 17. Jahrhundert durch die Luxuskonsumtion des Adels gewöhnlich weder arm noch verachtet[105], obwohl wir nichts über die wirtschaftliche Stellung Dörchmanns wissen. Daß Eva Margaretha Frölich eine schwache Frau gewesen sein soll, ist kaum glaubhaft, besonders wenn wir ihr Auftreten bei der Verbreitung ihrer prophetischen Botschaft bedenken.[106] Statt dessen muß ihre Darstellung von Dörchmann und sich selber als klein und verachtet als rhetorische Argumentation von der Art betrachtet werden, die E. R. Curtius „affektierte Bescheidenheit" nennt.[107] Es handelt sich hier – wie in der in dieser Arbeit analysierten Schrift überhaupt – gar nicht um unmittelbare autobiographische Aussagen, sondern um eine Selbstdarstellung, die einem bestimmten rhetorischen Zweck – der Gewinnung von Autorität im theologischen Diskurs – angepaßt ist.

---

105 Siehe *M. Revera*, „1600-talsbönderna och deras herrar: Om jordägande, skatter pch samhällsförändring i ljuset av nyare forskning," in: *Inger* (wie Anm. 34), 13–45, 41.

106 Zu beachten ist hier auch, daß sie zu einer adeligen Oberschicht gehört, die in Schweden etwa 0,5% der Bevölkerung umfaßte. Siehe *S. Dahlgren*, „1600-talets ståndssamhälle," in: *Ders. et al.*, Kultur och samhälle i stormaktstidens Sverige, Stockholm 1967, 9–40, 12.

107 Siehe *Curtius* (wie Anm. 91), 93 ff.

Markus Matthias

‚Enthusiastische' Hermeneutik des Pietismus, dargestellt an Johanna Eleonora Petersens „Gespräche des Hertzens mit GOTT" (1689)[1]

1. *Einleitung*

1.1 *Johanna Eleonora Petersen geb. von und zu Merlau als Gestalt des frühen Pietismus*

Neben Philipp Jakob Spener (1635–1705) und Johann Jakob Schütz (1640–1690) gilt Johanna Eleonora von und zu Merlau (1644–1724) als die dritte Säule der pietistischen Urgemeinde in Frankfurt am Main, jedenfalls bis zu ihrer Heirat mit Johann Wilhelm Petersen (1649–1726) im Jahre 1680.[2] Obwohl sie sich erst viereinhalb Jahre (Anfang 1675) nach Einrichtung des ersten Collegium pietatis (August 1670), das den Beginn der pietistischen Bewegung in Deutschland markiert, in Frankfurt niederläßt, wird sie schon bald (1676) zu einer führenden Persönlichkeit der nun an das öffentliche Licht tretenden Frankfurter ‚Pietisten'.

Im Saalhof, wo die adlige Dame bei der Witwe Maria Juliane Baur von Eyseneck (1641–1684) logiert, findet sie nicht nur eine lang ersehnte Unterkunft abseits vom Treiben der Adelshöfe, sondern auch ein geistiges und geistliches Zuhause. Unter ihrem Einfluß wird der Saalhof mit seinen privaten Konventikeln schnell zu einem zweiten Brennpunkt der pietistischen Bewegung neben Speners öffentlichem Hauptkolleg. Im Saalhof scheinen sich vor allem diejenigen zu versammeln, die in besonders radikaler Weise nach Inhalt und Konsequenzen des christlichen Glaubens fragen, indem sie dabei wenig Rücksicht auf staatskirchliche Belange oder ein kirchliches Amt nehmen.[3]

Johanna Eleonora Petersen geb. von Merlau wird daher gewöhnlich dem

[1] Leicht überarbeiteter Vortrag, gehalten während des Arbeitsgespräches „Radikaler Pietismus" vom 21. bis 24. Oktober 1988 in der Herzog-August-Bibliothek Wolfenbüttel.

[2] Vgl. *Joh. Wallmann*, Philipp Jakob Spener und die Anfänge des Pietismus (Beiträge zur historischen Theologie 42), 2. Aufl. Tübingen 1986, 198.

[3] Vgl. *Markus Matthias*, Das pietistische Ehepaar Johann Wilhelm Petersen und Johanna Eleonora Petersen geb. von und zu Merlau. Eine Biographie bis zur Amtsenthebung Petersens im Jahre 1692. Mit einem Verzeichnis der Werke des Ehepaares. Diss. theol. Erlangen, 1988, 97–108 (erscheint demnächst).

Radikalpietismus zugerechnet.[4] Bekanntlich stammt der Begriff aus dem 19. Jahrhundert und wurde besonders durch A. Ritschls ‚Geschichte des Pietismus' (3 Bde, 1880–1886, Neudruck 1966) als wissenschaftliche Bezeichnung in die Forschung eingeführt.[5] In seinem Forschungsbericht über den Radikalpietismus hat Hans Schneider den Begriff hinsichtlich seiner heuristischen Berechtigung problematisiert, indem er nach dem inneren Zusammenhang von ‚kirchlichem' und ‚radikalem' Pietismus fragt.[6] Abgesehen von der notwendigen Überprüfung wissenschaftlicher Begrifflichkeit stellt sich die Frage historisch gerade angesichts der Personenkonstellation in der Frankfurter pietistischen Urgemeinde. Bevor hierauf mit einer geschlossenen Gesamtdeutung der inneren Einheit und des Wesens des Pietismus geantwortet werden kann, müssen die einzelnen, herausragenden Gestalten in ihrer Eigenart verstanden und in ihrem Stellenwert für den Pietismus allgemein beurteilt werden. Die folgende Untersuchung soll dazu einen Beitrag leisten.

Meine These lautet: Das Pietistische an Johanna Eleonora Petersen ist ihre ‚enthusiastische' Hermeneutik. Der Begriff ‚enthusiastisch' sei hier so nüchtern verwendet, wie ihn Spener in seiner Schrift gegen Dilfeld (Gottesgelehrtheit 1680, S. 330)[7] etymologisch erklärt. Danach ginge es um eine Hermeneutik, deren Charakteristikum „ein Göttlicher Trieb im Menschen" ist. Eine Hermeneutik wäre in diesem Sinn ‚enthusiastisch' zu nennen, wenn der Gegenstand ihres Verstehens nicht das Schriftwort (oder sein Sinn) an sich, sondern der Geist ist, aus dem heraus die Worte der Bibel gesprochen wurden und der in irgendeiner Weise in der Person des Auslegers Platz greift. Während die Worte der Bibel an sich gegenüber der Person des Auslegers etwas fremdes sind, kann der in dem Ausleger wirkende Geist, der dabei mit dem Geist des Auslegers zusammenfällt, Gegenstand der Selbst-Erfahrung werden. ‚Enthusiastische' Hermeneutik bezieht sich also nur über die Selbst-Erfahrung auf das biblische Wort. Die Wahl des Begriffes soll zugleich auf die Polemik der orthodoxen Theologen gegen diese Art des Umgangs mit der Heiligen Schrift hinweisen und schließlich zu der Frage Anlaß geben, ob ein innerer Zusammenhang zwischen der pietistischen Bibelauslegung und dem Auftreten enthusiastischer Personen (Rosamunde Juliane von der Asseburg u. a.) im Bereich des Pietismus besteht.[8]

Die enthusiastische Hermeneutik läßt sich m. E. als systematischer Brennpunkt von Johanna Eleonora Petersens ‚pietistischem' Denken und Handeln

[4] S. z. B. die Bibliographie in PuN. Petersen-Arbeiten werden dort unter „Gottfried Arnold und der radikale Pietismus" verzeichnet.

[5] *Hans Schneider*, „Der radikale Pietismus in der neueren Forschung", in: PuN 8 (1982), 15–42 und PuN 9 (1983), 117–151, bes. 8 (1982), 19.

[6] Wie Anm. 5.

[7] Vgl. auch *J. W. Petersen*, Beweißthum des Chiliasmi Sancti 1694, 7.

[8] So hat man z. B. Rosamundes Offenbarungen mit den Herzensgesprächen Johanna Eleonoras verglichen; jene seien „fast von Wort zu Wort ausgeschrieben" aus „der Johannae Eleon. Merlauin ihre tändeleyen" (*J. H. Feustking*, Gynaeceum haeretico-fanaticum 1704, 143).

verstehen, wie es dann konsequent und insofern ‚radikal' zum Konflikt mit der Amtskirche führte.[9] Ihre Weise, die Schrift auszulegen, soll im folgenden näher beschrieben werden. Ich beschränke mich also auf eine Charakterisierung der religiösen Praxis Johanna Eleonora Petersens und lasse zwei wichtige historische Fragestellungen außer acht, nämlich jeweils die Frage nach der konkreten Einbettung dieser Hermeneutik zum einen in die Meditationsliteratur des 17. Jahrhunderts und zum anderen in die Entwicklung der (modernen) Hermeneutik, deren prägnante Formulierung gewöhnlich mit F. D. E. Schleiermacher (1768–1834) angesetzt wird.[10]

Die wissenschaftliche Forschung ist sich darin einig, daß Johanna Eleonora von Merlau eine wichtige Position in der Frankfurter pietistischen Bewegung innehatte. Das gilt nicht nur für die Faszination, die von ihrer strengen und skrupulösen Frömmigkeit, ihrem wachen Geist und ihrem standhaften Charakter ausgeht, oder für ihre Fähigkeit, Menschen um sich zu sammeln und sie zu führen, sondern auch gerade für ihre theologische und religiöse Gedankenwelt. In unglücklichem Gegensatz zu der offenkundigen Bedeutung, die der Freiin in der Frankfurter Bewegung für die fünf Jahre nach Erscheinen der Pia Desideria (1675) zuzumessen ist, steht der Befund, daß aus jenen Jahren praktisch keine eigenen schriftlichen Zeugnisse von ihr überliefert sind, die ein schärferes Bild von ihrer Theologie und Frömmigkeit zeichnen ließen.[11] Es scheint so, als seien wir für die erste und so wichtige Hälfte ihres Lebens sowohl auf Nachrichten über sie aus zweiter Hand als auch auf ihre im Rückblick verfaßten Lebensbeschreibungen angewiesen.[12]

Zum ersten Mal wird sie für den Historiker mit ihrer ‚ipsissima vox' in einem kleinen Oktavbändchen greifbar, das am Anfang des Jahres 1689 bei Siegfried Ripenau in Plön erschien und den Titel trägt: „Gespräche des Hertzens mit GOTT" (in zwei Teilen).[13] Der Titel gibt das Werk als Erbau-

[9] Zum Problem der enthusiastischen Hermeneutik bei Johann Wilhelm Petersen vgl. *Matthias* (wie Anm. 3), 62–81 und 200–209.

[10] Vgl. *G. Sauter*, Art. Hermeneutik (3. Philosophische und theologische H.), in EKL^3 2, 1989, Sp. 497.

[11] Eine Ausnahme bildet ihr Supplikationsschreiben an den Frankfurter Magistrat im Jahre 1678 (vgl. *Matthias,* aaO., 104f.).

[12] Zu nennen sind v.a. die Briefe Speners an sie in ThB 3 (1702), 68–99, dann die Briefe Gichtels in Theosophia practica (1722) 1768. (Vgl. *G. Zaepernick*, „Johann Georg Gichtels und seiner Nachfolger Briefwechsel mit den Hallischen Pietisten besonders mit A. H. Francke", in: PuN 8 (1982), 74–118.) Die nach und nach fortgeführte Lebensbeschreibung findet sich zuerst als Anhang zu den ‚Gespräche(n) des Hertzens mit GOTT' (1689), später als Anhang zu der Lebensbeschreibung ihres Mannes (1718 und 1719).

[13] *Ritschl*, aaO., 231f. gibt als Erscheinungsjahr 1688 und als Verlagsort Frankfurt und Leipzig an. Mir ist ein solches Exemplar nicht bekannt. Wahrscheinlich hat Ritschl ein Exemplar der 2. Auflage (Frankfurt und Leipzig 1694) benutzt, da er auch von den Kupfern spricht, die erst in der 2. Auflage zu finden sind (s. bei Anm. 19). Seine rückschließende Datierung der Erstauflage wäre von der Datierung des Geleitwortes Kortholts (Dezember 1687) her verständlich.

ungsbuch zu erkennen. Hier wird ohne ein kirchlich vermittelndes Amt die direkte Gottesbeziehung gesucht.

Die ‚Herzensgespräche' (HG) sind eine Sammlung von in Gebetsform abgefaßten Meditationen über eine Reihe von Bibelversen, vornehmlich aus den Bußpsalmen und aus dem Hohen Lied. Sie umfassen durchschnittlich 2–3 Oktavseiten. Die den Andachten zugrundegelegten Bibelverse, einschließlich ihrer Reihenfolge, sind mit Ausnahme der letzten vier des ersten Teils und des gesamten zweiten Teils einer Vorlage entnommen, und zwar Hermann Hugos (1588–1639) ‚Pia Desideria'.[14]

Der zweite Teil der HG umfaßt 24 Andachten. Auch sie stehen, wie die zweite Auflage 1694 zeigt, in einem ursprünglichen Zusammenhang mit einem emblematischen Bilderzyklus, und zwar aus der Tradition des „Cor Jesu Amanti Sacrum" von Antoon Wierix (16./17. Jhrt.).[15] Dessen ursprünglich achtzehn Bilder sind in den HG (2. Teil, Andachten Nr. 2–23) um vier vermehrt; sie entstammen also einer erweiterten Ausgabe des Wierix. Wahrscheinlich diente als Vorlage: Christian Hoburg, Lebendige Herzens-Theologie/ Das ist: Andächtige Betrachtung/ wie Jesus im Hertzen inwohne und würcke/ und im Hertzen der Liebhabenden sey ALLES. Mit schönen Bildern und artigen Kupffer-stücken vor diesem vorgestellet: Jetzo aber auß Liebe mit Versen/ Soliloquien, Seufftzern und Bildern in 22. Kupffern vermehret ..., Amsterdam 1661.[16] Dem Bilderzyklus von Wierix ist eine Zuordnung von Bibelversen zu den einzelnen Bildern ursprünglich fremd. Auch bei Hoburg ist sie nicht zu finden. Möglicherweise hat J. E. Petersen selbst passende Bibelverse ausgesucht, was der biblisch-biblizistischen Orientierung ihrer Theologie entsprechen würde.

1.2 *Die Herzensgespräche als Quelle für die religiöse Gedankenwelt Johanna Eleonora Petersens*

Wir fragen zunächst nach dem Quellenwert, der den HG für eine Charakterisierung Johanna Eleonora Petersens in der Frühzeit der pietistischen Bewegung in Frankfurt zukommen kann. Möglicherweise können die HG einen Eindruck davon vermitteln, wie im Frankfurter Saalhof die Bibel ge-

[14] Mir lagen vor (NSuUB Göttingen): Lateinische Ausgaben: Antwerpen 1632 und Eisenach 1727 sowie die Deutsche (gereimte) Ausgabe (‚Gottsälige Verlangen'): Danzig 1662. Hugos Werk sind auch die Kupferstiche entlehnt, die in den späteren Ausgaben der HG zu finden sind (s. u.).

[15] Vgl. *John B. Knipping*, Iconography of the Counter Reformation in the Netherlands 1, Leiden 1974, 99–101.

[16] Vgl. *G. Dünnhaupt*, Bibliographisches Handbuch der Barockliteratur, Bd. 2, 1981, 874; ich beziehe mich auf die (3.) Auflage, Frankfurt a. M. und Amsterdam: G. Seyler und H. Betke 1676 (vh LB Darmstadt). Gegen *Dünnhaupt*, aaO., ist festzuhalten, daß sich die Worte „vor diesem" nicht auf Hoburgs Theologia Mystica beziehen, sondern auf Hoburgs französische Vorlage.

lesen und im Hinblick auf die Erbauung der ecclesiola in ecclesia verstanden wurde. Albrecht Ritschl, der in seiner Gesamtdarstellung – soweit ich sehe – als einziger Forscher Interesse für dieses Werk zeigt, meint aus inhaltlichen Gründen, daß die HG „aus der frühern Lebenszeit der Verfasserin herrühren, vielleicht gar vor ihrer Ansiedlung in Frankfurt geschrieben sind".[17] Anders als die zwei Jahre später erschienenen ‚Glaubens-Gespräche mit Gott' (1691) verrieten die HG nichts vom Einfluß Speners. Sie seien vielmehr in der Tradition des vertraulichen Umgangs der Seele mit dem Heiland und Seelenfreund entstanden und zeigten, daß Johanna Eleonora Petersen ursprünglich in der „Schule der (scil. Arndtschen) Frömmigkeit heimisch" sei.[18] Wenn ich auch Ritschls inhaltliche und motivgeschichtliche Begründung nicht teilen kann, so hat seine Vermutung, daß die HG in Bezug auf ihre Konzeption oder ihren theologischen Ansatz auf frühere Jahre, mindestens auf die Frankfurter Zeit zurückgehen, in der Tat einiges für sich.[19]

Am Anfang des Jahres 1689 waren die HG in Plön erschienen.[20] Die Wahl von Druck- und Verlagsort liegt darin begründet, daß das Werk, wie die Vorrede Christian Kortholts vom 19. Dezember 1687 zeigt, noch im benachbarten Eutin zur Veröffentlichung vorbereitet und in den Druck gegeben worden war, also vor der Übersiedlung der Petersens nach Lüneburg zum Ende des Jahres 1688. Die Veröffentlichung hatte sich aber verzögert, da die HG ursprünglich mit den Kupferstichen von H. Hugo und A. Wierix illustriert werden sollten, die erst den beiden folgenden Auflagen (Frankfurt und Leipzig bei Johann Heinichen 1694 und 1715)[21] beigefügt werden konnten. Als sich abzeichnete, daß die Anfertigung der Kupferstiche zu langwie-

---

17 *Ritschl*, aaO., 231–233 bes. 232.

18 *Ritschl*, aaO., 228 und 231.

19 Zum einen ist die Nähe Johanna Eleonora Petersens zu Spener hinsichtlich den in den HG geäußerten Vorstellungen über die ‚Wiedergeburt' offenbar (vgl. *M. Schmidt*, „Speners Wiedergeburtslehre", in ders., Wiedergeburt und neuer Mensch. Gesammelte Studien zum Pietismus (AGP 2), Witten 1969, 169–194). Zum anderen läßt sich die Einordnung der HG in die Tradition der Seelenfreundliteratur nicht halten, wie die von H. Hugo übernommenen Kupfer mutmaßen lassen. Allein die seltene explizite Anrede an Jesus und die häufige Anrede „Vater" verbieten das.

20 Die HG sind bei *Mitchell*, A Bibliography of 17th Century German Imprints in Denmark and the Dutchies of Schleswig-Holstein, Vol. 1–2 (University of Kansas Publications, Library Series 28), Kansas 1969, s. v. nicht als Verlagswerk Ripenaus verzeichnet. Zum Drucker Tobias Schmidt s. ebd., s. v., sowie *August Niemann* (Hg.), „Johann Adrian Bolten's Entwurf einer (...) Buchdruckergeschichte", in: *ders.*, (Hg.), Miscelaneen historischen, statistischen (...) Inhalts, Bd. 2, Leipzig 1799/1800, 206–209 sowie *J. Benzing*, Die Buchdrucker des 16. und 17. Jahrhunderts im deutschen Sprachgebiet (Beiträge zum Buch- und Bibliothekswesen 12), 2. verbess. Aufl., Wiesbaden 1982, 382 und *J. C. Kinder*, Urkundenbuch zur Chronik der Stadt Plön, Plön 1890, 294–302 (Nr. 189).

21 S. Werkverzeichnis (wie Anm. 3). Zu Heinich(en) s. *Kapp-Goldfriedrich*, Geschichte des dt. Buchhandels 2, Leipzig 1908, 342; *J. Benzing*, „Die dt. Verleger (...)", in: Archiv für Geschichte des Buchwesens 18 (1977), 1163 und (zu s. Tod) *S. Schelwig*, Erweis, daß Spener in der eilfertigen Vorstellung sich übereilet, Danzig 1697, 5.

rig sein würde, gab Johanna Eleonora Petersen ihr Erstlingswerk mit nur zwei Illustrationen heraus. Sie stammen bereits aus Lüneburg von dem dortigen Kupferstecher Johann Masting. Am 2. März 1689 berichtet Johanna Eleonora Petersen in einem Brief an Christian Kortholt (1633–1694), den Kieler Theologie-Professor und Spener-Freund, von der eben erfolgten Fertigstellung der zwei Kupfer und sendet ihm beiliegend sechs Exemplare ihres „einfeltigen wercklein(s)".[22] Für die Fertigstellung des Manuskripts der HG ergibt sich also der Anfang des Jahres 1689 als terminus ante quem, ein gutes Jahr nach der Vorrede Chr. Kortholts (s. o.).

Der Beginn der Niederschrift der HG liegt zur Zeit der Drucklegung schon einige Jahre zurück. In einem Brief der Verfasserin an Kortholt vom 19. Januar 1686, offenbar einem Begleitbrief zur Übersendung des Manuskripts, schreibt sie: „Ich bin fast 2. Jahr her [= Mitte? 1684] von einem guten freund[23] dazu angetrieben worden über die Kupffer des bekannten Hermanni Hugonis einige Hertzensgespräch zu machen, wofür ich mich lange gewehret, weil mich gedäucht keine Gnade dazu zu haben, als ich mich aber vergangenen Herbst [= 1685] darzu bereden laßen, in betrachtung daß bey meinen vielen haußgeschäfften, noch einige Erquickung in Gott mir machen konte, habe ich nichts anders schreiben können noch mögen, als das was ich in meiner Praxi erfahren habe und wie solche Schrifftörter mir sind empfindl. worden."[24] Die HG sind damit eine Quelle für Johanna Eleonora Petersens Frömmigkeit vor ihrer (und ihres Mannes) dezidierten Hinwen-

---

[22] JEP an Chr. Kortholt, Lüneburg, den 2. 3. 1689 (UB Kiel, S. H. 406).

[23] Vgl. die floskelhafte Wendung von der „Veranlassung eines Christl. Freundes", in: HG, An den Christl. Leser, Bl.)(VI^{b}. Wer dieser Freund war, ist unbekannt. Immerhin kann Johanna Eleonora Petersen Hugos Werk durch ihren Mann kennengelernt haben, der als Professor in Rostock (1677) seinerzeit über Hugos Pia Desideria Vorlesungen gehalten hatte (Das Leben Jo. Wilhelmi Petersen 1717, 28). Zu bedenken ist ferner, daß die Autorin sich in einer (kurze) Tradition ‚pietistischer' Bearbeitungen von Hugos Werk stellte. So hat *Petrus Serrarius* (ca. 1600–1669) dieses seinem Buch ‚Goddelycke aandachten ofte Vlammende begeerten eens boetvaerdige geheijligd en liefrijcke Ziele' [1653] zugrundegelegt. *Christian Hoburg* (1607–1675) wiederum hat Serrarius' Werk ins Deutsche übersetzt und als ‚Emblemata sacra' (1661) herausgegeben (vgl. Willem Heijting, „Hendrick Beets, publisher to the German adherents of Jakob Böhme in Amsterdam", in: Quaerendo 3 (1973), 250–280 bes. 262f.). Die HG sind jedoch nicht einfach eine Fortsetzung dieser Tradition. Bei Hugos, Serrarius' und Hoburgs Bearbeitungen handelt es sich um emblematische Erbauungsbücher, deren einzelne Meditationen im wesentlichen aus einem Bibelvers (superscriptio), einem Kupferstich (pictura) und einem geistlichen Gedicht (subscriptio) bestehen. Anders die HG: 1) Sie können offenbar auf die Kupfer verzichten. 2) Es fehlt die charakteristische Dreiteilung in Buße, Erleuchtung, Vereinigung (je 15 Andachten). 3) Es fehlt die geistliche Dichtung im Sinne poetischer Kunstfertigkeit. An ihre Stelle tritt ‚natürliche' Rede. Zu Serrarius' Bearbeitung s. *Karel Meeuwesse*, „Een teruggevonden werkje van Petrus Serarius. Een pietistische Bewerking van Hugo's Pia Desideria", in: Studia Catholica 25 (1950), 241–263 und *ders.*, Goddelycke Aandachten. Een teruggevonden werkje van Petrus Serarius. Een voorbeeld van Luykens Jesus en de Ziel", in: De Nieuwe Taalgids 43 (1950), 317–323.

[24] SuUB Hamburg, Sup. Ep. 4° 52, Bl. 372f.(–374). Der bei *Nilüfer Krüger*, Supellex Epistolica Uffenbachii et Wolfiorum (...) (Katalog der Handschriften der SuUB Hamburg 8/1.2), Bd. 1–2, Hamburg 1978, s. v. angegebene Adressat Ph. J. Spener ist zu korrigieren (wie auch für

dung zum Chiliasmus, den sie als biblisch begründete Wahrheit nach ihrem eigenen Zeugnis erst im Jahre 1685 entdeckten.[25] Diese Feststellung wird durch die Beobachtung bekräftigt, daß jedenfalls der 1. Teil der HG, nämlich die Meditationen zu H. Hugos Motivkreis, nichts von dem spezifischen Chiliasmus vorbringt, den die Petersens seit ca. 1690 öffentlich vertreten.[26] Vor allem fehlt in diesem ersten Teil der HG der Gedanke der ersten Auferstehung der Heiligen. Die in den HG wohl zu Wort kommende Eschatologie ist allgemein gehalten und hat als Inhalte die Erwartung des Reiches Christi[27] und eine (orthodoxe) Erwartung des nahen Gerichtes. So kann Johanna Eleonora Petersen zur Buße aufrufen, indem sie zu bedenken gibt, „was uns hernach begegnen möchte/ wenn diese kurtze Zeit zu Ende gelauffen/ da ist der Tod/ das jüngste Gericht/ und die ewige Verdammnis für alle/ die unbedachtsam ihren Wandel geführet".[28] Erst im 2. Teil der HG, der vielleicht erst in der Zeit zwischen Christian Kortholts Vorrede (Dezember 1687) und der Veröffentlichung (Anfang 1689) entstand[29], vertritt sie deutlicher Elemente einer pietistischen Eschatologie, etwa die künftige Bekehrung der Juden.[30] Können wir somit die HG als Quelle für Johanna Eleonora Petersens religiöse Gedankenwelt vor ihrer Hinwendung zum Chiliasmus einordnen, so läßt sich vermuten, daß die HG noch in etwa die Frömmigkeit ihrer Frankfurter Zeit widerspiegeln. Denn bekanntlich war sie schon da-

---

den dort verzeichneten Brief o. D., der ebenfalls an Chr. Kortholt adressiert war). Es handelt sich bei diesem Brief um eine Abschrift.

25 Vgl. *Matthias* (wie Anm. 3), 211–213.

26 Vgl. *Matthias* (wie Anm. 3), 235–244.

27 Warten auf den Tag von Christi Erscheinung: Widmung, 1. Teil)(ii^{a}f., HG I, 2 (S. 5), 6 (S. 20), 38 (S. 126), 42 (S. 138f.), 45 (S. 146–148), HG II, 24 (S. 234). Einzug in das Reich Christi: HG I, Widmung (S. 4), 18 (S. 66), 39 (S. 131), 46 (S. 151), 49 (S. 160); Erwartung des kommenden Vaterlandes: HG I, 31 (S. 106f.); Gläubige als Mitrichter und Könige: HG I, 31 (S. 107); vorausgehende Zeiten der Bedrängnis: Widmung, 1. Teil,)(ii^{a}f., HG I, 2 (S. 5), II, 10 (S. 187), 11 (S. 189); Vorgeschmack der Erfüllung: HG I, 38 (S. 124f.), 39 (S. 127f.), 45 (S. 147).

28 HG I, 15 (S. 51).

29 *J. Moller*, Cimbria literata 3, 1744, 362ff. bes. 375 (unter Berufung auf *S. Schelwig* (wie Anm. 21), 44–46 und *J. H. Feustking*, Gynaeceum haeretico-fanaticum 1704, 469–471) gibt an, daß Kortholt nur den ersten Teil der HG gesehen und dazu einige Verbesserungsvorschläge gemacht habe. Kortholt soll sich gegenüber seinen ungenannten Tischgenossen, „die noch im Leben sind und theils ansehnliche Ehren=Aemter bekleiden" und schriftlich gegenüber J. E. Petersen darüber beschwert haben, daß sie die von ihm angemahnten Stellen nicht geändert, vielmehr manches verschlimmert und den zweiten Teil hinzugefügt habe. Trotzdem scheint es zu keiner nachhaltigen Verstimmung zwischen Kortholt und den Petersens gekommen zu sein, da Petersen sich auch später (1691) noch an ihn mit einer Bitte um Stellungnahme zu den Offenbarungen der R. J. von der Asseburg wendet; vgl. *Matthias* (wie Anm. 3), 355.

30 Z. B. HG II, 11 (S. 193): „Nun/ wir wissen/ daß die Zeit nahe ist/ daß dein Israel sol bekehret/ und diese Verheissung an uns erneuert/ und auch an ihnen erfüllet werden/ so werden wir alle zusammen ein Israel Gottes seyn/ und deine Gebot in unser Hertz und Sinn geschrieben finden." Vgl. HG II, 16 (S. 208) und 19 (S. 217) oder HG II, 9 (S. 185): „Du bist ein König/ und machest uns alle zu Königen und Priestern für Gott deinem Vater/ und wir werden auch Könige seyn auff Erden; nicht auff dieser Erden/ die unterm Fluch lieget/ sondern in der neuen Erden/ da dir alles wird unterthan seyn/ da wir mit dir regieren werden."

mals wie vor ihrer Ansiedlung in Frankfurt eine eifrige Bibelleserin, der es gerade um das Verständnis einzelner Bibelverse ging.[31] Die Vermutung, daß diese Art ihrer Bibellektüre mindestens bis in die Frankfurter Zeit zurückreicht, wird schließlich von der Tatsache gestützt, daß sich Johanna Eleonora in der Widmung des zweiten Teils für die Authentizität ihrer HG ausdrücklich auf die Gräfin Benigna von Solms-Laubach-Wildenfels (1648–1702) beruft. Die intensive Freundschaft beider Frauen rührt von der Zeit her, als Benigna ihre Hofhaltung in Wildenfels hatte, und Johanna Eleonora am nur eine halbe Meile entfernten Wiesenburger Hof lebte, also aus der Zeit vor 1675.[32] Wir hätten dann mit den HG ein Dokument, das die religiöse Praxis Johanna Eleonoras während ihrer Frankfurter Zeit (1675–1680) widerspiegelt und uns vielleicht darüber Aufschluß gibt, was jene Frau theologisch lebte und lehrte, die so viele Menschen in ihren Bann gezogen hat. Möglicherweise – davon war ich ausgegangen – hat sie nicht nur als Person, sondern auch mit ihrer Theologie gewirkt und auf diese Weise die Verbreitung des Pietismus gefördert.

2. *Die ‚Herzensgespräche' als Erfahrungstheologie*

Einen ersten Zugang zum Verständnis der HG nehme ich über die Einschätzung, die der erste Leser, Christian Kortholt, in seinem Geleitwort gibt. In seiner gelehrten Vorrede versucht der Kieler Professor, Johanna Eleonora Petersen in eine Frömmigkeitsgeschichte der Frau einzuzeichnen. Er beginnt mit den Nachrichten über Jüngerinnen in der Umgebung Jesu, hebt die tragende Rolle der Frauen in der vorkonstantinischen Zeit heraus und führt dann einzelne herausragende Beispiele aus der Zeit der Alten Kirche an, um schließlich mit den positiven Einschätzungen der weiblichen Frömmigkeit bei einzelnen zeitgenössischen Schriftstellern zu enden.[33] Nach diesem kirchengeschichtlichen Überblick stellt er resümierend fest, daß es auch in seiner Zeit noch möglich sei, „Weibes=Personen zu finden/ die bey allen Begebenheiten ihren wahren lebendigen Glauben und ungefärbtes

[31] Vgl. die Briefe Ph. J. Speners an sie in ThB 3, 1702, 68–99 und *Matthias* (wie Anm. 3), 94.

[32] Widmung, 2. Teil,)(iii^b. Vgl. *Karl Bohn*, „Beiträge zu der Geschichte des alten Pietismus im Solms-Laubacher Land", in: *Hans v. d. Au* u. a. (Hgg.), Ich dien (FS Wilhelm Diehl zum 60. Geburtstag), Darmstadt 1931, 148–178 bes. 149.

[33] *Kortholt* folgt in seinen Ausführungen ausdrücklich (s. HG, Vorrede, S. [6]) Gedanken, die er bereits früher in einer Predigt mit dem Titel ‚Weiblicher Tugend=Spiegel' (Kiel 1682) niedergelegt hatte. Er hatte im Jahre 1682 diese Schrift J. E. Petersen geschickt, die nach eigenen Worten dadurch aufgemuntert worden sei, „nachzufolgen dem guten Exempel der tugendsamen Weibs=personen die darinnen vorgezeiget werden" (JEP an Kortholt, Eutin, den 19. 9. 1682 (UB Kiel, S. H. 406)). Dieses Exempel war im besonderen die Person Maria Elisabeth Niederstettens (1640–1681) (vgl. *Jöcher* 3 (1751), 1961, Sp. 935), von deren „aus Göttlichem trieb geflossene[n] Sprüche[n] und Seuffzer" *Kortholt* einige in seinem ‚Tugendspiegel' veröffentlichte (vgl. ebd., § 14, 19). Die Hofrätin Niederstetten stellt für Kortholt offenbar einen ähnlichen Frömmigkeitstyp wie die Frau Petersen dar.

Christenthum in allerhand heiligen Wercken dergestalt hervorleuchten lassen/ daß sie in vielen Stücken obgedachten hochlöblichen Weibes=Personen der alten Kirchen mit gutem Fuge gleich geschätzt werden können".[34] Damit hat Christian Kortholt eine apologetische Situation geschaffen, in der er nun die Persönlichkeit der Frau Petersen, ihren lebendigen Glauben und ihre heiligen Werke freimütig würdigen kann.

Es wäre sicherlich falsch, Kortholts Vorrede mit den Augen moderner Apologie für Frauen-Emanzipation zu lesen. Seine Ausführungen verbinden vor dem Hintergrund eines apostolisch begründeten grundsätzlichen Laientums der Frau (1.Kor 11) den Gedanken des Laienapostolats mit der Erfahrung, daß in der Kirchengeschichte eine Frauenfrömmigkeit anzutreffen sei, die zu allen Zeiten wegen ihres persönlichen Einsatzes oder Eifers hoch geschätzt wurde und auch in der Gegenwart große Beachtung verdiene. Anders gesagt: Laienapostolat steht hier akzentuiert gegen Wissenschaft und ‚Profitum', und das drückt sich sprachlich im Lob weiblicher Frömmigkeit aus, die in den HG als Bibelauslegung wirksam wird.

Der Kieler Professor legt nämlich bei seiner Würdigung das Hauptaugenmerk auf Johanna Eleonora Petersens fleißiges Studium und ihre tiefe Kenntnis der Bibel. Er vergleicht sie darin mit der (ebenfalls adligen) Christin Marcella (325/334–410) im Alten Rom.[35] Johanna Eleonora Petersen nennt er eine „geübte(n) und erfahrne(n) Schrifft=Auslegerin"[36], die sich beharrlich mit schwierigen und dunklen Schriftstellen auseinandergesetzt und darüber das Gespräch gesucht habe. Mittlerweile sei sie soweit gekommen und so erfahren, daß sie selbst Auskunft und Entscheidungen in exegetischen Fragen geben und treffen könne. Ihre Interpretationen kommen dabei aus einem „in der That selbst bestehende(m) Christenthum". Deshalb hat der Kieler Professor nach eigener Angabe die HG mit „sonderbarem Vergnügen" gelesen und sich „im HErrn ... ergetzet".[37]

Was hebt Chr. Kortholt an dieser weiblichen Frömmigkeit hervor? Den wahren Glauben, die erfahrene Schriftauslegung, die lebendige Erkenntnis, das in der Tat bestehende Christentum und nicht zuletzt die heiligen Werke. Das Ziel und die Wirkung der HG bestimmt er als Vergnügen, Ergötztwerden im Herrn und kräftige Erbauung. Aus dem allen leitet er eine geistliche Autorität ab, die er offenbar höher bewertet als die wissenschaftliche Theologie.[38] Kortholt begründet diese besondere Autorität nämlich mit einem

---

34 HG, Vorrede)(III^{b}f.; vgl. *Ritschl*, aaO., 231.

35 HG, Vorrede)(III^{b}; vgl. LThK 6, 1961, Sp. 1375f.

36 HG, Vorrede)(V^{a}; vgl. die positiven Urteile von J. Chr. Schomerus, der anläßlich der Promotion J. W. Petersens (1686) in Rostock in der „allocution ad auditorium" die Frau des Superintendenten „ruhmwürdig" und eine „geschickte Person" nannte (*Feustking*, aaO., 471) und *J. W. Petersen*, Nubes testium veritatis 3, 1696, 46. Vgl. dagegen den Vorwurf der Vermessenheit bei *[F. Chr. Bücher]*, Mundus vult decipi (...) 1697, A3^{a} und *S. Schelwig*, Itinerarium antipietisticum 1695, 80f.

37 HG, Vorrede)(V^{a}ff.

38 Die Parallele zu Speners Theologie und speziell zu seinen ‚Pia Desideria' (1675) ist offenbar

bezeichnenden Vergleich. Wie im ethischen Bereich das vorgelebte Exempel und Vorbild (die ‚Praxis') glaubhafter sei als die bloße Unterweisung und Lehre, so haben die HG im exegetischen Bereich darum Überzeugungskraft, weil und insofern sie aus „eigener Erfahrung und inniglicher Empfindung" geschrieben seien.[39]

Mit diesen Worten bringt Chr. Kortholt sein Urteil über den eigentümlichen Charakter und Wert der HG auf den Begriff. Sein Urteil als Leser deckt sich mit Johanna Eleonora Petersens eigenem Anspruch. In der Widmung des zweiten Teils an die Herzogin Christina von Schleswig-Holstein betont die Verfasserin: „daß dieses kleine Wercklein nicht bloß Wort/ sondern aus Erfahrung geschrieben sind/ wie man denn billich nichts schreiben oder reden solte/ man habe denn eine Gewißheit vor Gott/ und Erfahrung in seinem Hertzen/ ohn welcher man nicht hoffen kann (Röm 5/4)".[40]

Die ‚Erfahrung im Herzen' steht parallel zu der ‚Gewißheit vor Gott', die man wohl als letzte, absolute Gewißheit verstehen darf. Ja, die herausgestellte Parallelität ist letztlich kausal zu sehen: Die Erfahrung im Herzen bringt Gewißheit vor Gott, weil die Herzenserfahrung eine von Gott gewirkte Erfahrung ist.[41]

Bemerkenswert ist ferner die Abwertung des ‚Wortes' als ‚bloßes Wort', sodann die dagegen erhobene Forderung nach ‚Erfahrung'.[42] Auslegung der Bibel kann nur gelingen, wenn Erfahrung im Herzen und Gewißheit vor Gott dazukommen. Die ‚Erfahrung im Herzen' wird man vorläufig mit den Begriffen Kortholts gleichstellen und sie als innerliche oder geistige Erfahrung verstehen können. Innerlich ist diese Erfahrung, insofern sie neben und über die Erkenntnis der Providentia Dei im eigenen äußerlichen Leben gerade angesichts deren Zweifelhaftigkeit und Deutungsambivalenz die nicht weiter hinterfragbare Tat oder Begegnung Gottes in der Seele betont. Johanna Eleonora Petersen erklärt die Bibelverse und macht auf sie „solche Gebete und Seufftzer ..., wie ich solche in meiner Praxi erfahren; habe also die Erklärung nicht aus andern Büchern/ sondern aus meinem Hertzen

---

und bei der bekannten Beziehung Kortholts zu Spener nicht verwunderlich; vgl. PD (ed. *Aland*) 64, 15–21; 68, 20ff.

[39] HG, Vorrede)(V^b mit Verweis auf *Chrysosthomos*, Homilie ad pop. Antioch. 33 und *Lactanz*, Instit., L. IV, 23 und auf das Sprichwort: „Was von Hertzen kömmet/ das gehet zu Hertzen."

[40] Widmung, S. [5]. Vgl. den Zwischentitel in HG II, nach der Widmung (S. [165]): „Ander Theil Der Gespräche des Hertzens mit Gott. Aus ihrem Hertzen im Glauben/ durch Erfahrung auffgesetzet (...)."

[41] Vgl. die Bestimmung der „göttlichen gewißheit" als eine „aus der erleuchtung des geistes GOttes entstandene kräfftige überzeugung des hertzens" bei *P. J. Spener* (ThB 2, 897) oder zwei Generationen später J. W. Fr. Jerusalems Bestimmung des Christentums als „die wahre und große Philosophie, die den Menschen mit seinem Gott und mit seinem eigenen Herzen bekannt macht"; zit. nach *K. Aner*, Die Theologie der Lessingzeit, Tübingen (1929) 96, 151.

[42] Vgl. die Gegensätze von ‚falscher Einbildung' und einer ‚in der Tat' und ‚in der Wahrheit' begründeten Erkenntnis: HG I, 3 (S. 8), 11 (S. 38) oder von ‚Worte haben' und ‚ihre Kraft verleugnen': I, 43 (S. 142) u. ö.

schreiben und verkündigen wollen/ was der HERR an meiner Seelen gethan/ und wie Er mich geführet hat".[43]

(Nur als Vermutung sei hier ausgesprochen, daß der große Apokalypsekommentar der Frau Petersen aus dem Jahre 1696 ‚Anleitung zur gründlichen Verständnis ...' mit seinem Versuch, die biblischen ‚Materien' in eine zukünftige Geschichte zusammenzufügen, das nach außen gewandte Gegenstück der inneren Erfahrung ist. Denn die zukünftige Geschichte wird ja (noch) nicht als Geschichte erfahren; wohl aber ihre gedankliche Möglichkeit, wie sie im Geist der Auslegerin ersteht.[44] Innere Erfahrung findet hier auf der Basis von erlebter Möglichkeit statt.)

Bloßes Wort, das der Erfahrung gegenübersteht, ist die nach hermeneutischen Regeln sich vollziehende Auslegung, richtet sich im wesentlichen nach philologischen Kriterien und zielt auf ein Verstehen als *allgemeine Richtigkeit* von Erkenntnissen, während Johanna Eleonora Petersens Anspruch an ihre Auslegung der einer *unbedingten Gewißheit* ist.[45] Wahrheit in analytischer Bearbeitung der Texte mit einem (cum grano salis) allgemeingültigen Anspruch wird von ihr als ‚bloßes Wort' abgetan; stattdessen proklamiert sie mit verschiedenen Begriffen von lebendigem und aus Erfahrung herkommendem Verstehen jene existentielle Betroffenheit mit höchstem Gewißheitsgrad, für die die subjektive Überzeugung die (allerdings auch allgemeingültige) Wahrheit konstituiert.

Die exegetische, historische und dogmatische Wissenschaft der Orthodoxie war der Meinung, innerhalb bestimmter Voraussetzungen theologische Erkenntnisse zu vermitteln, die den Charakter der zwingenden Einsehbarkeit und die Wirkung der Zustimmung hatten. Hier setzt die implizite Frage Johanna Eleonora Petersens ein. Sie bestreitet die theologischen Wahrheiten nicht, sondern tut sie als zu wenig ab. Ärgerlich ist ihr, daß die wesentliche Wahrheit der Schrift mit dem unwandelbar Gültigen wissenschaftlicher Erkenntnis zu erfassen sei. Sie setzt dagegen eine Gewißheit, die durch das Subjekt des Glaubens (scil. den Menschen) mitkonstituiert wird, nämlich durch ‚Erfahrung'.

Die Subjektivität des Auslegers ist nicht nur Garant der (existentiellen) Überzeugung und damit der Wahrheit, sondern zugleich auch Gegenstand des Verstehens. Das Verständnis der Bibel ist mitbestimmt durch das Subjekt, das von dem Bibelwort getroffen wird. Genauer: Ein wirkliches Verstehen des Bibelwortes geschieht nur durch das Medium der Erfahrung. Denn die von Johanna Eleonora Petersen vertretene Unterscheidung bedeu-

---

[43] HG I, An den Christl. Leser, S. [1]; vgl. HG I, 41 (S. 137). Sie kann nach Röm 8,26 sagen: „Denn dein Geist seufftzet in mir/ und vertritt mich/ nachdem es Gott gefället" (HG I, 1, S. 3).

[44] „Wer wil aussprechen/ was Gott bereitet hat denen die ihn lieben? Du hast es uns offenbahret durch deinen Geist/ daß wir wissen/ was uns gegeben ist/ was sonst kein Auge gesehen/ ..." (HG I, 45, S. 148). Vgl. zur Apokalypseauslegung *Matthias*, aaO., 235–251.

[45] Vgl. *R. Bultmann*, „Das Problem der Hermeneutik", in: Glauben und Verstehen (Ges. Aufsätze), Bd. 2, 3. Aufl., Tübingen 1961, 211–235 bes. 212–216.

tet eine zweifache Richtung der Erkenntnis: Das grammatische Verstehen bleibt bloßes Wort, d.h. ohne wirkliche Erkenntnis und Überzeugung, wenn es nicht von dem erkennenden Subjekt auf seine eigene Erfahrungswirklichkeit bezogen werden kann bzw. eine solche in der Seele schafft. Eben das umschreiben ja die Begriffe der ‚lebendigen Erkenntnis' oder der ‚geistlichen Erfahrung'. Der eine beschreibt den Weg, der andere das Ziel. Beide setzen voraus, daß das Schriftverständnis dann richtig und der Bedeutung der Schrift angemessen ist, wenn es verschiedene, eigene Seelenzustände deutet oder wahrnehmen läßt. Das gilt in ausgezeichnetem Maße, wenn das Bibelwort selbst den Übergang von einer unharmonischen Seelenbefindlichkeit, dem Zustand der Anfechtung, zu einer harmonischen Seelenbefindlichkeit ermöglicht. Entsprechend stellt Frau Petersen ihren Erfahrungsbegriff in den HG in den Zusammenhang von Anfechtung und Glaube, wie sie ihn in Röm 5,3f. (Luther 1545) vorgezeichnet sieht: „Sondern wir rhümen vns auch der Trübsaln/ die weil wir wissen/ Das trübsal gedult bringet/ Gedult aber bringet erfarung/ Erfarung aber bringet hoffnung."[46] Schon in dem Anordnungsprinzip des ersten Teils läßt sich das zeigen. Dessen erste Hälfte (bis Nr. 22) besteht vornehmlich aus Aussagen über Anfechtungen und das Gefühl der Gottesferne. Die zweite Hälfte ist hingegen der überwundenen Anfechtung und der wiedergewonnenen Gottesnähe gewidmet. In der äußeren Anfechtung selbst liegt die Möglichkeit des Umschwungs. Auf Grund der Verachtung und des Hasses, die ihr begegnen, sieht sie sich in der Situation derer, die Jesus seligpreist (Lk 6,22): „Warlich/ meine Seele hat in meinem Leibe gehüpffet [Lk 1,44]/ als sie diese deine Worte an sich erfüllet sahe/ und gedachte dran/ bey sich selbst sprechende: ... Nun bist du je die Seine/ und bekommst durch diese Verwerffung und Absonderung umb des Namens Christi willen das Zeugniß/ daß du sein bist/ und daß Er dich von der Welt erwehlet."[47] So ist die Trübsal, die Empfindung der (selbstverschuldeten) Gottesferne selbst eine Erfahrung des Glaubens. Anfechtung und Hoffnung sind unterschiedliche psychische Zustände des zum Glauben Erwählten: „Ob ich denn gleich nichts weniger fühle/ als deine Gegenwart/ so ist sie doch da/ und offt viel näher als sie war/ da ich sie fühlete. Und wer wolte die Finsternis meiner Sünde in mir entdecken/ wo du nicht da wärest? Oder wer wolte in mir ein Verlangen nach dir erwecken/ wo du es nicht selbst thätest/ du ewige Güte?"[48] Das

---

[46] Auf den seit dem 17. Jahrhundert schillernden Erfahrungsbegriff (Erfahren-Sein versus empirisches Erkenntnismaterial) kann ich hier nicht eingehen; vgl. *F. Kambartel*, Erfahrung und Struktur. Bausteine zu einer Kritik des Empirismus und Formalismus (Theorie 2), Suhrkamp 2. Auflage (1968) 1976, bes. 50–86 (Begriffsgeschichte) und *ders.*, Art. „Erfahrung" in Historisches Wörterbuch der Philosophie, Bd. 2, hg. von *J. Ritter*, Darmstadt 1972, Sp. 609–617.

[47] HG I, 24 (S. 83).

[48] HG I, 2 (S. 6); vgl.: „Ach mein Gott! wie manche Nacht hat auch meine Seele betroffen/ darinnen ich der Empfindung deiner Gegenwart ermangelt; aber wenn mir angst ist/ so ruffe ich zu Dir/ der du alle Hilffe thust/ die auff Erden geschiehet" (HG I, 2, S. 5); Du „bist so ferne/ und verzeuchst mit deiner Hülffe so lange/ daß meinem Hertzen recht bange wird über meiner

Grundelement dieser Frömmigkeit ist der Prädestinationsglaube: „So verleihe mir doch deine Gnade/ daß ich alles von deiner Hand annehme/ es sey Leyd oder Freud/ Empfindung der Gnade oder Verbergung derselben; alles lasse mich mit gleichem Muth annehmen."[49] Die Trübsal ist ja im Wort Gottes als Weg zum Glauben vorgezeichnet, nicht zuletzt durch die Geschichte und das Exempel Jesu Christi. So ist auch die Anfechtung bei Johanna Eleonora Petersen eine nur relative, aufgehoben im Heilsplan Gottes.[50] Dahinter stecken ganz einfache psychologische Erfahrungen: „Die Liebe/ die alles leicht machet/ lässet sich nicht empfinden. Das machet die Arbeit also schwer/ daß eine angefochtene Seele darunter versincken möchte."[51]

Kommen wir noch einmal auf den Ausgangspunkt zurück! ‚Bloßes Wort' wird für Johanna Eleonora Petersen zur Heiligen Schrift und Gottes Wort, wenn das Wort der Bibel sich als in und für eine bestimmte Situation wirksam erweist, nämlich deutend, verheißend, tröstend, erbauend, mahnend usw. Die Wahrheit erweist sich durch ihre beobachtbare Wirksamkeit. Aus bloßem Wort wird Heilige Schrift, so daß sie sagen kann: „Dieses wahren nicht Worte/ wie man sie sonst in den Gedancken hat/ oder seine unruhige Seele damit stillet/ sondern es war Geist und Krafft/ voller Erkäntnis Gottes und Christi."[52]

Die Gegenüberstellung von ‚Wort' und ‚Erfahrung' läßt den Schluß zu, daß Johanna Eleonora Petersen bereits in ihrem Erstlingswerk eine wissenschaftliche Exegese, die sich als ein gelehrtes Gespräch über philologische Sachverhalte und autoritative Deutung (z. B. bezüglich der Glaubensregel oder der Bekenntnisschriften) darstellt, grundsätzlich ablehnt oder als wenig bedeutsam einschätzt – und darin von dem Kieler Professor Christian Kort-

---

Hoffnung/ die sich so lange verzeucht/ daß ich fast kein Leben mehr in mir habe" (HG I, 4, S. 11); Gott macht uns, wenn wir die Übermächtigkeit der Sünden erkennen, stark, „daß wirs mit dir im Glauben wagen" (HG I, 7, S. 25). So verbirgt sich Gott, um sich suchen zu lassen; gerade die Anfechtung zeigt die Nähe Gottes, „der du dich so offt verbirgest/ auff daß wir dich suchen sollen" (HG I, 8, S. 26f., vgl. 26, S. 88–90 und 27, S. 90–95).

49 HG I, 13, S. 46.

50 Die Trübsal kann entsprechend als Gottes ‚Zuchtrute' verstanden werden (HG I, 13, S. 45; II, 18, S. 214–216).

51 HG I, 5, S. 16; vgl. 30, S. 102: „Sie [die Seele] hatte ihn [Christus] zwar eher begehret/ ... aber er wäre so nicht empfunden worden; denn gleichwie der natürliche Schatte am allersüssesten ist/ wenn man durch vieles wandern heiß und müde worden/ also ists auch im Geistlichen. Man schmäcket nicht eher die Ruhe der Sanfftmuth und Hertzens=Demuth/ biß man erst die Unruhe bestritten und obgesieget hat."

52 HG I, 24, S. 83. Vgl. die folgenden Zitate: „du hast so manche Gelegenheit gefüget/ umb meine Seele zu gewinnen/ ... [Sie hätte diese Langmut Gottes nicht geglaubt,] wo ichs nicht an mir selbst erfahren hätte" (HG I, 16, S. 54f.). Sie kenne sowohl den Zustand der Heiligung wie den der Anfechtung, „wie ich beydes erfahren" (HG I, 4, S. 13); „da sie [die Gegner] die Worte haben/ und die Krafft verleugnen" (HG I, 43, S. 142). Das Heil stehe „nicht in vergeblicher Einbildung/ sondern in der Warheit/ nicht allein in Worten/ sondern in der Krafft" (HG II, 1, S. 168).

holt bestärkt wird.[53] Ihre Ablehnung beruht, wie wir sahen, auf einer prinzipiellen Unterscheidung zwischen Wort und Erfahrung und einer bestimmten, nicht reflektierten hermeneutischen Entscheidung. Bevor ich mich mit deren Herkunft beschäftige, will ich zuvor die Durchführung dieses hermeneutischen Programms in den HG beschreiben.

Eine Frage drängt sich hier auf, die erst im weiteren Verlauf zu beantworten wäre: Welche Rolle spielt bei diesem Prozeß der Seelenbetrachtung die Bibel? Gewiß, an ihr wird festgehalten und ohne sie ist kein religiöses Leben im Sinne des Christentums möglich. Ja, die biblische Orientierung identifiziert geradezu das religiöse Empfinden als christlich. Insofern hat diese Erfahrungstheologie etwas apologetisches.

Aber durch die Unterscheidung von ‚bloßem Wort' und ‚Erfahrung' wird ausschließlich die durch eigene Erfahrung interpretierte Bibel zu Gottes Wort; ohne diese Interpretation bleibt sie ‚bloßes Wort'. Und wenn auch der Begriff der Erfahrung einhergeht mit dem der Erleuchtung als Wirken des Heiligen Geistes, der sichtbar und erfahrbar im Menschen wirkt, dann ist es der Mensch – gewiß vorerst noch durch das Wirken des Geistes – aber eben doch der Mensch, der hier einen Weg betritt, an dessen Ende er durch seine Erfahrungsinterpretation das Wort Gottes ‚schafft'. Wie sehr sich der Mensch auch bescheiden als Medium fühlt, er ist es, der viel bewirkt. Und die Schrift, immer zitiert und ausgelegt? Sie wird – hart formuliert – zum Fetisch[54], der die Wirkung des Geistes in Gang setzt und sie weiter vermittelt; sie verliert aber mehr und mehr eine Wirkung aus sich.

3. *Die Durchführung der ‚enthusiastischen' Hermeneutik*

3.1 *Die Form des Gebetes*

Johanna Eleonora Petersen will die Bibel verstehen und auslegen. Sie unternimmt dies in den HG in der Form von meditativen Gebeten zu einzelnen Bibelversen, also in einer unwissenschaftlichen Gattung. Diese wählt sie nicht deshalb, weil ihr als Frau der Zugang zum wissenschaftlichen Gespräch nicht offenstünde. Vielmehr ist die Form des Gebetes eine ihrer theologischen Denkweise angemessene und eigentümliche Form. Nur am Rande sei bemerkt, daß die Verfasserin auch in ihrem großen Apokalypsekommentar des Jahres 1696 auf jede Zitierung von Sekundärliteratur oder gleichgesinnten Vorgängern verzichtet, die sie als Zeugen für ihre eigene Meinung anführen könnte.[55] Von Seiten der Wissenschaft oder, wie die Pietistin sagen würde, der ‚menschlichen' Weisheit hat man ihr das zum

---

[53] Vgl. noch HG I, 21, 27 und 29 f.

[54] Vgl. *G. v. d. Leeuw*, Phänomenologie der Religion, 2. Auflage, Tübingen 1955, § 3, 1.2.

[55] Vgl. *Matthias*, aaO., 242–244.

Vorwurf gemacht.[56] Der Vorwurf trifft jedoch nicht, weil Johanna Eleonora Petersen ihren Kommentar ja gerade mit dem Anspruch schreibt, auch dort aus eigener Erfahrung und besonderer (Schrift-)Offenbarung zu reden.[57]

Warum also die Form des Gebetes? Das Gebet ist eine (stilisierte) Zwiesprache der Seele mit Gott (s. Titel der HG). Eine allgemeingültige, rational einsichtige oder logisch deduzierte Wahrheit braucht man nicht betend vor Gott zu bringen. Wenn Gott Gott ist, weiß er sie ohnehin. Die Erkenntnis der Wahrheit trägt für den Bestand dieser Wahrheit nichts aus. Aber eine Wahrheit, die durch die zwingende Überzeugung des Subjektes konstituiert wird, muß betend vorgetragen werden, weil diese Wahrheit von der Zustimmung und dem persönlichen Vollzug getragen wird und erst im Akt des Bekennens Gültigkeit erlangt. Eben deshalb besitzt sie ja faktisch keine Allgemeingültigkeit. Eine solche Wahrheit kann sich höchstens in der oftmaligen Wiederholung, in dem erneuten Bekennen und der damit verbundenen Erinnerung von dem einzelnen Akt lösen und eine gewisse Dauer erhalten. In Erinnerung an und in Hoffnung auf Erfahrung des Herzens hat diese Wahrheit Bestand; im betenden Vortrag, im Nachvollzug des Lesers und Hörers gewinnt sie immer wieder Aktualität und Wirklichkeit.

In der Wiedergabe kann die subjektive Betroffenheit, das subjektive Verstehen nur als Anrede, Bekenntnis oder eben Gebet formuliert werden, weil nur so die Erfahrung des Herzens nicht zu einer allgemeinen und tradierbaren Weisheit gerinnt. Anders gesagt: Eine subjektive Überzeugung, die doch allgemeingültig zu sein beansprucht (d. h. nicht nur individuell gültig sein will), kann man dem Leser oder Hörer nur ‚ansinnen', wie es I. Kant in der ‚Kritik der Urteilskraft' über das Geschmacksurteil sagt.[58] Das Gebet, das in der ersten Person gesprochen wird und das so dem Leser ein Identifikations-Ich anbietet, ist eine geeignete Form, die eigene Überzeugung anderen ‚anzusinnen'.

Weiter: Das Gebet als Rede zu Gott erweckt den Eindruck, als werde hier unmittelbar, ohne Zwischenschaltung von wissenschaftlichen und (weltlich-)rationalen Erkenntnissen die eigene Erfahrung spontan ausgesprochen und dazu ‚ungefärbt' oder wahrhaftig Gott, dem Herzenserkunder, vorgelegt.[59] Das Gebet will so Authentizität demonstrieren.

Der Akt des Bekennens bedeutet auch, daß der Beter die Bibel, das Wort Gottes und damit Gott selbst als wahr bekennt. Die eigene Erfahrung, erweckt durch den Geist, steht für die Richtigkeit und Wahrheit des bibli-

---

56 Vgl. *[F. Chr. Bücher,]*, Mundus vult decipi: Oder Gründliche Überführung/ Daß Fr. Johanna Eleonora Petersen/ gebohrne von und zu Merlau/ Jn der/ Unter ihrem Namen/ herauß gegebenen Anleitung Zur gründlichen Verständniß Der Offenbarung Johannis/ Meisterlich ausschreibe/ und der Welt einen blauen Dunst vormachen wolle..., Anno 1697 (NSuUB Göttingen).

57 Vgl. *J. W. Petersen*, Das Leben... 1717, 70–74 und *J. E. Petersen*, Das Leben... 1718, 48.

58 *Immanuel Kant*, Kritik der Urteilskraft, hg. von *Karl Vorländer*, 6. Auflage, Hamburg (Meiner) 1924, Nachdruck 1974, 21 (Kantsche Zählung).

59 Vgl. HG I, Widmung, S. [1] und bei Anm. 43.

schen Zeugnisses ein. So kann Johanna Eleonora Petersen sagen: „weil wir denn Erfahrung bekommen/ so trauen wir auch auff dich" (zu Röm 5,4).[60]

Das Gebet steht schließlich stellvertretend für die ganze Praxis der christlichen Bemühung um Heiligung im Namen Jesu Christi, die damit zum Zeugnis für seine fortwährende Wirklichkeit wird. Es stellt sich für den Christen die Aufgabe, „daß wir deine Tugenden und Krafft verkündigen/ und die Welt erkenne/ daß du gesand habest Christum Jesum zu unserer Stärcke/ und seine Krafft an uns Schwachen offenbahr werde".[61]

3.2 Die Vermittlung von Erfahrung in den Herzensgesprächen

3.2.1 Die positive Vermittlung

Mit den Überlegungen zum Gebet haben wir den formalen Rahmen, innerhalb dessen sich die Erfahrung des Bibelwortes ereignet bzw. ausspricht, angegeben. Nun wäre zu fragen, wie die Verfasserin sich die Erfahrung des Bibelwortes konkret vorstellt. Wir kommen damit auf die eigentlich hermeneutische Frage.

3.2.1.1 Die HG als psychologische Einheit

Johanna Eleonora Petersen legt die Bibelverse nicht philologisch aus. Das Bibelwort wird nicht eigentlich semantisch, syntaktisch o. ä. erklärt, analysiert oder übersetzt, sondern sie stellt das auszulegende Bibelwort als eine Art Überschrift über das jeweilige Gebet. Die Gebete beginnen dann gewöhnlich mit einer Anrede an Gott (den Vater) und einer Erinnerung seiner ein für allemal geschehenen Erlösung in Jesus Christus bzw. einer Erinnerung der menschlichen Situation vor Gott. Über einen Stichwort-

[60] HG I, 7 (S. 26).

[61] HG I, 19, S. 68. Vgl. die schon in den HG, dann aber besonders in den ‚Glaubens=Gesprächen' (1691) geäußerte Polemik gegen diejenigen, die sich nicht um Heiligung durch Jesus Christus bemühen, und damit seine (und Gottes) Wirklichkeit verleugnen: Sie lehnt ab, „daß man die Ursach solches Unvermögens [scil. der guten Werke] dem Christenthum zuzuschreiben sich nicht schämet/ womit man den wahren Heyland unbekant machet/ ja auffs höchste verachtet/ daß er nicht so ein wahrer Heyland sey/ als der Teuffel ein wahrer Teuffel ist/ der mit seiner Macht uns kan zu seinen leibeigenen Sclaven machen; solte es denn der Heyland nicht vielmehr durch seine Gottes=Krafft/ ... thun können?" (HG I, An den Christl. Leser, S. [3f.]). „Die aber die Welt und ihre vergängliche Lust lieb haben/ empfinden nichts davon/ und haltens nur für ein Geschwätz/ gleich wie es bey ihnen ist/ da sie die Worte haben/ und die Krafft verleugnen" (HG I, 43, S. 141f. vgl. ähnliche Passagen I, 43, S. 142; II, 16, S. 179; II, 21, S. 220–224). „Es ist kein Wunder/ daß der Glaube solche Krafft hat/ weil er auf solcher Krafft gewürcket/ und in dem Himmlischen stehet/ und das Himmlische erkennet" (HG I, 44, S. 155); „der gläubet es aber nicht/ der die Welt nicht überwindet/ weil er die Krafft nicht hat/ die dem Glauben an Jesum beygeleget ist" (zu 1.Joh 5,4) (HG I, 48, S. 155).

zusammenhang wird dann auf die eigene Situation reflektiert und diese mit dem thematischen Bibelwort in Beziehung gesetzt (als Gegensatz oder Entsprechung). Die Gebete enden meist mit einer Bitte (um Erlösung).

Auslegung durch Erfahrung geschieht, indem der thematisierte Bibelvers in einen Gedankenzusammenhang des betenden Menschen eingeordnet wird. Es kommt darauf an, eine psychologisch mögliche Haltung des Beters zu fingieren, aus der heraus dieser das Bibelwort von sich aus sagen und auf sich applizieren kann. Wenn der Bibelvers auf diese Weise in eine individualgeschichtliche Wirklichkeit des Beters gestellt ist, dann ist der Bibelvers in die Erfahrungswirklichkeit überführt. Der Leser wird dazu eingeladen, dieser inneren Rede zu folgen, sie nachzuvollziehen und sie für sich als psychologisch möglich zu verifizieren.

Die Frage, ob Johanna Eleonora Petersen hier wirklich zufällige Erfahrungen ihres eigenen Lebens wiedergibt oder ihre HG aus einer vorhandenen Grundhaltung heraus fiktiv, d. h. aus Anlaß der Abfassung der HG, gestaltet, ist letztlich unbedeutend. Auch über das Nacherleben von fiktiven oder selbst heraufgeführten Seelenzuständen kann die Bibel erfahren werden. Die psychologische Möglichkeit wird unter der Voraussetzung der göttlichen Autorität der Bibel (Notwendigkeit) zur Erfahrungswirklichkeit.

3.2.1.2 Der Gebrauch der biblischen Sprache

Die HG sind Auslegungen von Bibelversen, zu denen wiederum zahlreiche weitere Bibelverse herangezogen werden. Diese werden durch marginale Stellenangaben als solche identifiziert. Die auf diese Weise deutlich erkennbaren Zitate umfassen vielleicht 30% der Gebete. Man könnte versucht sein, dahinter das orthodoxe hermeneutische Prinzip zu sehen, daß die Schrift ihr eigener Interpret ist. Eine solche Erklärung würde aber zu kurz greifen. Denn aus dem hermeneutischen Prinzip wird in den HG ein sprachliches.

Dafür lassen sich verschiedene Begründungen denken:

a) Zum einen mag dahinter eine gewisse Unfähigkeit stehen, die Aussagen der Bibel in geeignete eigene Worte zu fassen. Zudem kann die biblizistische Orientierung die Verfasserin auch dort als christlich und rechtgläubig legitimieren, wo ihre Ausführungen kirchen(selbst-)kritische oder schwärmerische Züge trägt. Der Gebrauch der christlichen ‚Muttersprache‘ scheint keinen Zweifel an der originären Reinheit ihres Glaubens aufkommen lassen zu können, wenn nicht Inspiriertheit und Vorbildlichkeit der Heiligen Schrift in Frage gestellt werden sollen.[62]

---

[62] Z. B. Redewendungen wie das u. a. von Chr. Hoburg für seine sanative Rechtfertigungslehre geltend gemachte ‚Fleisch von deinem Fleisch‘ (Eph 5,30 nach Gen 2,23) in HG I, 25 (S. 86) und I, 34 (S. 117). Vgl. HG I, 33 (S. 114) über den Wert der Heil. Schrift: „Aber gelobet und gepriesen sey deine ewige Weißheit/ daß du uns so vieles aufzeichnen lassen/ auff daß deine Kinder ein Liecht hätten auf ihren Wegen/ ... / und die Weise/ die du in ihrem Hertzen hältest/ einen festen Grund habe/ wieder alles Wiedersprechen der fleischlichen Menschen."

b) Zum anderen erweitert Johanna Eleonora Petersen auf diese Weise den Horizont ihrer Bibelerklärung. Sie bleibt nicht bei den einzelnen thematisierten Versen stehen, sondern bindet weitere in ihre Erklärungen ein und interpretiert diese zugleich mit.

c) Schließlich erweckt sie mit der Auslegung der Bibel durch die Bibel den Eindruck, daß der mögliche Redezusammenhang, in den sie die einzelnen Bibelverse für ihre Person bringen kann, in der Einheit des inspirierenden Geistes seinen Grund hat. Weil der Geist, der in der Bibel spricht, Einer ist, muß sich die Einheit der Bibel auch in der Einheit der Erfahrung widerspiegeln, die das menschliche Subjekt beim Hören des Wortes macht. Es wird auf diese Weise ein Entsprechungsverhältnis zwischen göttlichem und menschlichem Geist konstruiert, das auf Identifikation zielt.

3.2.1.3 Erfahrung und ‚Ausübung' (Praxis pietatis)

In Spannung zu den vielen biblischen Anleihen, die die Verfasserin zur Interpretation heranzieht, steht ihre Behauptung, aus eigener Erfahrung zu sprechen. Das Eigene der Erfahrung kann demnach nicht in der sprachlichen oder sachlichen Originalität ihrer Auslegungen liegen. Keine anderweitig gemachten Erfahrungen, etwa im Naturgeschehen (vgl. ‚liber naturae' in Johann Arndts Wahrem Christentum), werden als Beweis oder Illustration angeführt. Erfahrung kann für Johanna Eleonora Petersen nur bedeuten, daß das Bibelwort in seiner Wahrheit erkannt und anerkannt wird, und zwar durch die Aneignung in der eigenen Existenz. Die Bibel wird erfahren, indem der Glaubende die Situationen, aus denen heraus die biblischen Worte gesprochen wurden, in analoger Weise selbst (nach-)erlebt. Der Glaubende kann dann aufgrund der gleichen Situation auch in dieselben Worte der Bibel einstimmen. Ja, noch mehr: Indem der Glaubende die psychische Situation analog erlebt, bringt er bzw. der Heilige Geist in ihm mit innerer Notwendigkeit dieselben Worte aus sich hervor, gleichsam aus eigener Ursprünglichkeit.[63] Die innere Notwendigkeit besteht eben in der Einheit und Unveränderlichkeit des Heiligen Geistes, der immer derselbe bleibt.[64] Der Glaubende erlebt die biblischen Worte aus ihrem ursprünglichen Geist heraus. Insofern ist dies ‚enthusiastische' Schriftinterpretation.

Im nacherlebenden Verstehen und Reproduzieren der hinter den biblischen Worten verborgenen geschichtlichen Situationen liegt das Wesen der

[63] Zu Röm 7, 24 (HG I, 39, S. 127f.): „da meine Seele auch ängstiglich in mir seuffzete/ und fragte: Ich elender Mensch/ wer wird mich erlösen von dem Leibe dieses Todes? Da gabstu mir durch die wahre Erkäntniß deines Todes und deiner Aufferstehung die daraus fließende Süßigkeit zu schmecken/ daß ich mit vollem Preiß sagen konte: Ich dancke Gott durch Jesum Christum unsern Herrn/ der mich erlöset hat/ und noch ferner erlösen wird/ ... und stirbet nun nichts mehr an mir/ als das Sterbliche/ mein Leben aber/ das vielmehr Christi/ als mein ist/ ... / bleibet in mir."

[64] HG I, 9, S. 32: „... deine Gnade/ die nicht verkürtzet ist ..." oder HG I, 45, S. 147f.: „Er ist getreu/ der es verheissen hat. Er hat dieses gezeuget/ und als Pfand den Geist gegeben/ so wird ers auch halten."

‚lebendigen Erkenntnis‘ oder (geistlichen) ‚Erfahrung‘. So kann Johanna Eleonora Petersen das Problem der Erfahrungserkenntnis der Schrift näherhin durch den Begriff der ‚Ausübung‘ bezeichnen. Der Begriff ‚Ausübung‘, ‚ausüben‘ kommt nach Ausweis des Deutschen Wörterbuches (1854) erst im 17. Jahrhundert für lat. ‚exercitium‘ oder griech. ‚praxis‘ neben dem älteren Wort ‚üben‘ auf.[65] Letzteres meint im Sinne von lat. ‚exercere‘ ‚jemanden üben und prüfen‘. In diesem Sinn kommt das Wort auch in der Sprache des deutschen Pietismus vor, wobei dann freilich immer Gott das Subjekt ist.[66]

Johanna Eleonora Petersen versteht den Begriff der Ausübung ganz konkret: In bestimmten lebensgeschichtlichen oder psychischen Situationen redet sie mit biblischen Worten, die sie auf diese Weise zu ihren eigenen Worten macht und sich dadurch aneignet. Denn als typische religiöse Situationen lassen sich diese von verschiedenen Subjekten analog erfahren.

Aus diesem Grund stellt die Verfasserin ihre Gebete mit Hilfe von (wenigen) autobiographischen Notizen in eine bestimmte lebensgeschichtliche Situation, aus der heraus sie das Bibelwort ‚ursprünglich‘ gesprochen und so erfahren haben will. Ohne solche Erfahrung ist keine Erkenntnis möglich.[67] Entsprechend begründet sie die Mitteilung von ihren „mancherley Art Leyden“, die ihr damals begegnet seien, „da ich anfing meinem HERRN JESU mit warhafftigem Hertzen nachzufolgen“, damit, daß sie davon „hin und wieder mit wenigem in diesem Tractätlein gedacht/ nach Gelegenheit des Textes/ in dem ich also reden wollen wie mir solche Worte in der Erfahrung vorkommen/ oder wie ich solche durch die Ausübung erkandt habe“.[68]

Der Begriff der ‚Ausübung‘ expliziert denjenigen der ‚Erfahrung‘. Die Ausübung des biblischen Wortes (exercitium/ praxis pietatis) besteht im eigenen Nachvollzug und macht das biblische Wort gewiß, weil unmittelbar erfahrbar. So kommen aus der Ausübung Erfahrungen, und umgekehrt leiten die Erfahrungen des biblischen Wortes an und motivieren die Ausübung. Der Begriff der Ausübung als Weg der Erkenntnis weist auf den aktiven Anteil des Menschen beim Vorgang der Erkenntnis der Schrift. Im Gegensatz zu der orthodoxen Hermeneutik (z. B. eines Johann Gerhards[69]), die zum großen Teil der aristotelischen Erkenntnislehre verpflichtet ist, ist

---

[65] Deutsches Wörterbuch von *J.* und *W. Grimm*, Bd. 1, 1854, Sp. 1006f. Vgl. *M. Heyne*, deutsches Wörterbuch, 2. Auflage, Bd. 1, 1905, 255 (Neudruck 1970), wonach Ph. v. Zeesen das Wort als Übersetzung von ‚praxis‘ gebildet habe.

[66] *A. Langen*, Wörterbuch des deutschen Pietismus 1954, S. 75 und 377. Der Begriff ‚Ausübung‘ ist dort nicht aufgeführt.

[67] HG I, 7 (S. 23f.): „Wer es nicht versuchet/ der weiß es nicht/ die es aber erfahren/ die wissen es in der Warheit.“

[68] HG I, Vorrede, Bl.)(ii^{b}f.

[69] Vgl. *B. Hägglund*, Die Heilige Schrift und ihre Deutung in der Theologie Johann Gerhards. Eine Untersuchung über das altlutherische Schriftverständnis, Lund 1951, bes. 207ff.

hier der Mensch also nicht rein passiv verstanden und bezüglich seines Verstehens nicht streng an das Wort gebunden.[70]

Das offenbar empfundene Defizit des biographischen Nachweises der HG, der nur ‚hin und wieder' in den Gebeten hervortritt, wird am Schluß des zweiten Teils ausgefüllt durch die angehängte „kurtze Erzehlung/ Wie mich die leitende Hand Gottes bißher geführet, und was sie bey meiner Seelen gethan hat". Dieser biographische Bericht, der später mit einer kleinen Fortsetzung versehen als Johanna Eleonora Petersens Lebensbeschreibung mit derjenigen ihres Mannes erscheint, hat als Anhang zu den HG dort auch sachlich seinen genuinen Ort. Er soll das Vorhaben erfüllen, die Erfahrung des biblischen Wortes durch die Lebensgeschichte der Autorin zu beweisen. Eigentliche biographische Daten sucht man dort vergeblich. Auch die späteren Ergänzungen berichten ausschließlich von den ‚erfahrenen', d. h. offenbarten Aufschlüssen über das biblische Wort.

3.2.2 Die negative Vermittlung

Freilich, nicht immer gelingt Johanna Eleonora Petersen ihr Versuch, Situation und Bibelwort in ihrer für die Erkenntnis notwendigen Verbindung aufzuzeigen. Die HG sind ja kein Tagebuch, fußen auch sicher nicht auf genauen, täglichen Reflexionen über den eigenen Seelenzustand. Die HG sind im Rückblick geschrieben und versuchen nachträglich, den eigenen Umgang mit der Bibel im Sinne der ‚enthusiastischen' Hermeneutik zu vermitteln. Daher bleibt es oft bei allgemeinen biographischen Notizen. So wird etwa Gott zum Zeugen für die häufige ‚Ausübung' des Psalmwortes (Ps 6,3) angerufen: „Ach ja! du weist es/ wie offtmahls sie [scil. meine Seele] zu dir dem wahren Artzt also geseuffzet und geklaget: HErr/ sey mir gnädig/ denn ich bin schwach/ heile mich/ Herr/ denn meine Gebeine sind erschrokken."[71] Oder die Verfasserin verallgemeinert die Erfahrung und appelliert an die Erfahrung des Lesers, indem sie eine gleiche Situation bei allen Frommen postuliert. So heißt es zu Ps 42,3: „Wenn werde ich dahin kommen/ daß ich Gottes Angesicht schaue?": „Solche Seufzer finden sich täglich bey denen/ die Jesum lieben."[72]

Umgekehrt läßt sich Johanna Eleonora Petersens Forderung nach Erfahrungserkenntnis gerade dort festmachen, wo diese nach ihren eigenen Wor-

---

[70] Vgl. *Hägglund*, aaO., 212–215. Der Rahtmannsche Streit zu Beginn des 17. Jahrhunderts ist in ähnlicher Weise durch das Problem gekennzeichnet, „wie das Betroffenwerden des Menschen vom Worte Gottes unter Berücksichtigung der subjektiven Spontaneität im Erkennen ausgesagt werden kann"; s. *Heinrich Halverscheid*, Lumen Spiritus prius quam Scriptura intellecta. Hermann Rahtmanns Kritik am lutherischen Schriftprinzip. Diss. theol. Marburg 1971, 190; vgl. 128: Rahtmann sei zu seiner Anschauung von der Priorität des Geistes vor der Schrift durch die radikale Besinnung darauf geführt worden, „was in dem Prozeß der geistlichen Schrifterkenntnis die eigentliche Ursache ist", nämlich das erkennende Subjekt (der Mensch), der daher „zuvor" erleuchtet sein muß.

[71] HG I, 4 (S. 10f.).

[72] HG I, 43 (S. 141).

ten nicht gelingt, so daß sie ein Defizit der eigenen Erfahrung und damit ein Defizit der eigenen Erkenntnis einräumen muß. Sie kann z. B. die Inkongruenz zwischen ihrer Erfahrungswirklichkeit und derjenigen des Psalmdichters David konstatieren, indem sie für sich eine eigene analoge Erfahrung benennt, die zwar ihrem Inhalt, nicht aber ihrem Grad nach mit derjenigen Davids verglichen werden kann. So kann ihr das Psalmwort (Ps 142,8) „Führe meine Seele aus dem Kercker/ daß ich dancke deinem Nahmen/ . . ." in Abschwächung, weil nicht so leibhaftig und in ursprünglichem Grad, verständlich werden: „Ob ich gleich solche leibliche Angst/ die der liebe David in der Hölen hatte/ nicht empfunden/ so ist doch der sündliche Leib mir offt ein solcher Kercker gewest/ . . . ."[73]

Noch mehr Unverständnis muß die Verfasserin bei der Auslegung von Cant 8,14: „Fleuch/ mein Freund/ und sey gleich einem Rehe oder jungen Hirschen auff den Würtz=Bergen!" eingestehen: „Ob sie [scil. die Braut] aber aus allzustarcker Empfindung von seiner großen Majestät und überfließenden Gnade Ihn fliehen heisset/ dasselbe hat meine Seele noch nicht erfahren/ ob sie gleich ein solches Maaß seiner Gaben offt empfunden/ dafür sie fast erschrocken/ wenn sie betrachtet/ daß sie nicht so viel Früchte spühren lassen/ als sie Krafft dazu empfangen."[74] Die Aufforderung an den Bräutigam zu fliehen kann die Verfasserin offenbar nicht verstehen oder nachvollziehen. Dafür bietet sie dem Leser eine ähnliche Empfindung von ihr (Erschrecken über das Mißverhältnis von Gnade und Früchten des Glaubens) an, ohne jedoch zu einer abschließenden Verifizierung zu gelangen.

Es sind nicht viele Äußerungen, die Johanna Eleonora Petersen zum Problem der Erfahrung und ihrer ‚enthusiastischen' Hermeneutik macht. Die wenigen aber zeigen deutlich, daß sie in noch unreflektierter Weise über ihre hermeneutische Methode zwei Ziele verfolgt. Auf der einen Seite gewinnt sie mit diesem Zugang zur Heiligen Schrift ein eigenes Glaubensverständnis, das sie mit ihrer Erfahrungswirklichkeit verbinden kann. Zum anderen verifiziert sie mit ihrer eigenen Erfahrung die Bibel und macht sie glaubwürdig. In beiden Fällen ist der aktive Umgang mit der Schrift, der lebendige Nachvollzug gefordert. Erkenntnis der Schrift und Lebenszeugnis sind grundsätzlich nicht voneinander zu trennen. Darin besteht die ‚praxis pietatis'; diese Anschauung macht Johanna Eleonora zur ‚Pietistin'.

4. Johann Arndt und die enthusiastische Hermeneutik Johanna Eleonora Petersens

Albrecht Ritschl hat erklärt, daß Johanna Eleonora Petersen in der Frömmigkeit Johann Arndts (1555–1621) zuhause war, dessen Bücher vom Wahren Christentum (WChr) zu den am meisten gelesenen Büchern der Chri-

[73] HG I, 41 (S. 135).
[74] HG I, 46 (S. 149).

stenheit gehören. Es ist anzunehmen, daß dieses Werk schon während ihrer Zeit am Hofe zur Lektüre der jungen Frau zählte. Aus diesem Grund, aber auch aus allgemeinen theologiegeschichtlichen Erwägungen erscheint es historisch sinnvoll, die Hermeneutik Arndts (B. Hamm spricht von Arndts Wortverständnis[75]) mit derjenigen der Frau Petersen zu vergleichen, um Gleiches, Ähnliches oder Unterschiedliches herauszuarbeiten und also die Pietistin aus ihrem theologiegeschichtlichen Zusammenhang heraus zu verstehen. Es wird zu fragen sein, ob eine Linie von Arndt zu Frau Petersen zu ziehen ist.

Wir hatten für Johanna Eleonora Petersen das Verhältnis von ‚bloßem Wort' und ‚Erfahrung' als das zentrale hermeneutische Problem benannt. Ein Problem, für das die altprotestantische Orthodoxie offenbar keine überzeugende Lösung hatte. Mit Blick auf Luther möchte man sagen: auch nicht haben wollte. In der Solida Declaratio der Konkordienformel (1577) II heißt es bei der Behandlung des ‚Unfreien Willens': „Dann von der Gegenwärtigkeit, Wirkungen und Gaben des Heiligen Geistes soll und kann man nicht allewege ex sensu, wie und wenn mans im Herzen empfindet, urteilen, sondern ... weils oft mit großer Schwachheit verdecket wird und zugehet, sollen wir aus und nach der Verheißung gewiß sein, daß das gepredigte, gehörte Wort Gottes sei ein Ambt und Werk des Heiligen Geists, dardurch er in unsern Herzen gewißlich kräftig ist und wirket, 2. Cor 2."[76]

Mit solcher Verneinung eindeutiger Erfahrungen der Wirkung von Schrift und Predigt steht der Glaube auf sich; oder anders gesagt: „Man muß auch noch an seinen Glauben glauben."[77] Das läßt für den nach Heils- und Glaubensgewißheit strebenden Menschen viele Fragen offen. Sie sind offenbar schon im Umfeld der Konkordienformel aufgetaucht (Mystischer Spiritualismus), da diese das Problem ausdrücklich benennt. Ob das Wort ankommt, ob die Wahrheit des Wortes erfahren, geglaubt wird – das alles wird als Frage ausgeklammert und in das geglaubte Wirken des heiligen Geistes hineingelegt, der in, mit und unter dem äußerlichen Wort anwesend ist. Weder an der überzeugenden Qualität des Wortes und seines Verstehens, noch an der Auslegung in der Predigt, noch an der Befindlichkeit des Hörers ist die Wirkung zu ermessen oder abzulesen. Erst innerhalb dieser Klammer wird menschliches Bemühen angesiedelt.

Der auf den Glauben allein gestellte Glaube hat den folgenden Generationen nicht mehr genügt. So ist es kein Wunder – und die Verbreitung seines Buches zeigt die Aktualität der Problematik –, daß sich Arndt für allerlei spiritualistische Gedanken (‚inneres Wort') öffnet, die er freilich als lutherischer Theologe mit seiner Tradition zu vermitteln sucht.[78] Seine (beson-

---

[75] *Berndt Hamm*, „Arndts Wortverständnis. Ein Beitrag zur Entstehung des Pietismus", in: PuN 8 (1982), 43–73.

[76] BSLK, 4. Auflage (1930) 1959, 893 f.

[77] Das Wort stammt m. W. von Ernst Wolf.

[78] *Hamm*, aaO., 53. Für eine Bewertung Arndts fragt es sich natürlich, ob er der orthodoxen

ders von Lukas Osiander d. J.) als enthusiastisch kritisierte Lehre vom ‚inneren und äußeren Wort' ist nach B. Hamm der „zentrale Nerv seiner Kritik an Theologie und Kirche" und also auch seines reformerischen Interesses.[79] Indem Arndt sein Thema nicht einseitig verfolgt, weiß er sich gleichzeitig der lutherischen Tradition verbunden. Denn er betont neben der Rede vom ‚inneren Wort' auch immer das ‚objektive', äußere Wort. Hamm fragt mit Recht, ob zwischen den beiden Aussagekreisen, dem mystisch-spiritualistischen und dem lutherisch-orthodoxen, ein von Arndt nicht bewältigter Widerspruch besteht.[80] Obwohl Hamm feststellt, daß bei Arndt ein „eigentümliches Schwanken" und eine „scheinbare Widersprüchlichkeit" bestehe[81], kann er doch eine systematisch geschlossene Konzeption resümieren.[82] Zu ihrem Verständnis soviel: Die Aufgabe, die sich Arndt stellt, ist verwandt mit der von der Konkordienformel abgelehnten Problematik. Wie kann das Wort Gottes ‚ins Leben verwandelt werden', wie kann es ‚lebendig machen' oder wie Arndt auch sagen kann, ‚sich erfüllen'? Mit diesem Programm fragt Arndt, wie „eine gewisse Gleichrangigkeit und Gleichzeitig zu den Autoren der Heiligen Schrift" Ereignis werden kann, weil nur so – wie auch die moderne Hermeneutik meint[83] – echtes Verstehen, d. h. bei Arndt auch heilswirksamer Glaube möglich sein kann.[84] Der verstehende Ausleger muß das Wort in der gleichen anthropologischen oder psychologischen Situation hören, in der der biblische Autor es gesprochen hat, und er muß und kann dann die gleiche Erfahrung mit diesem Wort machen wie der Autor. Um mit B. Hamm zu sprechen: Man muß sich das Wort Gottes „im Verstehenshorizont des inneren Wortes persönlich aneignen und durch den eigenen Lebensprozeß auslegen".[85] Hamm meint wohl damit, daß nach Arndt das Wort richtig, seiner inneren Wahrheit nach ausgelegt wird, wenn es in einer bestimmten Seelensituation sich als Kraft zur Bewirkung von Buße und Glauben, Friede und Gelassenheit und schließlich von guten Früchten erweist. Der sich dabei vollziehende Prozeß und dessen Beschreibung ist die sachgemäße Auslegung. Das Problem wird bei Arndt begrifflich durch die Unterscheidung von innerem und äußerem Wort zu erfassen versucht. Was die Autoren der Heiligen Schrift geschrieben haben, ist zunächst Zeugnis vom Wirken des Heiligen Geistes in ihnen. Als geschriebenes Wort ist es zum Buchstaben erstarrt, wird als solches tradiert und muß wieder entschlüsselt

---

Tradition nur als äußerem Bekenntnis folgte, oder ob er die spiritualistische Tradition unbekümmerter als andere aufnahm, weil er in ihr Lösungen für seine unbeantwortet gebliebenen Fragen erkannte.

[79] *Hamm*, aaO., 49.

[80] *Hamm*, aaO., 60.

[81] *Hamm*, aaO., 64.

[82] *Hamm*, aaO., 67.

[83] Vgl. *R. Bultmann*, „Das Problem der Hermeneutik" (1950), in: Glauben und Verstehen, Bd. 2 (1961), 211 ff.

[84] *Hamm*, aaO., 67.

[85] *Hamm*, aaO., 61.

und zu dem Leben erweckt werden, aus dem es hervorgegangen ist. Wie kann das geschehen? Indem der Glaube angeregt durch das äußere Wort, unmittelbar im Inneren oder als inneres Wort das unmittelbare Zeugnis des Heiligen Geistes vernimmt. So empfängt jeder wie zu ihrer Zeit die Apostel und Propheten das Zeugnis des Geistes. Dabei werden die erstarrten Buchstaben entschlüsselt und lebendig.

Hier wird eine zweite Bedeutung des äußeren Wortes neben der der Anregung sichtbar. Offenbar ist es insofern kritische Instanz des inneren Wortes, als dieses im Nachhinein im äußeren Wort wiedererkannt und als dessen Verlebendigung begriffen werden kann. Jedoch: Das äußere Wort hat im Gegensatz zu der Konkordienformel (s. o.) nicht mehr ausschließliche oder hinreichende Bedeutung, wohl aber noch notwendige und mitwirkende.

Ob wir die vermittelnde Position J. Arndts als Rücksicht auf die Konkordienformel[86] verstehen müssen oder als tradierte und bleibende Überzeugung, kann hier nicht entschieden werden. Gewiß ist jedenfalls ein merklicher Unterschied bei der Begründung gegeben, warum der natürliche Mensch das göttliche Wort nicht verstehen kann. Bei Arndt und bei den ihm folgenden Pietisten ist es das äußere oder bloße Wort, das zum Buchstaben erstarrte Wort, das die Verstehensproblematik auslöst. In der Konkordienformel und in der altprotestantischen Orthodoxie ist es zunächst der erbsündige Mensch, dem die Schrift grundsätzlich verschlossen bleibt. Wir erkennen darin eine Verlagerung des Problems von der reformatorischen Anthropologie weg und hin zur Hermeneutik.

In der Konkordienformel ist das äußere Wort Instrument des Heiligen Geistes (instrumenta seu media spiritus sancti), an das sich Gott bindet. Diese Bindung ist im Glauben hinzunehmen. Das äußere Wort ist sowohl Gegenstand als auch Medium des Glaubens. Die Konkordienformel warnt ausdrücklich davor, diese Tatsache zu verachten.

Bei Arndt ist es das innere Wort, auf das alles ankommt, dem das äußere Wort formal ähnlich ist bei aller wesensmäßigen Unähnlichkeit. Die instrumentale Wirkung des Geistes wird analysiert, Wort und Heiliger Geist getrennt und beide gesondert betrachtet. Ein Weg ist hier betreten, bei dem aus dem äußeren Wort als Instrument und Werkzeug nur noch eine Hülle und formales Kriterium für das relativ selbständige Wirken des Geistes wird. Der unter dem Wort wirkende Geist wird zugleich zum selbständigen Gegenstand der Erkenntnis. Ihn, den Geist, in dem die biblischen Bücher geschrieben sind, zu erfassen, wird zur eigentlichen Aufgabe. Je mehr sich also äußeres Wort und Geist voneinander entfernen, desto mehr wird bei der Präponderanz des Geistes die Hermeneutik enthusiastisch.

Unsere Beobachtungen zu Johann Arndts Wortverständnis weisen trotz mancher Differenz auf eine ähnliche Problematik, wie wir sie bei Johanna

[86] SD II (aaO., 872, 5ff.).

Eleonora Petersen festgestellt haben. Auch für Arndt steht die Frage nach der Möglichkeit, wie das biblische, äußere Wort angeeignet werden kann, im Mittelpunkt seiner Überlegungen. Wie kann das äußere, historisch-kontingente Wort der Bibel für mich von Bedeutung sein, wenn ich nicht selbst darin vorkomme, wenn es nicht in irgendeiner Weise meine eigene Situation widerspiegelt? Arndt versucht diesen Graben zwischen dem Wort der Propheten und Apostel und der eigenen Generation zu überbrücken, indem er dem biblischen Wort zumißt, eine zufällige Gestalt des eigentlichen, ewigen, inneren Wortes zu sein. Der Heilige Geist, der das innere Wort wirkt, bedient sich des äußeren Wortes, um auf das innere zu verweisen. Deshalb sieht Hamm Arndt „noch im Bann der neuplatonisch-augustinischen Metaphysik“[87] und der „augustinischen Signifikationshermeneutik“ verpflichtet.[88] Ich möchte eher sagen, Arndt nimmt sie wieder auf. Und er nutzt die allegorische Schriftauslegung, um die (kontingenten) biblischen Historien (Makrokosmos) als Geschehen im Individuum (Mikrokosmos) zu erklären und zu interpretieren. So wird der Mensch sich selbst mit seinen inneren Erfahrungen zum unzweifelhaften Zeugen der biblischen Wahrheit: „Das innere Wort gibt dem äußeren Wort das Zeugnis seiner Wahrheit.“[89]

Arndt und Frau Petersen wenden sich ab von der Objektivität des äußeren Wortes hin zu dem an sich schwankenden, unterschiedlichen Anfechtungen unterworfenen menschlichen Subjekt. Sie hoffen, in der authentischen Subjektivität die Wahrheit zu finden. Weil der geschichtliche Mensch aber in seinem Denken, religiösen Erfahren etc. der Veränderung unterliegt, benötigt er die ‚Übung‘, d. h. die Einübung und Festigung der geistlichen Erfahrung. Diese Einübung geschieht in dem und durch das geschichtliche Leben.

Daher ist auch schon bei Arndt das von mir sowohl für die beiden Petersens, als auch für Spener an anderer Stelle[90] festgestellte Wechselspiel von Lehre und Leben zu beobachten. Deren innere Verbindung wird nicht wegen einer an sich notwendigen Kongruenz von Denken und Handeln gefordert, auch nicht einfach aus Sorge um eine äußerlich sichtbare Frömmigkeit oder ein christliches Verhalten, sondern aus der Ahnung heraus, daß erst im eigenen religiösen Lebensvollzug, d. h. im Nacherleben des biblischen Wortes sich auch die Erkenntnis i. S. von Verständnis und Anerkenntnis des biblischen Wortes einstellt: „Wollen wir nun die Lehre erhalten, so müssen wir einen anderen Weg gehen und das unchristliche Leben fahren lassen... so wird uns Christus erleuchten mit dem Licht des wahren Glaubens.“[91]

Ich habe zu zeigen versucht, daß zwischen Johann Arndts Frömmigkeitstheologie und Johanna Eleonora Petersens Hermeneutik eine enge Ver-

---

87 *Hamm*, aaO., 61.
88 *Hamm*, aaO., 69.
89 *Hamm*, aaO., 63; vgl. WChr. I.6.5.
90 *Matthias*, aaO., 62–81 und 200–204.
91 *Hamm*, aaO., 71; vgl. WChr. I, 38. 10.

wandtschaft besteht. Fassen wir noch einmal die charakteristischen Züge zusammen!

1. Auf dem Wege von der anthropologischen Fragestellung zur hermeneutischen gerät die Bedeutung des äußeren Wortes in eine Krise. Johann Arndt entwickelt eine Zuordnung des Wortes zum Geist, die einen Abfall zum Schwärmertum vermeidet und dennoch die Problematik einseitig zu einer relativen Selbständigkeit des inneren Wortes (und Geistes) verschiebt.

Für die weitere Entwicklung zu Johanna Eleonora Petersens HG ist es bedeutsam, daß aus Arndts ‚äußerem Wort' das ‚bloße Wort' bei der Pietistin wird. Auf diese Weise schreitet der Abwertungsprozeß des Bibel- und Predigtwortes weiter fort. Im Rahmen einer sich im 17. Jahrhundert herausbildenden, vom Subjekt her entwickelten Erkenntnistheorie (Descartes, Rahtmann) wird das innere Wort, jetzt als ‚Erfahrung' aufgewertet. Es führt kein unmittelbarer Weg vom äußeren zum inneren Wort. Das innere Wort muß als geistige Erfahrung vom Geist gewirkt werden, damit das äußere Wort verstanden wird.

2. Dem unbeschadet und ohne jede Begründung hält Johanna Eleonora Petersen an der Bibel, ja, an dem Wortlaut fest und hält sich mit eigenen Formulierungen eigener Verkündigung zurück. Offenbar sieht sie in der Bibel die vollständige Wiedergabe möglicher religiöser Erfahrung.

3. Wenn die Schrift als äußeres Wort die Grundlage der Kirche ist, so wäre von hier aus die Frage Hans Schneiders nach dem Verhältnis von (kirchlichem) Pietismus und Radikalpietismus auf eine Weise zu beantworten. Die Petersens jedenfalls müßte man unter diesem Gesichtspunkt, jedenfalls für die frühe Zeit (mindestens bis 1692), dem kirchlichen Pietismus zurechnen, da sie so lange an dem äußeren Wort der Bibel als einziger Offenbarungsquelle/-maßstab ihres Fühlens, Denkens und Handelns festhalten. Ihre Radikalität besteht höchstens in der konsequenten Durchführung der enthusiastischen Hermeneutik.

Ryoko Murakami-Mori

Der Berliner Beichtstuhlstreit

Frömmigkeit und Zeitwende im späten 17. Jahrhundert*

1. *Einleitung*

Der Berliner Beichtstuhlstreit (1697–98) ist ein typischer Fall innerhalb der Auseinandersetzungen zwischen dem Pietismus und der lutherischen Orthodoxie in Brandenburg-Preußen im letzten Jahrzehnt des 17. Jahrhunderts.[1] Der Pietist Johann Caspar Schade (1666–1698) wirkte seit Ende 1691 unter Ph. J. Spener als 3. Diakon bzw. 4. Pfarrer an der St. Nikolai-Kirche in Berlin. Schade war bei der Berliner Gemeinde sehr beliebt und viele Alte

---

* Der vorliegende Aufsatz ist die gekürzte und überarbeitete Fassung einer Magisterarbeit, die von der Verfasserin an der Abteilung für Geschichtswissenschaft der „Ochanomizu-Universität in Tokyo unter Professor Hideyuki Yamamoto erarbeitet und im März 1988 abgeschlossen worden ist. Die ursprüngliche Fassung der Arbeit ist in der Zeitschrift Ochanomizu-Shigaku" Jg. 32, 1988 (1990), S. 56–94 erschienen: Berlin–Kokukaisekifunsou. 17seikimatsu niokeru shakai no henyou to Pietismus (Der Berliner Beichtstuhlstreit. Der Pietismus und Zeitwende im späten 17. Jahrhundert). – Die Verfasserin, die sich seit 1981 mit der europäischen Geschichte beschäftigt, hat im Rahmen einer Magisterarbeit nicht die gesamte deutschsprachige Literatur zu diesem Spezialthema herangezogen. Aber sie hat die einschlägigen Quellen konsequent unter einer gesellschaftsgeschichtlichen Fragestellung neu untersucht und ist dabei zu interessanten, weiterführenden Überlegungen vorgestoßen. Deshalb wurde die Verfasserin, die seit Herbst 1990 zu einem längeren Studienaufenthalt in Halle weilt, zu einer Zusammenfassung angeregt, um diesen interessanten Beitrag der internationalen Pietismusforschung auch im deutschsprachigen Raum bekannt zu machen.

[1] Folgende Quellen wurden benutzt: Zentrales Staatsarchiv, Dienststelle Merseburg, Rep. 47 B 4 Fasc. 18. Die Untersuchung wider den Diaconum bey der hiesigen St. Nicolaikirchen M. Schaden wegen des von ihm verworfenen Beichtstuhls so wie wegen des vor und bei dessen Beerdigung vorgefallenen Auflauf und Tumult (ZStA); *Aland, Kurt*, Spener-Studien. Berlin 1943; *Kramer, Gustav*, Beiträge zur Geschichte August Hermann Franckes. Halle 1861; *Nebe, August*, Aus Speners Berliner Briefen an eine Freundin in Frankfurt. Auszüge aus der Handschrift D 107 in der Hauptbibliothek der Franckeschen Stiftungen zu Halle. Jahrbuch für Brandenburgische Kirchengeschichte (JBrKG) 30 (1935), 115–155; *Schade, Johann Caspar*, Geistliche und Erbauliche Schriften. 5 Bde. (Bd. 5) Leipzig, Frankfurt 1700ff.; *Spener, Philipp Jakob*, Theologische Bedenken. 3 Bde. (Bd. 2) Halle 1700–1702; *Wotschke, Theodor*, Der märkische Freundkreis Brecklings. JBrKG 23 (1928), 134–203; 25 (1930) 193–226.

Zu den Schriften Schades vgl. *Blaufuß, Dietrich*, Spener-Arbeiten. Quellenstudien und Untersuchungen zu Philipp Jakob Spener und zur frühen Wirkung des lutherischen Pietismus. Zweite, verbesserte und ergänzte Auflage, Bern u. a. 1980.

und Junge liefen ihm zu.[2] Der Berliner Beichtstuhlstreit wurde durch seine Kritik an der konventionellen Beichtpraxis ausgelöst.

Die damaligen Gemeindeglieder der lutherischen Kirche in Brandenburg-Preußen mußten vorher im Beichtstuhl ihre Sünden bekennen und die Absolution erhalten, wenn sie am Abendmahl teilnehmen wollten.[3] Aber die Beichtväter erteilten allen Beichtkindern die Absolution, ohne sie eingehend zu prüfen. Schade befürchtete, wenn einem nur mündlich büßenden, unbußfertigen Gemeindeglied die Absolution erteilt werde, müsse es nach dem Tod in die Hölle kommen, weil die Absolution es beruhige und es sein gottloses Leben nicht aufgeben wolle. Infolgedessen würde auch der Pfarrer vor Gott sündigen. Schade litt unter dieser Gewissensangst bis zur Schlaflosigkeit. Er versuchte mit aller Kraft, den Mißstand der Beichte zu beseitigen, indem er jedes Beichtkind in Ruhe prüfte und sein Haus besuchte. Ferner lud er die Gemeinde nicht nur am Samstag, sondern auch am Freitag vor, um sie zu unterweisen. Im Januar 1697 schaffte er das herkömmliche Beichthören ab und richtet eine neue, gemeinsame Vorbereitung für das Abendmahl ein. Dort predigte er über die Notwendigkeit einer herzlichen Bußfertigkeit für das Abendmahl und forderte die Teilnehmer auf, nach der Versammlung zu bleiben, falls sie persönlich mit ihm sprechen wollten. Er ermunterte sie auch, immer zu ihm zu kommen, wenn sie Sünden bekennen wollten.[4] Bereits am 3. Februar erstatteten die Gewerke und Stadtverordneten beim Magistrat eine Anzeige und verlangten die Abschaffung dieser Neuerung. Daraufhin setzten sich die Schade wohlgesonnenen Kreise in Bewegung, um ihn zu unterstützen. Nun stritten die Berliner Bürger um das Bewahren oder das Abschaffen des Beichtstuhls miteinander. Kurfürst Friedrich III. griff in diese Auseinandersetzung ein und entschied im Juni 1698, die Privatbeichte abzuschaffen. So fing der Beichtstuhlstreit mit der Herzensangst eines Pfarrers um ‚Frömmigkeit' an und entwickelte sich zu einem Streit, der die ganze Stadt beschäftigte. Diese Episode ist daher geeignet, die soziale Wirkung der religiösen Anschauungen der Pietisten zu untersuchen.

Der Berliner Beichtstuhlstreit ist bereits von G. Simon, K. Aland u. a. behandelt worden[5], aber eine maßgebliche und umfassende Arbeit wurde

---

2 *Nebe*, aaO., 135 (Speners Brief am 9. 3. 1697).

3 Zum Beichtwesen in der lutherischen Kirche vgl. *Aland*, Die Privatbeichte im Luthertum von ihren Anfängen bis zu ihrer Auflösung. In: Kirchengeschichtliche Entwürfe (Entwürfe) Gütersloh 1960, 476–480.

4 ZStA, Bl. 4f. ZStA, Bl. 5; *Spener*, aaO., 143; *Nebe*, aaO., 135f.

5 *Simon, Georg*, Der Berliner Beichtstuhlstreit 1697–1698. JBBrKG 39 (1964); *Aland*, Spener-Studien, 71–73, 131–146; *Ders.*, Entwürfe. – Dieser Streit, der in der Geschichte der Kirche und des Pietismus nicht zu übersehen ist, wird auch in folgenden Arbeiten erwähnt: *Grünberg, Paul*: Philipp Jakob Spener. 3 Bde. (Bd. 2) Göttingen 1893–1904; *Wendland, Walter*: Studien zum kirchlichen Leben in Berlin um 1700. JBrKG 21 (1926); *Fulbrook, Mary*, Piety and Politics. Religion and the Rise of Absolutism in England, Württemberg and Prussia. Cambridge u. a. 1983.

erst 1972 von H. Obst veröffentlicht.[6] H. Obst geht von der traditionellen theologischen Sicht aus, daß „der Pietismus... wesentliche Anliegen der lutherischen Reformorthodoxie“ aufgenommen und „sie unter dem Einfluß der spiritualistischen Kirchenkritik weiter“ geführt habe.[7] Aufgrund von ausführlichen Quellenarbeiten kommt er am Schluß zu einer stark historisch ausgerichteten Beurteilung: „Durch die Gewährung der Beichtfreiheit zerbrach eine der institutionellen Bindungen, welche die Menschen eng an Kirche und Religion fesselten... Der Reformwille der Zeit fand im Pietismus und in der Aufklärung seinen sichtbaren Ausdruck.“ Die Anhänger der herkömmlichen Privatbeichte, die sich aus den „reaktionären Kreisen“ rekrutiert hätten, zielten auf „die Aufrechterhaltung der mittelalterlichen Ständeordnung“. „Ihnen standen auf seiten Schades vor allem Angehörige der sozial und gesellschaftlich benachteiligten Schichten der Vorstädte gegenüber, Tagelöhner, Handwerksgesellen, kleine Gewerbetreibende u. a., die unter den starren mittelalterlichen Ordnungen zu leiden hatten.“ Der Pietismus habe in der „gesellschaftlichen Entwicklung eine historisch progressive Position bezogen“.[8] Diese Interpretation Obsts stimmt mit der allgemeinen Sicht der gegenwärtigen Pietismusforschung, insbesondere mit der bis zu den 70er Jahren, überein, im Hinblick sowohl auf die kirchengeschichtliche Einordnung als auch auf die historische Bewertung.[9]

Ich möchte hier die Quellen, die Obst benutzte, erneut von einem anderen Gesichtspunkt bearbeiten.

1. Die bisherigen Arbeiten zielten auf die Rekonstruktion der theologischen Ideen der Pietisten über die Beichtpraxis. Mir geht es um die hinter den Anklagen stehende Denkstruktur und die damaligen Zustände, in denen die Ankläger lebten. Deshalb untersuche ich, welcher weltliche Zwiespalt sich in diesem Streit um die Kirchenzeremonie widerspiegelte (2.1.).

2. Bisher wurden hauptsächlich die Tätigkeit und das Gedankengut der führenden Persönlichkeiten des Pietismus beschrieben. Ich lenke den Blick eher auf die Diskrepanz zwischen den führenden Theologen und ihren Anhängern (2.2.) und versuche zu klären, warum der Pietismus für die Menschen anziehend war (2.3.).

3. Anschließend wende ich mich dem Tumult bei Schades Begräbnis zu, auf dessen Bedeutung Obst sowie andere Forscher nicht näher eingegangen sind (3.1.). Dabei geht es mir um die Frage, warum viele Berliner

---

[6] *Obst, Helmut,* Der Berliner Beichtstuhlstreit. Die Kritik des Pietismus an der Beichtpraxis der lutherischen Orthodoxie. Witten 1972. Zur Beurteilung der Arbeit vgl. *Blaufuß,* aaO., 43f. Ich beziehe mich deshalb im folgenden bei der Darstellung der historischen Fakten im wesentlichen auf die Arbeit von Obst.

[7] *Obst,* aaO., 5.

[8] AaO., 145, 147.

[9] Zur Forschungslage bis zu den frühen 1970er Jahren vgl. *Greschat, Martin* (Hg.), Zur neueren Pietismusforschung. Darmstadt 1977; *Lehmann, Hartmut,* Der Pietismus im Alten Reich, Historische Zeitschrift Bd. 214 H. 1 (1974) (HZ).

eine Abneigung gegen Schade hatten, während andere Bürger von ihm angezogen wurden (3.2.).

4. Abschließend analysiere ich die Sympathie für und die Antipathie gegen den Pietismus in dem historischen Kontext, um zu erklären, welche Bedeutung das pietistische Verlangen nach Frömmigkeit für die die Zeitenwende erlebenden Zeitgenossen hatte (3.3.). Dabei interessiere ich mich nicht für die Frage, ob der Pietismus zur Industrialisierung bzw. zur Reform der Welt beitrug oder nicht, sondern ich möchte untersuchen, wie die Zeitgenossen solche Veränderung der Zeit empfanden. Das Ziel meiner Arbeit ist nicht, den Pietismus theologisch zu bewerten, sondern ich frage danach, was die historische Wirklichkeit des Verlangens nach Frömmigkeit war und welche Bedeutung dieses Verlangen in der damaligen Gesellschaft hatte und möchte so die Mentalität der Menschen in dieser Zeitenwende erfassen.

2. *Die Auseinandersetzung um den Beichtstuhl*

2.1. *Antipietisten und ihre Zeit*

2.1.1. Logik der Anzeige

Schade wollte wegen seiner schweren Gewissensbedenken die Beichte nicht abschaffen, sondern versuchte, ihre eigentliche Funktion wiederherzustellen. Warum also zeigten Stadtverordnete und Gewerke die Reform Schades an? Die erste Klageschrift vom 3. Februar 1697 sagt: „Es ist leyder Stadt kündig, was vor unordnungen undt Neuerungen bey hiesiger St. Nicolai Kirche, sonderlich wegen der Beichte, undt des Beichtstuhls, einreißen wollen; Wodurch nicht allein, die Gemeine geärgert, undt in ihren bisherigen Gottesdienst zweiffelhafft gemachet wird; sondern es will gar unter der Gemeinde undt Bürgerschafft eine innerliche Mißverständnüß entstehen." Der Magistrat solle Maßnahmen ergreifen, daß „alle neuerungen abgeschaffet, die bißhero entstandene Ärgernüß vermieden undt der daraus zu befürchtenden Unruhe abgeholffen; ... undt die Kirchen Ceremonien wie bißhero üblich gewesen," beibehalten „undt in der gantzen Stadt, Friede, Ruhe und einigkeit, erhalten werden möge".[10]

Das ist eine Anzeige mit dem politischen Ziel, Ordnung und Einheit in der Stadt zu fördern. Diese Ansicht wird in der „kurtzen Gegenvorstellung" vom 18. Februar noch konkreter entfaltet: Die Ankläger kritisierten nicht die theologische Position Schades, sondern griffen die politischen Konsequenzen seiner Handlungen und Änderungen an. Bemerkenswert ist, daß sie vom Beichtwesen auf einer ganz anderen Ebene als derjenigen der ,from-

---

[10] ZStA, Bl. 2rf.

men' Qualen Schades reden. Am Anfang der Klageschrift machen sie darauf aufmerksam, daß „die Sache... nicht darauf an" komme, „ob Herr M. Schade einige gewißens Angst über das Beichtsitzen empfunden". Vielmehr sei es nicht zulässig, daß ein Diakon „den Beichtstuhl... mit harten Formalien" angreift und „ohne vorbewußt Consistorij und einwilligung des Magistrats, Ministerij und der Gemeinde" die gewöhnliche Beichte „eigenthätiger weise" abschaffe „und die von Ihm so genandte Vorbereitung" einführe. Diese Änderung „erreget bey Gemeine Ärgernüß und giebt Anlaß zum Zweifel, Ob nehmlich bishero recht gelehret, und die Beichte recht gehalten sey?"[11] Sie behaupteten, daß ein Pfarrer eine solche Maßnahme nicht ergreifen darf, die die Überzeugung der Gemeinde von der bisherigen Kirchenordnung destabilisieren könnte. Im folgenden soll deshalb untersucht werden, wie es mit der ‚Ordnung' in der Stadt stand, die die Ankläger schützen wollten.

2.1.2. Die Wandlung der Berliner Gesellschaft[12]

Von der Verwüstung infolge des Dreißigjährigen Kriegs war auch Berlin nicht ausgenommen. Doch schritt der Wiederaufbau der Stadt in den späteren Jahren der Regierungszeit des Großen Kurfürsten sehr schnell voran. Der Große Kurfürst nahm die großen Baumaßnahmen an den Schlössern, Festungen und Straßen in Angriff und förderte den öffentlichen Verkehr. Zahlreiche Häuser der Bürger wurden nach und nach gebaut. Außerdem beschäftigte der Kurfürst sich mit dem Wasserbau. Durch die Anlage des Oder-Spree-Kanals, die Einrichtung der Oder-, Spree-, Elbeschiffahrt und den Umbau des Packhoflagers wurde Berlin zu einem Umschlagplatz von Waren. Wegen des regen Handelsverkehrs und der zahlreichen Bauarbeiten kamen viele Menschen aus verschiedenen Gegenden in die Stadt. Die wirtschaftliche Entwicklung nahm ihren Fortgang. Der Kurfürst wollte großangelegt Handel und Gewebe gründen. Er nahm deshalb auch Vertreter von Konfessionen auf, die in anderen Ländern verfolgt wurden, um neue Technik und Arbeitskräfte zu bekommen.[13]

Infolgedessen wanderte eine große Anzahl von Menschen seit 1680 in

[11] ZStA, Bl. 10r–12v. In der Klageschrift vom 9. März und dem Gesuch vom 5. April wird dieselbe Logik wiedergeholt. ZStA, Bl. 16r–17r, 39r–42r.

[12] Zur Geschichte Berlins vgl. *Mauter, Horst*, Zur Geschichte der Berliner Fayencemanufacturen von 1678 bis etwa 1779. Zur Wirtschafts- und Sozialgeschichte Berlins vom 17. Jahrhundert bis zur Gegenwart. Jahrbuch für Wirtschaftsgeschichte. Sonderband (1986); *Materna, Ingo u.a.*, Geschichte Berlins, von den Anfängen bis 1945. Berlin 1987; *Ribbe, Wolfgang*, Geschichte Berlins. Bd. 1. Von der Frühgeschichte bis zur Industrialisierung. München 1987; *Schultz, Helga*, Berlin 1650–1880. Sozialgeschichte einer Residenz. Berlin 1987; *Vogel, Werner*, Führer durch die Geschichte Berlins. Berlin 1985.

[13] Der Große Kurfürst ließ bereits seit den 1660er Jahren Sozinianer, Juden, Waldenser, Mennoniten und die Angehörigen anderer Konfessionen einwandern. Vor allem die Hugenotten hatten maßgeblichen Einfluß auf die wirtschaftliche Entwicklung in Brandenburg-Preußen. Im Jahr 1685 rief der Große Kurfürst mit dem Potsdamer Edikt die Hugenotten in sein Land. In den Jahren nach dem Potsdamer Edikt strömten ungefähr 5000 Hugenotten nach Berlin. Da die Zahl der Bevölkerung in Berlin damals ungefähr 20000 betrug, waren jetzt etwa ein Viertel der

Berlin ein, so daß die Zahl der Bevölkerung, die 1680 etwa 10000 betrug, bis 1690 um ungefähr das Zweifache, bis 1700 um ungefähr das Dreifache zunahm.[14] Der Beichtstuhlstreit ereignete sich zu dieser Zeit der Bevölkerungsexpansion. Die Ankläger wollten die Stadtbewohner in das traditionelle Kirchenwesen einbeziehen, um sie zu integrieren. Diese überlieferte Form der Integrierung konnte jedoch im damaligen Berlin nicht mehr gelten, weil viele Hugenotten und Mitglieder anderer Konfessionen einwanderten. Die Ordnung der alteingesessenen Bürger, die im herkömmlichen lutherischen Kirchentum lebten, wurde allmählich zu einem kleineren Teilbereich in der Stadt. Der Grund dafür ist nicht nur, daß die Bevölkerung quantitativ zunahm, sondern auch, daß die neu eingewanderten Bewohner außerhalb der alten Ordnung eine neue, andere schaffen wollten.

Ein Beispiel dafür sind die neuen Manufakturen und der Handel, die sich außerhalb der bisherigen Zünfte entwickelten. Da der Kurfürst diesen neuen Gewerben verschiedene Vorrechte bewilligte, so daß sie sich den Regeln der Zünfte nicht zu fügen brauchten, erwuchs den Zünften eine für sie ungünstige Konkurrenz.[15] Bemerkenswert ist dabei, daß nicht wenige Pietisten und pietistenfreundliche Menschen zu diesen neuen Unternehmern und großen Kaufleuten gehörten.

Ein zweites Beispiel sind die neu gegründeten Gemeinden. Bei der rapiden Zunahme der Bevölkerung wurden die Vorstädte innerhalb und außerhalb der Stadtmauer aufgebaut[16], folglich wurden auch neue Kirchengemeinden gegründet. Auf diese neuen Gemeinden gewannen die kurfürstliche Regierung und die neuen Bewohner statt der lutherischen Orthodoxie und der

---

Berliner Hugenotten. Vgl. *Lehmann, H.*, Das Zeitalter des Absolutismus. Gottesgnadentum und Kriegsnot (Absolutismus). Stuttgart u. a. 1980, 85; *Ribbe*, aaO., 359; *Wendland*, aaO., 23.

[14] Die Bevölkerungszahl in Berlin, Kölln, Friedrichswerder, Dorotheenstadt, Friedrichsstadt, Spandauer Vorstadt, Königsstadt, Stralauer Vorstadt, und den anderen Vorstädten am Rande:

J.	1640	1654	1661	1670	1680	1685	1690	1700	1709
Z.	6000	6197	6500	8150	9800	17400	21500	29000	57000

Hinze, Kurt, Die Bevölkerung Preußens im 17. und 18. Jahrhundert nach Quantität und Qualität. In: Moderne preußische Geschichte 1648–1947; die Bevölkerungszahl von 1709, *Vogel*, aaO., 70.

[15] Der Kurfürst förderte seit den 1660er Jahren die frühen Manufakturen, indem er ihnen Privilegien und Monopolstellungen bewilligte. Er gewährte den einwandernden Hugenotten und Juden nicht nur die religiöse Autonomie, sondern auch wirtschaftliche Vergünstigungen. Infolgedessen brachen häufig Auseinandersetzungen zwischen den alten Zünftlern und den neuen Unternehmern aus, sowohl zwischen den Deutschen und den Einwanderern als auch zwischen den alten und neuen Zünften der Deutschen. Vgl. *Mauter*, aaO., 39; *Ribbe*, aaO., 355–359; *Schultz*, aaO., 82f.

[16] Berlin bildete mit Kölln eine Doppel-Stadt. Bei der Zunahme der Bevölkerung wurde Friedrichswerder 1672 innerhalb der Stadtmauer aufgebaut und hatte einen eigenen Magistrat. Danach erwarb 1690 die Dorotheenstadt Selbstverwaltungsrecht, und der Aufbau der Friedrichsstadt fing 1688 an. Dazu vergrößerten sich die Vorstädte auch außerhalb der Mauer. Vgl. *Mauter*, aaO., 38; *Ribbe*, aaO., 350; *Vogel*, aaO., 74.

städtischen Verwaltung Einfluß.[17] An diese neuen Kirchen wurden oft Pietisten als Pfarrer berufen. Die Stadtverordneten und Gewerke erstatteten Anzeige beim Magistrat, da nach der traditionellen Kirchenordnung eigentlich der Magistrat über die Einhaltung dieser Ordnung zu wachen hatte. Aber diese bisherige kirchliche Ordnung geriet ins Wanken.

Außerdem bedrohte die kurfürstliche Zentralisierungspolitik die Ordnung, die die Ankläger bisher unterstützt hatten. Die Gestaltung des zentralen staatlichen Verwaltungssystems untergrub die Unabhängigkeit der Städte. Berlin machte keine Ausnahme, sondern befand sich in einer Entwicklung, die von einer Selbstverwaltungskörperschaft zur Hauptstadt des brandenburgisch-preußischen Staates führte. Die Magistratsmitglieder waren bisher gewählt worden, dagegen fing der Kurfürst an, seine Vertrauten zu Mitgliedern des Magistrats zu ernennen, sobald eine Stelle frei wurde. Im Jahr 1709 wurde das Wahlsystem in ein Vollernennungssystem durch den König umgeändert. Wir können annehmen, daß bei dem Verlust der Autonomie der Stadt der Kreis der Stadtverordneten, also die mittlere führende Schicht, die früher aus sich heraus Magistratsmitglieder gestellt hatte, den größten Verlust erlitt, denn nun konnten auch Mitglieder der höheren Schicht vom Kurfürsten ernannt werden.[18]

Die Ankläger handelten im Bewußtsein, die Ordnung der Stadt zu unterstützen. Aber diese Ordnung war erschüttert. Die Vertreter der Gewerke verloren allmählich ihren Einfluß auf die Gesellschaft. Sie befanden sich in einer unsicheren Position, nicht nur wirtschaftlich, sondern auch im Blick auf ihre gesellschaftliche Stellung und ihr Selbstbewußtsein. Deshalb reagierten sie so empfindlich auf Neuerung Schades, nicht nur aus bloßem engherzigen Eigensinn. Die Äußerung, daß „in der gantzen Stadt, Friede, Ruhe und einigkeit, erhalten werden möge", muß auch als Ausdruck ihrer Verunsicherung im Alltagsleben betrachtet werden. Der Beichtstuhlstreit geriet so in die Auseinandersetzung zwischen den aufkommenden und den niedergehenden Kräften, auf die auch Obst hingewiesen hat.

---

[17] Zum Beispiel wurde einer neuen Gemeinde in der Vorstadt östlich von der Mauer das Wahlrecht für Pfarrer unter der Bedingung erteilt, daß sie die Kosten für das Gehalt des Pfarrers trug, während der Magistrat das Patronatsrecht behielt. Bei der Gründung der Jerusalem-Kirche in der Friedrichsstadt stiftete der Kurfürst die Kapelle, und ein Rat des Kurfürsten erhielt das Patronatsrecht für diese Kirche. 1697 wurden ein Lutheraner und ein Reformierter als Pfarrer berufen. Nach der überlieferten Kirchenordnung wäre dies unmöglich gewesen. Vgl. *Wendland*, aaO., 133f.

[18] Vgl. *Ribbe*, aaO., 362; *Materna*, aaO., 191.

2.2. Die Konstellation auf seiten der Pietisten

2.2.1. Argumente zur Verteidigung Schades

Zuerst ist auf Speners Stellung in dieser Auseinandersetzung einzugehen. Aus seinen Briefen wird deutlich, daß der sanftmütige Propst in große Verlegenheit geriet[19], denn Spener hatte selbst scharfe Kritik an der Beichtpraxis geübt. Er stützte auch Schades Eifer und seine Tätigkeit. Er hatte Mitgefühl mit seiner Gewissensangst und sorgte für eine zeitweilige Freistellung vom Beichthören.[20] Er hatte aber im Gegensatz zu Schade nicht die Absicht, radikale Maßnahmen zu ergreifen. Er erwartete, daß sich die Situation allmählich bessern würde, wenn die Gemeindeglieder ihre Gesinnung änderten und selbst die Beichte ernst nähmen. Daher billigte er nicht, daß Schade die herkömmliche Beichtpraxis abschaffte und sie in der ohne Zensur veröffentlichten Schrift kritisierte.[21] Aber nach außen hin bemühte Spener sich um die Verteidigung Schades. Er beriet sich sofort mit Magistratsmitgliedern darüber. Dort war man überwiegend der Meinung, daß Schade die Beichte herkömmlich hören oder gar nicht hören sollte. Darüber hinaus nahm Spener Kontakt mit dem Hof und dem Kurfürsten auf, um den Konflikt versöhnlich zu bereinigen. Dabei wollte er die Sache im Rahmen der Gewissensfrage beilegen. Er unterstrich, daß Schade sich seit Jahren mit dem Beichthören quälte, daß er wegen der Gewissensangst die Beichtweise veränderte, jedoch nicht die Beichte selbst abschaffen wollte.[22] Aber die Sache entwickelte sich auf einer ganz anderen Ebene als Schades persönliche Skrupel und zog die ganze Stadt hinein.[23]

Zu diesem Zeitpunkt kam ein weiterer Vorgang hinzu, der Anlaß zu schändlichen Gerüchten bot. Schade hatte ein 13- und ein 14jähriges Mädchen mit der Rute auf die entblößte Haut geschlagen, um sie wegen ihrer lügenhaften Entschuldigung für die wiederholte Abwesenheit von seinem Katechismus-Unterricht zu strafen. Diese Strafe kam als ein sexueller Skandal in der ganzen Stadt ins Gerede. Seitdem wurde diese Strafe neben der Debatte über die Privatbeichte zu einem Streitpunkt in den Verhandlungen.[24] Am 18. März 1697 gab die kurfürstliche Regierung ihre Ant-

---

[19] Vgl. *Nebe*, aaO., 135f. (Speners Brief vom 9. 3. 1697); *Wotschke*, JBrKG 23 (1928), 181 (Speners Brief vom 27. 4. 1698).

[20] *Nebe*, aaO., 124 (Speners Brief vom 21. 12. 1691), 135 (Speners Brief vom 9. 3. 1697). Zu der Stellung Speners zur Beichte vgl. *Aland*, Entwürfe, 497–504; *Obst*, aaO., 23ff.

[21] Vgl. *Nebe*, aaO., 136 (Speners Brief vom 9. 3. 1697).

[22] Vgl. *Kramer*, aaO., 364 (Speners Brief vom 16. 2. 1697), 366 (Speners Brief vom 27. 2. 1697); *Aland*, Spener-Studien, 131–134.

[23] Vgl. *Aland*, aaO., 132; *Nebe*, aaO., 135f. (Speners Brief 9. 3. 1697).

[24] Vgl. *Nebe*, aaO., 136f. (Speners Brief vom 23. 3. 1697); *Wotschke*, JBrKG 23 (1928), 181; *Kramer*, aaO., 364 (Speners Brief vom 16. 2. 1697). Wegen der Verdächtigungen identifizierte sich Schade in einer Predigt mit Jesus. Vgl. *Kramer*, aaO., 367 (Speners Brief vom 23. 3. 1697).

wort auf die Anzeige. Sie kritisierte Schade „sonderlich wegen des Mädchenstaupens“ und forderte ihn auf, „daß er wegen seiner Scrupel in der Beichtsache selbst resignierte“.[25]

Als Schades bevorstehende Entlassung Anfang April in der Stadt bekannt wurde, wurden nacheinander einige Petitionen an den Kurfürsten eingereicht, die lobend hervorhoben, daß Schade sehr treu sei und von vielen Menschen verehrt werde. So appellierten einige Hallesche Theologiestudenten, die sich in Berlin aufhielten, an die kurfürstliche Toleranzpolitik. In zwei weiteren Petitionen wiesen 12 Mädchen und 10 Jungen darauf hin, daß Schade „Tag und Nacht dahin trachtet das Reich Christi in uns zuerbauen und unsere Seelen zu Gott zuführen“.[26]

Bemerkenswert ist vor allem das Gesuch einiger Magistratsmitglieder, weil seine Argumentation sich, nicht nur von den anderen Petitionen, sondern auch von Schades Anliegen unterscheidet. Nachdem die Magistratsmitglieder angeführt hatten, daß die Privatbeichte an anderen lutherischen Orten längst abgeschafft worden sei und dieses viele Menschen inzwischen als richtig erkannten, suchten sie um die „Freyheit“ nach, „daß wann sie zur Communion undt Tische des Herren gehen wollen, undt deßhalb absonderlich vorher zu beichten keine Noth finden, ihnen der Gebrauch des Heil. Nachtmahls, auch ohne vorgehende Privat=Beichte gestattet werden möge“. Sie waren es, die zum erstenmal die Abschaffung der Privatbeichte verlangten. Außerdem behaupteten sie, daß, wenn Schade aus seinem Amt entlassen werden sollte, würden die über die Beichte Zweifel hegenden Menschen „entweder ohne Communion bleiben, oder den bißherigen alten Gewißens=Zwang mitt dem Beichtstuhl wieder alle Christliche Freyheit, hinwiederumb leiden müßen“. Diesen Ausdruck, „Christliche Freyheit“, findet man in der Selbstverteidigung Schades nicht.[27]

Am 17. Mai 1697 trat ein Untersuchungsausschuß auf kurfürstlichen Befehl nach dem Vorschlag Speners zusammen.[28] Nachdem die Anzeiger ihre Klage vorgebracht hatten und Schade sich verteidigt hatte, trat eine Gruppe von Bürgern auf, die Schade unterstützen wollte. Sie bezeugten, daß Schade ein treuer Seelsorger sei, und sagten aus, daß sie „den beicht=stuhl... nicht mehr mit gutem gewissen betreten könten noch wolten“.[29]

Nach der Sitzung reichte jedes Komiteemitglied dem Kurfürsten sein Votum ein. Der Beschluß wurde aber wegen des sich am Hof vollziehenden Machtwechsels aufgeschoben.[30] Ende Dezember verloren die Anhänger

---

[25] *Nebe*, aaO., 137 (Speners Brief vom 20. 4. 1697); vgl. ZStA, Bl. 20rf.

[26] ZStA, Bl. 25r–38v, 31v.

[27] ZStA, Bl. 26r.

[28] Vgl. ZStA, Bl. 99r–112v. Zu dem Verlauf der Kommissionssitzung und den Meinungen der Kommissionsmitglieder vgl. *Obst*, aaO., 72–94.

[29] *Spener*, aaO., 145; vgl. *Nebe*, aaO., 137f. (Speners Brief an Kißner vom 26. 6. 1697); *Schade*, aaO., 139f.

[30] Vgl. *Obst*, aaO., 98–100.

Schades wegen der Verschiebung des Beschlusses die Geduld und fingen an, ohne Beichte am Abendmahl teilzunehmen. Sie erklärten mit Entschlossenheit, daß die Beichte „eine abgötterey und verläugnung Christi" sei. Hier ging es nicht mehr um Schades Anliegen, nämlich die Gewissensqualen eines Pfarrers beim Beichthören, sondern darum, „ob ein wahrer Christ mit gutem Gewissen zur beicht gehen könne". Sie handelten nach und nach solidarischer und hielten einander davon ab, zur Beichte zu gehen. Spener beklagte sich darüber, daß Schade diesem Verhalten seiner Anhänger Einhalt zu gebieten „nicht vermag oder nicht will".[31] Im Frühjahr 1698, nach der zeitweiligen Ruhe, reizten die Anhänger Schades wieder die klagende Seite.[32] Sie fingen erneut an, ohne Beichte am Abendmahl teilzunehmen, um die Freiheit der Beichte selbst zu erwerben, weil der Hof die Freigabe der Privatbeichte noch immer nicht öffentlich bekanntmache. Spener berichtet folgendermaßen: „Mit Herrn M. Schadens Sache ist es fast aufs äußerste kommen, indem die Unordnungen von Seiten seines Anhanges mehr und mehr angewachsen."[33]

Es ist zu vermuten, daß die Einstellung des Kurfürsten zur obligatorischen Privatbeichte von Anfang an feststand. Denn bei den Beratungen zwischen den Geheimräten, dem Kurfürsten und Spener kam die Beibehaltung oder die Abschaffung der Privatbeichte niemals zur Sprache. Es ging um das Verfahren gegen Schade und um den Termin und die Weise der Veröffentlichung der Aufhebung der Beichtpflicht.[34] Im Juni fiel die kurfürstliche Entscheidung, die den beiden Seiten ihre „gewißens Freyheit", nämlich die „Libertet" zu beichten und die Freiheit nicht zu beichten, zuließ. Damit verliert die Privatbeichte die zwingende Kraft. Schade sollte nach Derenburg versetzt werden, und seine pietistische Privatversammlung wurde verboten.[35] Zu jener Zeit erkrankte Schade. Seine Krankheit verschlimmerte sich sehr schnell, und er starb am 25. Juli 1698 im Alter von zweiunddreißig Jahren.[36]

Die Versetzung Schades wird u. a. damit begründet, daß er trotz des Abratens von Spener und den Kollegen nicht mit der Versammlung in seinem Haus aufhören wolle. Die Zusammenkunft sei immer mehr ange-

---

31 *Kramer*, aaO., 378 (Speners Brief vom 31. 12. 1697); vgl. *Nebe*, aaO., 138 (Speners Brief vom 23. 1. 1698).

32 Vgl. *Nebe*, aaO., 141 (Speners Brief vom 15. 4. 1698); *Wotschke*, JBrKG 23 (1928), 181f. (Speners Brief vom 27. 4. 1698).

33 *Nebe*, aaO., 142 (Speners Brief vom 11. 6. 1698); vgl. *Kramer*, aaO., 381f. (Speners Brief vom 27. 4. 1698), 382 (Speners Brief vom 3. 5. 1698).

34 Z. B. vgl. ZStA, Bl. 135rf. (dasselbe 134rf.), 139rf. (dasselbe 140rf.), 142rf. (dasselbe 141rf.), 156r–160r; *Kramer*, aaO., 381.

35 Vgl. ZStA, Bl. 143r–145v (Entwurf dazu 147r–149v), 165rf., 174r–175v (Entwurf dazu 176r–177r), 186r–188v (Entwurf dazu 191r und 193v); Zur Versetzung Schades nach Derenburg vgl. 161rf. (Entwurf dazu 162rf.), 178rf., 179r–180r (Entwurf dazu 163r–164r), 181r (Entwurf dazu 182r), 183r (Entwurf dazu 184r), 194rf. + 198r (Entwurf dazu 197rf.), 196rf.

36 Vgl. *Nebe*, aaO., 142f. (Speners Brief vom 9. 8. 1698); Zur Krankheit Schades vgl. ZStA, Bl. 196rf.

wachsen; auch einige Reformierte hätten daran teilgenommen. So kann man vermuten, daß die kurfürstliche Regierung mit der Versetzung Schades auch die weitere Entwicklung dieser Laienbewegung hemmen wollte, obwohl sie prinzipiell auf der Seite der Pietisten stand.[37]

Das Verhalten Speners in jenen Tagen bestätigt, daß er gegen die Abschaffung der Privatbeichte war. Zum Beispiel antwortete er den Stadtverordneten, daß er jeden ablehnen wolle, der „außtrücklich ohne beicht admittirt zu werden suchte". Er gebraucht den Ausdruck, daß das größte „Ärgernis... von den Eiferern des Beichtstuhls beigebracht" würde.[38] Als Spener von der baldigen Abschaffung der obligatorischen Privatbeichte erfuhr, äußerte er einem Geheimrat gegenüber seine Sorge, daß sich ein „Aufstand unter der Bürgerschaft" ereignen könnte, wenn die Abschaffung während der Abwesenheit des Kurfürsten publiziert würde, und forderte eine Verschiebung der Verkündigung, da man für die Abschaffung eine Vorbereitungsfrist bräuchte.[39] Nach seiner Meinung sollte die Entscheidung den Gemeinden nicht bekanntgemacht, und die Auseinandersetzung beigelegt werden, da die zentrale Persönlichkeit, Schade, nicht mehr da war. Spener hatte danach die Absicht, während der Verlängerungsfrist die Anhänger Schades zum Verzicht auf ihr Verlangen nach der Abschaffung der Privatbeichte zu überreden. Aber sie wollten sich darauf nicht einlassen und forderten wiederholt „unbiegsam" die Veröffentlichung der kurfürstlichen Entscheidung.[40] Am 16. November, ein halbes Jahr nach der Entscheidung, wurde die Abschaffung der obligatorischen Privatbeichte verkündigt.[41]

---

[37] Spener wollte Schade raten, im Tun und Wort vorsichtiger zu sein, um seine mögliche Entlassung aus dem Pfarramt zu vermeiden. Aber es scheint, daß Schade sich von Spener nicht lenken ließ. Vgl. *Kramer*, aaO., 37 (Speners Brief vom 24. 9. 1697). Er richtete an den Kurfürsten ein Gesuch, Schade „zur Christlichen moderation undt Bescheidenheit anzuweisen", da er seine Überredung wirkungslos fand. ZStA, Bl. 135r. Spener berichtete im Gegensatz zur Befehlsschrift, daß die Anhänger selbständig die Versammlungen hielten, obwohl Schade selbst seit Herbst 1697 keine Versammlung mehr gehalten hatte. In jedem Fall können wir erkennen, daß zu diesen Versammlungen die Menschen kamen, die nach der Abschaffung der Privatbeichte verlangten und die Ankläger reizten. Vgl. ZStA, Bl. 143rf.; *Kramer*, aaO., 377 (Speners Brief vom 24. 9. 1697).

[38] *Nebe*, aaO., 144 (Speners Brief vom 13. 12. 1698); *Kramer*, aaO., 383 (Speners Brief vom 3. 5. 1698).

[39] Vgl. ZStA, Bl. 166rf.

[40] In den Akten wird ein Gesuch ohne Datum registriert, aus dessen Inhalt wir schließen können, daß es zu dieser Zeit eingereicht wurde. Es teilt mit, daß die Prediger erklärt hätten, daß bis zur Verkündigung der kurfürstlichen Entscheidung niemand ohne Beichte am Abendmahl teilnehmen dürfe. Die Verfasser des Gesuchs verlangten herausfordernd, „wir aber, wenns länger damit anstehen solte, nicht wißen was wir endlich erwehlen sollen, indem unmöglich wir länger also bleiben können". ZStA, Bl. 254r–255r, 254rf.

[41] Vgl. *Nebe*, aaO., 143 (Speners Brief vom 13. 12. 1698). In den näheren Bestimmungen wird der Wille der führenden Pietisten durchgesetzt: Die Befreiung von der Beichte sei nur auf die Gewissenssache beschränkt. Es sei nicht zuzulassen, wegen der „unwißenheit, oder bösen lebens" die Beichte zu vermeiden. Darum sollte man sich vorher beim Pfarrer anmelden, wenn man ohne Beichte am Abendmahl teilnehmen wollte. Dazu wird eine neue Vorbereitung für das Abendmahl am Samstagnachmittag eingeführt. Vgl. ZStA, Bl. 260r–268v.

2.2.2. Pluralität der pietistischen Bewegung

Im Blick auf den Verlauf des Streites sind einige unterschiedliche Argumente bei denjenigen begegnet, die auf der Seite Schades standen und die Privatbeichte kritisierten. Spener tadelte die Mißstände bei der Beichte, die Anhänger Schades hielten hingegen das Beichtwesen selbst für ungerechtfertigt. Beide kritisierten zwar die Beichtpraxis, aber ihre Kritik ging in entgegengesetzte Richtungen. Denn Spener diskutierte die Beichte vom Gesichtspunkt der Erbauung der Gemeinde her, während die Anhänger Schades aufgrund des allgemeinen Priestertums nach einem vom geistlichen Amtsträger unabhängigen religiösen Leben verlangten. Diese zweierlei Arten von Kritik am Beichtwesen waren bereits vor dem Berliner Beichtstuhlstreit laut geworden. Francke war bereits in den frühen 1690er Jahren mit seiner Gemeinde in Konflikt gekommen, indem er beim Beichthören einigen Gemeindegliedern wegen ihrer „Unwissenheit“ und „Unversöhnligkeit“ die Absolution verweigerte.[42] Gleichzeitig mit Schades öffentlicher Kritik erschien ein Büchlein, das das Beichtwesen grundsätzlich attackierte[43], ferner stritt in Halberstadt eine Frau mit ihrem Beichtvater, indem sie ihm im Beichtstuhl die Beichte verweigerte.[44]

Wir können sehen, daß diese zwei in ihren Charaktern eigentlich unterschiedlichen Bewegungen in der Person Schades zusammentrafen. Denn Schade tadelte einerseits die Verderbnis der Beichte, wie Spener und Francke, andererseits zog er im Unterschied zu ihnen für den Verfall der Beichte nicht nur die Gemeinde, sondern auch die etablierte Kirche öffentlich zur Verantwortung, weil sie diesen Mißbrauch der Beichtpraxis zugelassen hatte. An diesem Punkt konnte Schade Menschen anziehen, die seit längerem von der etablierten Kirche enttäuscht waren, weil seine Kritik ihre Unzufriedenheit theologisch bestätigte. Subjektiv zielte seine Änderung auf die Wiederherstellung der eigentlichen Beichte, aber objektiv bedeutete sie die Abschaffung des konventionellen Beichthörens. Deswegen wurde Schade von den Kreisen unterstützt, die aus einem anderen Interesse die Abschaffung der Privatbeichte wollten. Außerdem war er seit langem mit Francke befreundet und verehrte Spener, aber gleichzeitig hatte er enge Kontakte zu den außerkirchlichen radikalen Pietisten. Schade war so ein Berührungspunkt beider Bewegungen sowohl im Hinblick auf seine Gedanken als auch im Hinblick auf seinen Freundeskreis.[45]

---

[42] *Kramer*, aaO., 183. Zur Tätigkeit Franckes beim Beichthören vgl. *Grünberg*, aaO., 328; *Hinrichs, Carl*, Preußentum und Pietismus. Der Pietismus in Brandenburg-Preußen als religiös-soziale Reformbewegung. Göttingen 1971, 219–221; *Obst*, aaO., 123–139.

[43] Kurz vor dem Berliner Beichtstuhlstreit schrieb J. Michaelis 1638–1718, ehemaliger Pfarrer, ein Büchlein, in dem er die Beichte und das Abendmahl angriff. Schade verehrte ihn sehr. Vgl. *Wotschke*, JBrKG 23 (1928), 199 (Schades Brief vom 24. 1. 1698).

[44] Im Jahr 1692 erklärte Anna Margarete Jahn in Halberstadt im Beichtstuhl, daß sie keine Sünde beginge. Vgl. *Grünberg*, aaO., 273.

[45] Spener war darüber bekümmert, daß Schade mit „einigen unbesonnen eifferern“ befreundet war, dazu zählt Spener Michaelis. Sie ermunterten Schade, seinen Eifer nicht aufzugeben,

Außer diesen beiden Bewegungen gab es noch eine Gruppe, die das Beichtwesen kritisierte. Es waren die Magistratsmitglieder, die das Gesuch für den Verbleib Schades einreichten, und die zuerst die Forderung nach der Abschaffung der Privatbeichte deutlich aussprachen. Ihre Argumentation unterschied sich, wie schon erwähnt, sowohl von der Schades selbst als auch von der der Anhänger Schades, da sie vom Standpunkt der Stadtverwaltung aus dachten. Einer von ihnen äußerte bei einer anderen Gelegenheit, daß es günstig sei, die lutherische Privatbeichte abzuschaffen, um das Luthertum und die Reformierten zu vereinigen.[46] Zwar suchten sie um den Verblieb Schades nach, aber es ist den Quellen zu entnehmen, daß sie nicht wollten, daß sich die Bewegung um Schade unter den Bürgern verbreite, sondern hofften, daß der Konflikt auf Speners Initiative bereinigt werde. Die Quellen sagen nicht, daß diese Magistratsmitglieder selbst Pietisten waren, aber sie teilten mit, daß „viele fromme Bürger" sie darum gebeten hätten, daß sie sich um den Verbleib Schades bemühten. Daher kann man annehmen, daß sie zu dem pietistenfreundlichen Kreis gehörten.[47]

Schließlich war auch der Kurfürst gewillt, die Privatbeichte abzuschaffen, obwohl man ihn selbstverständlich nicht zu den Pietisten zählen kann. Der Kurfürst wollte bereits vor dem Beichtstuhlstreit einige lutherische konfessionelle Gebräuche beseitigen. Gleichzeitig unterstützte der Kurfürst jedesmal nicht die Vertreter der überlieferten lutherischen Orthodoxie, sondern die Pietisten, wenn beide zu jener Zeit aufeinanderstießen. Seine Entscheidung beim Berliner Beichtstuhlstreit war daher keine Ausnahme, sondern ein Exempel für eine Reihe von Maßnahmen in seiner Kirchenpolitik.[48]

Als Ergebnis der Untersuchung in diesem Abschnitt können wir zweierlei feststellen: 1. Die Abschaffung der obligatorischen Privatbeichte läßt sich nicht auf die theologischen Überzeugungen der führenden Pietisten, Spener

---

wenn er Kompromisse eingehen wollte. *Kramer*, aaO., 364 (Speners Brief vom 16. 2. 1697). Andererseits war Schade unter Franckes Einfluß Pietist geworden und hatte an der pietistischen Bewegung Franckes in Leipzig mit großem Eifer mitgearbeitet. Vgl. *Obst*, aaO., 12–15.

[46] Vgl. *Wotschke*, JBrKG 25 (1930), 204 (Der Brief A. Manitius vom 18. 4. 1697).

[47] Vgl. ZStA, Bl. 27r.

[48] Was die Motive seiner Kirchenpolitik angeht, ist auf folgendes hinzuweisen: Die lutherische Landeskirche in Brandenburg-Preußen war eng mit dem einheimischen Landadel verknüpft. Dieser übte über das Patronat Einfluß auf die Kirche aus. Hingegen hatte das Herrscherhaus konfessionell keine Beziehung zur lutherischen Landeskirche, weil es reformiert war. Die Autorität der lutherischen Kirche zu relativieren, diente daher zugleich der Einschränkung des Einflusses der Landstände. Diese Kirchenpolitik war also ein unentbehrlicher Bestandteil der Zentralisierungspolitik des Kurfürsten. Die Absicht, die Landeskinder nicht als „rechtgläubige Konfessionsangehörige", sondern als Individuen, nämlich als „anständige Staatsbürger" zu integrieren, existierte bereits beim Großen Kurfürsten. Dieser Politik kam der Pietismus mehr entgegen als die lutherische Orthodoxie. Dank der Anwendung dieser Politik gewann der Pietismus im Laufe der 1690er Jahre den Vorrang vor der lutherischen Orthodoxie und wurde später eine neue Orthodoxie im preußischen Staat. Vgl. *Hinrichs*, aaO., 79–180; *Deppermann, Klaus*, Der hallesche Pietismus und der preußische Staat unter Friedrich III. (I.). Göttingen 1961, 22–25; *Fulbrook*, aaO., 84–88, 93–98; *Lehmann*, Absolutismus, 83–88.

und Schade, zurückführen. Sie wurde einerseits von den Anhängern Schades gefordert, die die Kritik am Mißbrauch der Beichtpraxis für sich zum Grund für die Verneinung der Beichte umwandelten; andererseits von den Angehörigen der oberen Schichten in der Stadt, die die erstbeste Gelegenheit wahrnahmen, um die Abschaffung zu fordern; und sie wurde vom Kurfürsten angeordnet, der vom Standpunkt seiner Kirchenpolitik aus diese Bewegung unterstützte. Spener bemühte sich hingegen, die Forderung der Anhänger Schades zu mildern.

2. Der frühe brandenburgisch-preußische Pietismus war recht heterogen: die frühe pietistische Bewegung wurde nicht nur von den führenden Theologen, sondern auch von den Laienanhängern getragen, die an den Ideen der ersten nicht immer teilhatten, überdies versorgten diese die pietistische Bewegung mit neuen Impulsen. Deshalb läßt sich der Pietismus nicht allein durch die Analyse der Denkweise und des Verhaltens der führenden Theologen verstehen. Darum soll im folgenden untersucht werden, warum der Pietismus gerade solche Anhänger anzog, und was die pietistische Frömmigkeit für sie bedeutete.

2.3. Warum war der Pietismus für die Menschen anziehend?

Warum hatte die pietistische Bewegung für die Zeitgenossen eine solche Anziehungskraft? Aus den theologischen Schriften der führenden Pietisten können wir dies nicht gerade leicht erschließen, da sie sich naturgemäß vor allem auf die theologischen Fragestellungen konzentrierten und dabei vielfach rigorose Forderungen hinsichtlich der Lebensführung stellten, so daß es von daher eher unverständlich erscheint, daß ihr ernstes Verlangen nach Frömmigkeit so viele Menschen faszinierte. Hier bringen uns die Vorwürfe, die gegen die Pietisten erhoben wurden, auf die richtige Spur. Denn in ihnen findet man ein anderes Bild als in den Äußerungen der Pietisten selbst.

Zuerst wollen wir folgende Eingabe betrachten, die die Stadtverordneten im Mai 1698, ein Jahr nach der ersten Anzeige, an den Kurfürsten richteten.

„Es ist numehro durch gantz Teutschland erschollen, ... waß vor verwirrungen der hiesige Nicolaische Diaconus M. Schade in Unserer Lutherischen Kirchen mit seinen contra omnem orthodoxiam lauffenden lehr Sätzen angerichtet, damit ist nicht nur die Kirche in ungelegenheit gebracht, sondern es seind auch Bürger wieder Bürger animiret, und so gar auch ne qua pars rei publicae sana sit, die Weiber wieder ihre Männer, die Kinder wieder ihre Eltern, und das Gesinde wieder ihre Herrschaft aufgebracht worden.... Die uneinigkeit der Bürgerschaft ist notorisch und zubetauren. Und was zwischen Eheleüten, Eltern und Kindern Herrschafften und Gesinde vorgehet, ist eine algemeine Klage, hierzu gießet Er gedachter M. Schade immermehr öhl zum Feüer indem er in der Closterkirchen seinen adhaerenten alleine den Himmel verspricht, denen andern leüten aber, die nicht so gesinnet wie Er, die Seeligkeit abspricht, ... Von den Weiber visiten laßet Er noch nicht ab, sondern ziehet Sie an sich, wodurch dann die Haushaltungen zu grunde gehen, daß auch einige Männer solches dem H. Probst geklaget, und sich vernehmen laßen, wo dieser schändlichen unordnungen und weiteren verführungen nicht gesteüret würde, so müsten Sie ihre weiber verlaßen, ..."[49]

Festzuhalten ist hier eine erste Beobachtung: Über den Beichtstuhl fällt kein Wort. Die Eingabenverfasser lenken den Blick auf eine Gruppe von Menschen, die die herkömmlichen Gesellschafts- und Familiennormen überschritten. Zu jener Zeit blieb die Frage nach der obligatorischen Privatbeichte noch offen. Die nach der Abschaffung der Beichte verlangende Gruppe schritt in der Kirche zu verwegeneren Taten und erregte Ärgernis bei den Verteidigern der bestehenden Kirchenzeremonie. Trotzdem greifen Schades Gegner in dieser Eingabe nicht die Änderung der Kirchenzeremonie an, sondern der Gegenstand ihres Zornes ist eher die Einstellung der Dissidenten zur überkommenen Gesellschaftsordnung als die Tat selbst, daß sie am Abendmahl ohne Beichte teilnahmen. Die Stadtverordneten machen Schade den Vorwurf, daß er einen Verstoß gegen die bestehende Gesellschaftsnorm rechtfertigte und die Unordnung vergrößerte.

Diese Angriffe wurden nicht erst gegen die Pietisten vorgetragen, nachdem die Anhänger Schades radikalisiert waren, sondern oft bereits vor dem Beichtstuhlstreit. Zum Beispiel berichtet Obst, daß gegen die Versammlung Schades „Feindschafft, Verachtung, Haß, Spott und Nachrede" gerichtet wurden, und daß „ihm der Vorwurf gemacht wurde, er hetze die Leute auf". Daraufhin habe Schade betont, „daß er alle Teilnehmer zur Pflichterfüllung und zum Gehorsam ermahnt habe".[50] Aufgrund der Tatsache, daß Schade so widersprechen mußte, kann man leicht auf eine „Nachrede" schließen: nämlich daß ihm vorgehalten wurde, daß die Teilnehmer ihre Pflicht nicht erfüllt hätten und nicht gehorsam gewesen seien. Diese Art Vorwürfe finden sich oft in den antipietistischen Schriften. Eine Schmähschrift mit dem Titel Imago Pietismi von 1691 sagt, daß die Pietisten gegen den Willen der Obrigkeit gewirkt haben, und behauptet, daß die collegia pietatis den geistlichen Hochmut und eine zu große Vertraulichkeit zwischen den männlichen und weiblichen Mitgliedern befördert hätten.[51] Hinrichs teilt mit, daß die orthodox lutherischen Geistlichen den Pietisten ihren „gleichmachende(n) Kommunismus" vorgeworfen haben.[52] Diese Vorwürfe, daß Pietisten die Gesellschaftsnorm nicht einhielten, weisen darauf hin, daß sie tatsächlich Störenfriede für die damalige soziale Ordnung waren, folglich – daß sich gerade aus demselben Grund viele Zeitgenossen vom Pietismus angezogen fühlten.

---

49 ZStA, Bl. 286rf. (dasselbe 136r–137v), Bl. 286r.

50 *Obst*, aaO., 18f.

51 Vgl. Imago Pietismi. 2v; *Grünberg*, aaO., 276.

52 *Hinrichs*, aaO., 220.

Im übrigen werden oft Vorwürfe gegen die pietistischen Frauen laut: Sie würden ihren Männern nicht gehorchen. Zum Beispiel ärgerten sich die Ankläger darüber, daß die Anhängerinnen Schades „wider willen ihrer männer" ohne Beichte am Abendmahl teilnahmen. Ein Büchlein von 1695 berichtet, daß „unterschiedliche Männer mit dem Konventikelbesuch (= dem Besuch von Schades Versammlungen) ihrer Weiber nicht zufrieden seien".[53] Ferner wurde in der besagten Eingabe erwähnt, daß die Männer sich von ihren Frauen scheiden lassen würden, wenn sie noch weiter die Konventikel besuchten. Daraus läßt sich ablesen, daß das Verhalten der pietistischen Frauen die Vertreter der damaligen allgemeinen Ansicht reizten, und deshalb die pietistische Bewegung besonders anziehend für die Frauen war, die von den sozialen Einschränkungen befreit werden sollten. Außerdem findet man in einer anderen Schrift von 1696 den Vorwurf, daß in den pietistischen Konventikeln den „Weibern... zu viel zugegeben" werde.[54] Diese Beschreibungen zeigen, daß Frauen in den pietistischen Versammlungen, wenigstens im Vergleich zu den damaligen Gewohnheiten, als gleichwertige Individuen behandelt wurden.

Woher kommt diese Atmosphäre in den pietistischen Versammlungen? Vorweg sei hier die These aufgestellt, daß sie aus dem Verlangen nach ‚Frömmigkeit' entstand. Die Idee von gleichwertigen Individuen war freilich nicht modern politischen, sondern religiösen Charakters. Die Pietisten erwähnten manchmal das allgemeine Priestertum, jedoch war die Lehre des allgemeinen Priestertums selbst eigentlich keine neue Idee für das Luthertum. Trotzdem fanden die Zeitgenossen „den Keim des Selbstbewußtseins, der bald aufblühen soll" nicht in der zeitgenössischen lutherischen Amtskirche, sondern im Pietismus.[55] Die Gründe dafür ergeben sich m. E. einmal aus dem pietistischen Grundgedanken, daß die Praxis des Glaubens wesentlicher als die Kenntnis im Glauben ist, zugleich aber auch aus dem Erwerb von theologischen Kenntnissen, obwohl beides einander zu widersprechen scheint. Denn durch beide nahm die religiöse Idee von der Gleichwertigkeit aller Menschen weltliche Gestalt an: Wenn eine fromme Lebensführung das oberste Kriterium für den Wert von Menschen sein soll, dann sind Priester und Laien gleichwertig. Aus demselben Grund ist man berechtigt, einen sozial höher stehenden Menschen wegen seines Verhaltens zu tadeln, ein Verstoß gegen soziale Regeln kann also durch die Frömmigkeit geheiligt werden. Gleichzeitig konnten sich die Pietisten nun mit den Geistlichen auseinandersetzen, um sich selbst zu verteidigen, indem sie die bisher von den Geistlichen monopolisierten theologischen Kenntnisse einigermaßen in den Konventikeln erwarben.

In den staatlichen Akten wird ein Ereignis registriert, das diese Sachlage

[53] *Grünberg*, aaO., 299.

[54] AaO., 300.

[55] *Boehn, Max von*, Deutschland im 18. Jahrhundert. Die Aufklärung. Berlin 1922. (Die japanische Übersetzung von Nobuo Iizuka, Tokyo 1984, S. 191.)

anschaulich darstellt. Ein Drechsler besuchte den Prediger R. Rittner an der St.-Marien-Kirche und erklärte entsprechend der kurfürstlichen Verordnung vom 16. November, daß er ohne Beichte am Abendmahl teilnehmen wolle. Er fragte, ob der Prediger ihn hinsichtlich seines Lebens und seines Verhaltens als Christ zu mahnen hätte. Rittner war ein Vertreter der antipietistischen Polemiker. Es war daher eine Herausforderung, daß ein Drechsler so etwas vorzubringen wagte. Aus der Äußerung des Drechslers können wir ablesen, daß er der Überzeugung war, ein frommes Leben zu führen, und deshalb keine Sünden bekennen wollte. Als Rittner ihn daraufhin fragte, warum er nicht beichten wolle, antwortete er, daß die Beichte nicht auf der Bibel beruhe. Über den Versuch Rittners, die Notwendigkeit der Beichte mit Zitaten aus dem Alten Testament zu belegen, berichtete der Drechsler kritisch, daß der Prediger ihn „als ein(en) ungelehrten" überreden wollte. In dieser Wortwahl, „als ein(en) ungelehrten", spiegelte sich sein Selbstwertgefühl wieder, daß er meinte, genügende Kenntnisse zu besitzen, um sich mit Theologen auseinanderzusetzen.[56]

Daß das Verhalten der Pietisten von ihrem frommen Selbstbewußtsein unterstützt wurde, kann auch aus den Vorwürfen gegen die Pietisten bestätigt werden. Denn folgende Art von Vorwürfen gegen die Lehre des Pietismus wurden immer wieder erhoben: Die Pietisten legen zu viel Gewicht auf Frömmigkeit, und sprechen von „eingebildeter Vollkommenheit". Zum Beispiel kritisiert das genannte Büchlein, Imago Pietismi, daß die Pietisten den „Früchte(n) des Glaubens" vor dem Glauben selbst den Vorrang gäben. Ferner ficht das Büchlein von 1696 an, daß die Tat kein eigentlicher Bestandteil des Christentums sei.[57] Diese Vorwürfe deuten darauf hin, daß dieses fromme Selbstbewußtsein der Pietisten ihrem gleichgültigen Verhalten gegenüber den bisherigen Gesellschaftsnormen zugrunde lag. Hier funktionierte ‚Frömmigkeit' als ein Mittel der Selbständigkeit.

Abschließend ist folgendes festzuhalten: Der Beichtstuhlstreit, der mit der Gewissensangst eines Pfarrers anfing, wurde im Hinblick auf seinen historischen Hintergrund zugleich ein Aspekt des Konfliktes zwischen den politisch und wirtschaftlich aufsteigenden und niedergehenden Kräften. Die Lehre des Pietismus hatte die Funktion einer Befreiungsidee für die Zeitgenossen, die aus den Fesseln der überkommenen Gesellschaftsnorm ausbrechen wollten. In diesem Zusammenhang war der Pietismus eine „religiössoziale Reformbewegung" und bezog eine „historisch progressive Position", wie Hinrichs und Obst formulieren. Diese Bewertungen stimmen, wenn man unter den Wörtern „progressiv" bzw. „Reform" die Entfaltung des Kapitalismus, die Zentralisierung des Staates und die von diesen beiden Veränderungen verursachte Umschichtung der Gesellschaft versteht.

---

56 ZStA, Bl. 297r.

57 Imago Pietismi 3v; vgl. *Grünberg*, aaO., 276, 300.

Obst führt weiter aus: Die „Angehörigen der sozial und gesellschaftlich benachteiligten Schichten", „die unter den starren mittelalterlichen Ordnungen zu leiden hatten", stünden „auf Seiten Schades".[58] Diese Erklärung scheint logisch. Ich bin aber auf einen Vorfall in den Merseburger Akten gestoßen, der sich mit dem Schema von Obst nicht erklären läßt. Das ist der Tumult beim Begräbnis Schades. Eine große Menge strömte herbei, um Schade als Pietisten zu beschimpfen. Dieser Vorfall befremdet. Wenn nämlich der Pietismus die überlieferte Gesellschaftsordnung relativiert hätte, hätte er in den benachteiligten Schichten noch mehr Anhänger finden müssen. Dann hätte sich ein solcher Tumult nicht ereignet.

Warum haßte eine solche große Menge Schade? Obst berührt diesen Punkt nicht und erklärt nur, daß diese Vorgänge zeigen, „wie sehr die Beichtfrage die Gemüter erregte, die Bürgerschaft gespalten und bei allen Beteiligten starke Emotionen ausgelöst hat".[59] In den Arbeiten von G. Simon u. a. ist das Ereignis gar nicht erwähnt. Hier ist zu beachten, daß dieser Tumult in den Quellen als die Äußerung des Volks dargestellt wird. An den Verhandlungen über das Beichtwesen waren Bürger, Theologen, Stadtverordnete, Vertreter der Gewerke sowie der Magistrat und die kurfürstlichen Räte beteiligt, aber die Menschen, die als „Volk" bzw. „Pöbel" bezeichnet werden, wurden nicht befragt, obwohl das Beichtwesen eigentlich auf die Erziehung dieser Menschen gerichtet war. Dieser Tumult war die einzige Gelegenheit ihrer Stellungnahme. Daher fehlt in den bisherigen Arbeiten der Blick aufs Volk, indem sie dieses Ereignis vernachlässigen. Ich wende mich im folgenden speziell diesem Ereignis zu und will dabei vor allem untersuchen, warum so viele Menschen eine Abneigung gegen den Pietismus hatten, und was diese Abneigung bedeutete.

3. Die Ereignisse außerhalb des Streites um den Beichtstuhl

3.1. Tumult auf dem Kirchhof[60]

3.1.1. Die Fakten

Am 27. Juli 1698 nachmittags, zwei Tage nach dem Tod Schades, als der Totengräber an der Grabstelle erschien, liefen die „jungen, Mägden undt allerhand volck" herbei. Sie fragten, ob Schade dort beerdigt werden sollte, und ein Junge von ihnen sprach zum Totengräber, „die Leute sagten, H. Schaden wären nicht werth auf dem Kirchhoffe begraben zu werden".

[58] *Obst*, aaO., 143.

[59] AaO., 112.

[60] Von dem Tumult am 27. und 28. Juli und den Verleugnungen gegen Schade. ZStA, Bl. 203r–253r.

Der Zulauf wurde so groß, daß der Totengräber seine Arbeit aufgeben mußte.[61]

Der Lärm begann gegen Abend. Den ganzen Tag über war die Leiche öffentlich in Schades Haus aufgebahrt worden. Aber nachdem die Tür um 7 Uhr abends geschlossen worden war, kam eine große Menge Menschen vor dem Haus des Predigers J. P. Astmann, eines Kollegen von Schade, zusammen. Sie wollten „ungestüm" in das Haus eindringen, um die Leiche zu sehen. Sie strömten zur Pforte, stießen und schlugen einander. Endlich schob ein Teil der Menge Astmann mit Gewalt zur Seite, um einzudringen und durch sein Haus zu Schades Haus zu laufen. Einige warfen mit Steinen, und andere „Läster(te)n Schmäh(t)en undt Schalten".[62] Astmann schickte sofort nach der kurfürstlichen Hauptwache. Als die Soldaten kamen, hätten die Leute „sich ... wenig gescheut, desto mehr Schreyens und Tumultuierens gemacht, sich gar entgegen setzende". Nach dem Bericht von Schades Vetter Sauerbier befürchteten die Kirchenleute, daß das „Grimmisch undt Thierisch volck", „der tolle Pöbel" ihnen „Mutwill" zufügen könnte.[63] Die Nachbarn gaben an, daß die Menge sagte, „Schade wäre werth, daß Er auff der Schinder Karre vors Thor geführet wurde, item daß Er auf einen Scheiterhauffen geleget undt verbrant würde".[64]

Ferner ereignete sich während des Tumultes folgender Streit: Ein Hallescher Theologiestudent kam zufällig an zwei Männern vorbei, die in der Nähe von Schades Haus miteinander stritten. An diesen Studenten richtete einer der beiden das Wort: „es ist Wunder daß der Herr mit Donner und Blitz die böse Leute nicht vertreibet, welche den Seel. auch nach dem Tode zu verfolgen nicht abließen." Dann forderte der andere ihn heraus: „Herrchen, Herrchen, ihr habt nichts zu reden. es ist gutt, daß ihm der Teufel geholt hatt undt daß Er verrekt ist." Da dieser Mann den Studenten abschätzig behandelte und verspottete, stritt sich der Student mit ihm. Es kamen aber viele Menschen hinzu, die ihm hätten „leicht Schaden zufügen können, deshalb" hätten „des Schnurmachers Ketters Leute Ihn in ihr Hauß genomen".[65]

Um „8 oder 9 Uhr..., weil der Lerm auf der Straße undt dem Kirchhoff immer größer worden", wurden noch mehr Soldaten geschickt. Sie versuchten, „zwar mit großer Müh" „das wütende Volk" fortzutreiben, aber sobald die Menge an einem Ort fortgetrieben wurde, lief sie an anderen Orten wieder zusammen, „so daß höllisch thönen die Luft angefüllet". Der Lärm dauerte bis ungefähr 11 Uhr, dann verloren sich die Menschen nach und nach.[66]

Am 28. Juli frühmorgens um 3 Uhr wurde die Leiche in Speners Haus

[61] AaO., Bl. 204vf., 218vf.
[62] AaO., Bl. 205vf., 245r; vgl. 216r.
[63] AaO., Bl. 245rf.; vgl. 205v, 216v.
[64] AaO., Bl. 229v.
[65] AaO., Bl. 232v–233v.
[66] AaO., Bl. 217r, 245r.

gebracht. Als der Totengräber zur Grabstelle ging, fand er das Grab eingeworfen und hob es wieder aus. Um ungefähr 6 Uhr begannen die Menschen schon wiederzukommen. Da das „Volk“ nicht glaubte, daß die Leiche nicht mehr dort war, ließen die Kirchenleute die Tür offen, damit alle es „selbst sehen“ konnten. Einige von ihnen waren „aber damit noch nicht zu frieden“ und schauten bis gegen Mittag überall im Haus nach, weil sie dachten, daß die Kirchenmänner die Leiche irgendwo versteckt hätten. Danach wartete das „viel(e) Jung(e) volk“ bis zum Abend auf dem Kirchhof ab.[67] Mit Rücksicht auf den Tumult am vorigen Abend entschieden die Kirchenleute, die Leiche „noch bei hellen Tag“, um 7 Uhr, zu bestatten, weil niemand glauben würde, daß das Begräbnis um solche Stunde stattfände. So ging das Begräbnis „ohne tumult“ ab, obwohl doch viel „Volk“ hinzukam und sie mit Steinen bewarf. Die Anwesenden hörten dabei eine Stimme sagen, „Ewer Abgott ist gestorben, Unser Gott lebt noch“.[68]

Nach etwa einer Stunde, während die Teilnehmer am Begräbnis in Speners Haus die „Abdanckung“ anhörten, bemerkten sie ein „Geräusch“. Ein Sohn Speners kam und teilte ihnen mit, daß das „Grab so zerwühlet“ wäre, „daß es eine Schande sey“.[69] Nun strömte eine viel größere Menge als am vorigen Abend herzu. Ein Soldat berichtete, daß der Kirchhof sich mit so viel Menschen gefüllt hätte, daß „man einem Apffel kaum zur Erde“ hätte bringen können.[70] Auf dem Kirchhof wurden „Geschrey Tumult undt Lerm“ vollführt, bezeugte ein Schneider, der am Begräbnis teilnahm. Die Menge verübte „allerhandt insolentien“, „größte Boßheit“, sowohl am Haus Schades als auch an seinem Grab.[71] Die Jungen hätten „mit steinen darauff losgeschmissen, undt weidlich herumb gesprungen“. Die „Mägde“ hätten „einander angefaßt, herum gedrehet und getantzet, und schändl. boßheiten ausgeübet.“[72] Die Magd des Predigers Astmann gab an, daß sie an diesem Abend die Leute sagen hörte: „Du Teufel hast immer gesagt, wir werden dich noch zur statt hinaus steinigen, weil wir dir es nun in Leben nicht haben thun können, so wollen wir dich in Grabe steinigen.“ Nach den anderen Aussagen sagten die Menschen durcheinander, „Ewer Ab/Gott ist gestorben, Unser Gott lebet noch, Schaden wäre ein Pietist, Verführer des Volcks gewesen, wäre werth, daß Er auf dem Schinder-Karr, vors Thor geführet würde, daß Er auff einen Scheiterhauffen geleget undt verbrant würde, Es sey gutt daß ihn der Teufel geholet“.[73]

Um etwa 8 Uhr ging der Totengräber mit einer „Peitsche unter dem Rock“ zum Kirchhof, weil er von den Leuten darum ersucht worden war,

[67] AaO., Bl. 246r; vgl. 219v.
[68] AaO., Bl. 217vf.; vgl. 206r, 220r, 246r.
[69] AaO., Bl. 217v.
[70] AaO., Bl. 225r.
[71] AaO., Bl. 229v, 230v, 243v, 246rf.; vgl. 232r.
[72] AaO., Bl. 206r, 246v.
[73] AaO., Bl. 206vf., 218r, 229v, 232r, 243r.

zum Grab zu gehen und nachzusehen, da „die Jungen großen Übermuth" getrieben hätten. Dort sah er, daß ein Junge auf der Erde lag, „und daß die anderen (Jungen) über Ihm weg gesprungen, andere Leute wären ümbs Grab gestanden, Hätten zugesehen undt gelachtet." Als der Totengräber einen Jungen mit einer Peitsche schlug, schrie „einer unter dem Volck", „Jungens wehret Euch, und schmeiset den Schelm, Todt dabey". Der Junge wollte einen Stein aufheben. Der Totengräber ließ ihm aber keine Zeit, verfolgte ihn bis zur Nähe von Astmanns Haus und schlug ihn dort noch einmal. Dann lief ein „Büchsen=Meister" hinterher und wollte den Totengräber ausschimpfend mit dem Degen schlagen, um dem Jungen zu helfen. Die Teilnehmer des Begräbnisses, die in der Nähe wohnten, sprangen hinaus, um die beiden voneinander zu trennen, und schickten nach der Wache.[74]

Vor dem Haus Astmanns sammelte sich eine große Menge und erhob ein scheltendes Geschrei. Sie bewarf auch die Häuser der Nachbarn mit Steinen. Einige glaubten nicht, daß die Leiche wirklich begraben worden sei, und brachen „mit gewalt" in Schades Haus ein. Als die Wache auf Astmanns Ersuchen hin zum Kirchhof kam und die Menge wegtreiben wollte, verspottete sie „mit grosen gelächter" die Soldaten. Obgleich die Menge „ein wenig zurück" trat, drängte sie sich bald wieder „mit viel spottgeschrey" heran und warf mit Steinen nach der Wache. Der Lärm hielt ungefähr bis um 10(/11) Uhr an.[75]

Am nächsten Morgen fand der Totengräber „die Erde gantz gleich getreten". Dann häufte er die Erde wieder auf. Am übernächsten Tag war an der Grabstelle „wieder alles gleich getreten gewesen" und „ein garstiger Mensch" hatte „seine Notdurfft über dem Grabe verrichtet". Der Totengräber machte „alles wieder zu rechte" und legte ein Stück Leichstein darauf. Er bezeugt, daß „der Übermuth" auch nach dem Sonntag noch weiter dauerte.[76]

3.1.2. Die Maßnahme des Kurfürsten

Am 1. August befahl der Kurfürst, den „Auflauf" zu untersuchen und „die Tumultanten zu genügenden Straffen zu befördern".[77] An beiden Abenden lief zwar eine große Menge Menschen zusammen und machte ein großes Geschrei, aber es ist keine Nachricht über Tote oder Verwundete überliefert. Nach den Akten wollte der Kurfürst trotzdem gegen den Tumult harte Maßnahmen ergreifen. Wilh. Duhram, der Advocatus Fisci, forderte sofort im Auftrag des Kurfürsten einen Bericht von Spener und den anderen Kirchenleuten. Er hörte Berichte über den Tumult auch von den Nachbarn, den Beteiligten des Begräbnisses und den Soldaten. In den Zeugenaussagen findet man häufig die Ausdrücke, „Er habe Niemanden darunter gekant",

[74] AaO., Bl. 207r–208r, 220r–221r, 229r, 230r.
[75] AaO., Bl. 246v; vgl. 208v, 209v, 225r.
[76] AaO., Bl. 222rf.
[77] AaO., Bl. 204r.

„Wer aber solches gesagt, wiße Er nicht". Hieraus kann man entnehmen, daß auf die Suche nach Strafwürdigen Gewicht gelegt wurde. Duhram konnte aber am 6. August nur berichten, daß „ein plötzl. versamleter Jungens- Mägd- und Pöbel-Haufen angezeiget wurden, dahero auch daraus einige zur Straffe zu ziehen nicht möglich" sei.[78]

Nachdem der Kurfürst den Bericht erhalten hatte, befahl er weiter den Magistraten in Cölln und in Friedrichswerder, die im Bericht mitgeteilten „exorbitantien und calumniente reden" „gründlich zu untersuchen".[79] Ein erster Fall wurde von einem Schneider bezeugt. Ein Schuster, der bei ihm zur Miete wohnte, betrank sich am Abend des 30. Juli und sagte mit einer Flinte in der Hand, daß er „die Schades und Pietisten-Schelme alle Todt schießen" wolle, und daß „der Teufel Schade holte".[80] Die zweite „Specificirte Calumnie" wurde von der Magd eines Bäckers ausgesprochen: Wenn „man Mag. Schaden aufm schinder Karren hinaus geführet hätte", wollte „sie ihm auch einen Stein auf den Rücken werffen".[81] Sie wurde zum Rathaus gebracht und vernommen. Die Nachricht über den Schuster ist in den Akten nicht registriert. Die Magd betreffend, befahl der Kurfürst am 20. August, sie diesmal gehen zu lassen, obwohl er „genugsam ursach" hätte, wegen des Tumultes und der „vielen Excessen ein Exempel an Ihr zu statuiren und sie mit dem Pranger abzustrafen". Er befahl dem Magistrat, sie ihres „verbrechen scharff zu verweisen, und sie zu verwarnen, daß sie... hinkünftig... dergleichen" nicht rede.[82] Dabei ist unbestritten, daß der Kurfürst nicht so sehr die persönliche Ehre Schades schützen wollte, wenn er auch über die Verleumdungen gegen Schade eine gründliche Untersuchung führen ließ.[83] Die Sache ist so zu verstehen, daß der Kurfürst in seiner Stellungnahme klarlegen wollte, daß die Kritik am Pietismus ein „Verbrechen" sei, da er meinte, daß der Widerwille des Volks gegen Schade nur ein Teil der allgemeinen Ablehnung des Pietismus sei.

Außerdem wird häufig in den Akten der Ausdruck gebraucht, daß die Menge der kurfürstlichen Wache „spottete". Wir können nicht feststellen, daß die Menge wirklich bzw. absichtlich die Wache verspottete. Hier kommt es aber darauf an, daß es dem kurfürstlichen Beamten und den Kirchenleuten so schien, daß die Menge spottete, da sie der Wache nicht

---

78 AaO., Bl. 225r, 229v; vgl. 231r; der Bericht von Duhram. AaO. Bl. 203r–214v.

79 AaO., Bl. 250rf.

80 AaO., Bl. 231r.

81 AaO., Bl. 241v, 251r–252v.

82 AaO., Bl. 253r. Der Kurfürst verbot am 2. September einem Prediger zu predigen, der „wieder den Verstorbenen M. Schaden und sonst wieder andere fromme Leute sich sehr lästerlich herauslaßen soll". AaO., Bl. 256rf.

83 Die Kurfürstliche Regierung erklärt wiederholt, daß die vom Beichtproblem verursachte Verwicklung in der Stadt nur durch die Versetzung von Schade gelöst werden kann. Ferner hatte sie verboten, Schades Büchlein sowohl zu kaufen als auch zu verkaufen und private Versammlungen zu halten. Vgl. aaO., Bl. 139rf. (dasselbe 140rf.), 143rf., 186rf. (dasselbe 191rf.).

gehorchte. Dies ist als die Kehrseite ihrer Absicht anzusehen, sich Autorität zu verschaffen gegen solchen Ungehorsam. Dazu möchte ich auf die Veränderung der Bezeichnungen für den Tumult hinweisen: Während die Zeugen das Ereignis als „Lermen“, „Geschrey“ und „Schreyen“ beschrieben, wurden diese Wörter in dem Bericht und den Erlassen des Kurfürsten durch die Bezeichnung „Aufflauf“ ersetzt. Wir können auch hier ablesen, daß die Regierung dieses Geschrei als eine Verletzung ihrer Autorität ansah.

3.2. Die Antipathie des Volkes gegen den Pietismus

3.2.1. Die Stimmung in der Menge

Was für ein Gefühl hatten die Zusammenkommenden? Was ging in ihnen vor? Ich gehe hier auf ihre Aussagen und Verhaltensweise ein, um ihre Mentalität herauszufinden.

Erstens möchte ich auf folgende Ausdrücke hinweisen; „Schade ist ein Pietist und Verführer des Volks“, „die Schades und Pietisten-Schelme“. Es sei zunächst vermerkt, daß die Abneigung der Menge sich gegen Schade, den Pietisten, und nicht nur gegen ihn, sondern auch gegen die Pietisten im allgemeinen wandte.

Zweitens hätten die Leute in der Menge das Wort fallen lassen, daß Schade nicht wert sei, auf dem Kirchhof begraben zu werden. Aber wer durfte dort begraben werden? Nur solche, die den Anforderungen der Kirche gemäß lebten und starben. So enthält der Visitationsbescheid für die Stadt Perleberg von 1581 zum Beispiel folgendes: „wo sich jemands darunter der predigten und gebrauchs des hochwirdigen sacraments ein jahr oder etliche enthalten, in hass, neid, unzucht, fuhlsaufen, spielen, wuchern, schweren, fluchen, gottslesterungen und andern rohen leben vorfahren..., der oder dieselben zu gefatterschaften und andern christlichen vorsammlungen und hendeln nicht sollen zugelassen, vielweniger, do sie vorsturben, uf die kirchhofe als christen zur erden bestettigt, sondern... als die unvornunftige tiere, anders wohin sollen begraben werden.“[84] Es geht hier nicht nur um die Berechtigung zur Beerdigung auf dem Kirchhof, sondern ebenso um das Recht, ein Mitglied der Gesellschaft zu sein. Beides bedeutet für mich eine Ebene: d.h. Menschen, die nach dem Tod nicht auf dem Kirchhof beerdigt werden dürfen, werden auch zu Lebzeiten aus der Gesellschaft ausgeschlossen. Dieses bezieht sich auf die Äußerung, daß Schades Leiche auf einem Schinderkarren aus der Stadt gebracht werden müsse: m.a.W. Schade soll wie ein Tier behandelt werden. Schinderei war nicht als ein redliches Gewerbe anerkannt. Die

[84] *Aland*, Entwürfe, 478. Deppermann schreibt, daß die Selbstmord begehenden Bürger und Bauern unter dem Galgen verscharrt werden sollten. Vgl. *Deppermann*, aaO., 9.

Menge meinte daher durch diese Redewendungen in Andeutungen, daß Schade kein legitimes Mitglied ihrer Gesellschaft sei und aus ihrem Lebensraum verstoßen werden müsse.

Drittens gebrauchte die Menge folgende Redewendungen: „Der Teufel brachte Schade hin/her", „Du, Teufel". Hier handelt es sich keineswegs um bloße Redensarten. Bei den Verhandlungen um die Abschaffung der Privatbeichte erinnerten die Geheimräte den Kurfürsten daran, daß wegen der Abschaffung des Exorzismus (in der lutherischen Taufliturgie) ein Streit anfangen könnte. Im Jahr 1707 wurde das Verbot des Exorzismus erlassen.[85] Dies zeigt, daß die Vorstellung vom Teufel mit Leben und Gedankenwelt des Volkes eng verbunden war. „Der Teufel" war daher keine rhetorische Allegorie des Widerwillens, sondern bedeutete für die Zeitgenossen einen wirklichen Gegenstand der Furcht, der ihnen Übel bringen könnte und ausgetrieben werden müßte. Schade war als ein Pietist eine solche Existenz für sie.

Zuletzt möchte ich mich dem Ausdruck „Verführer" zuwenden. Wir können daran ablesen, daß ein Teil des Volks von Schade, also auch vom Pietismus, fasziniert war, und daß der andere Teil dies für lästerlich hielt.[86]

Bei der Beobachtung des Verhaltens in der Menge an beiden Abenden ist zunächst festzustellen, daß sie es am nötigen Ernst fehlen läßt. Die Menge schimpfte durcheinander und warf das Grab ein. Aber es scheint, daß die Menge die Beerdigung nicht wirklich verhindern wollte. Da viele Jugendliche auf dem Kirchhof warteten, hätte das Volk über den Beginn des Begräbnisses Bescheid wissen müssen. Die Menschen hätten deshalb die Beerdigung verhindern können, wenn sie es gewollt hätten, jedoch kamen sie erst eine Stunde danach zusammen.[87] Die Menge hätte auch den Sarg ausgraben können, so dachte es sich der Sohn Speners, nichtsdestoweniger zertrat sie aber nur die Grabstelle. Sie warf zwar mit Steinen und brach ins Haus ein, verwundete aber niemanden. Sie beschränkte sich auf die Äußerung ihrer

---

[85] Vgl. ZStA, Bl. 158v; *Boehn*, aaO.

[86] Hier möchte ich eine andere Seite dieser Redewendungen kurz erwähnen. Die Menge sagte beim Tumult, daß Schade nicht wert wäre, auf dem Kirchhof begraben zu werden. Es war aber nicht das Volk, sondern die Kirche und die Obrigkeit, die zu entscheiden hatten, ob ein Gemeindemitglied auf dem Kirchhof begraben werden durfte. Die geistliche und weltliche Obrigkeit hatte dem Volk erzählt, daß derjenige nicht als ein Christ begraben wird, der die kirchlichen Normen nicht befolgt. Außerdem gebrauchten Schade und Francke das Wort „der Teufel", wenn sie das „gottlose" Leben vom Volk attackierten. Hingegen bezeichnete die Menge Schade mit dem Wort „der Teufel". „Verbrennung" und „Abgott" stehen auch in derselben Reihe; d. h. diese Redewendungen waren ursprünglich gebraucht worden, als die ihre Rechtgläubigkeit behauptende Kirche den Volksglauben bzw. den außerkirchlichen Glauben verurteilt hatte. Beim Tumult warf die Menge dieselben Wörter zurück, die immer an sie gerichtet wurden.

[87] Am 27. kamen die Leute gleicherweise abends nach 7 Uhr zu Schades Haus. Warum kamen sie erst nach der Schließung der Tür, obgleich die Leiche den ganzen Tag zu sehen erlaubt gewesen war? Weil sie am Tag arbeiten mußten? Sie hätten aber am Tag kommen müssen, wenn sie wirklich die Leiche hätten sehen wollen. Wir können vermuten, daß sie teilweise nur aus Neugier oder, um die Beteiligten zu belästigen, zusammenkamen.

Abneigung. Stellen wir uns also folgende Szene vor: Jungen springen auf dem Grab herum, Mädchen tanzen sich drehend darum, und die anderen Leute stehen dabei und schauen lachend zu. Die Menge verspottet die Soldaten „mit großem gelächter". Dieser lustige Anblick legt uns den Eindruck nahe, daß die Menschen sich am „Tumult" in einer ausgelassenen Stimmung erfreuten. Sie wollten nicht irgend etwas durch den Tumult erreichen, sondern dieses Geschrei selbst war ihr Ziel, um ihre Abneigung gegen Schade (die Pietisten) zu demonstrieren. Aufgrund der obigen Beobachtungen ist dieser Tumult als eine Form von Katzenmusik (le charivari) anzusehen, die gewöhnlich gegen einen Übertreter der Gesellschaftsnormen gemacht wurde.

Im folgenden möchte ich den Blick auf die Stellung zur Obrigkeit lenken. Zum Beispiel bewarf die Menge die kurfürstliche Wache mit Steinen und verspottete sie. Das zeigt uns, daß die Menge sie verabscheute und ihr den Respekt versagte. Ferner bewarf die Menge auch die Teilnehmer am Begräbnis und die Häuser der Geistlichen mit Steinen. Das Wort „schmeiset den Schelm" wurde an den Totengräber der Nikolai Kirche gerichtet. Hier sieht man eine Feindschaft gegen die Kirchenbehörde.

Diese Stimmung der Menge gegen weltliche und geistliche Obrigkeit wird noch deutlicher, wenn wir ihr Verhalten mit dem der Pietisten und der pietistenfreundlichen Menschen vergleichen. Diese meldeten sich sofort bei der Obrigkeit und baten um Hilfe, wenn sich unangenehme Probleme ereigneten. Zum Beispiel berichteten sie vor allem dem Totengräber und den Geistlichen, als sie den Mutwillen gegen das Grab sahen, ohne selbst dem Einhalt zu gebieten. Der Töpfer, der am Begräbnis beteiligt war, wollte zwar dem Totengräber helfen, aber er schickte gleichzeitig nach der Wache.[88] Möglicherweise lag ein Grund darin, daß sie wahrscheinlich eine kleine Minderheit waren. Aber da sie nun einmal die Obrigkeit um Hilfe baten, mußten sie sicher sein, daß ihnen von dieser geholfen würde. Im Unterschied zu ihnen fehlte der Menge dieses Vertrauen. Als sie Schades Leiche nicht finden konnte, wollte sie sich nach dem Verbleib der Leiche nicht bei einer obrigkeitlichen Instanz erkundigen, denn sie glaubte, daß die Obrigkeit ihre Interessen nicht vertrat. Sie empfand, daß die Geistlichkeit ihnen nicht traute, gerade deshalb dachte sie zuerst, daß die Pfarrer die Leiche verbargen. Daraus können wir schließen, daß die Teilnehmer am Tumult sich von der etablierten Kirche und der kurfürstlichen Wache, d. h. von der Obrigkeit distanziert fühlten.[89]

---

[88] Vgl. ZStA, Bl. 221r, 230rf.

[89] In diesem Zusammenhang scheint es mir interessant, auf das Objekt der Abneigung achtzugeben. Anfangs wurde Schade angegriffen. Die Menge bewarf aber nicht nur Schades Haus mit Steinen, sondern auch die Häuser der Nachbarn. Die Akten sagen, daß die Menge noch größeres Geschrei machte, als die Wache ankam. Die Richtung ihrer Abneigung blieb nicht konstant. Wir dürfen vermuten, daß ihre Abneigung gegen Schade (= den Pietismus) gegen eine andere Verdrossenheit austauschbar war.

3.2.2. Wer war in der Menge?

Zeugen sagen z. B. aus, „jungen undt Mägden undt allerhand Volck", „nicht allein gering Volk... sondern auch mit Peruquen und Fantanchen geputzte Personen" liefen zu.[90] Man kann zusammenfassen, daß in der Menge die gewöhnlichen Berliner aus verschiedenen Schichten vertreten waren.

Bemerkenswert ist allerdings, daß die am Tumult teilnehmenden Menschen in den Quellen nirgendwo als „Bürger", sondern als „Volk" oder „Pöbel" bezeichnet werden, während die pietistenfreundlichen Menschen „Bürger" genannt werden. Man kann daraus zwar nicht einfach schließen, daß die Teilnehmer am Tumult alle kein Bürgerrecht hatten, aber die Quellen belegen, daß die Beamten der kurfürstlichen Regierung und die Pietisten glaubten, es sei „Volk" und „Pöbel", die gegen den Pietismus eine Abneigung hatten; m. a. W. es gäbe keine Pietisten unter dem „Volk" und dem „Pöbel".

Wie schon im letzten Abschnitt erwähnt, fühlten sich die Teilnehmer fremd gegenüber der geistlichen und politischen Obrigkeit. Diese Mentalität ist sowohl subjektives Gefühl als auch ein Spiegelbild der objektiven Wirklichkeit, die ihnen solches Gefühl nahelegte. Dies ist zwar keine direkte Bestätigung dafür, daß sie in Armut lebten, bzw. daß sie aus der Unterschicht kamen. Man kann aber wenigstens von ihrer Stimmung her sagen, daß sie nicht aus der Schicht kamen, die in der Zeitenwende günstige Voraussetzungen für einen gesellschaftlichen Aufstieg aufwies, oder daß sie es so empfanden.

Dies können wir auch unter anderer Perspektive sehen. Schade und Francke überlegten sich, wie sie das „ungebildete einfältige Volk und Gesinde", „das gottlose gemeine Volk" erziehen könnten. Spener bezeichnet die Teilnehmer am Tumult als „zügellos Pöbel". Aus dieser Denkweise und Wortwahl kann man entnehmen, daß die innerkirchlichen Pietisten die Angehörigen dieser Schichten nicht für ihre Freunde hielten. Noch dazu vermutete der Sohn Speners, daß die Menge das Grab aufgegraben habe. Sauerbier fürchtete, von „solch grimmisch und Thierisch Volk" angegriffen zu werden. Sie fürchteten sich m. E. nicht ohne Grund. An ihrer Vermutung und Furcht kann man sehen, daß sie um die gegen sie gerichtete Abneigung des Volkes genau wußten.

Aufgrund obiger Beobachtungen können wir folgende Schlußfolgerung ziehen: Der Pietismus war unter den Menschen, die in keiner vorteilhaften Lage lebten, nicht nur verbreitet, sondern er zog sich auch ihre Abneigung zu. Daraus schließe ich, daß die Teilnehmer am Tumult zwar aus verschiedenen Schichten, aber mehrheitlich aus der benachteiligten Schicht kamen.

---

[90] AaO. Bl. 205r, 245v; vgl. 210r, 216v, 219r, 225r; *Kramer*, aaO., 386 (Speners Brief vom 30. 7. 1698). Fantanchen (= Fontange) ist ein haubenartiger Kopfputz im 18. Jahrhundert.

3.3. *Warum hatten die Menschen eine Abneigung gegen den Pietismus?*

3.3.1. Ambivalenz der Ideen Schades

Warum hegten so viele Menschen eine Abneigung gegen den Pietismus? Bot seine Frömmigkeitslehre den Zeitgenossen nicht eine Möglichkeit, sich von der herrschenden Gesellschaftsordnung zu befreien? Wurden sie nicht gerade deswegen vom Pietismus fasziniert? Warum lehnten ihn andere Menschen hingegen ab? Diese Fragen führen uns wieder zum „Beichtstuhl" zurück. Denn die Probleme um den Beichtstuhl deuten auf eine Funktion des Pietismus in der damaligen Gesellschaft hin.

Sympathie für und Antipathie gegen den Pietismus werden in der doppelten Reaktion der Zeitgenossen auf Schade konkretisiert. Einerseits zog seine Versammlung viele Berliner an.[91] Andererseits strömte eine Menge bei seinem Begräbnis herbei und beschimpfte ihn. Warum erfuhr Schade begeisterte Sympathie und gleichzeitig heftige Antipathie? Wenn wir dieser Frage nachgehen, stoßen wir in den Ideen Schades auf zwei entgegengesetzte Elemente. Seine Kritik am Beichtstuhl entwickelte sich zur Kritik am Priestertum und an der etablierten Kirche. Schade griff die Geistlichen der etablierten Kirche als „Wölfe in Schafspelzen" und als „Teufelsapostel" an, und behauptete, daß die einzige Autorität nicht die Kirche als eine Anstalt, sondern die Bibel sei. Seine Überzeugung konnte ihn zur Verneinung nicht nur der geistlichen, sondern auch der weltlichen Obrigkeit führen, da die etablierte Kirche sich mit den herrschenden sozialen Kräften eng verbunden hatte.

Aber gleichzeitig dürfen wir nicht von dem Anlaß absehen, der ihn den Beichtstuhl kritisieren ließ. Am Anfang seines Büchleins schreibt Schade folgendermaßen: „Ob sich ein Prediger kein Bedencken darüber machen dürffe solche zu admittiren..., die er doch nie gesehen: Weil er sie ja also im geringsten weder nach dem äusserlichen Leben noch innern Hertzens-Zustand kennen..." kann.[92] Der Kern seiner Kritik an der Beichtpraxis war, daß sie zu einer leeren Konvention geworden sei, und allen Gemeindemitgliedern die Absolution leichtfertig erteilt werde. Schade nannte den Beichtstuhl „Satans-Stuhl", weil eine leichtfertige Absolution die Gemeindemitglieder beruhige und sie von ihrem gottlosen Leben nicht abhalte. Schade glaubte, daß das Leben und der Glaube der Gemeinde durch die Beichte geprüft werden müßten, damit die Gemeinde nicht in die Hölle käme. Schades Eifer, die Gemeinde zur Frömmigkeit zu führen, bedeutete aber, objektiv gesehen, die Absicht, das Leben des Volks durch die Lehre des Pietismus zu disziplinieren. Grünberg teilt die Rede der Berliner gegen die Erziehungsversuche von Spener und Schade mit: „Ja, Ja, bekehren. Der Mann redet von nichts als bekehren. Muß ja denken, alle Leute wären

[91] Spener berichtet, daß er sich nicht leicht an ein anderes Beispiel erinnern könne, daß so viele Menschen zu einem Pfarrer strömten. Vgl. *Wendland*, aaO., 176.

[92] *Schade*, Vom Conscientia erronea. In: ZStA, Bl. 114v.

Türken und Heiden. Unser einer wird ja auch wissen, wie man leben soll. Ich bleibe, wer ich bin."[93] Hier kann man den Überdruß der Gemeinde gegen die fleißige Betreuung durch einen pietistischen Pfarrer erkennen. Denn die Förderung eines frommen Lebens war für sie eine Einmischung in ihr Leben. Das unbewußte Gefühl der Menge beim Tumult, daß Schade aus ihrem Lebensraum ausgestoßen werden müßte, dürfen wir auf ihre Abneigung gegen eine Einmischung in ihr Leben durch die Pietisten beziehen.[94]

Schades Kritik am Beichtstuhl resultierte aus seinem Verlangen nach individueller Frömmigkeit. Dieses Verlangen konnte sowohl ein von der etablierten Kirche unabhängiges religiöses Leben als auch eine gründliche Zucht durch die Kirche bedeuten. Im historischen Kontext waren die Ideen Schades gerade wegen seiner apolitischen Frömmigkeit politisch und gesellschaftlich zweischneidig; sie konnten einerseits zur Idee der Befreiung von der Obrigkeit, andererseits zur Ideologie einer Sozialdisziplinierung durch die Obrigkeit führen. Es kam von der Ambivalenz seiner Ideen her, daß ihm sowohl begeisterte Sympathie als auch heftige Antipathie entgegengebracht wurden.

3.3.2. Die neue Ethik der Zeit und der Pietismus

Spener und andere führende Pietisten beklagten häufig zu dieser Zeit den „Verfall der Sitten".[95] Es wäre aber einseitig, aus der Kritik der Pietisten ein objektives Bild vom damaligen Stand der Sittlichkeit abzuleiten. Unter anderer Perspektive betrachtet, ist ihr Seufzer Ausdruck ihrer Absicht, das Leben des Volks zu normieren. Was hielten also die Pietisten für „sündig"? Aus dem pietistischen Sündenverständnis können wir entnehmen, was für ein Leben sie das Volk führen lassen wollten.

Als Beispiele für den Verfall der Sitte führt Spener an: „Unzüchtige Reden und Scherze, leichtfertige Lieder", „Bossenhafte Darstellungen... von zweideutigem Charakter und andere Schaustellungen", „Kleiderpracht und Hoffart", der Mangel an der Erziehung „zur Haushaltung" bei Mädchen, „Die Entblößung von Nacken, Schultern und Brust" bei Frauen. Schade macht den Zeitgenossen Vorwürfe wegen Sonntagsentheiligung, Saufen, Zank, Hoffart, „sündlichen Compagnien" und Francke wegen schlechter Kinder-Zucht, Rauchen, Spiel und Sonntagsentheiligung.[96] An diesen „Sünden" sehen wir statt eines Verfalls der Sitten in erster Linie die Kultur einer Großstadt, die nach der Verwüstung wiederhergestellt worden war

---

93 *Grünberg*, aaO., 261.

94 Schade berichtet: „Ich war ihnen zu scharf, sie kamen nicht wieder... Ich strafe ihre Sünden, sie wurden mir gehässig und gram darob." *Simon*, aaO., 54. Außerdem zog die Strafe der Mädchen durch Schade als sexueller Skandal den Tadel der Menschen auf ihn. Dies könnte auch als Gegenschlag des Volkes gegen Schades übertriebene Frömmigkeitsforderungen interpretiert werden.

95 *Simon*, aaO., 44; vgl. *Deppermann*, aaO., 7.

96 *Grünberg*, aaO., 260f.; *Wendland*, aaO., 130; *Schade*, Vom Conscientia erronea. In: ZStA, Bl. 115v; *Kramer*, aaO., 190f.; *Hinrichs*, aaO., 225; *Fulbrook*, aaO., 115.

und sich rapid entwickelte, sowie das Leben der Bewohner, die jetzt gesichert leben konnten und langsam in den Genuß eines gewissen Wohlstandes kamen.

Die drei tadeln gleicherweise die Sonntagsentheiligung. Was für ein Leben meinten sie mit der Kritik an der Sonntagsentheiligung? Nach der Beschreibung Grünbergs beklagte sich Spener folgendermaßen: „An Sonntag-Vormittagen wurde wohl die Kirche dem Herkommen entsprechend besucht, im Übrigen aber der Tag der Arbeit und dem Vergnügen gewidmet... Wenn morgens ein kleines Fünklein einer guten Rührung in das Herz gefallen war, wurde es an den Sonntag-Abenden in den Schenken mit Wein oder Bier gleichsam aus gelöscht."[97] Er glaubte, daß die Teilnahme am Gottesdienst nicht ausreiche, sondern daß man den ganzen Tag nur mit Erbauung im Glauben verbringen sollte. Dieser Gedanke läßt sich als die Forderung eines neuen Lebensstiles und die Zurückweisung der herkömmlichen Lebensweise begreifen. Dies kann man auch an anderen ‚Sünden' erkennen. Schade hielt es für sündig, Besuch zu haben, weil man die Zeit verschwende sowie Faulheit und Leichtfertigkeit erfordert würden. Francke warf der Gemeinde Saufgelage, Nachtschwärmerei, „die greulichste Bosheit und schändliche(n) Mutwille(n)" der Jugend auf dem Kirchhof vor.[98] Außerdem wurden Tanzen und Spielen immer getadelt. Hier sehen wir, in den Augen der Pietisten war es schon sündig, daß die Menschen sich sammeln und sich unterhalten. Aufgrund der Frömmigkeit verwarfen sie herkömmliche Lebensweisen und Angewohnheiten des Volks.

Zugleich vertraten die Pietisten eine neue Arbeitsanschauung. Francke erzählte, daß in seiner Anstalt „gute Lehrjungen und gutes Gesinde" ausgebildet würden, „welches sonst schwerlich zu erhalten". Was meinte er mit dem Wort „gut"? Das wichtigste Ziel der Erziehung im Waisenhaus lag darin, daß die Kinder an ausdauernde Arbeit gewöhnt wurden. Die Kinder „wurden fortwährend beschäftigt" und über jede tägliche Arbeit Buch geführt, damit „den Faulen ihre Unart vorgestellt werden könne". „Jedes Kind bekam die Wolle zugewogen, das abgelieferte Garn wurde wiederum gewogen, ebenso wurde das Garn zum Stricken wieder zugewogen und die fertigen Strümpfe bei der Ablieferung wieder im Gewicht kontrolliert, ‚um solcher Gestalt die Knaben zu gewöhnen, daß sie das Garn wohl in Acht nehmen'."[99] Die Aufmerksamkeit ist hier auf Arbeit, auf eine an Qualität und Quantität orientierte Produktion gerichtet. Diese Arbeitsweise unterschied sich deutlich von der der Zünfte. Der Pietismus wollte das Volk dazu

---

[97] *Grünberg*, aaO., 261. Die Pietisten hielten die herkömmlichen Formen der Zusammenkünfte und Vergnügungen des Volkes für „sündig" und verlangten die Sonntagsheiligung. Vgl. *Hamabayaschi, Masao*; Majo no Shakaishi (Gesellschaftsgeschichte von Hexen). Tokyo 1978; *Bercé, Yves-Marie*, Fête et Révolte. de Mentalités populaires du XVIe au XVIIIe Siècle. Paris 1976 (Die japanische Übersetzung von Inoue Kouji, Tokyo 1980).

[98] Vgl. *Schade*, Vom Conscientia erronea. In: ZStA, Bl. 115v; *Hinrichs*, aaO., 226.

[99] *Hinrichs*, aaO., 334.

erziehen, daß es sich von „Arbeitsscheu, Laster und Trunksucht" entferne, und ein „nüchterne(s), disziplinierte(s)" und „Zeit nutzende(s)" Leben führe.[100]

Diese Arbeitsweise wollten aber nicht nur die Pietisten. Die neuen außerhalb der Zünfte heranwachsenden Unternehmer sowie die höheren Beamten attackierten oft das Zunftwesen. Zum Beispiel beanstandete S. Schindler, ein Geheimer Kommerzienrat und Besitzer einer Gold- und Silbertressenfabrik in Berlin, die „am Existenzminimum orientierte Arbeitseinstellung" des Wollarbeiters, die ihn hinderte, „durch möglichst dauernde und gleichmäßige Arbeit die für ihn höchstmögliche Lebenshaltung zu erreichen".[101] Kammerdirektor Hille bezeichnete es als absurd, daß „Leute zu den höchsten Zivil- und Militärstellen gelangen, aber keine Schneider und Schuster werden könnten". Zunftrecht und Zunftbrauch bildeten oft Anlaß für Rechtsstreitigkeiten und Tumulte, die zu „endlosen Zunftversammlungen" mit Saufgelagen führten und zu einer „Belastung für die Zunftkasse und damit für die strebsamen, verdienenden" Mitglieder wurden. Diese Unruhe, der „Zeitvertreib" für „die liederlichen, arbeitsunwilligen Mitglieder der Zunft", hinderte „die strebsame Minderheit" „am Emporkommen".[102] Hier entsteht eine neue Arbeitsanschauung: Statt in gemeinschaftlicher Arbeit sich das tägliche Brot zu erwerben, orientiert man sich jetzt an der Leistung. Die frommen Arbeiter, die die Pietisten erziehen wollten, befriedigten das Bedürfnis der neuen Unternehmer.

Schließlich trugen die Pietisten mit ihren Forderungen auch zu der vom neuzeitlichen Staat erstrebten Sozialdisziplinierung bei. Wie schon erwähnt, setzten sich Spener und Schade für die Katechismuserziehung der Gemeinde ein. Bereits früher hatte aber auch der Große Kurfürst mehrere Male von der Kirche die Katechisation gefordert. Er befahl 1683, in den Residenzstädten an jedem Nachmittag Katechisation zu halten. In der Regierungszeit von Friedrich III. (I.) begann das Elementarschulwesen in verschiedenen Formen von Parochialschulen, Armenschulen und Garnisonsschulen. Wendland schreibt, daß die Entwicklung des Elementarschulwesens der vom Pietismus beeinflußten Kirche viel zu verdanken habe.[103]

Daneben wurde zu dieser Zeit eine neue Armenversorgung durch den Staat eingerichtet. Der Hauptzweck lag darin, die armen Leute unter staatliche Verwaltung zu stellen. Im Jahr 1687 kam ein Erlaß heraus, daß alle arbeitsfähigen Bettler und Nichtseßhaften arbeiten müßten.[104] Hier kann man das Interesse des Kurfürsten ablesen, diese Schicht als Arbeitskraft zu mobilisieren. Bei der Einrichtung dieses Armenwesens kann man die Tätigkeit der Pietisten nicht unberücksichtigt lassen. Seit 1693 fanden auf kur-

100 AaO., 333.
101 AaO., 330.
102 AaO., 334–336.
103 Vgl. *Wendland*, aaO., 193ff.
104 Vgl. *Mauter*, aaO., 38.

fürstlichen Befehl Besprechungen über Maßnahmen für Arme und Bettler statt, an denen auch Spener teilnahm. Er war der Ansicht, daß man mit den Almosen aufhören solle, um die Bettler zur Arbeit zu zwingen, weil sie meistens nur aus Arbeitsscheu bettelten.[105] Statt der gelegentlichen Almosen durch einzelne, wurde 1695 ein Spendenkasten in den Häusern herumgereicht, während Betteln verboten wurde. Auf Vorschlag Speners wurde ein Armenhaus gegründet, und die ersten Insassen wurden 1701 aufgenommen und ermahnt, möglichst zu arbeiten.[106]

Außerdem möchte ich noch einmal an die Kritik der Pietisten an der Sonntagsentheiligung erinnern. Dieselbe Denkweise können wir in der Aussage eines hohen Beamten erkennen: Der neumärkische Kanzler Hans Georg von dem Borne berichtete 1641, daß „die Bauern nach dem Gottesdienst am Sonntag ‚mit Weibern und Kindern in den Krug gehen, um sich dort vollzusaufen‘, die ganze Nacht zu ‚schwärmen‘ und zu tanzen nach Sackpfeifen".[107] Seine Aussage ist fast gleich mit der von Spener, die oben zitiert wurde. Bereits ein halbes Jahrhundert zuvor wurde die Tatsache, daß sich das Volk am Sonntag nach dem Gottesdienst in den Kneipen mit Tanzen und Trinken unterhielt, von Beamten als „Unordnung" angesehen. Ferner prangerten die Pietisten „Kleiderpracht", „Sauferei" und „Nachtschwärmerei" an. Die Erlasse, die diese Angewohnheiten unter dem Volk verbieten sollten, wurden aber wiederholt bereits vor der Entstehung des Pietismus von der Regierung herausgegeben.[108] Das pietistische Streben, die Gemeinde ein frommes Leben führen zu lassen, ist als eine Parallele zum Versuch des Staates, das Volksleben zu verwalten, anzusehen.

Aufgrund der vorangegangenen Beobachtungen können wir folgendermaßen zusammenfassen: Das pietistische fromme Leben vertrat eine Lebensart, die der neuen Zeit entsprach. Das Verlangen nach ‚Frömmigkeit‘ war sozial gesehen immer auch der Versuch, die Lebensart und Denkweise einer Gruppe, die den Pietismus unterstützte, zu verallgemeinern. Es bedeutete daher in den Augen des Volks die Forderung, sich einer neuen, ‚fremden‘ Lebensart anzupassen.[109] Auch in diesem Zusammenhang bedarf die Wertung des Pietismus bei Hinrichs und Obst einer Differenzierung. Hinrichs bezeichnete den Pietismus als eine „Reformbewegung", und Obst als eine Bewegung, die eine „historisch progressive Position" bezog. Diese „Reform" und der „historische Progreß" wirkte sich für das Volk in der soeben

---

[105] Vgl. *Grünberg*, aaO., 265f.; Hinrichs, aaO., 333.

[106] Vgl. *Wendland*, aaO., 187f.; zur Sozialtätigkeit Speners vgl. *Sträter, Udo*, Speners soziales Engagement. In: Pietismus und Neuzeit 12 (1986), 70–83.

[107] *Wendland*, aaO., 132; *Deppermann*, aaO., 7f.

[108] *Hinze*, aaO., 313f.

[109] Diese Veränderungen der Kultur können als eine Phase in der Entwicklung der Disziplinierung des Volkslebens bzw. in der Wandlung der Volkskultur bezeichnet werden. Diese Veränderung der Gedankenwelt des Volkes, um die es in den neueren Arbeiten über die Mentalitätsgeschichte geht, waren zu jener Zeit in verschiedenen Ländern Europas im Gange. Vgl. *Burke, Peter*, Popular Cultur in Early Modern Europa. London 1978.

beschriebenen Weise aus. Die Abneigung des Volks gegen den Pietismus ist deshalb auch ein Ausdruck der Volksstimmung in einer sich rapide verändernden Zeit.

4. Ergebnis

Das Ergebnis der vorangehenden Untersuchung möchte ich folgendermaßen zusammenfassen: Im Hinblick auf den Bereich der Politik und Wirtschaft war der Berliner Beichtstuhlstreit ein Konflikt zwischen den aufsteigenden und niedergehenden Kräften. Die neu aufsteigenden Gruppen unterstützten die Pietisten. In diesem Zusammenhang bestätigt meine Arbeit die bisherigen Bewertungen der Rolle des brandenburgisch-preußischen Pietismus in der politischen und wirtschaftlichen Geschichte.

Aber im Hinblick auf die Gesellschaft und die Kultur zeigt der Beichtstuhlstreit einen anderen Aspekt der Funktion des Pietismus in der Zeitenwende im späten 17. Jahrhundert. Dies können wir den Forderungen Schades und der Stellungnahme der Berliner zu ihnen entnehmen. Denn, wie schon erwähnt, Schades Kritik an der Beichtpraxis konnte einerseits zur Idee der Befreiung von der alten Gesellschaftsnorm, andererseits zum Versuch einer Normierung des Volkslebens, führen. Deshalb können wir festhalten, daß die Sympathie für und Antipathie gegen den Pietismus mit der Stimmung der Zeitgenossen in der Zeitenwende eng zusammenhängt. Entscheidend für ihre Stellungnahme war, wie sie die Veränderung der Gesellschaft empfanden und wie sie in der Zeitenwende leben wollten. Wenn sich jemand von der herkömmlichen Gesellschaftsnorm lösen wollte, so freute er sich auf die für ihn verheißungsvolle Zeitenwende. Dabei konnte die neue Frömmigkeit des Pietismus eine Idee sein, die ihn unterstützte. Zum Beispiel stimmte ein Handwerker der pietistischen Arbeitsethik zu, wenn er von den Zunftbedingungen befreit werden und empor kommen wollte. Eine Ehefrau, die gegen den Willen ihres Mannes fromm sein wollte, wurde von der Lehre der individuellen Frömmigkeit angezogen. Wenn nun ein anderer hingegen in der gewohnten Kultur weiterleben wollte, fühlte er sich durch diese Neuerungen bedroht. Denn die neue Zeit forderte von ihm, sich von seiner gewohnten Gesellschaft und seinen gewohnten Vergnügungen zu trennen und zu einem gehorsamen Staatsbürger und fleißigen Arbeiter zu werden. Für ihn war die Frömmigkeitslehre des Pietismus unangenehm.

Betreffs der Funktion des Pietismus können wir daher folgendes sagen: Der Pietismus legte eine Frömmigkeitslehre vor, die als oberster Maßstab an alle Menschen angelegt werden mußte. Ihre Funktion hing von den Situationen ab, in denen ‚Frömmigkeit' verlangt wurde. Wird sie von den Unterschichten gefordert, fungiert dieser Frömmigkeitsanspruch dahingehend, die Herrschaft zu relativieren. Falls dagegen jemand von einem Untergebenen fordert, fromm zu sein, dient die ‚Frömmigkeit' nicht nur dazu, die äußere Lebensführung, sondern auch sein Innenleben zu kontrollieren.

In Brandenburg-Preußen zur Zeit des Beichtstuhlstreites spielte der Pietismus diese beiden Rollen zugleich.[110] Deswegen vertraten die Pietisten während der Zeitenwende verschiedene Standpunkte, die sich in politischer bzw. gesellschaftlicher Absicht voneinander unterschieden. Es wäre eine weitere Aufgabe zu untersuchen, ob diese Ambivalenz der Frömmigkeit dem Pietismus innewohnte, oder ob sie in der Wandlung seines Charakters im Laufe der Zeit begründet war.

[110] Breuer weist auf die Sekten im 17. Jahrhundert hin und erörtert in gleicher Weise, „daß die Religion ihre ambivalente Funktion für den Einzelnen und für die Abgrenzung seines Freiraumes behalten kann". *Breuer, Dieter*, Absolutistische Staatsreform und neue Frömmigkeitsformen. Vorüberlegungen zu einer Frömmigkeitsgeschichte der frühen Neuzeit aus literarhistorischer Sicht. In: *Breuer* (Hg.), Frömmigkeit in der frühen Neuzeit. Studien zur religiösen Literatur des 17. Jahrhunderts in Deutschland. (Chloe. Beihefte zum Daphnis. Bd. 2) Amsterdam 1984, 5–25 und 8.

Peter Weniger

Anfänge der „Franckeschen Stiftungen"[1]

Bemerkungen zur Erforschung der Geschichte der Glauchaschen Anstalten[2] in ihrem ersten Jahrzehnt

Die folgenden Ausführungen beschränken sich auf drei Problemfelder, die mich derzeit im Zusammenhang mit Quellenstudien zur Geschichte der Glauchaschen Anstalten besonders in ihrem ersten Jahrzehnt (1694–1704) beschäftigen: 1. die öffentliche Berichterstattung in den ‚Fußstapffen' und deren Konsequenzen für die „historische Darstellung... der Entwicklung der Anstalten"[3], 2. die inoffiziellen Darstellungen und deren Implikationen für die Charakterisierung und Beurteilung der Anstaltsarbeit sowie 3. die Frage nach den realen Bedingungen jener Zeit. Es handelt sich hierbei um noch offene Problemfelder, die deshalb nur als exemplarische Gesprächsbeiträge und nicht in der Form abgeschlossener Ergebnisse vorgestellt werden können.

---

[1] Dieser an einigen Stellen geänderte Vortrag wurde am 20. Oktober 1987 vor der Historischen Kommission zur Erforschung des Pietismus gehalten.

[2] Die traditionelle Bezeichnung „Franckesche Stiftungen" als zusammenfassender Begriff für den großangelegten Ausbildungs- und Internatskomplex vor den Toren Halles taucht erst am Ende des 18. Jahrhunderts auf. J. D. von Dreyhaupt kennt ihn noch nicht (*Johann Christoph von Dreyhaupt*, Pagus neletici et nudzici, Oder Ausführliche diplomatisch-historische Beschreibung des... Saal-Creÿses, ... 2. Teil, Halle 1755, 140ff.: „Von denen Anstalten des Wäysenhauses und Pædagogii Regii zu Glauche vor Halle."). Soweit ich sehen konnte, belegt ihn erstmals der Titel einer Zeitschrift vom Ende des 18. Jahrhunderts: *Frankens Stiftungen*. Eine Zeitschrift zum Besten vaterloser Kinder, hg. von *J. L. Schulze, G. C. Knapp* und *A. H. Niemeyer*, Halle 1792–1798. Deshalb möchte ich besonders im Blick auf die hier zu behandelnde Frühzeit anstelle von „Franckeschen Stiftungen" grundsätzlich von den Glauchaschen Anstalten sprechen. Diese beruhen eben nicht auf einer Stiftung und schon gar nicht auf einer Stiftung A. H. Franckes.

[3] *Kurt Aland*, Die Annales Hallenses ecclesiastici, zuerst veröffentlicht in: Wissenschaftliche Zeitschrift der Martin-Luther-Universität Halle–Wittenberg, Gesellschaftlich-Sprachwissenschaftliche Reihe 4 (1955) 375–402, danach erneut gedruckt in: *Kurt Aland*, Kirchengeschichtliche Entwürfe, Gütersloh 1960, 580–649, hier S. 595.

1. Die öffentliche Darstellung der Anfänge der Glauchaschen Anstalten

Prinzipiell könnte man davon ausgehen, daß die Geschichte der Glauchaschen Anstalten von 1694 bis 1709 hinreichend beschrieben ist. August Hermann Franckes wohl bekannteste Schrift,

> „Die Fußstapffen Des noch lebenden und waltenden liebreichen und getreuen GOTTES / Zur Beschämung des Unglaubens / und Stärckung des Glaubens / Durch den Ausführlichen Bericht Vom Wäysen-Hause / Armen-Schulen / und übriger Armen-Verpflegung Zu Glaucha an Halle / Wie selbige fortgesetzet biß Ostern Anno 1701. Entdecket von August Hermann Francken / S. Th. Prof. Ord. und Past. Mit Königl. Preußischen und Churfl. Brandenb. Privilegio. In Verlegung des Wäysen-Hauses zu Glaucha an Halle / 1701"[4],

gibt eine ausführliche, erfreulich konkrete, auch erbauliche und darüber hinaus sowohl gesellschaftliche bzw. territorialpolitische als auch wirtschaftliche Aspekte berücksichtigende Darstellung. Die ‚Fußstapffen' erzählen die Geschichte der Anstalten in Glaucha vom Anfang der Almosenverteilung über die berühmte Spende der 4 Taler 16 Groschen, die ersten Versuche der Schulbildung für Kinder armer Leute, die Versorgung, Ausbildung und Erziehung der Studenten und Waisen, die Einrichtung der Höheren Schulen, die wirtschaftlichen Unternehmen, bis hin zum Bau des Waisenhauses usw.

Merkwürdig ist ein zunächst rein bibliographischer Sachverhalt: Meist werden in der Forschung die ‚Fußstapffen' nach der 3. Auflage von 1709 zitiert, falls nicht sogar die Auflage ganz unberücksichtigt bleibt. Bekanntlich waren jedoch 1709 bereits sieben aktualisierende Fortsetzungen erschienen.[5] Gemeinsam mit dem ursprünglichen Werk, nun im handlichen Taschenformat Oktav, ist diese Ausgabe dank ihrer vermutlich hohen Auflagenzahl wahrscheinlich die heute am weitesten verbreitete.

Wie ist der Quellenwert dieser Selbstdarstellungen zu beurteilen, die nicht nur aus der Feder A.H. Franckes stammen: die ‚Fußstapffen' beinhalten ebenso Beiträge seiner Mitarbeiter, und eine der Fortsetzungen verfaßte sogar der den Anstalten eng verbundene Freiherr Carl Hildebrand von Canstein.[6]

---

4 Auszüge in *Erhard Peschke* (Hg.), August Hermann Francke, Werke in Auswahl, Berlin 1969, 31–55.

5 (I) Ende des Jahres 1701, (II) 14. November 1706, (III) Ende Juni 1707, (IV) Ende September 1707, (V) Ende Januar 1708, (VI) Ende des Jahres 1708, (VII) vorläufig bis Juli 1709.

6 „Die II. Fortsetzung Der Wahrhaften und umständlichen Nachricht Vom Waysen-Hause und übrigen Anstalten zu Glaucha vor Halle den 14. Novembris An. 1706 in einem Frantzösischen Send-Schreiben von dem Hoch-Wohlgebohrnen Herrn / Herrn Carl Hildebrand / Freyherrn von Canstein / Auf Canstein / Schönberg / und Neukirchen etc. Erb-Herrn / abgefasset und nach der Zeit Teutsch in Druck gegeben Von August Hermann Francken / S. Theol. Prof. zu Halle / und Past. zu Glaucha vor Halle. HALLE / im Wäysen-hause." Die Fortsetzungen III–VI waren explizit als Sendschreiben an C.H. von Canstein deklariert, dagegen die erste Fortsetzung noch ohne Nennung eines Namens „An einen auswärtigen Freund". – Zu den Beziehungen C.H. von Cansteins zum hallischen Pietismus vgl. generell

Das Verhältnis zum Quellenwert dieser Berichte ist zwiespältig: Einerseits werden sie nach wie vor zitiert oder ausgeschrieben, sobald Fakten, historische Fakten für die Darstellung der Geschichte der Anstalten benötigt werden. Andererseits stehen sie unter dem Verdikt der Apologetik, der bloßen Erbaulichkeit, und durch diese negativen Akzente erscheinen sie für die Forschung verdächtig und suspekt.

Ein repräsentatives Beispiel hierfür findet man in der ausführlichen Einleitung zu den „Annales Hallenses ecclesiastici", die Kurt Aland 1955 und 1960 als das „älteste Denkmal der Geschichtsschreibung des Halleschen Pietismus" veröffentlichte.[7] K. Aland bietet in dieser Einleitung einen ausgezeichneten Überblick über die Geschichte der Forschungen zum hallischen Pietismus bis zur Mitte der fünfziger Jahre. Die „Annales" selbst, eine chronikartige Sammlung von Informationen zur Geschichte der Glauchaschen Anstalten etwa aus den Jahren 1713/1714, grenzte er im Charakter gegenüber den ‚Fußstapffen' so ab, daß er auf die Frage, ob nicht die ‚Fußstapffen' das älteste Denkmal der Geschichtsschreibung des hallischen Pietismus seien, antwortete:

> „Keineswegs, das scheint nur aus der Entfernung so. Nichts hat Francke bei der Abfassung seiner ‚Fußstapfen' ferner gelegen als die Absicht, eine historische Darstellung auch nur der Entwicklung des Waisenhauses zu geben – selbst da, wo er tatsächlich nichts anderes tut, als nur die Entwicklung der Anstalten zu erzählen. Francke will vielmehr – um es sehr pointiert zu sagen – mit seinen ‚Fußstapfen' und deren Fortsetzungen ähnliches, wie etwa eine Missionsanstalt von heute, die Berichte über ihre Arbeit verschickt – und ihnen eine Zahlkarte beilegt. Die ‚Fußstapfen' sollen die Arbeit des Waisenhauses bekannt machen, sie gegen Verdächtigungen und falsche Vorwürfe in Schutz nehmen, der Arbeit neue Freunde gewinnen, in Summa: missionierend wirken – ‚zur Beschämung des Unglaubens und Stärkung des Glaubens', wie es im Untertitel heißt, sind sie geschrieben. Praktische Bedürfnisse sind maßgebend gewesen, um einer historischen Besinnung auf die Geschichte der Anstalten willen hätte Francke nicht zur Feder gegriffen und ein solches im ganzen ziemlich umfangreiches Werk geschrieben."[8]

Zu diesem Urteil muß es m. E. zwangsläufig kommen, solange gerade bei einem Werk wie den ‚Fußstapffen' die Frage nach den Entstehungsursachen und -bedingungen nicht in genügendem Maße quellenmäßig untersucht ist und die so gewonnenen Ergebnisse bekannt sind. Die Differenz zwischen den Jahren 1700 und 1709 ist keine bloß chronologische.

Peter Schicketanz, Carl Hildebrand von Cansteins Beziehungen zu Philipp Jacob Spener, Witten 1967 (Arbeiten zur Geschichte des Pietismus 1), bes. 39ff., sowie *Peter Schicketanz* (Hg.), Der Briefwechsel Carl Hildebrand von Cansteins mit August Hermann Francke, Berlin – New York 1972 (Texte zur Geschichte des Pietismus III,1).

[7] S. o. Anm. 3.

[8] AaO., 595f. Vgl. noch *Klaus Wetzel*, Theologische Kirchengeschichtsschreibung im deutschen Protestantismus 1660–1760, Gießen – Basel 1983 (Monographien und Studienbücher 310), 164.

Im Vorwort der ‚Fußstapffen' von 1701 selbst finden wir genaue und der Überprüfung standhaltende Hinweise, wie es zu dem Unternehmen der ‚Fußstapffen'-Edition kam: Es wird dem Leser mitgeteilt, daß der Bericht im Zusammenhang mit der Visitation des Waisenhauses durch eine kurfürstliche Untersuchungskommission zusammengestellt worden sei. Und weil die Glauchaschen Anstalten ein gemeinnütziges Werk seien, welches viele Freunde und Gönner habe, sollte nun dieser Bericht in überarbeiteter Form einem breiteren Publikum bekanntgemacht werden, um so verschiedentlich erhobenen Vorwürfen und Verunglimpfungen entgegenzutreten.[9] Dieser Hinweis ist, soweit ich sehen konnte, für die Interpretation der ‚Fußstapffen' bisher entweder nicht wahrgenommen oder nicht realisiert worden. Das ist um so weniger zu verstehen, als hier eines der spannungsvollsten Jahre in der Gründungszeit der Glauchaschen Anstalten angesprochen wurde.

Das dem Erscheinungsjahr der Erstauflage vorangehende Jahr 1700 stellte den Höhepunkt in der Entscheidungsschlacht zwischen lutherischer Orthodoxie und dem Pietismus in Halle dar. Der Terminus ist keineswegs zu dramatisch. Es war ein nervenaufreibender und kräftezehrender Kampf, der ausgiebig sowohl die regionalen Verwaltungsstellen als auch die zentralen Behörden in Berlin beschäftigte und durchaus geeignet gewesen war, die Existenz des Pietismus in Halle, und damit zugleich die Anstaltsarbeit in Glaucha, ernsthaft zu gefährden. Klaus Deppermann hat 1961 u. a. auch dieses „Krisenjahr" eingehend analysiert.[10]

Die Einzelheiten hier aufzurollen, würde zu weit führen. Nur die wichtigsten Etappen seien genannt: 1. Eine vom Kurfürsten eingesetzte Untersuchungskommission bestätigte die Rechtgläubigkeit der Mitglieder der Theologischen Fakultät der Universität Halle juristisch und öffentlich.[11] 2. Im Anschluß daran visitierte sie, dem Wunsch A. H. Franckes folgend, die Glauchasche Gemeinde.[12] Das war die zweite Visitation innerhalb von fünf Jahren. 3. Im Herbst 1700, also ein Vierteljahr nach diesen Ereignissen untersuchte eine weitere kurfürstliche Kommission das Waisenhaus und die damit im Zusammenhang stehenden Anstalten in Glaucha vor Halle.[13]

[9] „Ursachen / Welche zur Edirung gegenwärtigen ausführlichen Berichts Anlaß gegeben." – *Francke*, Fußstapffen 1701, 8–12.

[10] *Klaus Deppermann*, Der hallesche Pietismus und der preußische Staat unter Friedrich III. (I.), Göttingen 1961, 119–140, vgl. noch *Karl Weiske* (Hg.), 31 bisher unveröffentlichte Briefe Aug. Hermann Franckes an Phil. Jac. Spener, in: Zeitschrift des Vereins für Kirchengeschichte der Provinz Sachsen 27 (1931) 31–46, 40.

[11] *Deppermann* 1961, 141. A.H. Francke ließ die wichtigsten Dokumente drucken als „Bericht dessen / Was wegen der Zwischen den Evangelisch-Lutherischen Geistlichen / Von der Universität und Stadt-Ministerio in Halle / Eine Zeithero geschwebten Differentien, Durch Von Seiner Churfl. Durchl. zu Brandenburg / Gnädigst verordnete Commission abgehandelt / Und zu dero Beruhigung in Göttlichem Segen ausgerichtet worden. Cölln an der Spree / Druckts Ulrich Liebpert / Churfl. Brandenb. Hof-Buchdr. 1700."

[12] Vgl. dazu *Deppermann* 1961, 129; *Gustav Kramer* (Hg.), Vier Briefe August Hermann Francke's, Halle 1863, 28–76.

[13] *Deppermann* 1961, 135f.

Allein die Tatsache, daß eine solche Untersuchung stattfand, war bereits bestens geeignet, den Ruf der Anstalten im Lande zu gefährden. Und genau diese Absicht muß man den Magdeburgischen Landständen unterstellen, die diese Untersuchung im Frühjahr während der Auseinandersetzungen zwischen den Professoren und dem Ministerium mehr oder weniger berechtigt gefordert hatten.[14]

Diese mehr akut juristisch belastende Auseinandersetzung wurde von einem in die Struktur der Glauchaschen Anstalten unverkennbar tief eingreifenden Umstand begleitet: In eben dieser Zeit (1700/1701) konnte der 1698 begonnene, aufsehenerregende Bau des Waisenhauses fertiggestellt und dieses größtenteils bezogen werden. Erstmals in der noch jungen Geschichte der Glauchaschen Anstalten trat an die Stelle von Behelfsunterkünften ein großzügig und zweckmäßig eingerichtetes Gebäude, das als solider Steinbau das Eigengewicht und die Selbständigkeit der von A. H. Francke initiierten sozialfürsorgerischen und reformerischen Tätigkeit deutlich sichtbar machte – wohl sicher ein Anlaß zu weitgespannten Hoffnungen und Erwartungen.

Welches Gewicht A. H. Francke und seine Mitarbeiter der kommissarischen Untersuchung beimaßen, zeigt sich daran, daß sie sich trotz all der genannten Belastungen die Zeit genommen haben, einen umfangreichen Bericht für die Untersuchungskommission zu verfassen, eben den, auf den sich das Vorwort zu den ‚Fußstapffen' bezieht. Dieser Bericht wurde dann mit Rücksicht einerseits auf die Öffentlichkeit, andererseits darauf, daß ja nicht gut ein Kommissionsbericht als Werk A. H. Franckes gedruckt werden konnte, überarbeitet. Der ursprüngliche Bericht ist noch original in den Beständen des ehemaligen Preußischen Geheimen Staatsarchivs in Merseburg[15] erhalten.[16] Er ist natürlich noch viel umfangreicher als die ‚Fußstapffen' und breitet eine Fülle von Einzelheiten aus, die den bisherigen pädagogischen und soziologischen Untersuchungen zu den „Franckeschen Stiftungen" in mancher Hinsicht zu präziseren Ergebnissen verholfen hätten.

Die Bedeutung, die A. H. Francke diesem Bericht und insbesondere seiner Veröffentlichung beimaß, mag noch einmal bibliographisch belegt werden: Ganz schnell sollte er veröffentlicht werden, aber es fand sich nicht sofort eine Druckerei für diesen Auftrag. So beklagt der u. a. für die Verlagstätigkeit des Waisenhauses zuständige Mitarbeiter Heinrich Julius Elers, daß das Werk seit Monaten druckfertig gelegen habe.[17] Erst Ende April, gerade noch rechtzeitig zur Ostermesse 1701, erschien endlich die erste Auflage. Bereits

---

[14] GStA.M 52/131b2 (1698–1755), bl 410, 416 (Landstände an den Kurfürsten, 24. März 1700). Vgl. *Deppermann* 1961, 135f.

[15] Zwischenzeitlich Zentrales Staatsarchiv der DDR, Dienststelle Merseburg, jetzt Stiftung Preußischer Kulturbesitz, Geheimes Staatsarchiv Merseburg (= GStA.M).

[16] GStA.M 52/131b2 (1698–1755), bl 417–550 (Bericht der Untersuchungskommission vom 8. November 1700).

[17] Verwaltungsarchiv der Franckeschen Stiftungen = VAFSt IX/III/21:a (bl 1–2); Abschrift in *Joachim Böhme*, Heinrich Julius Elers, ein Freund und Mitarbeiter August Hermann Franckes, Berlin 1956 (Diss. masch.), 191–194.

ein gutes halbes Jahr später, zur Neujahrsmesse 1702, wurde eine erste Fortsetzung gedruckt. Noch im selben Jahre 1702 erschien eine zweite Auflage, und zugleich wurden beide Teile in das repräsentative vierbändige Sammelwerk der Schriften A. H. Franckes, ‚Öffentliches Zeugnis vom Wort, Werk und Dienst Gottes‘[18] aufgenommen. Alle diese Ausgaben erschienen im ansprechenden Quart-Format und in schönem, sauberem Druck.

Für eine weitergehende Analyse ist eine historisch-kritische Edition der ‚Fußstapffen‘, die auch entsprechende vorangegangene Veröffentlichungen einbezieht, notwendige Voraussetzung. Auf eine dieser Vorarbeiten nehmen die ‚Fußstapffen‘ selbst Bezug.[19] Gemeint ist die

> „Historische Nachricht / Wie sich die Zuverpflegung der Armen und Erziehung der Jugend in Glaucha an Halle gemachte Anstalten veranlasset / eines aus dem andern gefolget / und das gantze Werck durch Göttlichen Segen von An. 1694. biß A. 1697. im Monath Junio fort gesetzet und eingerichtet sey. Zum Preiß der treuen Vorsorge GOttes / zur Erweck- und Stärckung des Vertrauens auf GOTT und wahrer Christlicher Liebe entworffen Von M. Aug. Hermann Francken / Gr. & OO.LL.PP. und Past. zu Glaucha an Halle. Im Jahr 1697.“[20]

Der Titel vermerkt als Redaktionsschluß den Juni 1697. Zweieinhalb Jahre sind nach den bekannten Anfängen vergangen. Veröffentlicht wurde die Historische Nachricht als Anhang zu Philipp Jacob Speners Programmrede

> „Christliche Verpflegung der Armen / Als Aus Churfürstl. gnädigster Verordnung das Gassen-Bettlen in den Churfl. Residentz-Städten abgeschaft / und zu liebreicherer Versorgung der Bedürfftigen Anstalt gemacht / auch dieselbe öffentlich der Gemeinde angezeiget worden / In der Kirchen zu S. Nicol. in Berlin den 13. Son[n]tag nach Trinit. 1695. vorgestellet Von Philipp Jacob Spenern / D. Churfl. Cons. Raht und Propsten zu Berlin. Sambt einem Anhang H. M. August Hermann Franckens / Gr. und O. L. P. P. Ord. bey der Churfl. Fridrichs-Universität zu Halle und Past. zu Glaucha / Historischer Nachricht von Verpflegung der Armen und Erziehung der Jugend in gedachtem Glaucha. Franckfurt an der Oder / Bey Jeremias Schrey / und Joh. Christ. Hartmann. 1697.“,

gedruckt 1697, gewissermaßen in deren Schatten. Allerdings war sie mit einer eigenen Paginierung versehen und konnte dadurch gut auch als selbständiges Bändchen gebunden und vertrieben werden. Die Veranlassung zu dieser Schrift ist bisher noch hypothetisch. Folgendes ist m. E. zu bedenken: Die Glauchaschen Anstalten waren zu dieser Zeit privates, nicht privilegiertes, und das heißt weder kirchlich noch staatlich geschütztes Unternehmen, das dennoch fremde Gelder in Form von Spenden, Stipendien und Pensio-

---

[18] *August Hermann Francke*, Oeffentliches Zeugniß von dem Wercke Gottes, Halle 1702, 1–96.

[19] *Francke*, Fußstapffen 1701, 11; *Peschke* (Hg.) 1969, 31, Anm. 1.

[20] Es sind weder Erscheinungsort noch Verleger bzw. Druckerei genannt. Dem Äußeren nach wurde sie zusammen mit Ph. J. Speners Schrift hergestellt.

nen verwaltete – ein sowohl juristisch als auch kirchengemeindlich riskantes Unternehmen. 1697 begann sich der Ruf der Glauchaschen Anstalten zu verbreiten, einerseits durch das wachsende Interesse pietistischer oder wenigstens A. H. Francke wohlgesonnener höherer Standespersonen[21], andererseits durch das Übergreifen der Anstaltsaktivitäten über den sozialfürsorgerischen Bereich hinaus.[22]

Die Schrift entstand kurze Zeit nach der Visitation der Glauchaschen Gemeinde 1696. Ein Anlaß dieser Visitation war der Streit um die Kirchen- bzw. Bußdisziplin zwischen A. H. Francke und seinen Pfarrkindern, der wie in den Jahren danach kräftig geschürt wurde durch die lutherisch-orthodoxen, prononciert antipietistischen Prediger Halles.[23] Die genauen Zusammenhänge sind allerdings noch zu untersuchen.

Sicher und gleichermaßen wichtig ist jedoch der Fakt, daß die Historische Nachricht eben zu der Zeit erschien, als Georg Heinrich Neubauer, einer der Mitarbeiter A.H. Franckes, seine Studienreise nach Holland antrat. G.H. Neubauer war der erste Waisenvater und trug die Hauptlast des Managements in den Glauchaschen Anstalten. Wesentliche Stationen seiner ein Jahr lang dauernden Reise waren selbstverständlich die Wohnorte erweckter Christen. Und natürlich warb G. H. Neubauer für die Anstalten in Glaucha. Da er sich auf dieser Reise gegenüber dem Waisenhaus zugedachten Spenden nicht verschloß, wird gelegentlich von einer Kollektenreise gesprochen.[24] Seine eigentliche Aufgabe aber war es, ausgerüstet mit exakten Fragebögen und Stichpunktkatalogen[25], Informationen über den Stand der Armenfürsorge und Sozialpädagogik in dem für die damalige Zeit auf diesem Gebiet führenden Land[26] zu sammeln und über die eigenen Bemühungen und Erfahrungen zu berichten. Zu diesem Zweck war der beschreibende Teil der Historischen Nachricht ins Holländische übersetzt und gedruckt worden.[27]

Zur Charakteristik der Historischen Nachricht genügt ein kurzer Blick in den Inhalt – sie trägt das Attribut historisch zurecht. Dort stößt man nämlich

[21] Beispielsweise Georg Rudolf von Schweinitz, Paul von Fuchs, C.H. von Canstein, Henriette Katharina von Gersdorff.

[22] Hier ist besonders auf die Einrichtung höherer Schulen und das später so genannte Pädagogium zu verweisen, aber auch auf das wachsende Selbstverständnis als geistig-kulturelles Zentrum des Reformpietismus.

[23] Vgl. *Deppermann* 1961, 97–99.

[24] *Friedrich August Eckstein*, Beiträge zur Geschichte der Halleschen Schulen. Drittes Stück: Franckesche Stiftungen, in: Programm der Lateinischen Hauptschule in Halle für das Schuljahr 1861–1862, Halle 1862, 1–58, 2.

[25] *Ernst Bartz*, Die Wirtschaftsethik August Hermann Franckes, Harburg-Wilhelmsburg 1934, 83–91 (Anlage I: Fragebögen) und 91–95 (Anlage II: ein Teil der Ergebnisse).

[26] *Wolf Oschlies*, Die Arbeits- und Berufspädagogik August Hermann Franckes (1663–1727), Witten 1969 (Arbeiten zur Geschichte des Pietismus 6), 18f. Anm. 3.

[27] *August Hermann Francke*, Korte Beschryving van het onlangs opgerechte Wees-Huys tot Halle... in't Hoogduyts opgestelt door August Hermann Francken... in't Hollants overgeset, Amsterdam 1697 (Titel nach *Eckstein* 1862, 2; es handelt sich um die Übersetzung des ersten Teils der Historischen Nachricht, S. 1–71 – ebenda).

auf eine in der Tat historisch berichtende Darstellung des Gewordenen[28], ergänzt um den gegenwärtigen Lehr- und Ausbildungsplan.[29] Der erste Teil enthält eine Spendenliste, d.h. eine Abrechnung bzw. Gegenüberstellung dessen, was geleistet wurde, zu dem, was eingenommen wurde.[30] Insgesamt kann man dem Charakter nach von einem Rechenschaftsbericht sprechen, der als solcher auch die Grundlage für den Informations- und Erfahrungsaustausch mit Unternehmungen ähnlicher Aufgabenstellung bildete. Wir begegnen nicht einer Geschichtsdarstellung um ihrer selbst willen, aber auch heute wäre das wohl nicht das beste Kriterium für Kirchengeschichtsschreibung.

Ergänzend sei noch vermerkt, daß auch schon zur Historischen Nachricht Fortsetzungen erschienen, so im Juli 1698[31], Dezember 1698[32], und Januar 1699.[33]

Der Bericht A. H. Franckes für die kurfürstliche Untersuchungskommission im Herbst 1700 zitiert die Historische Nachricht von 1697 weitgehend wörtlich[34] und fährt dann in deren Stil fort.

2. *Die inoffiziellen Darstellungen*

Neben den ‚Fußstapffen' und ähnlichen, im Umfang wesentlich kleineren Schriften steht der Forschung zur Geschichte der Glauchaschen Anstalten eine zweite Art von einschlägigen Quellen zur Verfügung: Das sind Projekte und interne Berichte, auch Bemerkungen beispielsweise in den Briefen. Herausragendes Beispiel ist das sogenannte Universalprojekt, das

> „Project. Zu einem Seminario Universali oder Anlegung eines Pflantz-Gartens, von welchem man eine reale Verbesserung in allen Ständen in und auserhalb Teutschlandes, ja in Europa und allen übrigen Theilen der Welt zugewarten".[35]

---

28 *Francke*, Historische Nachricht 1697, 3–71.

29 AaO., 72–168: „Schul-Ordnung Für die Wäysen- und übrige Schul-Kinder."

30 AaO., 58–65.

31 „Anstalten / Die Zu Verpflegung der Armen zu Glaucha an Halle gemachet sind: Wie sich solche befinden Anno 1698 / im Monat JULIO. HALLE / Gedruckt bey Christian Henckeln / Univers. Buchdr."

32 „Entwurff Der gesammten Anstalten / Welche zu Glaucha an Halle durch GOttes sonderbaren Seegen Theils zu Erziehung der Jugend / theils zu Verpflegung der Armen gemachet sind / Wie sichs damit verhält im Monat DECEMBRI Anno 1698. Gedruckt bey Christian Henckeln / Univ. Buchdr."

33 „Entwurff Der gesammten Anstalten / Welche zu Glaucha an Halle durch Gottes sonderbaren Seegen Theils zu Erziehung der Jugend / theils zu Verpflegung der Armen gemachet sind / Wie sichs damit verhält im Monat Januario Anno 1699."

34 Vgl. die Hinweise auf gelegentliche Differenzen bei *Peschke* (Hg.) 1969, 31 Anm. 1, 32 Anm. 2, 35 Anm. 6 usw.

35 *Peschke* (Hg.) 1969, 108–115.

A. H. Francke macht in diesem Projekt die besondere Wichtigkeit der Verbesserung des Lehrstandes als Hebel zur Verbesserung aller Stände deutlich[36] und sieht dies – noch immer allgemein argumentierend – sinnvoll verknüpft mit sozialfürsorgerischen und sozialpädagogischen Einrichtungen.[37] Und da es – allgemein einsichtig – nicht um spekulative Ideen gehen kann, sondern um die Wirklichkeit gehen muß, sehen wir uns plötzlich den Glauchaschen Anstalten als dem Kern einer weltweiten und gesamtgesellschaftlichen Reform gegenübergestellt[38], ergänzt durch Hinweise auf die Vorteile der Anstalten einerseits, andererseits aber auf deren Erweiterungsfähigkeit und im Zusammenhang damit die stets anstehende Spendenbedürftigkeit.[39] Bekanntlich hat A. H. Francke 1704 im Großen Aufsatz[40] seine universal orientierten Überlegungen in einem breit angelegten dreiteiligen Entwurf weitergeführt, den er auch später noch mehrfach überarbeitet hat.

Die Mitteilung der Projekte wie auch später des Großen Aufsatzes blieb seinerzeit auf einen kleinen Kreis beschränkt. Sie im Druck zu veröffentlichen, ist A. H. Francke gelegentlich empfohlen worden – so beispielsweise von Ph. J. Spener in bezug auf das gleich noch vorzustellende Anstaltsprojekt –, letztlich konnte er sich jedoch nicht dazu entschließen.[41]

Durch die Veröffentlichungen Ende des vorigen Jahrhunderts ist das Interesse der Forschung an den universalen Reformplänen A. H. Franckes ständig gewachsen. Verstärkt durch die neueren kritischen Editionen, hat sich die Forschung dabei vor allem auf das Reformprogramm, wie es im Universalprojekt und später im Großen Aufsatz vorlag, konzentriert. Beide bildeten den Ausgangspunkt zu weitreichenden Überlegungen über die Zielstellung, die Tendenz sowie die Bedeutung der Glauchaschen Anstalten und haben das Gesamturteil über den hallischen Pietismus entscheidend

36 Kapitel I und II.

37 Kapitel III und IV.

38 Kapitel V.

39 Kapitel V ff.

40 *Otto Podczeck* (Hg.), August Hermann Franckes Schrift über eine Reform des Erziehungs- und Bildungswesens als Ausgangspunkt einer geistlichen und sozialen Neuordnung der Evangelischen Kirche des 18. Jahrhunderts. Der Große Aufsatz, Berlin 1962 (Abhandlungen der sächsischen Akademie der Wissenschaften, Philologisch-historische Klasse 53.3).

41 So wurde das Universalprojekt erstmals 1881 durch die Veröffentlichung von *Otto Frick* (Hg.), August Hermann Francke's Project zu einem Seminario Universali..., Halle 1881 (Festschrift F. A. Eckstein), 7–17, dann 1882 von G. Kramer in seiner Francke-Biographie (*Gustav Kramer*, August Hermann Francke. Ein Lebensbild, 2. Teil, Halle 1882, 489–496) und schließlich in einer handschriftengetreuen Wiedergabe in dem von *E. Peschke* 1969 herausgegebenen Auswahlband (s. o. Anm. 35) in breiterem Maße der Forschung bekannt. Die Publikation des Großen Aufsatzes erfolgte erst 1894 durch *Wilhelm Fries* (Hg.), August Hermann Franckes Großer Aufsatz. Festschrift zum zweihundertjährigen Jubiläum der Universität Halle, Halle 1894, nachdem O. Frick auf diesen hingewiesen (*Frick* [Hg.] 1881, 20–22) und G. Kramer bereits einige Gliederungspunkte mitgeteilt hatte (*Kramer* 1882, 496 f., vgl. 11 f., Anm. 1). Nach detaillierten Quellenuntersuchungen konnte O. Podczeck dann 1962 die unzureichende Edition von W. Fries durch eine textkritisch und quellenkundlich ausgewiesene Fassung ersetzen (s. o. Anm. 40).

geprägt: Datiert auf das Frühjahr 1701, also etwa zeitgleich mit den ‚Fußstapffen‘, schien das Universalprojekt die geheimgehaltene eigentliche Darstellung der Absichten des hallischen Pietismus zu sein, wenn auch spekulativ-utopisch, so doch mit einem unverkennbaren Schuß des Franckeschen Realismus, letztlich aber nur ein Plan, der gegenüber der harten und voranstürmenden Zeit nicht zum Reifen und Aufblühen kommen konnte. Scheinbar bestätigt wurde dieses Urteil durch die unausgesprochene Sozialutopie des Großen Aufsatzes, obwohl oder gerade weil A. H. Francke bereits bei der Ausarbeitung einen Schritt zurückging.

In dem Bemühen, die Relevanz und eben das Ethos der Motive angemessen zu würdigen, darüber hinaus die konkreten Aktivitäten in den Blick zu rücken, also die Aussagen beider Projekte zu verifizieren, ist es zu einer Interpretation gekommen, auf deren Grundlage das Reformbemühen des hallischen Pietismus entweder als utopisch, oder trotz des nicht abzusprechenden Realismus als zu weitgespannt, in beiden Fällen letztlich beinahe tragisch erscheinen muß. Durch die ausschließliche Konzentration auf diese beiden Konzeptionen sind darüber hinaus weitere und zum Teil anders akzentuierte Projekte an den Rand des Interesses gerückt oder sind überhaupt nicht zur Kenntnis genommen worden. Das gilt speziell für das Anstaltsprojekt, das

> „Project Wie die, zu Glaucha an Halle, zur Beßerung in allen Ständen, fundirte Anstalten unter dem Segen Gottes zu erweitern, und zu ihrem rechten Endzweck aus zuführen.“[42]

Dieses Projekt war zwar von O. Frick bereits 1881 im Zusammenhang mit der Datierung des Universalprojekts erwähnt worden[43], und O. Podczeck hatte 1962 beide Projekte als zwei „Frühformen“ des Großen Aufsatzes identifiziert.[44] Insgesamt aber war das Anstaltsprojekt selbst und sein Zusammenhang mit dem Universalprojekt der Forschung unbekannt geblieben. Erst Untersuchungen zur Wirkungsgeschichte der Glauchaschen Anstalten[45] führten bei einer Überprüfung des handschriftlichen Materiales im Archiv der Franckeschen Stiftungen zu der Beobachtung, daß das Anstaltsprojekt insgesamt die im Universalprojekt angesprochenen Fragen teilweise mit ganz anderem Akzent und vielfach ausführlicher und spezieller erörtert und dabei Aussagen zum weiteren inneren Ausbau der Anstalten macht,

---

[42] VAFSt II/10, bl 1–32 und 68–111; vgl. dazu vorerst meine Diplomarbeit Halle 1984, eine textkritische Edition mit ausführlicheren Einzeluntersuchungen ist in Vorbereitung.

[43] *Frick* (Hg.) 1881, 18.

[44] *Podczeck* (Hg.) 1962, 23–25.

[45] Anlaß war seinerzeit ein Aufsatz von *Udo Sträter*, Pietismus und Sozialtätigkeit. Zur Frage nach der Wirkungsgeschichte des „Waisenhauses“ in Halle und des Frankfurter Armen-, Waisen- und Arbeitshauses, in: Pietismus und Neuzeit 8-1982 (1983) 201–230, s. dazu die Replik von *Friedrich de Boor*, Die Franckeschen Stiftungen als „Fundament“ und „Exempel“ lokaler, territorialer und universaler Reformziele des Hallischen Pietismus, in: Pietismus und Neuzeit 10-1984 (1985) 213–226.

die in dieser Form auch im Großen Aufsatz keine Aufnahme gefunden haben.

Vom Anstaltsprojekt existieren zwei unterschiedliche Fassungen: ein verschiedentlich korrigiertes Konzept sowie eine Ausfertigung in gestochen scharfer Schönschrift. Beide Manuskripte befinden sich mit dem des Universalprojekts zusammengeheftet in einem Aktenstück im Archiv der Franckeschen Stiftungen.[46] Das Konzept ist auf das Frühjahr 1701 (Ende März/Anfang April), die Ausfertigung auf Mai 1702 zu datieren, wobei letztere eine überarbeitete, an einer Stelle gekürzte[47] und um drei ausführliche Beiträge von Mitarbeitern A.H. Franckes erweiterte Fassung darstellt.[48] Die Umarbeitung geht auf Impulse C.H. von Cansteins zurück, der das Anstaltsprojekt ebenso wie Ph.J. Spener kannte.[49] Am 4.Juni 1701 schrieb C.H. von Canstein an A.H. Francke:

> „das project von den anstalten hatt H.D. Spener überauß wohl contentiret, und findet nichts dabey zu erinnern, ja ist der meinung, man solte Es drucken laßen. So aber einer weiteren überlegung notig hatt und im fall man dazu resolvirete, so konte Es meinem bedüncken nach, noch wohl in einigen Stücken mehr ausgearbeitet und zu einer mehreren vollkommenheit gebracht und darüber mit den andern Hh. Collegen und andern männern conferiret werden. dieses würde nicht ohne großen nutzen seyn, wenn auch schon der druck nicht beliebt wirdt, indem es der H.D. Spener dennoch meinet an einige fürstliche personnen zu senden, also das Es etwa in vieller hände kommen solte."[50]

C.H. von Canstein hat die erste Fassung auch Henriette Katharina von Gersdorff und Ehrenfried Walther von Tschirnhaus vorgelegt.[51]

Das Anstaltsprojekt gliedert sich in drei Teile. Das 1. Kapitel zählt auf,

> „was vor Anstalten bißdahero hieselbst gemachet, und noch befindlich sind".

---

[46] Konzept des Anstaltsprojekts: VAFSt II/10, bl 1–32; Manuskript des Universalprojekts: VAFSt II/10, bl 33–41; Ausfertigung des Anstaltsprojekts: VAFSt II/10, bl 68–111.

[47] Das Anliegen stand 1702 nicht mehr zur Debatte, s.u. S. 107, Anm. 54.

[48] Der größte Teil der Korrekturen wurde in das Konzept von 1701 eingetragen, von welchem die Ausfertigung im wesentlichen abgeschrieben worden sein dürfte. Von den zusätzlichen Beiträgen liegen zwei als selbständige Schriftstücke vor: der Beitrag von Christian Friedrich Richter „Von der Apotheke und Artzney-Wesen bey dem Wäysenhause zu Glaucha an Halle" (VAFSt IX/II/15:10, ein stark korrigiertes Konzept) und der Aufsatz von Heinrich Julius Elers zur Buchhandlung und Druckerei (VAFSt IX/III/21:b [bl 3–7], ein dem Äußeren nach der Ausfertigung des Anstaltsprojektes sehr ähnliches Schriftstück). Auch der Beitrag über das Pädagogium kann als selbständiges Stück vermutet werden, konnte aber bisher nicht gefunden werden.

[49] Vgl. die Briefe C.H. von Cansteins an A.H. Francke vom 8. März 1701 (*Schicketanz* [Hg.] 1972, 111 [Nr. 109]), 12. März 1701 (Datum unsicher, aaO., 215f. [Nr. 214]), 10. April 1701 (aaO., 113 [Nr. 112]), ohne Datum (aaO., 117f. [Nr. 116]), 19. Mai 1701 (aaO., 118 [Nr. 117]), 28. Mai 1701 (aaO., 119 [Nr. 119]).

[50] AaO., 120 (Nr. 120).

[51] AaO., 122 (Nr. 122). Vgl. auch die weiteren Briefe, in denen sich noch vielfältige Hinweise auf die im Anstaltsprojekt verhandelten Sachfragen finden lassen.

In neun kurzen Absätzen werden die Armenschule (I), das Pädagogium (II), die Ansätze zur Versorgung von bzw. zu Beihilfen für Studenten (III), das Waisenhaus (IV), die Freitische für Studenten (V), die Bürgerkinderschulen (VI), die Almosenordnung (VII), das Witwenhaus (VIII) und der erste Versuch eines Gynaeceum (IX) vorgestellt. Ein weiterer Abschnitt verweist auf einige im Druck erschienene ausführlichere Nachrichten (X), so vor allem auf die ‚Fußstapffen'.

Das zweite Kapitel handelt

„von der Wichtigkeit und denen Vortheilen der gemachten Anstalten".

Anders als beim Universalprojekt, wo die Anstalten in Glaucha gleichsam als zwingende Antwort auf eine breit entfaltete Problemstellung erscheinen sollen, werden hier von vornherein Bedeutung und Nutzen der Anstalten positiv expliziert. Dabei sind die wesentlichen Argumentationen des Universalprojekts wieder aufgenommen. In dreizehn Abschnitten wird das „Werck des Herrn"[52] in Glaucha (I) als greifbare Realität im Gegensatz zu bloßen (Reform-)Ideen (II) vorgestellt. Eine gewisse Bestandsgarantie, die besonders für Spendenwürdigkeit und nützliches Engagement von Bedeutung ist, ist durch die obrigkeitliche Privilegierung (III) sowie den guten Ruf der Anstalten (IV) gegeben. Die hallische Universität (V) und besonders die Theologische Fakultät (VI) sichern durch ihre Studenten einen ständigen Nachwuchs an Erziehungs- und Lehrkräften für die pädagogischen Einrichtungen in Glaucha sowie durch die Ausbildung und praktische Erfahrung der Studenten ebenfalls einen ständigen Nachwuchs an Multiplikatoren pietistischer Frömmigkeit und Theologie. Das zeigt sich insbesondere in der Harmonie zwischen den Professoren der Theologie und den Verantwortlichen der Anstalten (VII) und in der Rolle der Verkündigung im Alltagsleben (VIII), so daß von den Anstalten zurecht als von einer lebendigen Gemeinde gesprochen werden kann (IX). Anliegen und Arbeit finden vielfältige Unterstützung durch Wohltäter (X), von denen es ein weitgespanntes, durch Korrespondenzen (XI) verknüpftes Netz gibt. Da die Anstalten keinerlei Eigeninteresse verfolgen, kommen alles Bemühen und alle Unterstützung ungeschmälert den in den ‚Fußstapffen' genannten Zielgruppen (Kinder, Studenten, Arme, leiblich und geistlich Bedürftige) zugute (XII). Nutzen und Wirksamkeit werden in einem nahezu musterhaften wirkungsgeschichtlichen Modell veranschaulicht, um zu zeigen, daß sich erste Erfolge der großartigen und weitgespannten Bemühungen einstellen (XIII).

Lassen sich das erste und zweite Kapitel zwar nicht en détail, aber eindeutig strukturell den ‚Fußstapffen' und dem Universalprojekt zuordnen, so bietet das 3. Kapitel des Anstaltsprojekts etwas überraschend Neues: In gleicher Diktion, aber in sehr viel größerem Umfang beschreibt es die

---

[52] VAFSt II/10, bl 4r bzw. 72r u. ö.

„Unvollkommenheiten bißhero eingerichteter Anstalten, und denen mancherley Verhindernißen, dieselbige nicht zu einer mehrern Perfection zu bringen".

Umfang und Gliederung weisen es eindeutig als den eigentlichen Schwerpunkt des Anstaltsprojekts aus. Klar und überzeugend wird die Struktur der Anstalten kritisch gemustert, werden Anliegen, Vorzüge und Mängel aufgezeigt, erläutert und auf dieser Basis Überlegungen angestellt, wo und wodurch Verbesserungen möglich sind. Dadurch erhält das Anstaltsprojekt im Vergleich zu den genannten anderen Darstellungen seine eigentliche Spezifik. Die verschiedenen Bereiche können hier ebenfalls nur stichpunktartig genannt werden:

Im Blick auf die Armenschule (I) wird das Grundprinzip der Auswahl für die verschiedenen Bildungswege, der „Selectus der Gemüther"[53] beschrieben (I/1). Ausschlaggebend soll nicht mehr die soziale Stellung, sondern Begabung und Leistungsvermögen der Kinder sein. Durch eine allgemeine Schulpflicht sollen alle Kinder Bildungschancen erhalten (I/2). Um das materielle Versorgungsproblem insbesondere für Auswärtige zu lösen, wird ein Arbeitshaus angeregt (I/3), das zugleich auch als Internat für Einheimische dienen könnte (I/4). Dadurch könnte sozialen Mißständen, die eine erfolgreiche Bildung verhindern, entgegengewirkt werden.

Eigentlicher Kristallisationspunkt der Anstaltsarbeit in Glaucha vor Halle ist das Waisenhaus (II). Für dieses könnte das im Zusammenhang mit der Armenschule beschriebene Arbeitshaus gleichsam als Proseminar dienen (II/1). Auch für eine Lehrausbildung in verschiedenen Handwerksberufen wäre ein solches Arbeitshaus nützlich (II/2). Für intellektuell begabtere bzw. leistungsfähigere Kinder ist eine Vorbereitung auf verschiedene Studienfächer vorgesehen (II/3). Da Apotheke und Buchladen zum Waisenhaus gehören, werden sie hier 1701 kurz erwähnt (II/4), in der Fassung von 1702 dann in ausführlichen Berichten der jeweils zuständigen Mitarbeiter dargestellt. In die Fassung von 1702 nicht übernommen wurde ein weiterer Abschnitt, der die Notwendigkeit und Nützlichkeit eines eigenen Waisenhaus-Seelsorgers darlegte (II/5). Durch die Mitte 1701 erfolgte Berufung von Johann Hieronymus Wiegleb als Diakon und Rektor nach Glaucha war dieses Anliegen bereits realisiert.[54]

Die dritte Säule der Glauchaschen Anstalten war die Studentenversorgung (III). Eine Erweiterung der (Frei-)Tische (III/1) sowie ein längeres Studium in Halle (III/2) sollte das Ausbildungsniveau der Studenten deutlich heben. Besonders begabte Studenten sollten ihre Studien in einem Oberseminar fortsetzen (III/3). Als besonders notwendige Aufgabe wurde die

[53] VAFSt II/10, bl 10v bzw. 79r u. ö.

[54] J. H. Wiegleb, seit 1692 Konrektor des Gymnasiums in Gotha, wurde Anfang 1702 in sein Amt in Glaucha eingeführt. Vgl. den Brief C. H. von Cansteins an A. H. Francke vom 17. Juni 1701 (*Schicketanz* [Hg.] 1972, 121 [Nr. 121], dort auch die Hinweise im Personenregister S. 970); *A. H. Francke*, Fortsetzung der Fußstapffen 1702, 39; *Gustav Knuth*, A. H. Franckes Mitarbeiter an seinen Stiftungen, Halle 1898, 58.

Schaffung eines umfassenden Bibelkommentarwerks angesehen (III/4). Hierfür sollte den Studenten ein Konvikt (III/5) mit einer Spezialbibliothek (III/6) zur Verfügung stehen. Ein praktischer Schritt in diese Richtung war im Frühjahr 1702 die Konstituierung des Collegium orientale theologicum.[55]

Die Fassung des Anstaltsprojekts von 1701 endete an dieser Stelle. Auf einem weiteren Blatt ist eine aus den vorangehenden Überlegungen abgeleitete Liste verschiedener Investitionsobjekte notiert für den Fall, daß „genügend Capitalia vorhanden".

Die Fassung von 1702 enthält diese mehr flüchtig notierte Liste natürlich nicht mehr, dafür einen Abschnitt zu einem bislang nicht erwähnten, aber für das Gesamtgefüge der Anstalten nicht unerheblichen Bereich, dem Pädagogium (IV). Diesem Abschnitt dürfte in gleicher Weise wie den Ausführungen zu Apotheke und Buchladen ein Bericht des zuständigen Inspektors zugrundeliegen. Die Ausführungen zum Pädagogium sind stärker gegliedert und besonders auf kritische Punkte orientiert. So werden das Fehlen eines eigenen Gebäudes (I) und die Unzulänglichkeit der finanziellen Mittel (II) beklagt. Die wenigen und zu kleinen Räume behindern die notwendige Aufsicht (I/1) und beeinflussen die Gemüter negativ (I/2). Auch kann sich der Mangel an Bewegung schädlich auf die Gesundheit der Zöglinge auswirken (I/3). Durch diese Umstände können sich die Begabungen nicht ungehindert entfalten, was den gewünschten „Selectus der Gemüther" unmöglich macht (I/4). Eine weitere Unordnung entsteht dadurch, daß die Kinder bei verschiedenen Gastfamilien speisen müssen (I/5). Alle diese Mißstände wirken sich natürlich negativ auf die Lehrenden aus (I/6). Aufgrund der geringen finanziellen Mittel können nur wenige ordentliche Präzeptoren angestellt werden. Der überdurchschnittliche Einsatz von Praeceptores extraordinarii führt aber zu weiteren Unregelmäßigkeiten und Improvisationen (II/1). Das zu geringe Gehalt (II/2) bedingt ebenso wie die pädagogische Unerfahrenheit der Studenten eine Überheblichkeit der materiell oft besser gestellten Zöglinge des Pädagogiums (II/3). Auch schränkt der finanzielle Rahmen die Betätigungs- und Bewegungsmöglichkeit der Scholaren ein (II/4). Hintergrund dieser teilweise drastischen Darstellung könnte die Hoffnung des Verfassers gewesen sein, im Zusammenhang mit der anstehenden Privilegierung des Pädagogiums als „Paedagogium Regium"[56] eine erhebliche materielle Unterstützung des Kurfürsten zu erlangen. Davon ist allerdings bisher nichts bekannt.

---

[55] *Otto Podczeck*, Die Arbeit am Alten Testament in Halle zur Zeit des Pietismus – Das Collegium Orientale theologicum A. H. Franckes, in: Wissenschaftliche Zeitschrift der Martin-Luther-Universität Halle–Wittenberg, Gesellschaftlich-Sprachwissenschaftliche Reihe 7 (1958), 1059–1078.

[56] Gemeinsam mit dem Erneuerten und vermehrten Privilegium Friedrich I. für das Waisenhaus erhielt A.H. Francke am 19. September 1702 ein Privilegium für das Paedagogium Regium – VAFSt III/I/8 und 9.

Die Gliederung und die im Manuskript von 1701 erkennbaren, durch ihren Zusammenhang mit der Drucklegungsgeschichte der ‚Fußstapffen' ziemlich genau datierbaren Überarbeitungsstufen des Anstaltsprojekts ergeben den Interpretationsrahmen für einige Briefnotizen, nach denen sich die Entstehungs- bzw. Redaktionsgeschichte relativ genau verfolgen läßt. Dieser Interpretationsrahmen soll hier exemplarisch anhand des besonders bedeutsamen Schnittpunktes von Universalprojekt und Anstaltsprojekt verdeutlicht werden.

Der Übergang von der einen zur anderen Projektversion steht mit großer Wahrscheinlichkeit im Zusammenhang mit dem Besuch C. H. von Cansteins in Halle Ende Februar 1701. Dieser Besuch dauerte nur wenige Tage und läßt sich genauer datieren, wenn man die auch in den Briefen A. H. Franckes an Ph. J. Spener erkennbare Übermittlung vertraulicher Informationen über Ereignisse in Regensburg verfolgt.[57] Die Nachrichten aus Regensburg sind sowohl im Hinblick auf die pietistische Informationspolitik als auch unter wirkungsgeschichtlichem Aspekt von Interesse, da sie die Ausstrahlungskraft des hallischen Pietismus bis in die Regierungskreise des Reiches belegen.[58] In einem der wenigen erhalten gebliebenen Briefe A. H. Franckes an C. H. von Canstein berichtet er am 4. Januar 1701 dem sich derzeit auf seinem Gut und Stammschloß Canstein aufhaltenden Freiherrn, daß man in Halle „viel gutes" aus Nürnberg und Augsburg, besonders aber aus Regensburg höre,

> „da nun H. Gr. von Metternich[59] auch seinen Hoffmeister[60] hat, und beyde miteinander sehr vergnügt sind. Der andere Gesante[61] läßt seinen M. Großen, den

[57] Vgl. *Schicketanz* (Hg.) 1972, 110 Anm. 34: „An Cansteins Reise nach Halle ist trotz fehlender direkter Zeugnisse nicht zu zweifeln."

[58] A. H. Francke hatte bereits am 15. Mai 1700 aus Halle an Ph. J. Spener berichten können: „Nach Regenspurg kommt Hr. M. Große von Straßburg zum Wirtemb. Gesanten Hrn. Hiller von Gertringen, und Hr. M. Leutholff bißheriger informator Paedagogii zum Hrn. Grafen von Metternich, Brandenb. Gesandten, die es beyde hier gesuchet, und wird solches hoffentlich zu mehrerem Segen gereichen." *Gustav Kramer* (Hg.), Beiträge zur Geschichte August Hermann Francke's enthaltend den Briefwechsel Francke's und Spener's, Halle 1861, 451. Ebenda auch der Hinweis auf Augsburg: „Nach Augspurg sind von hier drey studiosi geschicket, welche dort in vielem Segen sind, und der eine bey Hrn. M. Lomer, der andre bey Hrn. M. Spizeln im Hause die Leute catechisiren, bey 200 starck, und von dortigen beiden senioren in solchem Vornehmen secundiret werden."

[59] Reichsgraf Ernst von Metternich war seit 1688 Brandenburgisch-Kulmbachscher Gesandter in Regensburg (*Schicketanz* [Hg.] 1972, 954), dann Königlich-Preußischer wirklicher Geheimer Staatsrat und bevollmächtigter Prinzipal-Gesandter auf dem Reichstag zu Regensburg (*Johann Friedrich Gauhen*, Des Heil. Röm. Reichs Genealogisch-Historisches Adels-Lexikon, Leipzig 1740, 1363).

[60] Henricus Gottlieb Leutholph (vgl. *Schicketanz* [Hg.] 1972, 951). S. o. Anm. 58.

[61] Freiherr Johann Hiller von Gaertringen, Fürstlicher Württembergischer Geheimer Rat und bevollmächtigter Gesandter auf dem Reichstag zu Regensburg, vgl. *Gauhen* 1740, 594. Eine Spende von ihm notierte A. H. Francke am 6. April 1701 in seinem Schreibkalender (VAFSt II/3e): „20 thlr vom Hn. Hiller von Gaertringen."

wir ihm gesant,[62] Sontags ein offentlich exercitium pietatis halten, und samlet sich in Regenspurg eine rechte Gemeinde des Herrn."[63]

Im Anschluß an die Notizen über Regensburg wünschte A. H. Francke dem Freiherrn „eine gesegnete Rückreise, da" er ihn auch in Halle „wieder zu sehen wohl herzlich verlangete". Am 22. Januar 1701 antwortete C. H. von Canstein:

„... wenn dem herrn gefält, ... ich nach Halle komme."[64]

Knapp zwei Wochen später, am 4. Februar, konnte er dann genauer mitteilen, daß er

„in 10 oder 12 tagen von hier gehen muß ... meine reise werde wohl über Halle nehmen, indem wegen einiger dinge, die ihnen angenehm, zu conferiren."[65]

Aus Regensburg kamen in dieser Zeit nicht nur Nachrichten, sondern auch Geldspenden. A. H. Francke notierte am 9. Februar 1701 in seinen Schreibkalender:

„Von Regenspurg wird ein Kirchenornat, so aus einer verfolgten Kirche salviret den armen verehret, so auff 70 Kaÿs.-Gulden taxiret ist."[66]

Nach dem Erhalt des Cansteinschen Briefes informierte A. H. Francke am 15. Februar nun auch Ph. J. Spener:

„Was für großen Seegen uns Gott biß dahero in Nürnberg, Augspurg und Regenspurg gezeiget, wird vielleicht noch nicht so bekannt seyn. Wann der H. Baron von Canstein wieder nach Berlin kommt, soll Er von diesen und andern gar wichtigen Umbständen, vertrauliche Nachricht mitbringen."[67]

Auf diesen Brief antwortete Ph. J. Spener am 19. Februar:

„Wie ferner H. B. von Canstein verlangte ankunfft insgesamt mir ein eine freüde sein, also wird sie auch dadurch vermehrt werden, wovon ihn vergnüglicher bericht von dem succes des wercks als ...? erlangen solle. Derselbe ferdere es ferner aller orten."[68]

Daß die Post ein nicht ganz zuverlässiger Weg war, geheime Informationen zu übermitteln, hatte A. H. Francke gleich zu Beginn seiner Wirksamkeit in Halle bei den Berichten über die „Drey begeisterten Mägde" erfahren müssen. So war für detaillierte Nachrichten ohne Frage die mündliche Konferenz

---

62 Magister der Theologie Johann Daniel Groß, vgl. *Schicketanz* [Hg.] 1972, 943. Er hatte in Halle Theologie studiert, und wirkte im Hause des Freiherrn J. Hiller von Gaertringen seit 1700 als Informator und – wie die Briefnotiz oben belegt – ganz dem pietistischen Programm Halles gemäß.

63 *Schicketanz* (Hg.) 1972, 105 (Nr. 103, Einfügung des Herausgebers getilgt).

64 AaO., 107 (Nr. 105).

65 AaO., 109 (Nr. 106).

66 VAFSt II/3e; vgl. auch oben Anm. 61.

67 *Weiske* (Hg.) 1931, 43 (Nr. 29).

68 *Kurt Aland*, Spener-Studien. Arbeiten zur Geschichte des Pietismus I, Berlin 1943 (Arbeiten zur Kirchengeschichte 28), 175 (Nr. 59).

das geeignetere Mittel, sofern sich – wie durch den zu erwartenden Besuch C. H. von Cansteins – die Gelegenheit dazu bot.

Zuvor muß aber aus Regensburg neuerdings ein Schreiben in Halle eingetroffen sein, das A. H. Francke veranlaßte, sich unverzüglich am 18. Februar 1701 an Ph. J. Spener mit der Bitte um ein Gutachten zu wenden:

„Aus Beilage wird zu vernehmen seyn der Anschlag des Hrn. Grafen von Metternich, worauff ich ohnschwer mit der nechsten Post dessen Gutachten mir zu senden hertzlich bitte, als welches der Herr Graff expresse verlanget, der auch gern die Sache je eher, je lieber zum Stande bringen wolte, weil er großen Segen darauß hoffet."[69]

Im Zusammenhang mit dem Regensburger Schreiben wird auch die Spende gekommen sein, die A. H. Francke am 18. Februar notierte:

„4 thlr 16 gl einbekommen vom Kirchenornat."[70]

Das von A. H. Francke bzw. von E. von Metternich verlangte Schriftstück sandte Ph. J. Spener eine Woche später, am 25. Februar, in der Form nach Halle, daß A. H. Francke den Teil, der das eigentliche Gutachten enthielt, gleich weiterleiten konnte:

„P. S. Dieses schreiben habe mit fleiß also allein mit außlaßung aller andern materien abgefaßt, damit wo es dienlich befunden selbs übersandt werden könne. Gott laße das sehr nutzliche vorhaben, dagegen ich zwahr in Regenspurg von dem ministerio viele lermen sorge, aber auch auß Gottes gnade viele frucht hoffe, glücklich ins werck gerichtet werden, erfülle alsdann den prediger, woran vieles gelegen sein wird, mit nöthiger weißheit, und öffne immer eine thür nach der andern, biß sein reich endlich völlig durchbreche."[71]

Zu dieser Zeit etwa muß C. H. von Canstein in Halle gewesen sein. Seiner Ankunft hatte er noch einen Brief, am 14. Februar 1701 „in Eyl", vorausgeschickt, nachdem die genauen Reisedaten feststanden:

„dieses ist nur zu melden... das ich die morgende nacht von hier gehe, also das keine briefe hieher mehr zu senden. in Magdeburg mochte mich einige tage aufhalten. ich empfinde schon das vergnügen, denselbigen baldt mündlich zu sprechen, ... H. Ellers wie auch H. Tolner grüße hertzlich. ich wündsche das ich sie allerseits in guter gesundheit finden möge, ..."[72]

Dieser Brief wird einige Tage unterwegs gewesen sein, aber sicher nicht ganz so lange wie der Freiherr, zumal dieser ja noch – so ist wohl der Hinweis auf Magdeburg zu deuten[73] – Zwischenstation machen wollte.

[69] *Kramer* (Hg.) 1861, 466f.

[70] VAFSt II/3e.

[71] *Kramer* (Hg.) 1861, 467. – Daß die geistlichen Aufbrüche in Regensburg auch für Ph. J. Spener neu waren, mag die Notiz am Ende dieses Briefes belegen: „Von welcher familie die Frau Gräffin von Metternich seye, möchte wol wißen."

[72] *Schicketanz* (Hg.) 1972, 109f. (Nr. 107).

[73] Als Reiseroute könnte erst Halle, dann Magdeburg naheliegen. Dann stünde der Hinweis

Am 4. März 1701 kann nun A. H. Francke in seinem Brief an Ph. J. Spener vermuten, daß das

> „viele Gute, so Gott jetzo zu Regenspurg und anderen Orten wircket, (...) Hr. Baron von Canstein ohne Zweiffel referiret haben (wird)".[74]

Das Spenersche Gutachten war inzwischen in Halle eingetroffen und weitergeleitet worden:

> „Dessen Schreiben an mich wegen des Herrn Grafen von Metternich habe in originali an Ihn gesandt, womit Ihn ohne Zweifel werde erfreuet haben, und sage ich auch meines Orts dafür hertzlichen Danck."[75]

Dieser Brief überkreuzt sich aber schon mit der Bestätigung C. H. von Cansteins am 5. März:

> „deßelbigen werthstes schreiben nebst dem einschluß habe zur rechten zeit erhalten, als im begrief war zu dem H. D. Spener zu gehen, üm ihm von allem bericht zu geben, welcher sich denn über alles hertzlich erfreuete, insonderheit, was in R. (Abk.: Regensburg) vorgehet. Er ist über des mannes freymüthigkeit zum höchsten verwundert, und fürchtet sich Er möchte leicht in unglück gerathen, deswegen gleich wie Ew. hochEhrw. schon selbst gedacht, die briefe an ihn in eines andern couvert zu addressiren wehren, und solches in großer behutsammigkeit, vor allem, so man ihm einige bücher zusendet, ..."[76]

Neben dieser Mahnung zur Vorsicht, die sich schon im Schreiben Ph. J. Speners vom 25. Februar andeutet, bestätigt C. H. von Canstein hier einen Brief nebst Einschluß von A. H. Francke, den dieser also um den 1. März abgeschickt haben muß. Es ist anzunehmen, daß A. H. Francke erst nach C. H. von Cansteins Abreise aus Halle an diesen nach Berlin schrieb, so daß sich für dessen Aufenthalt in Halle zeitlich die letzte Februarwoche ergibt.

Ganz neues Licht fällt auf diesen Sachverhalt durch einen in der Forschung bisher völlig unbekannt gebliebenen, von Johann Daniel Herrnschmid notierten

> „Extract aus dem Project Zu einem Seminario universali (oder, wie die in Glaucha angelegten Anstalten unter dem Seegen Gottes zuerweitern, und zu ihrem rechten Zweck auszuführen.)".[77]

Dieser Extrakt ist von J. D. Herrnschmid mit dem Datum 24. Februar 1701 versehen worden! Der Text setzt sich aus umfangreichen wörtlichen Zitaten aus dem Universalprojekt 1700/1701 zusammen. Demgegenüber ist der

---

allerdings völlig beziehungslos zum Kontext, so daß die Interpretation die wahrscheinlichere ist, daß C. H. von Canstein den ungefähren Termin seiner Ankunft andeutet (Abreise am 15., normale Reisedauer plus kurzer Aufenthalt in Magdeburg).

[74] *Kramer* (Hg.) 1861, 468.

[75] Ebenda.

[76] *Schicketanz* (Hg.) 1972, 110 (Nr. 108).

[77] Archiv der Franckeschen Stiftungen = AFSt D 44, bl 223–226.

Untertitel bereits wörtlicher Vorgriff auf das Anstaltsprojekt. Daraus lassen sich zwei Schlußfolgerungen ableiten:

1. Das Anstaltsprojekt hat zu dieser Zeit noch nicht vorgelegen, sondern wurde auf der Grundlage des Universalprojekts, aber insgesamt völlig neu konzipiert.

2. Das Universalprojekt hat Anfang 1701 bereits fertig vorgelegen und bei der erhaltenen handschriftlichen Fassung dürfte es sich um eine Überarbeitung eines früheren Entwurfes handeln.

Für die letzte These müssen selbstverständlich noch tragende Argumente beigebracht werden. Ohne Zweifel sind universale Ideen und Konzeptionen A. H. Franckes im Zusammenhang mit den Glauchaschen Anstalten bereits in deren ersten Jahren vorhanden. Einzelheiten dazu würden hier den Rahmen sprengen.[78] Besonders hinzuweisen ist wenigstens auf die erste Orientreise, die Ende Oktober 1700 von dem Medizinstudenten Anhard Adelung und dem Theologiestudenten Christoph Salchow von Halle aus unternommen wurde. Diese Expedition war der erste Vorstoß des hallischen Pietismus über Europa hinaus und bildete den realen Hintergrund für A. H. Franckes Pläne zur Gründung eines Collegium orientale, das zunächst sicherlich als Missionsinstitut gedacht war. Ansätze dazu finden sich bereits 1698 und konkret in der Vorbereitungsphase dieser Reise. Realisierbar wurde sie letztlich dank der vielen Beziehungen, die Heinrich Wilhelm Ludolf geknüpft hatte.[79] Sein Anteil an der universalen Konzeption des hallischen Pietismus bedarf einer besonderen Würdigung.[80] Zeitlich noch früher läßt sich der universale Ansatz durch eine Äußerung A. H. Franckes in seinem Brief an Samuel Schumacher vom 31. Oktober 1695 belegen:

> „wie dan[n] der vornehmste Zwek der ganzen sach dißer ist, daß man hiemit die sach selbs in ipsa praxi versuche, wie alles auf das Beste mit der jugent angefangen werden könte, und darbeÿ verständiger Leüthen Rath und Gutachten einzuhollen nicht versaumte, damit man sodan[n] nicht ein in der bloßen Speculation, sonder in praxi ipsa et Experientia fundiertes Werk zu viler 1000 Menschen Bestem fur das angesicht der ganzen Christenlichen Kirchen legen könte..."[81]

---

78 Vgl. generell *Carl Hinrichs*, Preußentum und Pietismus, Göttingen 1971, 1–125: „Die universalen Zielsetzungen des Halleschen Pietismus".

79 Wie auch bei der Studienreise G. H. Neubauers 1697/1698 kann der Anteil H. W. Ludolfs sowohl an der Durchführung dieser Reise als auch an deren Intention – beispielsweise dem Interesse an der griechischen Kirche – nicht hoch genug veranschlagt werden.

80 Vgl. *Peschke* (Hg.) 1969, 62–65; *Hermann Goltz*, Ecclesia universa. Bemerkungen über die Beziehungen H. W. Ludolfs zu Rußland und zu den orientalischen Kirchen (Ökumenische Beziehungen des August-Hermann-Francke-Kreises), in: Wissenschaftliche Zeitschrift der Martin-Luther-Universität Halle–Wittenberg, Gesellschaftlich-Sprachwissenschaftliche Reihe 28 (1979, Heft 6) 19–37.

81 *Rudolf Dellsperger*, Die Anfänge des Pietismus in Bern, Göttingen 1984 (Arbeiten zur Geschichte des Pietismus 22), 205.

Zu dieser Frage ist noch eine ganze Reihe von Einzeluntersuchungen nötig, denn die bisher bekannten, meist sehr verstreuten Fakten müssen nochmals gesichtet und durch eine möglichst umfassende Auswertung der vielgestaltigen und mengenmäßig umfangreichen Quellen ergänzt werden unter dem festzuhaltenden Aspekt, daß die universale Reformkonzeption und die sozialfürsorgerischen und sozialpädagogischen Aktivitäten A. H. Franckes und seiner Mitarbeiter in Glaucha vor Halle von Anfang an korrespondieren, und daher nicht erst ein Ergebnis des durch den positiven Ausgang des Streites 1700 geschaffenen Freiraums darstellen.

3. Die Realität

Nach diesen zum Teil bekannten, zum Teil erst noch in die Gesamtsicht der Geschichte der Glauchaschen Anstalten einzubringenden Sachverhalten erscheint es mir umgänglich, die Frage nach den Verwirklichungsbedingungen und -möglichkeiten zu stellen.

Auch hier kann nur auf ein Detail der komplexen Frage nach dem Verhältnis des hallischen Pietismus zum brandenburgisch-preußischen Staat[82] eingegangen werden.

Fragt man nach dem realen Ansatzpunkt der Reformkonzeption obengenannter Provenienz im gesellschaftlich-kirchenpolitischen Gefüge der Jahre um 1700, so gewinnt eine scheinbar unbedeutende Verfügung der kurfürstlichen Regierung vom Herbst 1700 nahezu strategische Bedeutung: die Einsetzung Johann Fischers, des livländischen Generalsuperintendenten etc. als Generalsuperintendent des Herzogtums Magdeburg am 2. September 1700.[83] Nach dem Tode Johann Christian Olearius' im Dezember 1699 haben Ph. J. Spener, A. H. Francke und C. H. von Canstein eifrig und streng geheim die Nachfolge J. Fischers in den kirchenleitenden Ämtern von J. C. Olearius betrieben. C. H. von Canstein bekannte 1702 vertraulich, daß er mit seinem Einfluß im Hintergrund dafür gesorgt hätte, J. Fischer ins Land zu ziehen.[84] So haben Francke und seine Zeitgenossen – anders als die spätere Forschung – die Tragweite dieses Schrittes sehr wohl gekannt. Im Kampf der hallischen Ministerialen, die von einem Teil des Konsistoriums und den Landständen unterstützt wurden, gegen die pietistischen Theologieprofessoren samt der von ihnen verführten Studenten war diese Verfügung die entscheidende politische und kirchenpolitische Weichenstellung, um den

---

82 Vgl. *Deppermann* 1961; *Klaus Deppermann*, Die politischen Voraussetzungen für die Etablierung des Pietismus in Brandenburg-Preußen, in: Pietismus und Neuzeit 12 (1986) 38–53.

83 Abschrift der Bestallungsurkunde im GStA.M 52/129 (1701–1702), bl 469–470: „Bestallung für Dr. Fischern als General Superintendenten und ConsistorialRaht im Hertzogthumb Magdeb. auch Inspector im Saal-Creÿse."

84 *Schicketanz* (Hg.) 1972, 150 (Nr. 154: C.H. von Canstein an A.H. Francke, 7. Februar 1702).

Widerstand der konservativen territorialen Kräfte zu brechen. Konnte man mittlerweile im Blick auf den hallischen Pietismus nicht mehr an den Glauchaschen Anstalten als gesellschaftlicher Größe vorbeisehen, so begann sich nun auch die territoriale Machtfrage zugunsten dieser vom Ansatz her reformerischen Bewegung zu entscheiden. Da das Material der damit im Zusammenhang stehenden Auseinandersetzungen naturgemäß nicht im Archiv der Franckeschen Stiftungen vorhanden ist, ist die Bedeutung dieses Schrittes bisher kaum gewürdigt worden. Verstreut über mehrere Aktenpakete von jeweils mehr als 500 Blatt Umfang befinden sich in Merseburg alle damit zusammenhängenden Eingaben, Beschwerden, Gegendarstellungen, Aktennotizen usw., die das verzweifelte, weil in diesem Fall absolut machtlose Ringen der Orthodoxie widerspiegeln.

Nachdem J. Fischer sich als Leiter der kurfürstlichen Untersuchungskommission bei den Verhandlungen im Streit zwischen A. H. Francke bzw. der hallischen Theologischen Fakultät und dem Ministerium der Stadt Halle im Frühjahr 1700 bewährt hatte, griff die Untersuchungskommission zunächst den von A. H. Francke vorgebrachten und von Ph. J. Spener unterstützten Vorschlag einer allgemeinen Kirchenvisitation im Herzogtum Magdeburg positiv auf. Da sich eine solche Visitation nicht gut gegen den Widerstand der untergeordneten Behörden, in diesem Fall der Regierung und des Konsistoriums des Herzogtums Magdeburg, durchführen ließ, wurde diese am 4. August 1700 um deren „unterthänigste erinnerung und Gutachten" befragt.[85] Einen Monat später dann, am 2. September 1700, wurde J. Fischer per kurfürstlichem Reskript zum Generalsuperintendenten und Konsistorialrat im Herzogtum Magdeburg sowie als Inspektor des Saalkreises berufen, in diesen Funktionen eindeutig als Amtsnachfolger des bisherigen, im Dezember 1699 verstorbenen Seniors der hallischen Stadtgeistlichkeit. In der Bestallungsurkunde wurde der Regierung und dem Konsistorium mitgeteilt:

> „daß Wir [Friedrich III. – P. W.] den gewesenen General Superintendenten auch Königl. Schwedischen Consistorial-Raht und Procancellarium beÿ der Vniversität Pernau, in Liefland, Doctor Fischern, unter andern bewegenden Uhrsachen, wegen seiner sonderbahren Theologischen Wissenschafft Gottseeligen Wandels, prudentz, und übrigen ungemeinen Qualitäten, zum General Superintendenten in Unserm Hertzogthumb Magdeburg, wie auch an des Verstorbenen Doct: Olearij Stelle ... zu unserm Magdeb: Consistorial-Rath und Inspector des Saal-Creÿßes gnädigst beruffen, und nach dem Er solche vocation angenommen, Ihn würcklich dazu bestellet haben; Thun auch solches hiemit und krafft dieses,

[85] Ausfertigungsvorlage im GStA. M 52/128a1 (1689–1731), bl 272: „An die Magdeb. Regierung, und Consistorium wegen Anordnung einer allgemeinen Kirchen Visitation in dortigem Hertzogthumb, weshalb aber doch Se. Cfl. Dl. zuforderst Ihre Unt[er]th[änig]ste erinnerung und Gutachten vernehmen wolten pp." In diesen Ablagevermerk sind seinerzeit die Worte „allgemeinen" und „und Consistorium" hinzugesetzt worden, woran sich zeigt, daß hier ein relevanter Unterschied zu bemerken war.

> dergestalt und also, daß Er solche Ämbter mit gebührender Aufsicht, und Visitation der Kirchen und Schulen, wie auch examination, ordination und introduction der Prediger und was dem anhängig ist, verrichten, über die Uns einig und allein zustehende Jura Episcopalia halten, und daß Uns darein von Niemand, wer der auch seÿ, einiger Einwurff geschehe, fleißig acht haben; ..."[86]

Im Zusammenhang damit erfolgte die Anweisung, J. Fischer entsprechend in seine Ämter einzuführen. Dazu bedurfte es der Neuformulierung eines entsprechenden Amtseides – ein erstes Zeichen dafür, daß das von J. Fischer zu besetzende Amt bisher so nicht üblich war. Genau hierbei entstand auch die Gelegenheit zu einem ersten Problem: Gehörte das Amt des Generalsuperintendenten unter die Jurisdiktion der Magdeburgischen Regierung? Welches Weisungsgefälle ergab sich aus der Personalunion von Generalsuperintendent, Konsistorialrat und Inspektor? J. Fischer hat dann, um seine Einführung nicht weiter hinauszuzögern, der Klausel im Eid zugestimmt, daß er sein Amt

> „unter der direction derer zur Regierung des Hertzogthumbs Magdeburg Verordneten Cantzler, Vice-Cantzler und Räthe"[87]

ausführen werde, nachdem er zunächst diese Passage einfach ausgestrichen hatte[88] – für das Konsistorium ein Eklat. Die nächste Schwierigkeit war eine scheinbare Protokollfrage, die aber das ganze Gewicht der mit der Einrichtung des Generalsuperintendentenamtes gefällten Entscheidung des Kurfürsten deutlich macht: Es handelt sich um die Frage des Vorsitzes J. Fischers im Konsistorium. Durch den Ausgang des Streites hatte sich der antipietistische Part des Konsistoriums in seiner Meinung keineswegs geändert. Und von diesen Mitgliedern des Konsistoriums wurde mit Hinweis auf die traditionelle Rangfolge von dem Prinzip „wer zuletzt dazugekommen ist, hat nur den letzten Sitz zu beanspruchen" ausgegangen. Die Regierung leitete am 16. März 1701 eine diesbezügliche Beschwerde des Konsistoriums weiter und unterstützte diese; sie habe ihr nicht gut entgegenstehen können.[89] In scharfem Ton entschied die Berliner Zentralregierung die Streitfrage der Magdeburgischen Konsistorialräte über die Stellung des Generalsuperintendenten J. Fischer im Konsistorium. Sie teilte der Regierung des Herzogtums Magdeburg am 26. März 1701 mit, daß natürlich die Regelung bestehen bliebe, wer zuletzt ins Konsistorium eingetreten sei, müsse und dürfe nur den letzten Sitz beanspruchen.

> „Aber es kan der gegenwertige cas[us] dahin nicht gezogen werden. Dann, der General Superintendent ist allezeit der Erste von den Geistlichen im Consistorio; Und würde es eben so absurd seÿn den General Superintendenten nach den andern Geistlichen im Consistorio zu setzen, als es absurd seyn würde einen

[86] GStA.M 52/129 (1701–1702), bl 469rf.
[87] AaO., 471v.
[88] AaO., 460v.
[89] Ausfertigung aaO., 442–449.

Cantzler oder Vice Cantzler im Regierungs Collegio hinter die andere RegierungsRäthe, so vor Ihnen da gewesen währen, zu setzen; Weshalb Wir es dan bey Unserer Verordnung wegen des obgemeldten D Fischers Vorsitzes verbleiben laßen, ..."[90]

Damit ist das Entscheidende ausgesprochen: Schließlich sei ein Generalsuperintendent der erste Geistliche im Konsistorium, und er habe ebenso einen Vorrang vor den anderen wie ein Kanzler oder Vizekanzler vor den anderen Regierungsräten. Ich übergehe hier weitere Einzelheiten. Sowohl der Magistrat der Stadt Halle als auch die Kirchenvorsteher beispielsweise der Marktkirche in Halle schufen neben der Regierung und dem Konsistorium eine ganze Serie von Konflikten und Streitfällen, die insgesamt den Nachweis erbringen sollten, wie unpassend, den Landesgesetzen zuwiderlaufend und insgesamt unnötig die Einsetzung J. Fischers zum Generalsuperintendenten sowie seine Beauftragung mit einer allgemeinen Kirchen- und Schulvisitation sei. Gerade eine solche Generalvisitation entsprach letztlich den Vorstellungen A. H. Franckes, den Ansatzpunkt einer Generalreform durch den Nachweis der Besserungsbedürftigkeit zu erbringen und dann Richtlinien zu erarbeiten, also wie überhaupt anzusetzen sei, um eine allgemeine Verbesserung des Kirchen- und Schulwesens erreichen zu können. A. H. Francke hatte diesbezügliche „Unmaßgebliche Vorschläge" bereits im Mai 1700 formuliert, und daraus die Möglichkeit einer territorial übergreifenden, beispielgebenden gesellschaftlichen Reform abgeleitet.[91] Am Rande sei vermerkt, daß K. Weiske 1931 – allerdings ohne den Wortlaut der „Unmaßgeblichen Vorschläge" zu kennen – in diesen eine Vorstufe des Universalprojekts vermutete.[92] Literarkritisch ist das nicht haltbar. Von ihrer Tendenz her sind Zusammenhänge allerdings nicht zu bestreiten. Daß diese Reformvorschläge bei der brandenburgisch-preußischen Regierung auf fruchtbaren Boden fielen, dürfte allerdings nicht so sehr in ihrer Reformfreudigkeit begründet sein, als vielmehr darin, daß als Nebenfrucht des zu erwartenden sozialen Aufschwungs eine neue machtpolitische Konstellation zu erreichen war. Indem dem Generalsuperintendenten die alleinige Vollmacht zugesprochen wurde, gemeinsam mit dem jeweiligen Inspektor und mit einem speziell dazu eingesetzten Sekretär Visitationen durchzuführen, war das orthodoxe Monopol in den Belangen der Kirchenverwaltung ernsthaft bedroht. Sehr feinfühlig und entsprechend allergisch reagierte die Mag-

[90] AaO., 476r–477r.

[91] AFSt D 95, bl 451–463. In dem Konzept sind durch originale Unterstreichungen folgende Worte hervorgehoben: „1) das Ministerium Halense", „gründl. Verbeßerung des Ministerii Halensis", „Scandala Ministerii", „2) das Volck in der gantzen Stadt". Der dritte Paragraph handelt von der Universität. Danach ist unterstrichen „4) ... im Lande", „5)... Provincen und Lande, ja in Teutschland und angrentzenden Reiche". Anschließend werden diese Punkte zusammengefaßt: „So wäre demnach (1) an Seite des Ministerii. (2) des Volcks u. der Stadt. (3) der Universitaet, (4) des Landes (5) gantz Teutschlandes und angrentzende Reiche etwas reales und recht heylsames zu suchen und zu ordnen."

[92] *Weiske* (Hg.) 1931, 40–41.

deburgische Regierung im Verein mit dem Konsistorium und dem Sekretär des Konsistoriums, Ludwig Gebhardt Kraut. Das Vorgehen sei papistisch, sei im Grunde eine Neuerung und verstoße gegen die alle Einzelheiten der Visitation regelnden altehrbaren Landesgesetze, verrate die Unkenntnis der allgemeinen Magdeburgischen Kirchen- und Visitationsgesetze, stelle eine finanzielle Beschwerung des Landes und der armen Kirchen dar, schmälere die rechtmäßigen Einkünfte des rechtens zuständigen Konsistorialsekretärs, beeinträchtige Kompetenzen usw.[93] Der königlich-preußische bzw. kurfürstlich-brandenburgische Hof ließ sich allerdings dadurch nicht beirren: Nachdem Anfang 1702 noch das zweite der drei Inspektorate im Saalkreis mit dem Könnerschen Pastor Christoph Stürmer, der seinerzeit von dem Geheimen Rat und Baron G. R. von Schweinitz berufen worden war, mindestens propietistisch besetzt werden konnte, war es endgültig gelungen, das orthodoxe Monopol in den Fragen der Kirchenverwaltung zu brechen, indem schlicht ein letztlich dem Konsistorium übergeordnetes, gleichwohl regionales Amt mit allen geistlichen Vollmachten ausgestattet, geschaffen – und durchgesetzt wurde. Es bleibt noch zu ergänzen, daß, nachdem J. Fischer dank seines diplomatischen Geschicks und sicher auch durch seine menschliche Ausstrahlung dieses Amt installiert hatte, er von einem Teil der Amtspflichten entlastet wurde: Joachim Justus Breithaupt, seit 1691 Professor der Theologie in Halle und Konsistorialrat übernahm am 16. Februar 1702 die Aufgaben des Inspektorats im Saalkreis[94] und wurde kurze Zeit später, am 4. April 1702 als Vizegeneralsuperintendent berufen.[95] Nach einem nun schon nur noch schwachen Aufbegehren des Konsistoriums und der Regierung wurden J. J. Breithaupt ausdrücklich alle Vollmachten des Generalsuperintendenten zugesprochen. J. Fischer bekam seinen Alterssitz als Propst des Klosters U. L. Frauen.

4. *Zusammenfassung*

Die Entwicklung der Wirksamkeit A. H. Franckes und seines Kreises in dieser Zeit verläuft in drei miteinander eng verflochtenen, sich aber gleichzeitig differenzierenden Arbeitsbereichen: Neben das Pfarramt in Glaucha und seine Lehrtätigkeit als Professor für orientalische Sprachen an der philologischen Fakultät der im Entstehen begriffenen und 1694 feierlich eröffneten Universität Halle trat seit 1695 die Anstaltsarbeit. Allen drei Arbeitsbereichen läßt sich – wenn auch in je zu spezifizierender Weise – das Bemühen A. H. Franckes um Gemeindereform einerseits und um „eine recht gründli-

93 Vgl. GStA.M 52/130 (1692–1751), bl 135–138 (Beschwerde der Regierung vom 11. Juli 1701).

94 Ausfertigungsvorlage im GStA.M 52/129 (1701–1702), bl 764.

95 Ausfertigungsvorlage aaO., bl 687–688. Im Jahre 1705 wurde er dann selbst Generalsuperintendent, vgl. *Schicketanz* (Hg.) 1972, 933.

che Verbesserung des Christlichen und Gemeinen Wesens"[96] und somit um eine Kirchen- und Gesellschaftsreform andererseits zuordnen. Dazu tritt nun als ein dritter Aspekt eine auch in territorialer Hinsicht sukzessiv sich ausweitende Wirkungsmöglichkeit und -absicht, das heißt eine Erweiterung des Horizonts, in dem nicht nur Glaucha bzw. Halle und Brandenburg-Preußen, sondern „Europa und alle.. übrige Theile.. der Welt" im Blick sind. Erst mittels einer solchen zunächst kompliziert erscheinenden umfassenden Gesamtsicht dürfte das Ziel erreichbar sein, dieses erste Jahrzehnt des hallischen Pietismus sachgemäß darzustellen und zu interpretieren.

Aber selbst damit bliebe man noch hinter den von den Projekten selbst vorgegebenen bzw. aufgeworfenen Fragestellungen zurück. Im Anstaltsprojekt faßt A. H. Francke am Beginn des zweiten Kapitels die kurze Übersicht über die Entstehung der verschiedenen Anstalten in der hallischen Vorstadt Glaucha so zusammen:

> „Aus dem geringen Anfang, herrlichen Anwachs, und wundervollen Zufluß des göttl. Segens, der auch öffters über allen Begriff menschlicher Vernunfft gegangen, ... mag ein iedes unpartheyisches Gemüthe urtheilen, ob nicht der große und lebendige Gott Himmels und der Erden seine Gnade und Barmhertzigkeit über das gantze Werck reichlich ausgebreitet ..."[97]

Für ihn bedeutete die Anstaltsarbeit die Erfahrung der Gegenwart Gottes. Im Universalprojekt ist das noch deutlicher ausgesprochen:

> „daß ... kein unpartheyisches Gemüth anders erkennen kan, als daß Gott selbst mit im Werck sey."[98]

Diese theologische Deutung des historisch Gewordenen ist typisch mindestens für die ersten Jahre des hallischen Pietismus; sie zeugt von dem von E. Peschke so charakterisierten „gläubigen Realismus" A. H. Franckes ebenso wie von einer spezifischen Sicht und Vorstellungsweise des „Reiches Gottes".[99] Darin war es ausgeschlossen, die Entwicklung gleichsam als zufällig zu betrachten. Ebensowenig war sie die bloße Erfüllung eines vorgefaßten Programms. Vielmehr wurde das, was sich geschichtlich entwikkelte, verstanden als ein Wachsen und Werden von Wirkungsmöglichkeiten und Tätigkeitsfeldern, in denen eine gläubig-realistische Sicht der Wirklichkeit und eine entsprechende Praxis die angemessene Reaktion eines „Verständigen"[100] war.

Die drei genannten Aspekte – Arbeitsbereiche, Reformwillen, Ausweitung –, gewonnen aus in vieler Hinsicht noch unabgeschlossenen Quellen-

[96] Anstaltsprojekt, VAFSt II/10, bl 19r.

[97] AaO., bl 3v bzw. 71rf.

[98] *Peschke* (Hg.) 1969, 110.

[99] Vgl. *Erhard Peschke*, Die theologischen Voraussetzungen der universalen Reformpläne August Hermann Franckes, in: Wort und Gemeinde, Berlin 1967 (Aufsätze und Vorträge zur Theologie und Religionswissenschaft 42), 97–111.

[100] Anstaltsprojekt, VAFSt II/10, bl 4r bzw. 72r u. ö.

studien zu den Anfängen der Glauchaschen Anstalten, der später so genannten Franckeschen Stiftungen, sind mehr oder weniger Folien, die übereinandergelegt und im Rahmen der bisherigen Forschung kaleidoskopartig neue Einblicke in die Anfänge und damit die Bedeutung und Entwicklung eines praktischen Unternehmens geben können, das von einer lebendigen Theologie getragen, weit über Deutschland hinaus wirksam und bei mancher Fragwürdigkeit des konkreten Vollzugs doch über viele Jahre hinweg prägend für ähnlich gelagerte Reformbemühungen von Christen gewesen ist.

Hartmut Lehmann

Anti-Catholic and anti-Protestant Propaganda in mid-nineteenth-century America and Europe

At the beginning of the first chapter of his famous study on *The Protestant Ethic and the Spirit of Capitalism*, published in 1904/05, Max Weber remarks that "a glance at the occupational statistics of any country of mixed religious composition brings to light with remarkable frequency a situation which has several times provoked discussion in the Catholic press and literature, and in Catholic congresses in Germany, namely, the fact that business leaders and owners of capital, as well as the higher grades of skilled labor, and even more the higher technically and commercially trained personnel of modern enterprises, are overwhelmingly Protestant." According to Weber "this is true not only in cases where the difference in religion coincides with one of nationality, and thus of cultural development." In his view "the same thing is shown in the figures of religious affiliation almost wherever capitalism, at the time of its great expansion, has had a free hand to alter the social distribution of the population in accordance with its needs, and to determine its occupational structure."[1] It is not my intention to discuss Weber's views or to analyze the way he explained the relationship between ascetic Protestantism and economic progress, which provided not only a new hypothesis for the rise of modern capitalism but also for the genesis of the Western world. What Weber did not mention, and what few of those who read and discuss Weber today realize, is the fact that by 1900 it was neither new, nor original, to point to differences between Protestants and Catholics in order to explain social, economic, and cultural differences in the process of modernization. For example, as early as the middle of the eighteenth century enlightened Protestants, and even some Catholic supporters of the enlightenment, argued that the downfall of Spain and Portugal was due to Catholicism and the rise of the Netherlands and Great Britain was a result of Protestantism. "Protestants work continuously; they do not interrupt business. If they work outside, for example, they are able to make the best use of good weather because they do not have to go to church, or to be off on a pilgrimage or the like, when the sun is shining. They are not forced to make up for what they missed in good weather when the weather is bad, nor do

[1] Translated by Talcott Parsons, new ed. New York, 1976, 35.

they have to rush things or leave work half-done."[2] This quotation is from Johann Adam Freiherr von Ickstatt, an enlightened Catholic lawyer in Bavarian state service and was written in 1772. The quotation is part of the answer which Ickstatt gives to the question: "Warum ist der Wohlstand der protestantischen Laender so gar viel grösser als der katholischen?" ("Why are Protestant countries so much more prosperous than Catholic ones?") It is interesting to note that Ickstatt's pamphlet was reprinted by the militant anti-catholic *Evangelischer Bund* in 1900 with the title *Katholische Lobschrift auf den Protestantismus (Catholic Praise of Protestantism).* What I will discuss takes place between the first and the second edition of Ickstatt's work: It is the amazing amount of extremely polemical anti-Catholic and anti-Protestant propaganda in Europe and in America in the middle of the nineteenth century.

The first example of a strongly anti-Catholic book which was published on both sides of the Atlantic was, to the best of my knowledge, Charles François Dominique de Villers' *Essay on the Spirit and Influence of the Reformation by Luther.* Villers had won the contest of the National Institute of France by submitting what was considered the prize-winning answer to the Institute's question: "What has been the influence of the Reformation by Luther on the political situation of the different states of Europe, and on the progress of knowledge?" In 1804 Villers' *Essay* was published in French and in 1805 in German. In 1807 it was published in Dover, New Hampshire, in a translation by the English scientist, theologian and historian Joseph Priestley who had emigrated to the United States in 1794 where he won Thomas Jefferson's respect and became one of the early propagators of Unitarianism. What Villers expressed in his *Essay* was a summary of the views of the enlightenment. He believed that the sixteenth-century reformers had successfully fought medieval superstition, and had thus created the necessary precondition for a blossoming of the arts, sciences, and letters in the Protestant countries of Europe. A second American edition of his work was published in Philadelphia in 1833.[3]

By the 1830s and 1840s, the debate about the merits of Protestantism had changed significantly. The arguments in what may be called the battle between the Christian churches for priority in generating the modern world had become even more heated. Popular propaganda was accompanied by works with a scholarly touch; and above all, the Catholic side was now prepared to speak out and counter Protestant attacks. Here are a few examp-

---

2 See *Paul Muench*, „Welcher Zusammenhang besteht zwischen Konfession und ökonomischem Verhalten? *Max Webers* These im Lichte der historischen Forschungen", in: Konfession – eine Nebensache? Politische, soziale und kulturelle Auspraegungen religiöser Unterschiede in Deutschland (Stuttgart, 1984), 61 (my translation). See also *Christel Koehle-Hezinger*, Evangelisch-Katholisch. Untersuchungen zu konfessionalem Vorurteil und Konflikt im 19. und 20. Jahrhundert vornehmlich am Beispiel Württembergs, Tübingen 1976.

3 *Hartmut Lehmann*, Martin Luther in the American Imagination München 1988, 34–36.

les.[4] The first three volumes of Leopold von Ranke's *History of the Reformation in Germany*, published in the late 1830s, were published in an English translation in London and in Philadelphia from 1845 to 1847. Correspondingly, for Catholic readers, Johann Joseph Ignaz Döllinger's *History of the Church*, also written in the late 1830s, came out in English between 1840 and 1842. While the German Protestant historian Ranke favorably described the progress brought about by the Reformation in Germany, the German Catholic theologian Döllinger praised the cultural achievements of the late Middle Ages. A few years later, in the mid-1840s, Protestants on both sides of the Atlantic could enjoy themselves by reading François Pierre Guillaume Guizot's *History of the Civilization from the Fall of the Roman Empire to the French Revolution* in which the famous historian from the Sorbonne stressed two arguments: first, that the Reformation had brought freedom and independence from papal interference, and second, that this freedom was responsible for the remarkable progress in the leading countries of the Western World. Catholics both in the Old and the New World could reassert their view of history by reading the work of another Frenchman, Jean Marie Vincent Audin, whose *History of the Life, Writings and Doctrines of Luther* was published in Philadelphia in 1841 and who pointed out what Orestes Brownson called the "native weakness and deformity" of the Protestant reformers.[5]

The titles of many more works and the names of many more authors could be mentioned, among them Thomas Carlyle, William Hazlitt, and Jules Michelet. However, I decided to take a somewhat closer look at four authors whose works seem to me to be most typical for their time: The Swiss Calvinist Jean Henri Merle d'Aubigné, the American Catholic Martin John Spalding, the Spanish Catholic Jaime Balmes, and the French Huguenot Napoléon Roussel. Two of the authors are Protestant, two Catholic. The works of three of the four were translated into several languages and published in America and Europe in the 1840s and 1850s. All four were speaking, however, to what may be called a transatlantic audience.

Jean Henri Merle d'Aubigné was descended from a Huguenot family.[6] He was born in 1794 near Geneva. During the years of the Napoleonic wars he was brought up to become a Swiss patriot whose early inclination towards the enlightenment was reversed when he was influenced in his twenties by the great awakening within the Reformed Church of Switzerland, the *Réveil* in Geneva. In 1817 Merle d'Aubigné joined other students who commemorated the three hundredth anniversary of Luther posting the theses on *Wartburg* castle. This event reinforced his interest in the Reformation. After serving as a pastor in Hamburg and Brussels in the 1820s, Merle d'Aubigné was appointed the first professor of church history at the newly founded

[4] See *Lehmann*, Martin Luther, chapters I/3, II/10–13.

[5] Brownson's Quarterly Review 12 (1855), 62.

[6] *Jochen Winkler*, Der Kirchenhistoriker Jean Henri Merle d'Aubigné. Eine Studie zum Genfer Réveil, Zürich 1968.

Ecole de Théologie in Geneva in 1831, a position he held until his death in 1872. Beginning in the mid-1830s, Merle d'Aubigné produced two of the largest and most comprehensive works on the history of the Reformation ever published: *Histoire de la Réformation au Seizième Siècle*, published in five volumes in Geneva and Paris between 1835 and 1853; and *Histoire de la Réformation en Europe au temps de Calvin*, published in eight volumes between 1863 and 1878. The first English translation of his first work was published in London between 1838 and 1841 and in New York from 1841 to 1846[7]; the first English translation of his second work was published in London and New York between 1863 and 1878.[8] In both cases translations of the first volumes were made before the whole work had been finished; moreover, translations of both works were reprinted numerous times; both works were also published in abridged versions. There was a German translation of his first work published in New York by the *Amerikanische Traktatgesellschaft* in five volumes from 1852 to 1857: *Geschichte der Reformation des 16ten Jahrhunderts*, and there was also a Spanish translation of the same work published in New York in the 1850s: *Historia de la Reformacion del Siglo Decimosecsto*.

Merle d'Aubigné used the preface of the first volume to state his position very clearly. "The Reformation is eminently distinguished from all the revolutions of antiquity, and from most of those of modern times," he writes. "Political changes – the consolidation or the overthrow of the power of the one or of the many – were the object of the latter. The love of truth, of holiness, of immortality, was the simple yet mighty spring which set in motion that which I have to describe. It indicates a forward movement in human nature. In truth, man advanced – he improves, whenever he aims at higher objects, and seeks for immaterial and imperishable blessings, instead of pursuing material, temporal, and earthly advantages." In his view, the Reformation was "one of the brightest days of this glorious progress. It is a guarantee that the new struggle, which is receiving its accomplishments under our own eyes, will terminate on the side of truth, in a purer, more spiritual, and still nobler triumph." According to Merle d'Aubigné, "primitive Christianity and the Reformation are the two greatest revolutions in history. They were not limited to one nation only, as were the various political movements that history records; but their influence extended over many, and their effects are destined to be felt to the utmost limits of the world." Furthermore, for Merle d'Aubigné it was important that "in history, God should be acknowledged and proclaimed." This was also true for the history of the Reformation. "Shall we not recognize the hand of God in those grand manifestations, those great men, those mighty nations, which arise, and start as it were from the dust of the earth, and communicate a fresh

[7] Further English editions in 1842, 1845, 1846, 1850, etc. First German translation: 1848–1854.

[8] All eight volumes were translated into English by 1880. A German translation was published 1863–66. About Merle d'Aubigné see also *Lehmann*, Martin Luther, 52–53.

impulse, a new form and destiny to the human race?" From the erroneous Catholicism of Rome of his time he expected nothing. He explained: "I do not say that all Catholicism is incapable of bestowing on man what he stands in need of. I think we should carefully distinguish between Catholicism and Popery." The latter was, in his opinion, "an erroneous and destructive system" and he was "far from confounding it with Catholicism." Merle d'Aubigné conceded therefore that the Catholic church contained "many true Christians" within "its bosom" and that Catholicism had rendered important services to the states of Europe at the moment of their formation, but in his view, that was a period when Catholicism was "still deeply impregnated with the Gospel, and when Popery was as yet only hovering over it like a faint shadow." "But, we live no longer in those days", Merle d'Aubigné continued, "strenuous endeavors are now making to reunite Catholicism with Popery; and if catholic and Christian truths are put forward, they are merely to serve as baits to draw us into the nets of the hierarchy. We have nothing, then, to hope for on that side."[9] Merle d'Aubigné's views can be summed up as follows: The primitive church had been pure; the popes had caused corruption and arbitrariness; Luther and the other reformers had brought the resurrection of the true Christian Church. In his view, in order to work for true Christianity and for progress, nineteenth-century Christians should return to the principals of the primitive church and follow the aims of the reformers.

In 1844 a book by a young Roman Catholic clergyman was published in Baltimore and Pittsburg with the title: *D'Aubigné's "History of the Great Reformation in Germany and Switzerland", Reviewed; or the Reformation in Germany examined in its Instruments, Causes, and Manner, and in its Influence on Religion, Government, Literature, and General Civilization.*[10] The author was Martin John Spalding, born in 1810 in Rolling Fork, Kentucky. Spalding was trained in Bardstown Seminary, Kentucky, and in Rome where he was ordained in 1834. From Rome he returned to Kentucky where he did pastoral work and it was out there on the frontier that he started a career as a writer and lecturer. In 1848 Spalding was made coadjutor-bishop of Louisville, Kentucky, and in 1850 he was promoted to the see of the bishop of Louisville. In 1855 Spalding courageously spoke out for his congregation during the Know-Nothing-riots, and defended the rights of Catholics as American citizens. In 1864 he was chosen by the pope to be archbishop of Baltimore. In 1870, during the first Vatican Council, he supported papal infallibility. Martin John Spalding died in 1872, the same year as Merle d'Aubigné whose history of the Reformation he had criticized in 1844.

---

9 Quoted from vol. 1 of the History of the Reformation of the Sixteenth Century, published by the American Tract Society in New York in 1849, 18–19, 22, 27.

10 There was no second edition or a translation of this work. For more of the background see *Lehmann*, Martin Luther, 164–166.

As Spalding pointed out in the preface of his first book[11], d'Aubigné's *History of the Great Reformation* had been "widely circulated throughout the land". He had used the fifteenth edition for his review, which as he went on to say, had been "issued in three thick volumes *duodecimo*, at a very low price." According to Spalding, d'Aubigné's work "may be found everywhere – in the steamboat and in the hotel – in the city residence and in the country." And that was not by accident: "The religionists of the day have everywhere hailed its appearance as a perfect God-send. The press and the pulpit have combined to sound its praises." For Spalding, in contrast, d'Aubigné's work was "a tissue of miserable cant and misrepresentation from beginning to end." He hoped to prove this "by undeniable evidence, consisting of facts taken from the original documents and other authentic sources." He had not "intended to confine [himself] to a mere Review of M. D'Aubigné's History," Spalding explained; rather, he planned "to write an extended and connected essay on the Protestant reformation in Germany, examining that revolution in the character of the men who brought it about, in its causes and manner, and in its manifold influences on religion, on free government, on literature, and on general civilization." Even so, Spalding concluded, "a full and correct history of the reformation in Germany is," as he believed, "a *desideratum* in our English Catholic literature". More than a decade later Spalding attempted to fill this gap. In 1860 he published a two-volume *History of the Protestant Reformation in Germany, and Switzerland, and in England, Ireland, Scotland, the Netherlands, France and Northern Europe* which would soon become a bestseller among American Catholics.[12]

In his 1844 review of Merle d'Aubigné which had grown to become a book of almost four hundred pages[13], Spalding attempted to answer four main questions: "I. Whether the men who brought about the reformation in Germany were such as God could or would have employed to do his work? II. Whether the motives which prompted, and the means which were employed to accomplish that revolution, were such as God could sanction? III. Whether the reformation really effected a reform in religion and in morals? And IV. whether its influence was beneficial to society, by developing the principles of free government, and promoting literature and civilization?"[14] In answering the first question Spalding pointed out that Luther as the man who had initiated the Reformation possessed a reckless disposition, was of a violent nature, and used such coarse language that could not be excused by the spirit of the age in which he lived. "While under the influence

[11] Preface, XV–XVII.

[12] 2 vols. Louisville, 1860; 7th ed. Baltimore 1876.

[13] Before turning to Merle d'Aubigné, Spalding characterized the works of other authors. For example, he called Villers "an infidel in principle" who had "laboured hard to prove that the reformation has been beneficial to society" (27), while praising Audin's biography of Luther (29).

[14] Quotations p. 36. The following quotations see 39, 60, 63, 87, 138, 272–273, 376–378.

of the Catholic church, he was probably a very good man," Spalding remarked, and "he was certainly a very bad one after he left the church." "Before he left the Catholic church, he was temperate and abstemious," Spalding added, while "during the last twenty-one years of his life – from his marriage in 1525 to his death in 1546 – he was much given to the luxuries of the table and drank beer copiously, if not to excess." According to Spalding, "Luther's moral career was constantly downward: until at last he reached the lowest grade of infamy, and became utterly steeped in vice".

In the next chapter Spalding explained that the manner in which the Reformation was carried through was in keeping with the reformers' character: While they refused to support reforms from "within" the church, by "gentle and legal means," they called for, and initiated, changes "by lawless violence". In Spalding's view, Zwingli's reformation in Switzerland was no better than Luther's: The Swiss Reformation "pandered to the worst passions," as he put it, "created disturbance and civil commotions wherever it appeared, revelled in war and bloodshed, and was finally established by the strong arm of the civil power".

In the third part of Spalding's book in which he examined the influence of the Reformation on religion and morals, we hear the same story once again: While the influence of Catholicism is salutary, that of Protestantism is destructive, and, in the field of morals, even devastating. By abandoning prayer and confession, fasting and celibacy, and by ignoring the sanctity of marriage, "shocking disorders" had arisen in Protestant countries. As Spalding stated, the moral condition of those countries in Europe which had been under Protestant rule for more than three centuries was especially bad. For example, as recent reports showed, in Norway, Denmark, Sweden and Prussia the number of illegitimate children was extremely high, Sundays were used for dancing and public amusement, the number of criminal offenses was rising, and so was the number of prostitutes.

In the fourth and last part of his book Spalding contrasted Catholic tolerance with persecutions, violence and intolerance in Protestant countries, with Calvin's Geneva being, in his view, an especially dark chapter in the book of Protestant atrocities. After citing many examples, Spalding observed that "in regard to toleration, the Catholic countries of Europe at the present time compare advantageously with those which have been *enlightened* by the reformation for the last three hundred years. There is not *one* Catholic government of Europe which now persecutes for conscience' sake; and on the other hand, there is scarcely one Protestant government which *does not* persecute, in one form or another, even at this day." True, Spalding acknowledged in conclusion, Protestant countries were excelling in commerce and in banking, they published more books on political economy, just as they excelled in manufactures and machinery. According to Spalding, however, what Protestants praised as the wealth of their nations, contributed, in his view, "not a little to empoverish and debase the lower orders of the people." As he saw it, therefore, the Catholic powers of Europe were not surpassed by their Protestant rivals. Quite the reverse: In "enlightenment of mind" and in "general learning" as well as "in gentleness of manners", Catholic countries compared "most advantageously with those that are Protestant"; or, differently put: "The South of Europe, which has continued under Catholic influence, will suffer nothing by being brought into comparison, in regard to all features of refined intercourse, with the cold, calculating North, which has, to a great extent, embraced the doctrines of the reformation." Spalding added that he only wished that "when another *cheap* edition of M. D'Aubigné's 'history of the great information' will appear, in three volumes *duodecimo*, this Review of it – which will make a volume to match – will be also republished, as the fourth of the series". This, he wrote, was „the highest object" of his "ambition".

Many of Spalding's arguments can also be found in a work which was published simultaneously in Spanish and French from 1842 to 1844, came out in Italian in 1845–46, and appeared in an English translation in London and Baltimore in 1849: *Protestantism and Catholicism Compared in Their Effects on the Civilization of Europe*. The author of this book was Jaime Balmes, a Spanish Catholic priest. Born near Barcelona in 1810, the same year as Spalding in distant Kentucky, Balmes was ordained in 1834, as was Spalding. Like Spalding, Balmes made a career as a writer and lecturer, covering topics from Catholic religion to Spanish politics, from the history of Catholic theology to philosophy and mathematics. In order to counteract the influence exerted among his countrymen by Guizot's lectures on European civilization, Balmes set out to give his own version of the course of European civilization in the early 1840s. Balmes died in 1848 in his native Catalonia, only four years after finishing his comparison of Protestantism and Catholicism. This book was published in three English editions in the early 1850s in Baltimore and in a German edition in 1861–62[15], in half a dozen editions in French, printed in Paris and Brussels in the 1850s and 1860s, in the same decades several times in Italian, and in not less than fifteen editions in Spanish, the last published in 1951.

Balmes' work was recommended to American readers as a learned defense of Catholic achievements.[16] "Possessed of a penetrating mind, cultivated by profound study and adorned with the most varied erudition, and guided by a fearless love of truth," we are told in the preface to the American edition, Balmes "traverses the whole Christian era, comparing the gigantic achievements of Catholicity, in curing the evils of mankind, elevating human nature, and diffusing light and happiness, with the results of which Protestantism may boast." Balmes proved, as the argument continues, "with the torch of history and philosophy in his hand, that the latter, far from having

---

[15] 4th ed. Baltimore 1854.

[16] Quoted after the 2nd English edition, V. 26–27, 419.

exerted any beneficial influence upon society, has retarded the great work of civilization which Catholicity commenced, and which was advancing so prosperously under her auspicious guidance." Balmes would "not say that nothing has been done for civilization by *Protestants*", but he would assert and prove that "*Protestantism* has been greatly unfavorable and even injurious to it."

In the first of the seventy-three chapters in his 500-page book Balmes discusses the name and nature of Protestantism and explains that Protestantism was "vague in its tendencies, and fluctuating in its desires" and attempted "every form, and essays every road. It can never attain to a well-defined existence," Balmes continued, "and we see it every moment enter new paths, to lose itself in new labyrinths." According to Balmes these "unceasing changes" were caused by the desire to replace God's will by private judgment. To Balmes, therefore, Protestantism "when viewed in a mass, appears only a shapeless collection of innumerable sects, all opposed to each other, and agreeing only in one point, viz. in protesting against the authority of the Church."

In the seventy-two chapters that followed Balmes attempted to give substance to this judgment by citing examples and episodes and quoting voices from ancient Greece to his own time. He stressed, among other things, that Protestantism was a principle of dissolution which tended naturally to destroy all faith; that Protestantism produced fanaticism and at the same time religious indifference; that European civilization was chiefly owed to Catholicity; in particular, that the Catholic Church had successfully labored to free slaves and to protect the true independence and dignity of the individual; that by guaranteeing the indissolubility of marriage the Catholic Church had guarded the dignity of women; that the salutary effect of monastic custom had granted the ennoblement of women by virginity; that Protestantism had destroyed Christian morality while the Catholic Church had softened manners and guided people's lives; that Protestantism had injured public beneficence, while Catholicism had furthered philanthropy; that the schism caused by Luther had interrupted the civilizing mission of the church, and that all Protestant accusations against the Jesuits were wrong; that Protestant doctrines were favorable to the destruction of popular institutions and to despotism while Catholic doctrines, by strengthening the independence of the spiritual power, guaranteed the liberty of the people; that Europe had developed most favorably from the eleventh to the fourteenth century and that the unity of faith was not opposed to political liberty. No doubt Balmes' erudition was as impressive as the massive barrage of arguments with which he bombarded his readers. In conclusion he came back to his main two points: (1) "Neither individuals nor society owe any thing to Protestantism, either in a religious, social, political, or literary point of view"; and (2) "Before Protestantism European civilization had reached all the development which was possible for it; Protestantism perverted the course of civilization, and produced immense evils in modern society; the progress which has been made since Protestantism, has been made not by it, but in spite of it."

That Protestant nations were far superior to their Catholic counterparts was the main thesis of a book by the French Huguenot Napoléon Roussel. This book was published in 1854, ten years after Spalding's and Balmes' works and was translated into English almost immediately after it had been published in France: *Les nations Catholiques et les nations protestantes comparées; Catholic Nations and Protestant Nations Compared in Their Threefold Relation to Wealth, Knowledge, and Morality,* London and Boston 1855, and reprinted in New York as late as 1895 and 1898. Roussel was born in 1805 at the zenith of Napoleon's power in Europe, hence, certainly, his first name. After training as a Calvinist pastor and serving for several years in Huguenot parishes in France, he pursued a career as a writer, partly of scholarly books with historical and theological content, and partly of popular works of an edifying nature. Of the several dozen books which this ardent Calvinist propagandist produced from the 1830s to the late 1860s, *Catholic Nations and Protestant Nations Compared* was his one major work. After travelling to Ireland in the early 1850s[17], and collecting masses of data about all other European countries, Roussel felt prepared for the ambitious project of a systematic comparison between Catholic and Protestant nations.

Roussel began by defining the premises of his analysis. "Good deeds are the result of truth, he writes, "evil is the result of falsehood."[18] "Morality, knowledge, wealth, are," as he continues, "three things good in themselves, and for all mankind." "If this be so," he explains, "then, wherever wealth, knowledge, and morality shall be found, it may be said, here the truth exists; and where misery, ignorance, and vice shall be found, there error reigns." "Without doubt, if all the good should be found in one hemisphere, and all the evil in the other, the demonstration would amount to proof." Proceeding along these lines Roussel then placed "in parallel lines North America and South America; Ireland and Scotland; the Swiss Protestant cantons, and the Swiss catholic cantons; Austria and Prussia." But before turning to these special cases, he tried to give a general view by comparing statistical data of Protestant and Catholic countries. In order to measure wealth he compared export figures; in order to measure knowledge he compared the number of pupils going to school and the number of copies of journals per inhabitants; in order to measure morals he compared the number of assassinations and attempted assassinations as well as the proportion of legitimate and illegitimate children. In all these categories he found Protestant nations far ahead of Catholic nations, and in some cases by a wide margin.

Comparing the two Americas was Roussel's first test case. After looking

[17] See *Napoléon Roussel*, Trois mois en Irlande, Paris 1853.

[18] Quoted after London edition 1851, vol. 1, 1–3, 75, 90–91, 128, 179, 224, 267; vol. 2, 59, 108, 247, 248, 309.

at the religious principles which inspired the peoples in North and South America, at the kind of administration that they built, at the prosperity that they achieved, at the morality that could be found, as well as at general health and public knowledge, he concluded that the North was far advanced compared to the South.

In his second test-case he took a close look at Roman Catholic Ireland in comparison to Protestant Scotland, at "debased, ignorant, and miserable Ireland", as he remarked and "moral, educated, and prosperous Scotland." While he had based his analysis of the two Americas mainly on reports by travellers, quoting, for example, time and again Tocqueville's famous account, he introduced statistical material in his second example and let the number speak. As Roussel shows, "homicide is six times, assassinations four times, and thefts, from three to four times more common in Ireland than in Scotland." In fact, in all aspects that he examined, Roussel found Scotland far superior to Ireland, and for him the Catholic religion was the source of all the evil. If he placed himself "at the point of view of the sceptic," Roussel asserted, he would say "that the absence of all faith would be better for Ireland than the mass of superstitions and of hatreds which the Roman clergy nourish in the hearts of their flocks."

In his third test-case, the comparison of the Roman Catholic and the Protestant parts of Switzerland, Roussel broke down his test-object into single cantons, comparing nine pairs of two cantons in detail: Catholic Ticino with Protestant Zurich, for example, Catholic Lucerne with Protestant Berne, Catholic Uri with Protestant Basle, and so on and so forth, leaving aside those cantons with mixed religious affiliations. Again he extensively quoted the reports of travellers, and again he introduced statistical evidence wherever available. He counted for example, 80 presses in Protestant cantons of Switzerland, and only 22 in the Catholic ones, 10 journals in the Protestant cantons and only 3 in the Catholic ones, and a total of 469 great men (that is famous lawyers, mathematicians, poets, even historians) in the Protestant cantons, and in the Catholic cantons only 126. According to Roussel, in Switzerland the Protestants were superior in commerce and in industry, in finances and in agriculture, in beneficence and in freedom from crime. "The conclusion of every comparison brings the same embarrassment," he wrote, "so be it."

It is no surprise that Roussel arrived at the same result in the next chapter in which he compared Roman Catholic Austria and Protestant Prussia. For Austria he found that "the government and the clergy were united together to rule the nation by depriving it of liberty and light," while Prussia, in his view, "has followed a directly opposite course and is endeavoring to guide the people by gradually bestowing on them this intellectual light and liberty." For Roussel the Protestant part of Germany was superior in industrial activity and in wealth, in administration and in morals, and even in language. "Such is Germany," he stated "in the South, Austria and her band of

Romish States career in the darkness of material despotism, without consciousness of the noble destiny of man. In the North, Prussia and her company of Protestant nations, blessed with increasing liberty, bask in the bright light of knowledge, in their ceaseless speculations, ever seeking God and immortality." It is hardly necessary to mention that Roussel arrived at the same conclusion in his last two test-cases in which he compared Catholic Belgium and Protestant Holland as well as Roman Catholic Missions and Protestant Missions.

In the second volume of his work Roussel confronted the downfall of Spain from the sixteenth to the nineteenth century with the rise of England in the same centuries. In the first case, in a country blessed with a fine climate he remarked, "Catholicism and its offspring, tyranny and the inquisition" have led to what he calls "beggarly, squalid, ignorant, immoral, criminal Spain"; in the other case, in a country "with a sterile soil, a cloudy sky, and starting from the lowest rank among European nations," Protestantism has made what is now "prosperous, enlightened, moral" England which is, as he believed, "at the head of the civilized world". While the popes had ruined Italy, within France the Huguenots had achieved more intellectual culture, shown more morality, and possessed more economic resources than their Catholic compatriots, and that despite of severe persecution.

Before summing up, Roussel discussed the views of authors who might object to his results, among them Jaime Balmes. He did not hesitate to say that he found Balmes' arguments unconvincing. It was wrong, he wrote, as Balmes had done, to call everything Catholic what Christianity had achieved since the time of Jesus, while ignoring the present state of Catholicism; and in his view it was equally wrong, as Balmes had done, to generalize certain shortcomings in the early beginnings of the Reformation. "It is not at the day of his birth that one can appreciate a man, but when he has attained the age of maturity." Roussel found that Balmes goes "so high and so far in the region of metaphysics" that he loses "sight of him"; for Roussel "high-sounding sentences," such as Balmes had used, were not enough. "Nothing short of well-proved facts will do," he asserted, and this is what he believed he had provided. Roussel's summary is brief and clear. "If we acknowledge that intellect, prosperity, and morality are the fruits of Protestantism, it is as much as to say that the future is its own; and, in fact, when we study the actual position of the Protestant nations, and their rapid progress in the path of civilization, we cannot help being struck with their immense resources, and the giant strides they are making towards the conquest of the world." According to the French Huguenot Roussel, this was true for England, and no less so for the United States. In his eyes the United States were so attractive that hundreds of thousands of European Catholics decided to emigrate to this predominantly Protestant nation where they would, as he remarked, not gain any significance but disappear because they were drawn into the mainstream of Protestant life. Characteristically enough, those who did remain Catholic, in his view were to be found at the bottom of the social ladder and at the top of the list of those imprisoned for crime and misdemeanor. These and other examples showed to Roussel that Protestantism was not only more favorable to civilization than Catholicism, but also that Protestantism was more in accordance with the gospel and came, therefore, closer to true Christianity than Romanism.

In conclusion one may make the following four observations:

(1) As the above examples demonstrate, the debate on the merits of Catholicism and Protestantism gained momentum, quality and perspective in the twenty years from the late 1830s to the mid-1850s. Merle d'Aubigné's account can be described as ecclesiastical history with a special emphasis on events and actors, and with a heavy bias in favor of Protestantism on whose side God intervenes time and again as the supreme force in history. While Spalding's refutation of Merle d'Aubigné used similar arguments, with praise and condemnation, of course, being reversed, Balmes attempted a sweeping overview in which he combined the interpretation of theological positions with the analysis of social structures and cultural achievements. Roussel, finally, tried to base his account on as much statistical data as possible and on the reports of intelligent observers.

(2) In all four studies praise and condemnation were not derived from theological conclusions but were based on the analysis of cultural achievement. While Merle d'Aubigné and Roussel stressed that Protestantism had produced cultural progress which led to modern civilization, Spalding and Balmes claimed the very same achievement for Catholicism. For the Protestant authors the Reformation had opened the way for tolerance and justice, knowledge and wealth, liberty and a high standard of morals; for the Catholic authors Protestantism stood for intolerance and injustice while Catholicism had advanced learning and the arts, toleration and justice. For the two Protestants authors, economic and financial factors mattered a great deal, while the two Catholic authors placed greater emphasis on factors such as social justice and cultural refinement. Although all four authors took religious affiliation as a point of departure, and although all four considered cultural progress as crucial, the arguments of the two Catholics and the two Protestants were only partially identical.

(3) According to all four authors the world in which they lived was clearly divided along religious lines, and this was true on both sides of the Atlantic. For all four religious affiliation was the most important criterion for international allegiance, just as if other factors like international trade, or the national interests did not matter. Within this divided world, the United States, Great Britain, the Netherlands and the Protestant North of Germany had common interests, as did Spain, Italy, Belgium, France, the South of Germany and South America. The works discussed here indicate that there was a wellfunctioning and lively exchange of arguments within these two

groupings as well as between them. It would be a challenging project to undertake a comprehensive analysis of all the works, all the authors and all their arguments, which played a role in this transatlantic debate from the 1830s to the 1870s.

(4) Seen from a transatlantic perspective, the controversy between the Protestant and the Catholic sides unfolds in several stages. Polemical writings by American Protestant authors against Catholic immigrants in the 1830s seem to indicate a first stage. From the late 1840s to the mid-1850s the anti-Catholic propaganda by Protestants was especially vehement and was answered by equally vehement anti-Protestant propaganda by Catholic authors. The formation of the Evangelical Alliance in 1846 and the well-attended meetings of the Evangelical Alliance in the 1850s were as much an expression of these confessional controversies as were American nativism and the Know-Nothing-riots. Judging from the climax of anti-Catholic animosities in the 1850s, the German *Kulturkampf* of the 1870s appears as almost a late-comer, and Max Weber's study of 1904/05 seems like the aftermath of this aftermath, or like a learned footnote added to a story which had taken place a generation or two before. In this learned footnote, however, we do not find just a repetition of the polemical confessional exchange of these earlier times. It accounts for Max Weber's distinction as a scholar that he introduced new arguments and that he raised the debate to a new level of scholarly quality. This in turn led to a lively international debate about the respective roles of Protestantism and Catholicism in the formation of modern capitalism. Even two generations since Weber advanced his thesis, this debate is by no means over.[19] Whoever may feel the temptation to stand for or against Weber should be aware, I think, that in order to discuss him it may be helpful to evaluate the tradition from which his thesis grew.

---

[19] See *Hartmut Lehmann*, „Ascetic Protestantism and Economic Rationalism. Max Weber Revisited after Two Generations", Harvard Theological Review 80 (1987), 307–320.

Aleksander Radler

Amor fidei perfectio

Die Heilsordnung als geistige Grundstruktur in der Frömmigkeit Eva von Tiele-Wincklers*

I. *Einleitung und Problemstellung*

Für jemanden, der durch das diakonische, aber auch durch das theologische Werk von Eva von Tiele-Winckler eine bleibende Prägung erhalten hat, ist das geringe fachtheologische Interesse an ihrem umfangreichen Schrifttum nur schwer zu verstehen.[1] Der Grund hierfür mag auf der einen Seite

---

* Überarbeitete Fassung eines Beitrages in der nicht im Buchhandel erhältlichen Festschrift zum 100jährigen Jubiläum des Diakonissenmutterhauses Friedensdorf in Freudenberg.

[1] In allen größeren Biographien, erwähnt seien hier nur *Walter Thiemes* kongenial geschriebene Lebensbeschreibung Mutter Eva. Die Lobsängerin der Gnaden Gottes. Das Lebensbild der Schwester Eva von Tiele-Winckler, 1932. *Annie Whisler*, Sister Eva of Friedenshort. A Servant of Others for Christ's Sake, [3]1935. *Visen Nyström*, Eva från slottet Miechowitz. En skildring av Eva von Tiele-Wincklers liv och livsverk. 1938. *Paul Toaspern*, Ancilla Domini. Mutter Eva – ein Leben der Hingabe an Jesus Christus, 1966. *Gerhard Meyer*, Eva von Tiele-Winckler, 1967, werden die tragenden theologischen Gedanken dargestellt oder zumindest sporadisch wiedergegeben, wobei man die Analysen Walter Thiemes (S. 281ff.) und Paul Toasperns (S. 73ff.) trotz großer Übereinstimmung keineswegs als bloße Apologie abtun kann, denn es handelt sich hier um eine eingehende und strukturierte Schilderung ihres theologischen Denkens. Auch in der Biographie von *Erna Steineck*, Brich dem Hungrigen dein Brot. Leben und Werk Eva von Tiele-Wincklers aus Briefen und Schriften, 1986, die andere Aspekte im Lebenswerk Eva von Tiele-Wincklers hervorkehrt, ist eine theologische Struktur sichtbar (S. 57ff. u. a.). Eine gute Übersicht gibt auch die jüngste Veröffentlichung über Leben und Werk von Eva von Tiele-Winckler, nämlich *Gerta Scharffenorths* Aufsatz Eva von Tiele-Winckler oder Die Praxis der Liebe. Sanft und rebellisch. Mütter der Christenheit – von Frauen neu entdeckt. Ed. *Karin Walter*, 1990, 62–76, der besonders auf das Grenzüberschreitende ihres Lebens, ihrer Tätigkeit und auch ihres theologischen Denkens verweist: „Mutter Eva hat die hohe Kunst stetigen barmherzigen Handelns als angefochtene Grenzgängerin erlernt. Grenzgängerin war sie franziskanisch zwischen Armen und Reichen, im Pax Christi lebend zwischen Deutschen und Polen, Katholiken und Protestanten, nach Jesu Lehre fragend zwischen Theologen und Laien." (S. 75). Da die 1938 von *Gertrud Frischmuth* verfaßte Lizentiatenabhandlung „Glaube und Leben bei Eva von Tiele-Winckler. Ein Beitrag zur Frage des Verhältnisses von Rechtfertigung und Heiligung", 1938 nirgends in Skandinavien erhältlich ist, kann man sagen, daß die maschinenschriftlich vorliegende Diplomarbeit von *Barbara Kanowsky* mit dem Titel „Christusnachfolge und diakonisches Handeln bei Eva von Tiele-Winckler. Ein Beispiel für die ethische Motivation christlicher Diakonie um die Wende zum 20. Jahrhundert" (1987) nach Wissen des Verfassers die erste größere wissenschaftliche Monographie ist, die das Schrifttum Eva von Tiele-Wincklers aufgreift und in seinem theologischen Kontext analysiert. Auch schon in der jetzigen Fassung

darin liegen, daß rein wirkungsgeschichtlich ihre große Schöpfung des Mutterhauses *„Friedenshort"* ihr theologisches Werk in den Schatten stellte – ein Schicksal, das sie übrigens mit dem Begründer des Hallenser Waisenhauses August Hermann Francke teilt, dessen theologisches Werk bislang auch nur ungenügend gewürdigt wurde.

Auf der anderen Seite liegt es wohl in ihrem theologischen Denken selbst, das meistens unbeschwert vom riesigen Ballast der wissenschaftlichen Schultheologie dahinschreitet. Dies ist nicht Ausdruck eines Mangels an theologischer Bildung, sondern Ausdruck einer anderen Interessenlage. So wie die mittelalterliche Mystik und die scholastischen Systeme nur zwei Seiten der gleichen Sache waren und wie zum Beispiel der Beschreibung der eigenen mystischen Erfahrung durch Meister Eckhart das scholastische System unausgesprochen zugrunde liegt und die „Summa theologiae" des Thomas von Aquino ihren Schlußstein in der unaussprechlichen Mystik des Areopagiten hat, so gibt es auch im Werke Eva von Tiele-Wincklers eine tiefere Einheit von Spiritualität und Dogmatik, d. h. konkret liegen ihrer Erfahrungstheologie klare theologische Strukturen unausgesprochen zugrunde. Vor diesem Hintergrund ist auch die immer wieder gestellte Frage nach ihrem etwaigen Kryptokatholizismus zu beantworten. Im Sinne der altprotestantischen lutherischen Schulorthodoxie, etwa Johann Friedrich Königs „Theologia positiva-acroamatica" aus dem Jahre 1664, ist ihr Werk natürlich nicht lutherisch; im Sinne der Glaubenserfahrung, wie sie sich in den großen klassischen Werken Luthers selbst zeigt, durchaus. Auch sie stellt, wie Luther zum Beispiel in seiner Schrift „Von der Freiheit eines Christenmenschen" (1520), die Überwindung der Sünde durch die Glaubensgerechtigkeit und das innere Herzensverhältnis mit dem Gottesmenschen Jesus in den Mittelpunkt ihres Denkens, auch sie macht Ernst mit dem reformatorischen Grundgedanken von der Gebundenheit an die Schrift, auch sie fordert als Ergebnis der lutherischen Lehre von der Erbsünde die radikale Bekehrung und ein neues Leben des Wiedergeborenen, die bei ihr jedoch stärker als bei Luther in der Forderung nach einer exklusiven, rein christlichen und biblischen Ethik besteht, die mit den Gewohnheiten der Welt brechend in der christlichen Vollkommenheit gipfelt. Zu ihren theologischen Lehrvätern wurden jene Theologen, die irgendwie mit dieser geistigen Seite der lutherischen Theologie korrespondierten. Vergebens sucht man in ihrem Bücherschrank die Großen der damaligen Universitätstheologie, wie Friedrich Schleiermacher, Albrecht Ritschl oder Adolf von Harnack, obwohl sie ihr doch einiges zu sagen gehabt hätten, sondern sie erfährt ihre theologische Prägung von den gleichen Denkern wie die „Stillen im Lande", unter anderem von der mittelalterlichen Mystik Johannes Taulers, der übrigens auch Luther verpflichtet war, der englischen Mystikerin Juliana

---

handelt es sich um einen interessanten Deutungsversuch, der unbedingt einem größeren Lesekreis zugänglich gemacht werden müßte.

of Norwich, Nikolaus Ludwig Graf von Zinzendorf, Madame Guyon, August Hermann Francke, Gottfried Arnold und Gerhard Tersteegen.

Ihre Begegnung mit den Werken all dieser Denker vollzog sich nicht in kühler wissenschaftlicher Distanz, in abgewogener historischer Kritik, sondern eher in der Form eines direkten Gesprächs, das versucht, den berühmten „garstigen Graben" des geschichtlichen Abstandes durch Nachempfinden zu überwinden. Daß Eva von Tiele-Wincklers Verhältnis zur liberalen Theologie im Allgemeinen und zur liberalen historisch-kritischen Bibelkritik im Besonderen kühl und abweisend war, braucht hier wohl kaum noch erwähnt zu werden, es gibt auch keine spezielle Widerlegung des liberalen Standpunktes, sondern das war einfach kein Thema für sie.

Ebenso bedeutsam für ihren Werdegang sollte die Begegnung mit drei Persönlichkeiten werden, denen sie Dankbarkeit bis an ihr Lebensende zollte:

Drei Männer waren es, die in besonderer Weise solchen Dienst an mir tun durften: *Pastor von Bodelschwingh, der „Apostel der Liebe" – Fritz Oetzbach, der „Apostel des Glaubens" – Hudson Taylor, der „Apostel der Heiligung"*.[2]

Der große Einfluß Bodelschwinghs auf die Entwicklung Eva von Tiele-Wincklers ist in allen Biographien nachhaltig dokumentiert; er reicht von der theologischen Standortbestimmung bis hin zu konkreten organisatorischen Fragen beim Aufbau des Friedenshorts. Es ist durchaus möglich, wie Barbara Kanowsky anhand von Originalbriefen feststellen konnte[3], daß sich das Verhältnis zwischen diesen beiden starken und profilierten Persönlichkeiten komplizierter gestaltete als bisher angenommen, aber verglichen mit dem grundlegenden Consensus in den meisten Lebens- und Glaubensfragen verblieben diese Gegensätze doch nur Randphänomene.

Die Begegnung mit James Hudson Taylor lenkte ihr Interesse auf die Problematik der äußeren Mission, und obwohl ihr die Gründung einer eigenen größeren Missionsgesellschaft nicht gelang, waren in den Jahren 1912–65 etwa 50 Schwestern in 18 verschiedenen Ländern im Missionsdienst tätig.[4] Merkwürdigerweise wird in der großen panegyrischen Standardbiographie von Howard Taylor „Hudson Taylor and the China Inland Mission I–II" (1918, viele Neudrucke), die alle Ereignisse seines Lebens aufzugreifen scheint und in der selbst Begegnungen mit apokryphen schwedischen Missionsfreunden geschildert werden, der Name von Eva von Tiele-Winckler nicht einmal erwähnt. Dies hängt wohl mit der Disproportionalität verschiedener Beziehungen zusammen, in der der eine

[2] Denksteine des lebendigen Gottes, 1926, 7.

[3] Christusnachfolge und diakonisches Handeln, 1987, 8ff.

[4] 75 Jahre unter dem Stab des guten Hirten. Diakonissenmutterhaus Friedenshort 1890–1965. Zit. nach *Kanowsky* Christusnachfolge und diakonisches Handeln, 1987, 61.

Mensch im Leben des anderen sehr viel bedeutet, während er im Bewußtsein seines Gegenübers kaum Spuren hinterlassen hat. Der direkte theologische Einfluß auf ihr Werk ist nicht auszumachen, sondern im besten Fall durch einen Vergleich der Gedanken rekonstruierbar.

Während es von und über Bodelschwingh und Taylor eine reichhaltige Literatur gibt, die über das theologische und praktische Werk Auskunft gibt, ist das Leben von Fritz Oetzbach in Dunkel gehüllt.[5] Es scheint jedoch rein theologisch gesehen den größten Einfluß gehabt zu haben, und es gehört wohl zu den Geheimnissen einer geistigen Biographie, daß es Begegnungen und Erfahrungen gibt, die einfach nicht darstellbar sind. Allem Anschein nach leben die theologischen Gedanken und Vorstellungen dieses merkwürdigen Mannes nur im Werke Eva von Tiele-Wincklers weiter. In der ihr eigenen suggestiven und poetischen Weise faßt sie die Begegnung mit diesen drei Persönlichkeiten mit folgenden Worten zusammen:

> Drei Denksteine dankbarer Liebe – Denksteine Gottes in meinem Leben! Dort in dem geweihten Gottesacker von Bethel, umgeben von Hunderten, wenn nicht Tausenden von Gräbern der Schwestern, Brüder und Pfleglinge, der Apostel der Liebe, dessen ganzes Leben ein Sichverzehren in Arbeit und Aufopferung für andere war. Der zweite Denkstein in den einsamen Bergen Livlands, über die der furchtbare Weltensturm des Krieges gebraust ist, wo der kleine Mann ruht mit dem großen Herzen, das die ganze Gemeinde Gottes umfaßte und die großen Herrlichkeitsziele des Königreichs Jesu Christi zu seinem höchsten Lebensinteresse gemacht hatte. – Und dann der dritte Denkstein im fernen Osten, in chinesischer Erde am Grab jenes Mannes, dessen Leben ein gewaltiges Zeugnis für die Wahrheit der Heiligung durch den Glauben in der Kraft der Innewohnung Jesu war.[6]

Nach der Schilderung des theologischen Umfeldes, die deutlich macht, daß sich Eva von Tiele-Winckler bewußt von Anfang an in eine ganz bestimmte Tradition stellt, die man als Erfahrungstheologie beschreiben kann, nur einige Worte zur Quellenlage. Berücksichtigt werden alle entscheidenden Werke Eva von Tiele-Wincklers sowie Großteile der Sekundärliteratur, auf ungedruckte Primärquellen in Form von Briefen und Tagebuchaufzeichnungen konnte nicht zurückgegriffen werden. Dies wäre für eine rein biographische Schilderung zweifelsohne ein Verlust, ob für die Darstellung ihrer theologischen Anschauung dagegen Wesentliches hinzukäme, ist zweifelhaft.

Jetzt zum methodischen Gang unserer Darstellung. Obwohl man im

[5] Die Schilderungen von *Fürstin Sophie Lieven*, Eine Saat, die reife Frucht bringt. Aus der Erweckungsbewegung in Petersburg um die Wende des 19. Jahrhunderts, 1952 und das auch ins Schwedische übersetzte Werk der *Ada von Krusenstjerna*, Im Kreuz hoffe und siege ich von 1934 geben eine interessante Schilderung der Erweckungsbewegung im Rußland der Jahrhundertwende, also dem Wirkungsfeld von Fritz Oetzbach, sagen aber über seine Person so gut wie nichts aus.

[6] Denksteine des lebendigen Gottes, 1926, 16/17.

Werk von Eva von Tiele-Winckler die wirkliche oder vermeintliche Stringenz herkömmlicher theologischer Beweisführung nicht ausdrücklich finden kann – sie zitiert nur ganz selten direkt unter Angabe der Quelle – liegt ihrem Werk doch ohne Zweifel ein deutliches und greifbares Schema zugrunde, nämlich das Schema des ordo salutis, der Heilsordnung. Von der mittelalterlichen mystischen Stufenleiter der (1) Reinigung, der (2) Erleuchtung und (3) der unio mystica, der Vereinigung ausgehend:

> Drei Wege gibt es, die den Menschen führen und bringen zu rechter Vollkommenheit, zu der alle berufen und geladen sind: entbildet werden von der Kreatur, gebildet werden mit Christo und überbildet werden in der Gottheit, das ist: zum ersten die Reinigung, zum anderen Male die Erleuchtung, zum dritten Male die Vereinigung[7],

hat sie sich zu einem festgefügten theologischen System mit zahlreichen Zwischenstufen entwickelt. Aus erklärlichen Gründen – der konstituierende Faktor ist die religiöse Erfahrung – gleicht rein inhaltlich gesehen kaum ein System dem anderen, obwohl sie mit den gleichen Begriffen operieren. Im Falle des Werkes von Eva von Tiele-Winckler empfiehlt sich folgende Einteilung: (1) Göttliche Vorbereitung, (2) Berufung, (3) Buße (metanoia) oder die Armut des Geistes, (4) Glaube und Rechtfertigung, (5) Wiedergeburt, (6) Gnadenstand, (7) Vereinigung (unio mystica) und Erneuerung, (8) Heiligung und (9) christliche Vollkommenheit.

Grundlegend für das Verständnis von der Heilsordnung ist der Gedanke, daß das Leben nicht die Summe von Zufällen ist, sondern daß es seine Einheit und Geschlossenheit durch die göttliche Lebensführung erhält:

> Die Welt nennt derartige Erlebnisse (= Gebetserhörungen) meistens Zufall, wir aber, die wir dem Herrn und seinen Verheißungen glauben und vertrauen, erleben oft solche „Zufälle".[8]

Dies bedeutet konkret, daß sich die Wertskala im Leben umkehren kann und daß Glück und Erfolg in den geistigen Tod und Schmerz und Niederlagen zur Vertiefung des Glaubens führen können. Auch können große Ereignisse im Leben ohne Wirkung bleiben, während sich sogenannte Nebensächlichkeiten als die entscheidenden Ereignisse des Lebens zeigen können. Für Eva von Tiele-Winckler wurde deshalb schon ihre Bekehrung durch eine göttliche Vorbereitung eingeleitet.

---

[7] Theologia deutsch, 25. In: Das geistliche Leben. Blumenlese aus den deutschen Mystikern und Gottesfreunden des 14. Jahrhunderts, ed. *Heinrich Seuse Denifle O. P.*, 1908, XVI.

[8] Denksteine des lebendigen Gottes, 1926, 113. Das klassische Zeugnis dieser Weltsicht ist die auch Eva von Tiele-Winckler vertraute Selbstbiographie *Johann Heinrich Jung-Stillings*: Heinrich Stillings Jugend. 1777 (mit Unterstützung Goethes gedruckt), Heinrich Stillings Jünglingsjahre. 1778 und Heinrich Stillings Wanderjahre. 1778. Seitdem in zahlreichen Ausgaben erschienen und in zahlreiche Sprachen übersetzt.

II. Die göttliche Vorbereitung

Diese göttliche Vorbereitung konzentrierte sich auf ihr Elternhaus und hier besonders auf die Person ihrer Mutter.[9] Durch die Herausgabe ihrer Briefe und Tagebücher in Buchform *Die Bergmannstochter. Aus unserer Mutter Jugendzeit. Nach Aufzeichnungen und Briefen zusammengestellt von ihrer Tochter Schwester Eva von Tiele-Winckler.* 1928 können wir uns ein gutes Bild von ihrer religiösen Vorstellungswelt machen. Ihre Briefe und Tagebücher sind über weite Strecken von einer tiefen Lebensschwermut geprägt:

> Ich habe jetzt mit Anna Müller Beethovens letzte Sinfonie gespielt, dies schwerste, unverständlichste und doch schönste und großartigste seiner Werke. Ich begreife es kaum, welch einen unbeschreiblichen Zauber diese Sinfonie auf mich ausübt. Diese düsteren, klagenden, fast mystischen Töne ziehen mich auf eine Weise an, wie kein anderes Musikstück.[10]

Eine Melancholie, die sich mit der Sehnsucht nach mystischer Erfahrung verband. Dieser Zug ist durch ihren katholischen Glauben natürlich noch gefördert worden, aber die Wurzeln liegen – und dies machen die Briefe und Tagebuchnotizen deutlich, in ihrer Persönlichkeitsstruktur. Die Lektüre von Johannes Taulers Predigten und Thomas a Kempis *„Nachfolge Christi"* haben einen direkten und wegweisenden Einfluß auf ihre Tochter ausgeübt.

III. Berufung und Buße oder die Armut des Geistes

Seit dem ersten Erscheinen des berühmten Werkes von William James *The Varieties of Religious Experience*, 1902, ist es ein Grundaxiom der religionspsychologischen Forschung, daß eine Bekehrung schon lange vorher im Unbewußten – teilweise durch depressive Gefühle – vorbereitet wird. Diese Gedanken von James wurden damals als revolutionierend empfunden, sie sind aber im Grunde genommen nichts anderes als eine Übertragung der klassischen Heilsordnung des Pietismus auf das Gebiet der Religionspsychologie. Besonders deutlich sind die Parallelen zur Auffassung August Hermann Franckes von der Stellung der Buße innerhalb der Heilsordnung. Im Werke Eva von Tiele-Wincklers gibt es zahlreiche Belege für ihre Vertrautheit mit dem Werke der leitenden Persönlichkeit des Hallenser Pietismus. Entscheidend für das Verständnis ihres Werkes ist der Gedanke Franckes, daß man den Bußkampf nicht allein mit dem Gesetz verbinden kann, sondern Gesetz und Evangelium wirken zusammen im Bußkampf, und das

---

[9] Vgl. hierzu *Walter Thieme*, Mutter Eva. Die Lobsängerin der Gnaden Gottes, 1931, 12ff. *Paul Toaspern*, Ancilla Domini, 1966, 9ff. und *Gerhard Meyer*, Eva von Tiele-Winckler, 1967, 12ff.

[10] Die Bergmannstochter. Aus unserer Mutter Jugendzeit, 1928, ed. *Eva von Tiele-Winckler*, 62.

Evangelium verstärkt die richtende Kraft des Gesetzes und treibt den Menschen noch tiefer in die Buße hinein, als es das Gesetz allein vermag. Mit dieser Krise beginnt der eigentliche Bußkampf, und die Angst vor der ewigen Verwerfung treibt den Menschen bis zum Zweifel an der Existenz Gottes. Gesetz und Evangelium zusammen zeigen dem Menschen, daß er diese Krise nur durch einen vollständigen Bruch mit seinem alten Wesen erreichen kann.[11] Von dieser Grundposition aus, die sie vollständig mit der Auffassung des klassischen Pietismus teilt, betont Eva von Tiele-Winckler noch stärker als Francke die eigene Verantwortung des Menschen. In *Kleine Tropfen aus dem Lebensstrom* lesen wir:

> Wohl ist die Berufung Gottes eine Gnade; aber die Antwort kann nur der freie Wille des Menschen geben. Es ist die Umkehr auf dem Weg der Sünde, der Ausgang aus dem Lustgebiet der gottfeindlichen Welt – die Bekehrung.
> Berufung, Errettung, Versöhnung, Erlösung, Heiligung und Vollendung ist Gottes Gnadenwerk, durch Christum im Heiligen Geist vollbracht, aber von unserer Seite ist die volle Hingabe des Willens und seine Mitwirkung unerläßlich.[12]

Daß der Passus vom *„freien Willen“* innerhalb des strengen Luthertums als synergistische Gnadenauffassung[13] gedeutet werden kann, ist durchaus möglich, und verschiedene Verfasser verweisen gerade an diesem Punkt auf die kryptokatholischen Neigungen von Eva von Tiele-Winckler.[14] Abgesehen davon, daß es in der heutigen theologischen Situation kaum demeritierend oder gar anstößig sein kann, positive Elemente aus der katholischen Spiritualität aufzugreifen, geht der ständige Vorwurf einer kryptokatholischen Neigung an zwei Punkten vorbei: erstens baut Eva von Tiele-Winckler ihre Heilslehre auf einer pietistischen Erfahrungstheologie auf, die starke Elemente der Mystik enthält, und zum anderen ist die Berufung für sie nicht etwas Statisches, sondern ein Prozeß. Die Berufung ist hier in jedem Fall der Erfolg der göttlichen Macht, eine Erfahrung, die sich auf verschiedenste Weise vollziehen kann, die aber immer nur die Offenbarung des göttlichen Geistes im Menschen, d. h. in uns ist; dies machen die letzten Worte des obigen Zitates deutlich. Was bedeutet, daß die Initiative auch bei der Erweckung des Willens immer von Gott und nicht vom Menschen her zu verstehen ist. Deshalb ist in jedem Fall die Berufung zum Heil durch das Evangelium das erste. Im Grunde genommen kann eine psychologische Erklärung auch nicht viel mehr sagen, und die eigenen Worte Eva von Tiele-Wincklers fügen sich in diesen Rahmen ein.

---

[11] *Aleksander Radler*, Kristendomens idéhistoria. Från medeltiden till vår tid. (Christliche Ideengeschichte. Vom Mittelalter bis zur Gegenwart), 1988, 234.

[12] Kleine Tropfen aus dem Lebensstrom, 1925, 37/39.

[13] Synergismus bedeutet hier Zusammenwirken Gottes mit dem Menschen bei der Rechtfertigung.

[14] *Walter Thieme*, Mutter Eva, 1931, 81 ff. *Gerhard Meyer*, Eva von Tiele-Winckler, 1967, 28. Vgl. auch *Barbara Kanowsky*, Christusnachfolge und diakonisches Handeln, 1987, 5.

Eigentlich muß man in ihrem Leben von zwei Berufungen und Bekehrungen sprechen: die erste kurz vor ihrem 17. Geburtstag, die sie nach ihren eigenen Worten von Römer 7 zu Römer 8 führte, und die zweite nach ihrer Begegnung mit der Erweckungsbewegung in Keswick, die sie weiter zu Kolosser 3 erhob.[15] In ihrer Schrift *Wie der Friedenshort entstand* beschreibt sie das Ereignis wie folgt:

> In der Woche vor dem ersten Advent saß ich in meinem Stübchen allein und sollte mich auf den Religionsunterricht vorbereiten. Mein Blick fiel auf Johannes 10. Ich las vom guten Hirten, von dem ich noch nie mit Bewußtsein gehört hatte. Es war mir alles neu, ganz neu. Nun sah ich es deutlich: Ich bin das verirrte Schaf. Und Jesus? Ist Er der gute Hirte? Ist er mein Hirte? „Herr, wenn es wahr ist, daß Du der gute Hirte bist, dann will ich auch zu deiner Herde gehören." Da wurde es im Herzen still, und ich hatte die Antwort bekommen. Das war der Beginn des neuen Lebens.[16]

Diese Berufung vertiefte sich ziemlich schnell zu einer ganz konkreten „Dienstberufung", die für sie nach eigenen Worten ein Nein zur Welt und ein Ja zu Gott beinhaltete:

> Ein andermal saß ich allein mit meinem alten Tauler. Da kam ganz plötzlich ein überwältigendes Bewußtsein von der Gegenwart Gottes über mich, so daß ich auf mein Angesicht niederfiel. Ohne jede Verbindung mit dem vorher Gelesenen und ohne je etwas Ähnliches von anderen gehört zu haben, gelobte ich mich ihm zu seinem ausschließlichen Dienst und bat Ihn, mich vor jeder irdischen Liebe zu bewahren und mir alles fernzuhalten, was mich je von Seinem Dienst abziehen oder darin hindern könnte. Seit jener Stunde wußte ich, daß es für mich keinen anderen Weg mehr gab. Ich brach jede Brücke hinter mir ab, es gab kein Zurück mehr, nur noch ein Vorwärts zum Siegen oder Sterben im Namen des Herrn.[17]

Auch ihr wurden ebensowenig wie den meisten führenden Persönlichkeiten des Pietismus Krisen, Niederlagen und Rückschläge erspart. Ein tiefsitzender Hang zur Lebensschwermut, der eigentlich ihr ganzes Werk und besonders ihr Gedicht *Aus stillen Stunden* durchzieht:

> Das Leiden ist vom Lieben
> Auf Erden nicht zu trennen;
> Willst Du das Lieben üben,
> Lernst Du das Leiden kennen.
> Willst Du das Leiden meiden,
> So wird die Lieb' vergehen;
> Das Lieben und das Leiden
> Muß hier zusammenstehen.[18],

---

15 Kleine Tropfen aus dem Lebensstrom, 1925, 11.
16 Wie der Friedenshort entstand. 5. Auflage, o.J., 11.
17 Zit. nach *Alfred Roth*. Eva von Tiele-Winckler. Die Mutter der Vereinsamten, 1951, 19f.
18 Aus stillen Stunden. Gedichte von Schwester Eva von Tiele-Winckler, ^{3}1928, 54.

sowie das ständige Ringen mit der physischen Krankheit und die Streitigkeiten mit dem Friedenshortpfarrer führten sie in den Jahren 1894–97 in eine tiefe innere Krise. Liest man das Werk Eva von Tiele-Wincklers, dann gewinnen die hier niedergeschriebene Glaubenszuversicht und Freude vor dem Hintergrund des Wissens um das Dunkle und Schmerzhafte in ihrer Seele nur noch an Leben und Gewicht. Es ist hier nicht der Ort, auf die Einzelheiten der Waliser Erweckungsbewegung und vor allem auch auf das Gedankengut von Jessie Penn-Lewis, deren Auffassung von der Verbindung des *„Mitgekreuzigtsein mit Christus“* und der Geistestaufe Spuren im Denken von Eva von Tiele-Wincklers hinterlassen hat, einzugehen.[19] Zweifellos haben diese Erlebnisse dazu beigetragen, daß Eva von Tiele-Winckler der Problematik der Charismata nuanciert gegenüberstand und nicht in allen Punkten die eindeutige Positionsbestimmung der Gemeinschaftsbewegung in dieser Frage teilte. Walther Thieme beschreibt in seiner Biographie die Reise nach Wales und die Form ihrer inneren Berufung mit einer Klarheit und Nachdrücklichkeit, die in dieser Form aus den vorliegenden Schriften Eva von Tiele-Wincklers nicht nachvollziehbar ist. Da nirgends Direktzitate vorliegen, muß man davon ausgehen, daß er sich auf eine mündliche Tradition stützt. Das Ergebnis dieser, so Thieme, *„mächtigen Gnadenheimsuchung“*, die deutliche Spuren der Pfingstbewegung trägt, ist eine tiefe Bußerfahrung, ein Erleben der Armut des menschlichen Geistes nach 1.Kor 1,26–29.[20]

IV. Glaube und Rechtfertigung

Nur das ist für sie an dem zum lebendigen Bewußtsein gekommenen Glauben wahr, was er von seinem Lebensgrund in Christus und von seinen Lebensformen im Heiligen Geiste hat. Glaube ist immer erlebter Glaube einer objektiven göttlichen Macht. Diese objektive Verankerung ist für Eva von Tiele-Winckler grundlegend. Sie ist auch die Basis für ihre Auffassung des Verhältnisses von Rechtfertigung und Heiligung. Man hat nur allzu oft ihren doch der Wahrheit entsprechenden Satz kolportiert, nach dem sich die evangelische Theologie fast ausschließlich auf die Rechtfertigungslehre konzentriert und die Heiligung vernachlässigt habe. Dies bedeutet jedoch nicht, daß für sie umgekehrt nur die Heiligung von Gewicht wäre oder gar, daß eine positive Heiligung selbst zur Rechtfertigung führen könnte, sondern für sie ist die Heiligung immer die Folge und Frucht der Rechtfertigung, die sie sogar imputativ, d. h. daß dem Sünder die Gerechtigkeit Christi angerechnet wird, deutet:

---

[19] Die Genese dieser Bewegung wird gut geschildert in *John Kents*, Holding the Fort. Studies in Victorian Revivalism, 1978, 295ff.

[20] *Walter Thieme*, Mutter Eva, 157.

> Der Rechtfertigungsfriede, der Friede mit Gott, ist ein ohne unser Zutun, ohne Rücksicht auf den Grad unserer Heiligung, ein juristisch uns zugerechneter Friede, etwas, was außer uns geschehen ist und woran wir nur aus Gnaden durch den Glauben Anteil haben; ein Friedensschluß, den Christus für uns geschlossen hat. Frieden mit Gott! Das ist die Pforte zu dem ganzen geistlichen Leben. Es gibt keine wirkliche Salbung, keinen Gnadenstand ohne das Fundament dieses Friedens.[21]

Eine imputative Rechtfertigungslehre bedeutet für sie jedoch nicht, daß damit das Ziel erreicht wäre, sondern gerade sie eröffnet dem Menschen die Möglichkeit und die Verpflichtung zur Heiligung, die für sie eine innere und eine äußere Seite hat.

V. Die unio mystica, als Quelle und Ziel von Wiedergeburt und Gnadenstand

Die innere Seite von Rechtfertigung und Heiligung ist für Eva von Tiele-Winckler die mystische Vereinigung mit dem dreieinigen Gott einschließlich der menschlichen Natur Christi. Die Betonung des letzten Punktes scheidet sie deutlich von der Mystik in den Predigten Johannes Taulers und ist allem Anschein nach das Resultat ihrer Vertrautheit mit der Christologie Nikolaus Ludwig von Zinzendorfs und dessen Auffassung vom *„täglichen Umgang mit dem Heiland“*, der gerade den menschlichen Zug hervorhebt.[22] Es ist hierbei unmöglich, die von ihr gebrauchten Begriffe „Wiedergeburt“ und „Gnadenstand“ inhaltlich von der Erfahrung der mystischen Vereinigung klar zu scheiden, ein Umstand auf den Barbara Kanowsky in ihrem Abschnitt *„Die Wiedergeburt als Erfahrung der Versöhnung“*[23] aufmerksam macht. Dies ist terminologisch und sachlich durchaus berechtigt, denn einmal sind solche Begriffe wie *Gnadenstand, Wiedergeburt* und *Erneuerung* keine fest fixierten Begriffe, und zum anderen ist die unio mystica für viele Theologen nichts anderes als der deutliche Ausdruck für die Erfahrung des Heiligen Geistes oder die Wiedergeburt. All dies ist wie gesagt im Werk Eva von Tiele-Wincklers nicht in jedem Fall zu scheiden, obwohl man die unio mystica, also das Stadium der Vereinigung, als den Mittelpunkt und das Ziel dieses Prozesses verstehen kann.

Bemerkenswert hingegen ist die Reaktion auf die mystische Dimension im Werk Eva von Tiele-Wincklers, die auch die Wirkungsgeschichte ihres Werkes traf. Dafür dürften folgende Gründe entscheidend gewesen sein: 1. die Herrschaft der theologischen Systeme von Albrecht Ritschl und der Dialektischen Theologie, die beide gleichermaßen das „Wort“ gegen die

---

[21] Ebd., 289.

[22] Vgl. *Dietrich Meyer*, Der Christozentrismus des späten Zinzendorf. Eine Studie zu dem Begriff „täglicher Umgang mit dem Heiland“, 1973.

[23] *Barbara Kanowsky*, Christusnachfolge und diakonisches Handeln. 1987, 28–30.

„Mystik"[24] stellten und dadurch die Universitätstheologie und die Lehrauffassungen der großen Kirchen zu einer ausgesprochen antimystischen Haltung führten. Die Empfehlung Bodelschwinghs an Eva von Tiele-Winckler, die Lektüre der Werke von Augustin, der mystischen Literatur von Tauler und Tersteegen[25] sein zu lassen und sich statt dessen auf die Evangelien zu konzentrieren[26], hätte auch von Albrecht Ritschl persönlich kommen können, der ja seine eigene positive Lehre fast ausschließlich auf den synoptischen Evangelien aufbaut. 2. Die deutliche Entscheidung der landeskirchlichen Gemeinschaft und ihre Ausschaltung des charismatischen Elementes, die zwangsläufig auch Teile der sogenannten gesunden Erfahrungstheologie traf. Es ist hier nicht der Platz, über die Richtigkeit dieser Beschlüsse zu diskutieren; so eindeutig reinigend und positiv wie Dieter Lange in seiner Untersuchung *Eine Bewegung bricht sich Bahn*[27] es darzustellen versucht, war es zweifellos nicht.

Beide genannten Gruppierungen, die theologischen Systeme von Ritschl und der Dialektischen Theologie sowie der von der Erfahrungstheologie gereinigte Biblizismus, haben gleichermaßen einen starken rationalisierten Zug. Vor diesem Hintergrund nimmt es nicht Wunder, daß dieses wichtige Moment im Denken von Eva von Tiele-Winckler nicht immer im vollen Umfang gewürdigt wurde und daß deshalb für viele das Quellenstudium ihrer Schriften zur Überraschung wird.

Im Grunde genommen sagt Eva von Tiele-Winckler auf diesem Gebiet nichts Spektakuläres, sondern stellt sich nur in die Tradition der sogenannten religiösen Praxis, die immer neben der Herrschaft des Dogmas einherging, und diese *praxis pietatis* hat immer auch Elemente der mittelalterlichen Mystik in sich aufgenommen. Das gigantische Werk Luthers birgt noch beide Züge in sich, und während es lange Zeit der Lutherforschung darum ging, das Trennende zwischen Luther und der mittelalterlichen Mystik hervorzuheben, sind sich heute weite Teile der Lutherforschung über die große Bedeutung, die zum Beispiel die Predigten Johannes Taulers für die

---

[24] Vgl. *Albrecht Ritschl*, Unterricht in der christlichen Religion (1875) [6]1903; *Emil Brunner*, Die Mystik und das Wort (1924) [2]1928.

[25] Das Werk von G. Tersteegen hat wie das Taulers Eva von Tiele-Winckler das ganze Leben hindurch begleitet. Besonders die von Ritschl arg kritisierten Auserlesenen Lebensbeschreibungen heiliger Seelen, 1733–53 begleiteten sie auf zahlreichen Reisen, in denen sie bewußt die Einsamkeit suchte. Daß der Heiligungsprozeß unter anderem ein Weg von Römer 7 zu Römer 8 sei – ein Gedanke, der für die Heilsordnung Eva von Tiele-Wincklers grundlegend ist – diese Vorstellung findet sich im Werk Tersteegens. Vgl. hierzu u. a. *G. Tersteegens* Geistliche Lieder. Mit einer Lebensgeschichte des Dichters und seiner Dichtung. ed. *Wilhelm Nesse*. 1897, eine in der damaligen Zeit verbreitete Ausgabe der geistlichen Poesie Tersteegens, die sich im Besitz auch ihrer Schwester Helene von Bismarck-Bohlen befand.

[26] Brief vom 29. 10. 1900. Hauptarchiv, Slg. D I T/3 zit. nach *Barbara Kanowsky*, Christusnachfolge und diakonisches Handeln, 1987, 27.

[27] *Dieter Lange*, Eine Bewegung bricht sich Bahn. Die deutsche Gemeinschaftsbewegung im ausgehenden 19. und beginnenden 20. Jahrhundert und ihre Stellung zur Kirche, Theologie und Pfingstbewegung, 1979, 162ff.

Theologie Luthers haben, einig. Eine gute Übersicht im Hinblick auf unsere konkrete Fragestellung gibt das Buch von Bengt R. Hoffmann *Luther and the Mystics. A re-examination of Luther's spiritual experience and his relationship to the mystics* aus dem Jahre 1976.

Eva von Tiele-Wincklers Grundposition ist eigentlich in einem Brief an Bodelschwingh aus dem Jahre 1906 zusammengefaßt.[28] Für sie beginnt jede Form der Mystik mit der Erfahrung der Unendlichkeit und Ewigkeit Gottes im Gegensatz zum Zeitlichen. Die Begegnung mit der Ewigkeit Gottes verleiht der menschlichen Seele eine wunderbare und unsagbare Gemütsstille, die sich von der Unruhe und Zerrissenheit der Welt abhebt. Diese innere Ruhe wird dem geplagten Menschen erst durch die völlige Übergabe des eigenen Ichs, durch seine Kreuzigung und Tod sowie durch die völlige Unterwerfung des menschlichen Eigenwillens unter den universalen Willen Gottes gegeben:

> Gib dich selbst in den Tod, so wirst du andern das Leben geben! Fruchtbringen ist ohne Selbsthingabe und Opfer unmöglich. Je völliger der Verzicht auf sich selbst, desto reiner und voller quellen wahre Freuden.
> Gottes Macht muß uns erst überwinden, aber dann ist auch die Fülle der Gnade da.[29]

Dies führt in ihren Augen jedoch nicht – wie sie im besagten Brief an Bodelschwingh hervorhebt – zum Aufgehen in eine quietistische Lebenshaltung, sondern das Zerbrechen gilt nur dem menschlichen Eigenwillen und nicht dem Willen an sich. Die Übergabe ist die Reinigung des Gemüts von jeder Form des Egoismus, wobei dem von Gott geschickten Leiden eine besonders läuternde Kraft zukommt. Wenn der innere Widerstand gegen Gott aufgehört hat, dann kommt es zu einer Vereinigung von göttlichem und menschlichem Willen. Aber auch diese Vereinigung überbrückt nicht die unendliche Distanz zwischen Gott und Mensch, und niemals kann es wie im Pantheismus zu einer Identität zwischen dem Göttlichen und Menschlichen kommen. Das Verhältnis zwischen beiden ist vielmehr durch die Liebe bestimmt, einmal von der „uninteressierten Gottesliebe" und der „Gelassenheit" – Eva von Tiele-Winckler gebraucht immer wieder bewußt diesen Taulerschen Zentralbegriff –, die nicht nach Lohn und Gegenliebe fragt, und zum anderen von der universalen Gottesliebe, die eine schenkende Liebe ist und nicht nach dem Wert des Empfängers fragt. Diese Gedanken sind ohne jeden Zweifel der mittelalterlichen Mystik Johannes Taulers entsprungen, der ja Eva von Tiele-Winckler ein Leben lang begleitete, obwohl sie ihn in ihrem Werk nur an ganz vereinzelten Stellen direkt zitiert. Der Hauptunterschied zwischen beiden liegt darin, daß die mystische Erfahrung Eva von Tiele-Wincklers nicht wie diejenige Taulers vornehmlich aus dem Ersten

28 Wiedergegeben in: *Walter Thieme*, Mutter Eva, 287 ff.

29 Kleine Strahlen von der Lebenssonne, 1926, 5. *Walter Zilz*, Mutter Eva. Eva von Tiele-Winckler. Blicke in ihr Leben und Wirken, 1957, 61.

Artikel entspringt[30], sondern ihr Gegenüber neben Gott auch der Mensch Jesus, ganz im Sinne der Christologie Zinzendorfs, ist.[31] Zusammenfassend schreibt Eva von Tiele-Winckler:

> Diese Ruhe macht auch nicht träge, sondern wachsam und wirkend, und der Kampf für Gott wird dann um so fruchtbarer sein, wenn der innere Widerstreit gegen Gott aufgehört hat.
> Es sind ja keine neuen Wahrheiten, sondern dieselben für die Fénélon und Madame von Guyon, Molinos und Tauler und hundert andere gelebt und gelitten haben und die nur jede Zeit im Kleide neuer Ausdrücke bringt, die alte biblische Lehre Galater, 2,19–20 ins persönliche Leben des Gläubigen übertragen, mit dem großen Ziel 1.Thessalonicher 5,23–24 vor Augen.[32]

VI. Die stille Stunde und das Gebet

Obwohl die Form der mystischen Begegnung zwischen Gott und der menschlichen Seele zum Geheimnisvollsten und Innersten des Menschen gehört, hat sie eine ganz einfache und scheinbar banale Voraussetzung, nämlich die äußere Ruhe. Deshalb ist das prinzipielle Einhalten der sogenannten stillen Stunde in den Augen Eva von Tiele-Wincklers für ein geistliches Leben unerläßlich, und sie hat ihre Gedanken hierzu in einer kleinen Schrift mit dem Titel *Die stille Stunde* (1937) zusammengefaßt. Diese Form der inneren Sammlung ist die Voraussetzung dafür, den immer höheren Anforderungen des aktiven Lebens begegnen zu können. Je größer die Anforderungen des täglichen Lebens sind, desto wichtiger werden Ruhe und Einkehr:

> Tausende von Menschen kennen keine stille Stunde. Zum Stillwerden gehört Gnade. Nur ein begnadigtes Herz kann sagen: Meine Seele ist stille zu Gott.[33]

Die stille Stunde sollte aus einer Schriftlesung und vor allem aus dem Gebet bestehen. Es ist schade, daß sich Eva von Tiele-Winckler nicht mehr in die Thematik des Stundengebetes vertieft hat, eine Gebets- und Andachtsform, die eigentlich beide von ihr vorgebrachte Anliegen verbindet.[34] Äußerungen über den theologischen Inhalt des Gebetes und auch über seine praktische Durchführung sind eigentlich in ihrem ganzen Werk verstreut, und im

---

30 In der Predigt zum 16. Sonntag nach Dreifaltigkeit heißt es bei Johannes Tauler: „Die Tiefe, die in Gott ist: ein solcher Abgrund, daß alle geschaffene Erkenntniskraft sie nicht erreichen noch durchdringen kann, nicht einmal die Seele unseres Jesus Christus; sie kann auch nicht erreicht oder ergründet werden als nur von Gott allein." In: *Johannes Tauler*, Predigten. Vollständige Ausgabe. Übertragen und herausgegeben von *Georg Hoffmann*, 1961, 488/89.

31 Kleine Tropfen aus dem Lebensstrom, 1925, 66ff.

32 Zit. nach *Walter Thieme*, Mutter Eva, 288/89.

33 Die stille Stunde, ^{6}1937, 3.

34 Vgl. Evangelisches Tagzeitenbuch. Ordnung für das tägliche Gebet. Herausgegeben im Auftrag der Evangelischen Michaelbruderschaft von *Albert Mauder*, (1967) ^{2}1971.

Grunde genommen ist ihr umfangreiches Werk *Nichts unmöglich,* das den Werdegang ihres Werkes im Konkreten schildert, für sie nichts anderes als eine Dokumentation von Gebetserhörungen. Darüber hinaus wird die Problematik des Gebetes in zwei grundsätzlichen Artikeln behandelt, nämlich in *Hört Gott Gebet?*[35] und *Was das Gebet vermag.*[36]

Von ihrem Ansatz durchaus verständlich, konzentriert sie ihre Auffassung vom Gebet einmal auf die Feststellung, daß das Gebet der unmittelbarste und klassische Ausdruck des Glaubenslebens sei, der ein Verhältnis zwischen Gott und dem Menschen voraussetzt, das dann den Menschen in den unterschiedlichsten Situationen des Lebens „ins Gebet treibt". Zum anderen widmet sie sich der Frage, ob Gott aufgrund unserer Gebete etwas geschehen läßt, was ohne diese Gebete nicht geschehen wäre, also der Frage der „Gebetserhörungen". Diese Frage wiegt für sie um so schwerer, als die mystische Auffassung vom Gebet auch danach fragt, ob der von Gott bestimmte Weltlauf sich deshalb ändern sollte, nur weil ein einzelner Mensch sich nicht in sein Schicksal, d. h. in Gottes Führung ergeben will. Ein reines Gebet wäre hier das Gebet um die Kraft, sich willenlos in Gottes Willen zu schikken. Für Eva von Tiele-Winckler fallen beide Seiten zusammen. Ein starkes, reines Gebet – und hier ist ihr das selbst miterfahrene Gebetsleben von Fritz Oetzbach, das sie an den verschiedensten Stellen ihres Werkes erwähnt, ein Vorbild – ist nicht ein immer bloß wiederholter Wunsch nach der Erreichung bestimmter Dinge, sondern ein Sehnen und Verlangen nach Gott. Aber wie das echte Dankgebet immer auch das Bittgebet einschließt und umgekehrt, so enthält die klare und aufrichtige Sehnsucht nach Gott auch ein Bitten um irdische Dinge. Liest man die von ihr aufgelisteten Gebetserhörungen[37], dann ist der göttlichen Führung nichts Menschliches zu unbedeutend und zu klein, und Gottes Fürsorge erstreckt sich von Häuserschenkungen über Geldsendungen bis zur Aushilfe mit Kartoffeln und Butter.

Diese Bitten um Tausende von Dingen des alltäglichen Lebens haben ihr Gegenüber in der Einsamkeit, in der Nacht des Gebetes, in der die Gedanken stillstehen und der Ansturm der Worte zum Schweigen kommt, in der der Mensch versteht, daß das Gebet nicht nur Sprechen, nicht nur Schweigen, sondern auch das Hören der Stimme Gottes ist.

VII. Die Nachfolge Christi

Das Gebet verweist die Gläubigen auf den steinigen Weg der „Nachfolge Christi" im Sinne der oboedientia activa, des tätigen Gehorsames, denn oboedientia activa und oboedientia passiva, als leidender Gehorsam, bilden

[35] Denksteine des lebendigen Gottes. Aufzeichnungen selbsterlebter Führungen und Begebenheiten, 1926, 92–141.

[36] Kleine Tropfen aus dem Lebensstrom, 1925, 19–27.

[37] Denksteine des lebendigen Gottes, 101 ff.

für sie eine klar ausgesprochene Einheit. Ihre Gedanken zur „Nachfolge Christi" hat Eva von Tiele-Winckler in zwei kleineren Abschnitten des Buches *Kleine Tropfen aus dem Lebensstrom*[38] zusammengefaßt. *„Nachfolge Christi"* bedeutet für sie, allein jene Eigenschaften in sich wachsen zu lassen, die auch Christus an sich trug. Dies betrifft besonders das geduldige Ertragen des Leides, die demütige Haltung Gott und den Mitmenschen gegenüber, sowie der Wille zur Vergebung, der doch nur ein Spiegelbild des göttlichen Willens zur Vergebung ist.

Hier kommt es zum entscheidenden Umschlag vom Glauben zur tätigen Nächstenliebe, von der religiösen Erfahrung zur konkreten Aufforderung, den Weg der Heiligung und der tätigen Nächstenliebe zu beschreiten.

VIII. Die Heiligung – der von Gott geschenkte Glaube wird als Nächstenliebe weitergegeben

Der Mensch empfängt den Glauben als Geschenk und gibt dann dieses Geschenk aus Dankbarkeit in Liebe weiter, denn im Glauben, in der mystischen Begegnung zwischen Gott und der menschlichen Seele, tut Gott dem Menschen wohl, und durch die daraus entspringende Liebe tut der gläubige Mensch seinen Mitmenschen wohl. Das Streben nach Heiligung, nach tätiger Nächstenliebe und christlicher Vollkommenheit ist nicht ein beliebiger Anhang zum Glaubensleben, dem man entweder folgen kann oder nicht, sondern dies Streben ist die notwendige Folge aus dem Glaubensleben, dem „Ich lebe; doch nun nicht ich, sondern Christus lebt in mir" (Gal 2,20):

> Die Herrlichkeit ist an Bedingungen geknüpft, und diese Bedingungen heißen: Mit Christus gekreuzigt, mit Christus auferstanden, trachten nach dem, was droben ist, da Christus ist.[39]

Die Heiligung ist also einmal durch die Lehre von der Imitatio Christi – das berühmte Buch von Thomas a Kempis *De imitatione Christi* ist in ihrem Werk mit Händen zu greifen – im Zweiten Artikel verankert, aber Eva von Tiele-Winckler bindet auch deutlich den Dritten Artikel, die Pneumatologie, d. h. die Lehre vom Heiligen Geist, mit ein. Sie hat der Frage des Wirkens des Heiligen Geistes innerhalb des Prozesses der Heiligung ein ganzes Buch gewidmet, das man vielleicht als ihre fachtheologischste Schrift bezeichnen kann, nämlich *Geisteswirken im täglichen Leben*. Dies ist unter zwei Aspekten interessant. 1. bewahrt Eva von Tiele-Winckler der ihr verbundenen Gemeinschaftsbewegung gegenüber eine gewisse Freiheit, weil sie die Frage der Charismata bewußt nicht ausschaltet. Auch kann man ihr Verhältnis zur Inspiration der Schrift mit dem klassischen Begriff des testimonium spiritus sancti, d. h. des Zeugnisses des Heiligen Geistes beschreiben, ein Umstand,

[38] Kleine Tropfen aus dem Lebensstrom, 1925. Nachfolge I, 66–74; Nachfolge II, 75–80.

[39] Geisteswirken im täglichen Leben, o.J., 51.

der sie von einem rationalistischen Biblizismus oder einer gesetzlichen Verbalinspirationslehre abhebt. Die Erfahrung und Erkenntnis von der Inspiration der Schrift baut sie nicht auf einem apodiktischen Traditionsbeweis oder auf der sogenannten Verbalinspiration auf, sondern die Erkenntnis von der Inspiration der Schrift gewinnt der Christ durch den täglichen Umgang mit der Schrift, wobei er durch den Heiligen Geist Zeugnis erhält und geleitet wird. Durch den Heiligen Geist versteht er auch, daß die Heilige Schrift als Ganzes göttlichen Ursprungs ist. Deshalb wird auch eine historisch-kritische Untersuchung innerhalb der Schrift selbst von Eva von Tiele-Winckler abgewiesen. Das Zeugnis des Heiligen Geistes erstreckt sich objektiv auf die ganze Schrift und durch diese zweifelsfreie Autorität ist auch ihre Bedeutung und Gewißheit für das einzelne christliche Leben gegeben.[40]

2. Die deutliche Hervorhebung des Dritten Artikels unterscheidet Eva von Tiele-Winckler auch deutlich von den Hauptströmungen der zeitgenössischen Theologie. Während es im deutschen Sprachraum durch die Herrschaft der Dialektischen Theologie zu einer *„christologischen Engführung“*, d.h. zu einer bewußten Konzentration auf den Zweiten Artikel kam, bauten weite Kreise des vor allem skandinavischen Luthertums ihre Theologie vornehmlich auf dem Ersten Artikel, nämlich der Schöpfungstheologie, auf. Der Dritte Artikel, die Lehre vom Heiligen Geiste, wurde weithin theologischen und kirchlichen Randgruppierungen überlassen.

Man kann im Werk von Eva von Tiele-Winckler nicht von einer dogmatisch ausgefeilten Lehre vom Heiligen Geist sprechen; deshalb auch nicht von einer konzisen Darstellung des Begriffes *„Geistestaufe“*, etwa im Sinne von Karl Barths Tauflehre in seiner Kirchlichen Dogmatik IV/4 (1967), sondern sie behandelt ihre Geisterfahrungen oft in dichterischer Form, wobei jedoch ein Schema sichtbar wird.

Am deutlichsten und dogmatisch greifbarsten ist ihre Auffassung von der Heiligung dargestellt in ihrer Studie *Ist Heiligung nötig.*[41] Schon die ersten Worte dieses Werkes heben die Notwendigkeit der Heiligung hervor:

> Ist Heiligung nötig? Das können wir wohl beantworten mit einer dreifachen Gedankenreihe:
> 1. Es ist Gottes Wille, unsere Heiligung (1.Thess 4,3).
> 2. Es gilt, der Heiligung nachzujagen (Hebr 12, 14).
> 3. Es wird uns kein Erbe mit Christus ohne Heiligung (Eph 5,5).[42]

Im Heiligungsgeschehen gibt es eine innere und eine äußere Seite. Die innere Seite knüpft direkt an die Ausführungen über die unio mystica, die

---

[40] Ebd., 33ff.

[41] Der wahre Sinn des Lebens, o.J., 46–73. 1962 als Einzelbroschüre neu herausgegeben unter dem Titel: Ahas und Hiskia. Eine Studie über die Heiligung.

[42] Ebd., 46.

„Gelassenheit“ und die *„uninteressierte Liebe“* der Mystik sowie ihre Gedanken von der *„Nachfolge Christi“* an. Das *Christus für uns* hat das *Christus in uns* zur notwendigen Folge:

Nicht gerecht geworden durch unsere eigenen Werke, sondern durch das versöhnende Opfer Jesu, durch die Rechtfertigung, durch den Glauben und durch sein In-uns-leben, durch seine Innewohnung und durch die Mitteilung der Kräfte des Heiligen Geistes sind wir nur durch Ihn und nur in Ihm in den Stand gesetzt, nun auch Werke der Gerechtigkeit zu tun und uns in Ihm vor Gott als gerecht zu beweisen.[43]

Heiligung ist die Wirkung des Heiligen Geistes auf den menschlichen Geist, und Heiligung ist kein statischer Zustand, sondern ein dynamisches Ereignis, das den Menschen von Stufe zu Stufe weiter und weiter führt. So wie das Sich-Öffnen für die Sünde das menschliche Gewissen allmählich einschläfert, um schließlich in totaler Verderbtheit zu enden (Ahas)[44], so gibt es eine stete Heiligungsbewegung, Heiligungsstufen, die den Menschen nach oben führen (Hiskia).[45] In ihrem Artikel *Die Leiter mit sieben Stufen der Heiligung*[46] geht sie auf diese Problematik ein, die sieben Stufen sind:

1. Sich beugen und schweigen
2. Reinigung und Einigung
3. Wahrheit und Klarheit
4. Freiheit und Neuheit
5. Sieg und Segen
6. Zucht und Furcht
7. Bewährung und Verklärung.[47]

Das Wirken des Heiligen Geistes im Menschen ist eine Kraft, die ihn immer weitertreibt, weiter vom Dunkel in die Nähe des Lichtes, in die Nähe von Gott in Christus. In ihrer Monographie über den Heiligen Geist *Geisteswirken im täglichen Leben* lesen wir:

> Das ganze 8. Kapitel des Römerbriefes ist eigentlich ein Triumphgesang der Freiheit, die uns in Christo erworben und durch den Heiligen Geist zugeeignet wird. Wir brauchen nicht mehr Knechte der Sünde zu sein, sondern dürfen uns der Freiheit in Christo freuen. Unter dem Gesetz der Sünde sind wir arme, geknechtete, gebundene, beengte, gedrückte und gefesselte Menschen. Unter der

---

[43] Zit. nach *Walter Thieme*, Die Lobsängerin der Gnaden Gottes, 1931, 291.

[44] Der wahre Sinn des Lebens, o.J., 55: 13. „Ahas starb – reuelos, gnadenlos, friedelos, unbetrauert vom Volk. Es ging einer dahin, der sein ganzes Leben benutzt hatte, ein Unsegen zu sein für seine Umgebung. Schauerliches Leben, trostloser Tod! So weit kann ein ungeheiligtes Leben führen.“

[45] Ebd., 56–73. Ihre Schilderung der inneren und äußeren Heiligungsentwicklung Hiskias hat große Ähnlichkeit mit der klassischen katholischen Habitus- und Tugendlehre. Am Schlußpunkt fallen religiöse und moralische Heiligung zusammen. 73: „Ihr Königspriester des Herrn, gedenkt eurer großen Verantwortung und der heiligen Würde eures Berufes! Nur Geheiligte können andere zur Heiligung führen.“

[46] Kleine Tropfen aus dem Lebensstrom, 1925, 91–95.

[47] Ebd., 91 ff.

Gnade, im Machtbereich des Heiligen Geistes in Seiner befreienden Kraft fallen die Fesseln. Wir haben die Möglichkeit, ein geheiligtes Leben zu führen und dürfen uns dieser Befreiung von dem Zwang der Sündenherrschaft freuen und getrösten. Zinzendorf sagt: „Es ist ein Privilegium, daß wir nicht sündigen müssen!" Nicht, daß wir nicht sündigen könnten.[48]

Mit den letzten Worten haben wir uns dem Schlußpunkt ihrer Auffassung von der Heilsordnung genähert, nämlich der Lehre von der christlichen Vollkommenheit. Vorher nur noch einige Worte zur äußeren Seite der Heiligung und ihrem Kirchenverständnis, die beide eng mit ihrer Lehre vom Heiligen Geist zusammenhängen. In ihrem Aufsatz *Der Wandel im Geist*[49] beschreibt Eva von Tiele-Winckler den Zusammenhang zwischen innerer und äußerer Heiligung:

> Der Wandel ist eigentlich nichts anderes, als unser Verhältnis zur Umwelt, das uns im Laufe der Stunden und Minuten beständig in andere Beziehungen bringt. Der Wandel oder Verkehr mit der Außenwelt soll ein Geisteswandel sein, ein Wandeln im Geist.[50]

Das Verhältnis von innerem und äußerem Wandeln vollzieht sich nach dem oben dargestellten Verhältnis von Glaube und Liebe. Der Mensch empfängt den Glauben als Geschenk, und der Glaube trägt ihn zu Gott hin und führt ihn hinein in ein Leben voller Liebe, das er auf seiner Ebene an die Mitmenschen weitergibt. Er gibt also das göttliche Geschenk des Glaubens als Nächstenliebe, der nichts Menschliches fremd ist, weiter:

> Die Heiligung hat ihre innerliche, verborgene und ihre praktische nach außen tretende Seite, das eine ist die Wurzel, das andere die Frucht. Ohne Wurzel ist keine Frucht denkbar.[51]

Die praktische Heiligung ist der Dienst am Nächsten, wie er sich in der Diakonie, in der spezifischen Gestaltung des Mutterhauses „Friedenshort", in der Schwesternschaft, in der Alten- und Kinderarbeit, in der Strafgefangenenfürsorge und der Mission ausdrückt.[52] Nur ein Wort zur *Kindererzie-*

48 Geisteswirken im täglichen Leben, o.J., 44/45.

49 Ebd., 15–22.

50 Ebd., 17/18.

51 Praktische Heiligung, 1931. 149. Zit. nach *Kanowsky*, Christusnachfolge und diakonisches Handeln, 1987, 35.

52 Die Ordnung des Diakonissenmutterhauses Friedenshort macht diesen Zusammenhang in greifbarer Weise deutlich: Ancilla Domini. Ordnung für die Diakonissen des Mutterhauses „Friedenshort", 1954. Die Struktur zeigt sich an den Hauptüberschriften: (1) Eine rechte Diakonisse; (2) Der Eintritt in das Mutterhaus; (3) Das Mutterhaus; (4) Die Schwesternschaft; (5) Unsere Pflegebefohlenen; (6) Die Stellung zur Welt; (7) Das Verhältnis zu den von Gott gegebenen Ordnungen; (8) Das persönliche innere Leben einer Diakonisse; (9) Das persönliche äußere Leben der Diakonisse; (10) Gesegneter Dienst. Die Ausführungen der einzelnen Abschnitte werden durch zahlreiche Zitate aus den Werken Eva von Tiele-Wincklers und der sie stützenden geistigen und theologischen Tradition unterkellert, so daß kaum ein Zweifel an der geistigen Ausrichtung des Werkes aufkommen kann.

hung. Das Erziehungsprogramm wurde von einem Diakonissenbild getragen, das seine Prägung durch das oben geschilderte geistige und theologische Milieu erhalten hatte. Die Glaubensgewißheit, die ihr Gelöbnis trug, machte für sie den Verzicht auf irdische Liebe, auf gewisse Lebensformen wie Ehe und Familie notwendig. Auch dies entsprach dem Gedanken von der *„Nachfolge Christi"*, vom Sterbenmüssen und Auferstehen. Die alte Erfahrung der Spiritualität, daß Verzicht nicht nimmt, sondern vielmehr gibt, schlug sich nieder in der Formung starker und tiefer Persönlichkeiten. Der Verlust der Familie wurde teilweise gemildert durch die Schaffung von sogenannten Kinderfamilien unterschiedlicher Altersgruppen, die sich um ein sogenanntes *„Mütterchen"* gruppierten. Ihr Zusammenleben war von der Forderung nach völliger Gerechtigkeit getragen.[53] Im konkreten Falle macht diese an sich notwendige Forderung die Gestaltung einer tieferen emotionalen Bindung zu einem einzelnen Kind schwierig, da bestimmte Grenzen im Gegensatz zum Familienleben nicht überschritten werden können und deshalb nur allzu oft Empfindungen des Kindes in noch größerer Einsamkeit, die Wunden für das ganze Leben hinterläßt, enden. Aus ihren Äußerungen über das Wirken des Heiligen Geistes im Prozeß der Heiligung wird aber auch deutlich, daß Eva von Tiele-Winckler niemals eine hochkirchliche Auffassung von der Kirche als Anstalt teilte, und es ist nicht schwer, schulmeisterlich bestimmte Punkte der Theologie der lutherischen Bekenntnisschriften aufzuzeigen, die bei ihr fehlen. Sie wußte um die tiefe Krise, die die geschichtlich gewachsenen großen Volkskirchen durchlebten, aber sie suchte ihr Heil nicht in der exklusiven Frömmigkeit des Konventikels, sondern sie strebte vielmehr im Sinne der ursprünglichen Gemeinschafts- und Allianzbewegung danach, über die mitunter engen Grenzen einer Partikularkirche hinauszugehen:

> Wir glauben an die Gemeinschaft der Heiligen. Der alte Blankenburger Grundsatz: Unum corpus sumus in Christo – Wir sind ein Leib in Christo, ist heute noch, wie seit Jahren, der Grundsatz unseres Hauses. Die Geistkirche, die aus den wahrhaft gläubigen Gliedern aller Denominationen besteht, ist die unsichtbare Familie, der auch wir uns angliedern und mit der wir völlige Gemeinschaft pflegen, wie immer auch der äußere Name sei.[54]

IX. Die christliche Vollkommenheit

Der Heilige Geist ist also nicht nur die Kraft des individuellen Heiligungsprozesses, er ist vielmehr auch gemeinschafts- und kirchenbildend, und er führt den einzelnen mit Hilfe der „Gemeinschaft der Heiligen" zum Schlußpunkt der Heilsordnung, zur christlichen Vollkommenheit. Eva von Tiele-

[53] Ebd., 110.

[54] Ebd., 142. Vgl. auch ihr bekanntes Gedicht Die Geisterkirche, das dieselben Gedanken in poetischer Form wiedergibt, 189.

Winckler hat den Heilsweg oftmals als einen Weg von Römer 7 über Römer 8 zu Kolosser 3 beschrieben, und sie hat zweifellos recht damit, daß der Begriff der Vollkommenheit (téleios) einen wichtigen Platz im Neuen Testament einnimmt.[55] Ebenso wie mit ihren Gedanken von der Heiligung und vom Heiligen Geist greift hier Eva von Tiele-Winckler ein wichtiges Desiderat in der gegenwärtigen evangelischen Theologie auf. Die lutherische Auffassung von der imputativen Rechtfertigung, die mit dem pessimistischen Menschenbild verbunden ist, daß der Mensch Sünder ist und bleibt, hat dazu geführt, daß die moderne Ethik im Namen der „Eigengesetzlichkeit" ihre eigenen Wege geht, ohne sich um dogmatische Voraussetzungen zu kümmern. Die Lehre von der christlichen Vollkommenheit fragt danach, inwieweit der Mensch in der Lage ist, Christi Person und Werk schon innerhalb dieses irdischen Lebens zu verwirklichen. Hier kommt die oben aufgezeigte Doppelheit des Nachfolgebegriffes zu ihrem Recht. Der Glaube stellt immer wieder die Verbindung zu Christus her, aber er gibt auf der anderen Seite als Frucht des Glaubens dem Menschen in der Liebe auch die Macht über die Sünde.

> Es ist unser Privilegium, daß wir nicht sündigen müssen! Nicht, daß wir nicht sündigen könnten! Aber wir brauchen nicht, wir müssen nicht! Wir können überwinden in Ihm, dem großen Überwinder, der uns heiligen will, wenn wir in der uns geschenkten Freiheit wandeln.[56]

Eva von Tiele-Winckler unterscheidet sich in ihrer Auffassung von der christlichen Vollkommenheit also deutlich von der calvinistischen Tradition, indem sie davon ausgeht, daß auch der Gläubige wieder in die Sünde zurückfallen kann. Deshalb kann sie die Vollkommenheit auch nicht als einen permanenten Zustand der Ruhe beschreiben, sondern muß sie als einen ständigen Kampf betrachten. Die Vollkommenheit ist einer der wenigen Augenblicke in unserem Leben „wo uns das Herz nicht verurteilt", denn auch der ständig nach Vollkommenheit strebende Mensch hat durch das „tiefgreifende Sündengift tödliche Verletzungen erhalten".[57] Eva von Tiele-Winckler gießt diese Erfahrungen und Gedanken nicht in die nach eindeutiger Klarheit strebende Begriffssprache der wissenschaftlichen Dogmatik, sondern sie bedient sich der vielschichtigen, mitunter poetischen Sprache der religiösen Erfahrung. Es ist die Vielschichtigkeit der Erfahrung, die ihr ganzes Werk durchzieht, indem sie die alte Wahrheit jeder Spiritualität zu zeigen versucht, daß der stille Verzicht auf äußeres Lebensglück nicht nimmt, sondern gibt, indem sie in ihren Gedichten darauf hindeutet, daß das Wissen um die Schönheit und Größe der göttlichen Schöpfung den unausweichlichen Abschied von ihr nur noch schwerer macht, und indem sie ausspricht, daß mit dem Streben nach christlicher Vollkommenheit die

[55] *G. Delling*, téleios, ThWNT VIII, 68–79; *M. Hübner*, téleios, EWNT III, 821–24.
[56] Geisteswirken im täglichen Leben, o.J., 45.
[57] Der wahre Sinn des Lebens, o.J., 122.

seelische Verletzbarkeit und die Einsamkeit nur noch größer werden. All dies kann nur von einem Glauben getragen werden, der sich in der Liebe vollendet: *„Über alles aber ziehet an die Liebe, die da ist das Band der Vollkommenheit“* (Kol 3,14).

Schriften von Eva von Tiele-Winckler

Der Friedenshort (Im Dienst des Königs) I, Nov. 1913, H 1 ff.

Der Friedenshort und die „Heimat für Heimatlose“. Freiburg im Breisgau 1923.

Das innere Leben (Im Dienst des Königs. Mitteilungen aus dem Friedenshort und seinen Arbeitsgebieten X/März 1925), S. 81–85.

Kleine Tropfen aus dem Lebensstrom. Dresden 1926.

Kleine Strahlen von der Lebenssonne. Neue Folge der Kleinen Tropfen aus dem Lebensstrom, Dresden 1926.

Aus stillen Stunden. Dinglingen (Baden)/Gotha 1928.

Die Bergmannstochter. Aus unserer Mutter Jugendzeit. Nach Aufzeichnungen und Briefen zusammengestellt von ihrer Tochter Schwester Eva von Tiele-Winckler. Gotha 1928.

Praktische Heiligung im Diakonissenhause. (Die Diakonisse. Zeitschrift für weibliche Diakonie. VI/Mai 1931, H. 5) S. 149–55.

Hans Werner und Eva von Tiele-Winckler. Ihr Weg zu Gott und mit Gott. Ed. Alfred Roth. Gotha 1931.

Die stille Stunde. ^{6}1937.

Ahas und Hiskia. Eine Studie über die Heiligung. Freudenberg 1962.

Briefe zum Lobe Gottes. Lahr-Dinglingen. 1979.

Denksteine des lebendigen Gottes. Aufzeichnungen selbsterlebter Führungen und Begebenheiten. Dresden o. J.

Wie der Friedenshort entstand. Freiburg im Breisgau o. J.

Ein Friedensgruss vom Friedenshort. Dinglingen (Baden). o. J.

Geisteswirken im täglichen Leben. Dresden o. J.

Glückselig. Matthäus 5,1–12. Dresden o. J.

Heimat für Heimatlose. Dinglingen (Baden) o. J.

Wir sahen seine Herrlichkeit. Dresden o. J.

Das siebenfache „L“. Ein Geheimnis fruchtbringenden Zeugendienstes. Dresden. o. J.

Morgengruss. Dinglingen (Baden). o. J.

Morgentau. Gotteswort und Menschengedanken. Freiburg im Breisgau. o. J.

Vom Reichtum seiner Gnade. Dinglingen (Baden) o. J.

Der wahre Sinn des Lebens. Dresden o. J.

Soli Deo Gloria. Miechowitz. o. J.

Michel Weyer

Neuerscheinungen zu John und Charles Wesley

1984 feierte die weltweite Evangelisch-methodistische Kirche (United Methodist Church) ihr 200-jähriges Bestehen. 1988 gedachte der über die erwähnte Kirche hinausgehende Methodismus des 250. Jahrestages der Aldersgate-Erfahrung John Wesleys, welche traditionellerweise als Geburtsstunde der methodistischen Bewegung betrachtet wird. Schließlich schickt sich die methodistische Kirchenfamilie an, im kommenden März 1991 das 200. Todesjahr ihres Gründers zu begehen. Drei methodistische Jubiläen in sechs Jahren erklären natürlich die zahlreichen Neuerscheinungen, mit denen seit einigen Jahren die Aufmerksamkeit auf Werk und Theologie John und Charles Wesleys gelenkt wird. Lediglich einige dieser Publikationen sollen hier kurz zur Sprache gebracht werden.

Obwohl seit J. Wesleys Tod nahezu 2000 Titel über ihn und seinen Bruder erschienen sind, wie der neuesten Wesley-Bibliographie *(Betty M. Jarboe, John und Charles Wesley; A Bibliography, Metuchen, N.J. (Scarecrow) 1987)* zu entnehmen ist, hat die Wesley-Forschung ziemlich lange darunter gelitten, daß die Werke der beiden Brüder nur in sehr mangelhaften Editionen aus dem 19. Jh. vorlagen und sie im Rahmen einer zu wenig kritischen und zu denominationell geprägten Geschichtsschreibung interpretiert waren. Das wird deutlich im Beitrag von *R. P. Heitzenrater* über *Wesley und die Aufgabe des Historikers* in seinen dem Frühmethodismus gewidmeten gesammelten Studien *Mirror and Memory. Reflexion on Early Methodism, Nashville (Abingdon) 1989.* Schon 1984 hatte der Vf. in zwei für das Wesley-Studium sehr wichtigen Bänden gezeigt, wie die komplexe und spannungsreiche Vielschichtigkeit von Gedankenwelt und Lebensentwicklung des Anglikaners J. Wesley, bei welchem mehrere kirchengeschichtliche Traditionen mit ihren jeweiligen Grundanliegen wie in ein Sammelbecken zusammengeflossen sind, zu sehr unterschiedlichen Interpretationen von Person und Theologie des Gründers des Methodismus führen konnte: *R. P. Heitzenrater, The elusive Mr. Wesley. Vol. I: John Wesley his own Biographer. Vol. II: John Wesley as seen by Contemporaries and Biographers, Nashville [Abingdon] 1984.* In vieler Hinsicht sind Wesley und seine Theologie ambivalent, nicht zuletzt auch deshalb, weil wir es nicht mit einem „regulären" Theologen zu tun haben, sondern mit dem Inspirator und Organisator einer Erweckungsbewegung, die er mit lauter Gelegenheitsschriften zu leiten und zu beeinflussen versucht hat – und dies mehr als fünfzig Jahre lang. Als Schüler Albert C. Outlers, des verstorbenen Altmeisters der amerikanischen Wesley-Forschung, gehört Heitzenrater zu denen, die den Kampf gegen die vielen vereinfachenden „Wesley-Legenden" führen und sich unermüdlich für eine Ausweitung und größere Differenzierung des traditionellen Wesley-Bildes einsetzen. Im Gefolge Albert C. Outlers, der 1982 auf dem 7. „Oxford Institute of Methodist Theological Studies" vehement für die Entdeckung des „ganzen Wesley" plädiert hatte (*A. C. Outler, A New Future for Wesley Studies: An Agenda for ‚Phase III'*, in: *M. D. Meeks [Hg.], The Future of the Methodist Theological Traditions, Nashville 1985*, S. 34–52), rügt Heitzenrater die Verkürzungen so vieler älterer Wesley-Biographien, die sich zu sehr auf den jüngeren Wesley beschränken und dessen spätere Schriften – und somit die wichtige theologische Akzentverschiebung der endenden 60er Jahre – weitgehend unberücksichtigt lassen. Deshalb enthält sein Sammelband *Mirror and Memory* die programmatische Beschreibung der notwendigen „Suche nach dem ‚wahren' John Wesley" *(The Search for the ‚Real' John Wesley)*, einer Aufgabe, die noch lange nicht abgeschlossen ist.

Die neueren Publikationen sind sich offensichtlich der Komplexität der Aufgabe bewußt. Die meisten profitieren schon von der seit 1975 erscheinenden ersten historisch-kritischen Ausgabe der Werke John Wesleys, die auf 33 umfangreiche Bände angelegt ist und bereits 12 Bände zählt. *The Works of John Wesley*, herausgegeben (von 1975 bis 1983 bei Oxford Press, Oxford–New York, und seit 1984 bei *Abingdon Press, Nashville, TN/USA*) von einer internationalen akademischen Arbeitsgemeinschaft, stehen unter der wissenschaftlichen Leitung von Richard P. Heitzenrater (Southern Methodist University, Dallas/USA) und Frank Baker (Duke University, Durham, NC/USA). Diese nun als *Bicentennial Edition of the Works of John Wesley* bekannte Ausgabe wächst um einen bis zwei Bände pro Jahr. Erschienen sind bisher alle noch erhaltenen (151) Predigten (Bde. 1–4), die veröffentlichten Tagebücher sowie die von Wesley nicht für die Öffentlichkeit gedachten (und von Heitzenrater entschlüsselten) „Diaries" von 1735 bis 1754 (Bde. 18–20), die für die theologische Ortung Wesleys wichtigen „Aufrufe" („Appeals") und die offenen Briefe (Bd. 11), die Korrespondenz der Jahre 1721 bis 1755 (Bde. 25–26), die zur Geschichte, Organisation und Absicht der methodistischen Gemeinschaften verfaßten Schriften (Bd. 9) sowie das methodistische Gesangbuch von 1780 (Bd. 7). Vorzügliche Einleitungen, zahlreiche mit reichlichem Quellenmaterial versehene Anmerkungen sowie hilfreiche Bibliographien machen aus jedem Band ein unverzichtbares Instrument für alle, die Wesleys Äußerungen in ihrem biographischen, kirchen-, sozial- und geistesgeschichtlichen Kontext verstehen wollen. Es besteht kein Zweifel darüber, daß die neue Ausgabe zur gewünschten Ausweitung und Präzisierung des bisherigen Wesley-Bildes beitragen wird.

Der von *Randy L. Maddox* herausgegebene Sammelband *Aldersgate Reconsidered, Nashville (Abingdon) 1990* läßt den in Gang gekommenen Prozeß der Wesley-Reinterpretation deutlich sichtbar werden. Diese der „Aldersgate-

Erfahrung" Wesleys gewidmeten Beiträge von amerikanischen methodistischen Theologen gewähren einen Einblick in die aktuelle innermethodistische Diskussion über Wesen und biographischen und theologischen Stellenwert der spirituellen Wende Wesleys von 1738. Offensichtlich herrscht heute kein Konsens über die Bedeutung von „Aldersgate". Eine Tendenz zeichnet sich jedoch ab. Die „standard interpretation" – und mit ihr das als methodistisch bekannte Bekehrungsmodell – ist unter scharfe Kritik geraten. Maddox spricht von einem „Wechsel des Paradigmas": nicht mehr der jüngere, unter dem unmittelbaren Einfluß der Aldersgate-Wende stehende Wesley, sondern der viel differenzierter denkende Wesley der reifen Jahre sei der, bei welchem man nun das echt Wesleyanische suche. Die traditionelle Bekehrungsinterpretation von „Aldersgate" sieht bekanntlich im Geschehnis eine quasi absolute biographische – und theologische – Zäsur, den entscheidenden und von nun an alles dominierenden Wendepunkt in Wesleys Leben und Denken. Die so verstandene Erfahrung wurde dann oft auch als Paradigma für den Weg eines jeden Menschen zum echten Christen erklärt und zum Eckstein methodistischer Theologie gemacht. Diese Interpretation, die schon 1925 vom belgischen Franziskaner Maximien Piette in Frage gestellt wurde, wird heute weitgehend im Methodismus selbst als inadäquate Deutung erklärt, auch wenn sie ihre Verteidiger behält. Diese Revision hängt zum Teil mit einem sachgemäßeren Umgang mit dem Corpus der Quellen zusammen: man hat sich von einer zu unkritischen und einseitigen Abhängigkeit vom Selbstzeugnis von 1738 in Wesleys Tagebuch befreit und schenkt der vorangehenden und der darauffolgenden Entwicklung des 1738 zur Glaubensgewißheit gekommenen Wesley die gebührende Aufmerksamkeit. „Aldersgate" gilt deshalb vielen heutigen Wesley-Forschern als ein immer noch sehr wichtiger Schritt auf dem langen von Wesley zurückgelegten Weg des Glaubens, der aber nicht mehr isoliert betrachtet noch verabsolutiert werden dürfe. In seinem persönlichen Beitrag zeichnet der Herausgeber die Geschichte der Aldersgate-Interpretation innerhalb des Methodismus nach *(R. L. Maddox, Aldersgate: A Tradition History, S. 133–146)*. Die Kontextbezogenheit jeder Interpretation wird herausgearbeitet. Der junge Methodismus habe in „Aldersgate" nichts als die persönliche Bekehrung eines Helden gesehen, als aber die anglokatholische Tendenz der Oxford-Bewegung des endenden 19. Jhs. die Church of England stark zu beeinflussen begann, sei innerhalb eines immer freikirchlicher werdenden Methodismus „Aldersgate" immer stärker als Wesleys Abschied von seinem früheren Formalismus und Ritualismus, ja von seiner ganzen früheren High-Church Frömmigkeit gedeutet worden. So soll es bald auch eine liberale Deutung gegeben haben: „Aldersgate" habe die liberale Tendenz legitimieren müssen, in der religiösen Erfahrung eine theologische Erkenntnisquelle zu sehen. Dann kam die Zeit der Barthschen Reaktion und der evangelischen Neo-Orthodoxie, die „Aldersgate" als die dogmatische Bekehrung Wesleys zu den Grundsätzen der Reformation erklärte, während der revivalistische

Flügel des Methodismus in „Aldersgate“ nach wie vor das Modell der für jeden Menschen notwendigen Bekehrung sah. Interessant ist die Auslegung der sog. „Holiness Churches“, die bekanntlich einen Flügel des Methodismus bilden: „Aldersgate“ sei Wesleys „zweiter Segen“, die Erfahrung der der eigentlichen Bekehrung folgenden „völligen Heiligung“ gewesen. Nahe verwandt damit ist natürlich die charismatisch-pfingstlerische Deutung, die im Ereignis von 1738 Wesleys Geistestaufe sieht. Maddoxens These lautet: die Diversität der Auslegungen liege nicht nur in der nicht wegzuleugnenden Mehrdeutigkeit der Quellen, sondern auch in den theologischen Akzentverschiebungen, die im Verlauf der Geschichte der sich auf Wesley berufenden Traditionen stattgefunden haben. Heizenrater betont zu Recht in seinem schon angesprochenen Werk *Mirror and Memory*, daß der heutige Methodismus „mehr als bloßer Wesleyanismus“ ist, erinnert jedoch die Methodisten daran, daß sie eine genaue Kenntnis ihrer wesleyanischen Wurzeln, d. h. ihres Erbes („Spiegel“ und „Gedächtnis“!) benötigen, um ihre Identität zu finden. Er lädt den Methodismus ein, über dieses Erbe zu reflektieren, und in seinem eigenen Beitrag zu „Aldersgate“ *(Great Expectations: Aldersgate and the Evidences of Genuine Christianity, S. 49–91, auch in: Mirror and Memory, S. 106–149)* drückt er unmißverständlich aus, daß er in der Perspektive des älteren, reifen Wesley mehr Orientierungshilfe in Glauben und Spiritualität für den heutigen Methodismus sieht als im „immediately post-Aldersgate Wesley“. Diese Meinung wird weitgehend von den anderen Autoren des Sammelbandes geteilt. *Roberta C. Bondi, Aldersgate and Patterns of Methodist Spirituality* erklärt das spirituelle Paradigma von „Aldersgate“ als unzulänglich und sogar „zerstörerisch“, weil es der Komplexität des menschlichen Lebens und der Notwendigkeit einer geistlichen Disziplin für ein wahres Christenleben nicht genügend Rechnung trage. *David Lowes Watson, Aldersgate Street and the General Rules: The Form and the Power of Methodist Discipleship* unterstützt R. C. Bondi in dieser Meinung kräftig, indem er den bei vielen Wesleyanern feststellbaren Verlust an „power“ weniger mit einem Defizit an „Erfahrungen“ als vielmehr mit einer bedauerlichen Nichtbeachtung der wesleyanischen „spiritual guidelines and disciplines“ erklärt. *Jean Miller Schmidt, ‚Strangely warmed?: The Place of Aldersgate in the Methodist Canon* geht noch einen Schritt weiter und sieht in der Revision des Stellenwertes von „Aldersgate“ im „methodistischen Kanon“ die unbedingte Voraussetzung für eine Rettung des wesleyanischen Erbes: gerade wesleyanische Spiritualität sei mehr als individuelle Heilserfahrung, nämlich ein dynamischer Prozeß der Heiligung, ein lebenslanges Reifen in Glaube, Hoffnung und Liebe, welches auch eine kollektive Dimension habe, jene von Wesley so oft beschworene „social holiness“. Mit seinem Beitrag *The Importance of Experience for Faith* mahnt *Theodore H. Runyon,* sich durch die notwendig gewordene Reinterpretation von „Aldersgate“ nicht dazu verführen zu lassen, den Stellenwert der Erfahrung in Leben und Theologie zu vergessen. Für Runyon bleibt „Aldersgate“ theologisch hoch relevant, weil es der

„Kristallisationspunkt" des typisch wesleyanischen Interesses an christlicher Erfahrung ist.

Auch Wesleys Wirtschaftsethik ist Gegenstand einer neueren Untersuchung: *Theodore W. Jennings, Jr., Good News to the Poor. John Wesley's Evangelical Economics, Nashville (Abingdon) 1990.* Der Vf., ein am methodistischen Seminar von Mexico City lehrender amerikanischer Systematiker, hatte sich um des Unterrichts willen ohne große Begeisterung an das Thema herangearbeitet. Seine anfängliche Skepsis war begründet im schlechten Ruf, den der sehr konservativ eingestellte Gründer des Methodismus bei ihm hatte. Wesley war ein ausgesprochener Tory gewesen, überzeugt, daß Demokratie nicht funktionsfähig und sowieso gottlos sei. Nach eigener Aussage entdeckte der Vf., daß gerade das, was er bei Wesley als Schwäche zu betrachten pflegte, nämlich seine Konzentration auf das persönliche Leben sowie der unsystematische und populäre Stil seines Theologisierens, sich als erstaunlich „relevant, provokativ und sogar befreiend" entpuppen konnte. Trotzdem ist auch dieses Werk wie die meisten Neuerscheinungen von jeder hagiographischen Tendenz weit entfernt, auch wenn Wesleys Versuch, das christliche *Leben* zu reformieren, vom Vf. ohne Komplex mit Luthers Reformation der christlichen *Lehre* parallelisiert wird. Interessant ist der unkonventionelle Gebrauch der Quellen und die damit verbundene Kritik der früheren Untersuchungen zum Gegenstand. Diese hätten sich immer mit denselben wenigen, das Thema direkt tangierenden Texten befaßt wie z. B. der Lehrpredigt Nr. 50 über den rechten Gebrauch des Geldes. Deshalb sei der radikale Charakter der Wesleyschen wirtschaftsethischen Ideen, die eine „Entmythologisierung" des Reichtums voraussetzen und zu einer Neuverteilung desselben führen möchten, bisher so wenig beachtet worden. Dies sei auch der Hauptgrund, warum man sogar von einem Beitrag Wesleys zum Aufkommen des kapitalistischen Ethos hat sprechen können, sei es in einem positiven (J. W. Warner, The Wesleyan Movement in the Industrial Revolution, London 1930, New York 1967 und B. Semmel, The Methodist Revolution, New York 1972) oder in einem negativen Sinn (Cort, Christian Socialism, Maryknoll, N. Y. 1988). Als notwendige Korrektur schlägt Jennings vor, sorgfältig auf Texte zu hören, die auf den ersten Blick hoch moralisierend und individualistisch klingen. Gerade die Äußerungen Wesleys, die man als für die Sozialethik irrelevant ausscheiden und als legalistisch bzw. trivial erklären möchte, dürften nicht ignoriert werden, weil gerade sie den Weg zum richtigen Verständnis der Wesleyschen Wirtschaftsethik ermöglichten. In ihrem Lichte müßten die anderen, das Thema direkt behandelnden Texte gelesen werden. Im ganzen Buch spürt man den Einfluß der lateinamerikanischen Befreiungstheologie, der Jennings sich verpflichtet weiß. Unter den Arbeiten zum Gegenstand, die der Vf. sehr positiv würdigt, gehört *M. Marquardt, Praxis und Prinzipien der Sozialethik John Wesleys, Göttingen (Vandenhoeck & Ruprecht) 1977, (2., durchges. Aufl. 1986)*, der (gegen Semmel) von einer Inkompatibilität zwischen Wesleys Wirtschaftsethik und dem Kapitalismus ausgeht. Jennings meint jedoch (S. 230, A. 6), Marquardt habe sich die Aufgabe unnötigerweise dadurch erschwert, daß er der Lehrpredigt Nr. 50 eine Zentralität in Wesleys Denken beigemessen habe, den sie von Haus aus nicht habe. Diese Predigt – die den berühmten Satz enthält „Verdiene so viel du kannst, spare so viel du kannst und gib soviel du kannst" – habe ihren bevorzugten Platz erst im konservativen Wesleyanismus des 19. Jhs. erhalten, und zwar weil dieser bürgerliche Methodismus Wesleys radikale Wirtschaftslehren ausscheiden wollte. Dem Vf. kommt es anachronistisch vor, wenn man dem Gründer des Methodismus unterstellt, wie dies immer wieder geschieht, er habe sich auf die persönliche Heilserfahrung konzentriert: Das entspreche dem Ideal der Erweckungen des 19. Jhs. mit ihrem „Kult der Persönlichkeit", nicht aber der ganz und gar nicht bürgerlichen Sicht Wesleys. Er habe die Veränderung des ganzen Lebens aufgrund des Evangeliums, eine „Reform der Nation und die Ausbreitung von Heiligkeit über das Land" im Blick gehabt, welche eine evangelische, in totalem Gegensatz zur herrschenden Theorie und Praxis der „weltlichen" Wirtschaftsbeziehungen der Zeit stehende Wirtschaftsethik vorausgesetzt habe. Ein Verdienst dieses herausfordernden Buchs besteht nicht zuletzt darin, daß Predigten ins Blickfeld rücken, die in der Wesley-Interpretation bisher in der Tat zu wenig beachtet worden sind: „The Foundation of City Road Chapel", „The General Spread of the Gospel" und „The Signs of the Times". Das sind symptomatischerweise Reden des älteren Wesley, der tatsächlich im Laufe der Jahre den Ton immer mehr auf die Veränderung der Gesellschaft gelegt hat. Auch Jennings illustriert also die Tendenz, die oben in Zusammenhang mit der Behandlung von „Aldersgate" festgestellt worden ist: die Vorliebe vieler Neuerscheinungen gilt dem Wesley, der von der Einseitigkeit seiner post-Aldersgate Periode Distanz genommen hat. Diese heute vielfach in der Wesley-Literatur zu beobachtende Bevorzugung hat natürlich auch ihre Tücken, insofern sie dazu führen kann, wiederum nur einen Aspekt und eben nicht den „ganzen Wesley" ins Auge zu fassen. Jennings erklärte Perspektive ist aber eine theologische und keine rein historische, so daß ihn dies nicht stört. Deshalb wird der vorwiegend historisch-theologisch interessierte Leser gut beraten sein, als komplementäre Information zu Jennings Buch zumindest ein anderes Werk zum Thema heranzuziehen. *Leon O. Hynson, To Reform the Nation. Theological Foundations of Wesley's Ethics, Grand Rapids, Michigan (Francis Asbury Press) 1984* könnte durchaus als Korrektiv fungieren.

In Anbetracht der gerade stattfindenden Reinterpretation Wesleys muß es geradezu als ein Wagnis erscheinen, schon heute die neue Synthese zu versuchen, die das erklärte Desiderat der Forschung ist. *Henry D. Rack, Reasonable Enthusiast. John Wesley and the Rise of Methodism, London (Epworth Press) 1989* geht ein solches Wagnis ein. Der Vf., ein britischer Methodist, der an der Manchester Universität lehrt, könnte uns das Buch geschenkt haben, das als das opus magnum über Wesley für längere Zeit im Rampenlicht der Aufmerksamkeit bleiben und sicherlich für Kontroversen sorgen wird. Das umfangreiche (656 S.) Werk, dem ein immenses Quellenmaterial zugrunde liegt, setzt sich intensiv mit der Sekundärliteratur auseinander und fällt Urteile auf Schritt und Tritt. Der Vf. kombiniert das biographische Unternehmen mit einer präzisen und detaillierten Darstellung der Entstehung und Entwicklung des Methodismus über Wesleys Tod hinaus. Besonders gut gelungen ist die Bemühung, den Gegenstand im sozialen Kontext zu behandeln. Der Vf. hat nicht nur die neuesten Ergebnisse der Forschung anderer in dieser synthetischen Reinterpretation integriert, sondern eigene Forschungsergebnisse in sie hineinfließen lassen. Wenn viele der früheren Biographien sich den Vorwurf des Hagiographischen gefallen lassen müssen, so fällt in Racks Buch die dezidiert ikonoklastische Absicht auf. Der Vf. scheint von einem leidenschaftlichen Willen beseelt zu sein, hinter die von Wesleys Nachfolger und Biographen aufgebaute Legende und hinter die Rauchwände, die Wesley selbst bewußt oder unbewußt in seinem Tagebuch aufgebaut haben soll, zu blicken. Man hat nicht ganz ohne Grund in diesem Werk den exorzisierenden Versuch eines liberalen Theologen gesehen, „to come to terms with an evangelical heritage" (W. R. Ward). Das Ergebnis klingt jedenfalls ziemlich negativ, sowohl für Wesleys Persönlichkeit, die einen sehr unsympathischen Eindruck hinterläßt, als auch für sein Lebenswerk. Der Gründer des Methodismus „malgré lui", ein unflexibler „pastoraler Despot", der das doppelte Ziel einer Neubelebung der Kirche und einer Reform der Nation verfolgte, sei in beiden Bereichen kläglich gescheitert. Was die einzige originelle Leistung im theologischen Bereich anbelangt, die man ihm zugestehen könne – die Heiligungslehre mit ihrer perfektionistischen Zuspitzung –, habe Wesley auch da keine glückliche Hand gehabt. Die Heiligungslehre sei ein zweifelhaftes Erbe, das bei den Erben meistens nichts als Verlegenheit hervorrufe. Der Titel spricht mit seinem semantischen Gegensatz (Vernünftiger Schwärmer) das Paradoxe an, das jeder Wesley-Forscher gut kennt.

Entstehung und Entwicklung der methodistischen Bewegung sind im 18. Jh. ganz und gar von der Person John Wesleys bestimmt gewesen. Charles stand nicht nur zeitlebens, sondern auch was das geschichtliche und das Forschungsinteresse am Methodismus betrifft, im Schatten seines Bruders. Das ist bedauerlich, weil Charles, der nicht nur Autor des Liedguts der methodistischen Erweckungsbewegung, sondern auch ein Dichter gewesen ist, der sehr weltliche Themen ansprechen konnte, in mancher Hinsicht für mehrere geistesgeschichtliche Disziplinen von Interesse ist. Daß dies wahrgenommen wurde, zeigt die Gründung der internationalen „Charles Wesley Society" im Oktober 1990 in der Princeton University. *S. T. Kimbrough, Jr.*, Vorsitzender der neuen Gesellschaft und Musikwissenschaftler in Princeton, hat in Zusammenarbeit mit dem Briten *Oliver A. Beckerlegge* eine dreibändige Ausgabe der bisher unpublizierten Gedichte in Angriff genommen: *The Unpublished Poetry of Charles Wesley, Nashville, TN (Abingdon), 1988 (Bd. 1),*

1990 (Bd. 2). Erst die geplante kritische Ausgabe der Gesamtwerke wird die volle Bedeutung des methodistischen Dichters erkennen lassen. Die bisher unbekannten 1300 Gedichte könnten der Vorgeschmack dessen sein, was die erwartete Gesamtausgabe schenken wird. Der 1. Bd. besteht in der Hauptsache in einer Reihe von Gedichten über den amerikanischen Unabhängigkeitskrieg und andere patriotische Themen, aber auch aus der Familie gewidmeten Gedichten. Eine Einleitung erläutert den geschichtlichen Hintergrund, auf dem die Gedichte zu verstehen sind. Der 2. Bd. enthält Lieder zu biblischen Stellen und bildet ein Quellencorpus, das einen vorzüglichen Zugang zu Ch. Wesleys Hermeneutik gewährt.

Daß nichtmethodistische Autoren aus der Welt der Ökumene sich in steigerndem Maße an der Aufgabe beteiligen und daß heute verschiedene Disziplinen in der Forschung vertreten sind, trägt mit dazu bei, Wesleys Werk und Theologie aus dem engen Korsett der früheren Auslegungen zu befreien. Ein Beispiel dafür ist die Münsteraner liturgiewissenschaftliche Dissertation von *Teresa Berger* zur Theologie des wesleyanischen Liedguts: *Theologie in Hymnen? Zum Verhältnis von Theologie und Doxologie am Beispiel der „Collection of Hymns for the use of the People called Methodists" 1780, Altenberge (Telos-Verlag) 1989.* Hier wird deutlich, wie sehr die beiden Gründer des Methodismus darauf bedacht waren, neben der „Theologie der Dogmen" als deren notwendige Ergänzung eine Theologie zu formulieren, „die man auch singen kann". Darin sieht die Vf. einen wesentlichen Aspekt der ökumenischen Relevanz Wesleys und den methodistischen Beitrag zur heute so notwendig gewordenen Überwindung der bekannten Entfremdung zwischen wissenschaftlicher Theologie und spirituellem bzw. liturgischem Leben.

Martin Brecht

Philipp Matthäus Hahn 1989/1990

Wissenschaftliche Bilanz eines Jubiläums

Wie die chronologisch angeordnete Bibliographie der Sekundärliteratur über Ph. M. Hahn von Leo Prawitt aus dem Jahre 1981 zeigt, hat es in den letzten Jahrzehnten eine ständige wissenschaftliche Beschäftigung mit dem Pietisten und Erfinder gegeben.[1] Eine Zäsur bildete dabei die von der Historischen Kommission zur Erforschung des Pietismus geförderte Veröffentlichung der Kornwestheimer und Echterdinger Tagebücher Hahns 1979 und 1983.[2] Damit war der Wissenschaft diese wohl wichtigste Quelle zu Hahn erstmals vollständig zugänglich. Die Hoffnung, daß dadurch die Hahnforschung in ihrer ganzen Breite neue Impulse erhalten würde, erfüllte sich in überraschender Weise.

Schon die Arbeit an der Edition selbst hatte zu der Einsicht geführt, daß Hahns Ausstrahlung intensiver und weitreichender gewesen war, als man angenommen hatte. Seine Rolle als Organisator des württembergischen Pietismus wurde erkennbar.[3] Er ließ sich im Kontext der Jugend Hölderlins orten.[4] Seine Beziehungen zu den protestantischen Toleranzgemeinden in Österreich traten zutage.[5] Von den Tagebüchern her erschloß sich die eigenartige Bedeutung der Korrespondenzbücher Hahns im Zusammenhang mit der entstehenden Basler Christentumsgesellschaft.[6] Damit öffnete sich ein

---

[1] *Leo Prawitt*, Philipp Matthäus Hahn. Ein Verzeichnis der Sekundärliteratur zu Leben und Werk, BWKG 80/81 (1980/1981), 175–203.

[2] *Philipp Matthäus Hahn*, Die Kornwestheimer Tagebücher 1772–1777, hg. von *Martin Brecht* und *Rudolf F. Paulus*, TGP VIII/I, Berlin/New York (1979). – *Ders.*, Die Echterdinger Tagebücher 1780–1790, hg. von *Martin Brecht* und *Rudolf F. Paulus*, TGP VIII/II, Berlin/New York (1983).

[3] *Martin Brecht*, Philipp Matthäus Hahn und der Pietismus im mittleren Neckarraum, BWKG 77 (1977), 101–131.

[4] *Martin Brecht*, Zum sozialen Umfeld von Hölderlins Jugend, in: Bausteine zur geschichtlichen Landeskunde von Baden-Württemberg, Stuttgart (1979), 347–356.

[5] *Martin Brecht*, Württembergische Pietisten und oberösterreichische Toleranzgemeinden, in: *Peter F. Barton* (Hg.), Im Zeichen der Toleranz. Aufsätze zur Toleranzgesetzgebung des 18. Jahrhunderts im Reiche Josephs II., Wien (1981), 429–439.

[6] *Martin Brecht*, „Wir sind korrespondierende Pietisten". Neue Einsichten in die Anfänge der Christentumsgesellschaft, PuN 7 (1982), 69–86.

weites Feld. Die Beziehungen Hahns zu Herder ließen sich beschreiben.[7] Sein Einfluß auf den Offenbacher Pfarrer und späteren Generalsuperintendenten in Lippe-Detmold Johann Ludwig Ewald und dessen jeweilige Umfelder konnte nachgewiesen werden, und dies brachte eine neue Deutung der betroffenen Territorialkirchengeschichten mit sich.[8] Über seinen Schüler Thomas Wizenmann spielte Hahn eine ähnliche Rolle auch im rheinischen Pietismus.[9] Die Ausstrahlung Hahns und die Vielfalt der Beziehungen, in denen er stand, forderten zu einer Neubewertung des durch die Aufklärung bereits hindurchgegangenen Pietismus des späten 18. Jahrhunderts heraus.[10] Hahns Ablösung von der Eschatologie Bengels wurde eindrücklich von Reinhard Breymayer dokumentiert.[11]

1989 stand mit der 250. Wiederkehr von Hahns Geburtstag und 1990 mit der 200. Wiederkehr seines Todestages ein doppeltes Jubiläum an. Das Interesse an dem Techniker und Erfinder sowie an dem Pietisten Hahn, getragen vor allem vom Württembergischen Landesmuseum und vom Landeskirchlichen Archiv Stuttgart, dazu das lokalhistorische Engagement der Hahn-Orte führten zu einer bisher nie dagewesenen Beschäftigung mit Hahn, für die auch viel größere Mittel als sonst in der Pietismusforschung zur Verfügung standen. Es erscheint sinnvoll, darüber hier zusammenfassend zu berichten, zumal die Hahn-Jubiläen außerhalb Württembergs weniger wahrgenommen worden sein dürften.

Zunächst ist hier auf die Quellenpublikationen einzugehen. Von den Tagebüchern, deren Gesamtausgabe sehr teuer ist, ist ein Auszug erschienen, um auch dem einfachen Leser den Zugang zu diesem Dokument zu ermöglichen, das zu den faszinierendsten des Pietismus gehört.[12] Die von Rudolf F. Paulus unter den Sparten Pfarrer und Ingenieur, Berufspflichten, Zusammenleben im Pfarrhaus, Theologie und pietistische Kreise vorgenommene Auswahl ist als repräsentativ zu bezeichnen. Hilfen zum Verstehen werden geboten. Für die wissenschaftliche Arbeit bleibt die Benützung der Gesamtausgabe weiterhin unerläßlich.

Bereits 1988 gab Reinhard Breymayer einen Reprint der von ihm wiedergefundenen „Kurze Beschreibung einer kleinen beweglichen Weltmaschine“

---

[7] *Martin Brecht*, Hahn und Herder, in: *Hans Martin Maurer, Franz Quarthal* (Hgg.), Speculum Sueviae, FS Hansmartin Decker-Hauff, Bd. 2 (= ZWLG 41), Stuttgart (1982), 364–387.

[8] *Martin Brecht*, Pietismus und Aufklärung in Lippe. Johann Ludwig Ewald und seine Freunde, Lippische Mitteilungen 56 (1987), 75–91.

[9] *Martin Brecht*, Thomas Wizenmann und sein Kreis, MEKGR 35 (1986), 93–104.

[10] *Martin Brecht*, Der Spätpietismus – ein vergessenes oder vernachlässigtes Kapitel der Protestantischen Kirchengeschichte, PuN 10 (1984), 124–151.

[11] *Reinhard Breymayer*, „Anfangs glaubte ich die Bengelische Erklärung ganz...“ Philipp Matthäus Hahns Weg zu seinem wiederentdeckten „Versuch einer neuen Erklärung der Offenbarung Johannis“, PuN 15 (1989), 172–219.

[12] *Rudolf F. Paulus* (Hg.), Aus den Tagebüchern von Philipp Matthäus Hahn. In Erwartung der Königsherrschaft Christi, Metzingen (1989).

von 1770 mit einer ausführlichen Einleitung heraus.[13] Die „Beschreibung" gilt einer der frühesten großen astronomischen Uhren Hahns, die er für den Fürsten von Hohenzollern-Hechingen gefertigt hat und die sich vermutlich heute in Schloß Salem befindet. Die Schrift selbst ist die erste feinmechanische Veröffentlichung Hahns, noch in Onstmettingen entstanden.

Im Auftrag des Württembergischen Landesmuseum, Stuttgart hat sich Ludwig Oechslin an die Edition der sog. „Werkstattbücher" Hahns gemacht, von denen mir die Bände II bis IV vorliegen.[14] Die Werkstattbücher stellen in gewissem Sinne eine Parallele zu den Tagebüchern dar. Hahn hat in ihnen seine technischen Einfälle, Beobachtungen und Überlegungen sowie von außen ihm zugekommene Anregungen in Aufzeichnungen, Skizzen und Tabellen festgehalten. Abgesehen von den noch erhaltenen Maschinen und Instrumenten Hahns sind die „Werkstattbücher" die wichtigste Quelle für sein technisches Werk und zugleich ein hochrangiges Dokument der Technikgeschichte. Eine Edition stellt hier die höchsten Anforderungen, die man sich vorstellen kann. Schon die Übertragung der berüchtigten Handschrift Hahns ist hier ebenso schwierig wie bei den Tagebüchern. Der erklärende Apparat müßte sehr aufwendig sein. Die Skizzen bedürften eines eigenen Apparats. Die vorliegende Veröffentlichung hat darum bewußt nur einen Teil dieser Aufgaben in Angriff genommen. Geboten wird auf der linken Seitenhälfte jeweils die Reproduktion des Originals und auf der rechten die maschinenschriftliche Übertragung. Die Skizzen sind nicht übertragen. Auf jeglichen erklärenden Apparat ist verzichtet worden, obwohl hier auf der Basis der Tagebücher manches möglich gewesen wäre. Zugegebenermaßen wäre dies nur eine partielle Lösung gewesen. Notdürftig erschlossen wird das Material durch kurze Inhaltsangaben. Register und Glossare sollen in einem späteren Band folgen. Man mag von dieser editorischen Teillösung enttäuscht sein, faktisch war wohl derzeit nicht mehr zu leisten. Die dafür notwendige wissenschaftliche Beschäftigung mit dieser Quelle muß erst noch erfolgen. Dies wird auf sich warten lassen, obwohl es Ansätze gibt. Allerdings besteht hier ein fataler Zirkel: Die Quelle ist zwar zugänglich, aber kaum erschlossen.

Mit der Edition des „Echterdinger Verkündbuches 1781–1790" durch Eberhard Gutekunst wurde in mehrfacher Hinsicht Neuland betreten.[15] Daß die Abkündigungen im Gottesdienst eine wertvolle Quelle sein können, kann man schon bei Luther feststellen. Bisher wurden jedoch m. W. die diese

---

[13] *Philipp Matthäus Hahn*, Kurze Beschreibung einer kleinen beweglichen Weltmaschine. Faksimile-Neudruck der wiederentdeckten Ausgabe Konstanz 1770, hg. von *Reinhard Breymayer*, Tübingen (1988).

[14] *Philipp Matthäus Hahn*, Werkstattbuch II–IV, Quellen und Schriften zu Philipp Matthäus Hahn Bd. 3–5, Stuttgart (1987 und 1988).

[15] *Philipp Matthäus Hahn*, Echterdinger Verkündbuch 1781–1790, hg. von *Eberhard Gutekunst*, Quellen und Schriften zu Philipp Matthäus Hahn Bd. 8, Stuttgart (1990). Die folgenden Ausführungen stellen zugleich die von mir übernommene Rezension dieses Werkes dar.

Abkündigungen enthaltenden Verkündbücher noch nie systematisch ausgewertet, geschweige denn veröffentlicht. Auf den ersten Blick bietet das Echterdinger Verkündbuch viele routinemäßige Informationen, die man sich auch aus anderen Dokumenten der pfarramtlichen Registratur wie den Kirchenregistern, Reskriptenbüchern, Gottesdienstordnungen, Kirchenkonventsprotokollen, Kirchenstuhlregistern, Erlassen usw. zusammenlesen kann. Es macht aber doch einen Unterschied aus, sozusagen unmittelbar zu sehen, wie die nötigen Mitteilungen und Anordnungen über das kirchliche Leben der Gemeinde übermittelt wurden. Dazu kommt im vorliegenden Fall, daß Hahn als Verfasser der Abkündigungen diese höchst eigentümlich gestaltet hat, was einmal mehr unter Beweis stellt, daß er auch als Pfarrer eine ausgesprochen kreative Persönlichkeit war. Das Echterdinger Verkündbuch ist vom Herausgeber als wertvolle Quelle über Hahn entdeckt und erschlossen worden. Dafür gebührt ihm vorweg Dank und Respekt. Ob und wieweit Verkündbücher in Zukunft als kirchen- und sozialgeschichtliche Quelle beachtet werden müssen, könnte erst eine vergleichende Betrachtung dieser Archivaliengattung zeigen.

Die Einführung (S. VI–XIV) erläutert, aufgrund welcher Bedingungen die Abkündigungen zustandegekommen sind. Die (leider) im Anschluß an den Text gebotenen Anmerkungen (S. 122–182) erklären nicht nur spezielle Probleme des Textes oder dem Benutzer unbekannte Sachverhalte (vgl. dazu auch die Begriffs- und Worterklärungen S. 183–185), sondern bieten auch konkrete zusätzliche Informationen zu einzelnen Abkündigungen aus der Pfarregistratur sowie überörtlichen Archivbeständen und natürlich den Tagebüchern. Nicht wenige Abkündigungen werden durch diese Hintergrundinformationen erst richtig und in ihrer Tendenz verständlich. Die intime Kenntnis der pfarramtlichen und kirchlichen Praxis und Verwaltung, über die der Herausgeber als Mitarbeiter am Landeskirchlichen Archiv Stuttgart verfügt, kommt hier der Edition voll zugute. Die Darbietung des Textes wird aufgelockert durch geschickt ausgewählte Abbildungen. Ein kombiniertes Personen-, Orts- und Sachregister hilft bei der Benützung.

Der Inhalt der Abkündigungen läßt sich in verschiedene Sektoren gliedern. Offiziell vorgeschrieben war normalerweise die dreimalige Proklamation vor einer Trauung. Die Unterlagen über das Bürgerrecht, Heiratsalter bzw. ein entsprechender Dispens mußten vorliegen. Die Fälle, in denen einer Eheschließung Hindernisse entgegenstanden, waren gar nicht selten. Jährlich wurde der Gemeinde die Zahl der Geburten und Todesfälle mitgeteilt. Viele Abkündigungen betreffen natürlich die Gottesdienste an Sonn- und Feiertagen und unter der Woche, die Bußtage oder die Abendmahlsfeiern. Die Sonntagsgottesdienste waren gut besucht. Dies beweisen die nicht enden wollenden Auseinandersetzungen über die Kirchenstühle. Die Sitzordnung spiegelte die soziale Rangordnung im Dorf. Die vor allem auf die großen Festzeiten konzentrierte Teilnahme an der Kommunion mußte, auf mehrere Termine verteilt, in bestimmten Gruppen geschehen, da sie sonst nicht zu bewältigen gewesen wäre. Leider sind die Liedangaben nicht verifiziert worden, obwohl dies im Blick auf Hahn als Pietisten aufschlußreich sein könnte. Interessante Einblicke erhält man in die Opferpraxis zugunsten der Armen oder bedürftigen Gemeinden. Trotz der geistlichen Empfehlungen des Pfarrers war der Ertrag oft mäßig. Periodisch wurden die Confessio Augustana und die Eheordnung verlesen. Die Teilnahme an den Wochengottesdiensten ließ sehr zu wünschen übrig, obwohl der Pfarrer mit allen dringlichen Argumenten dafür warb. Gegen die Notwendigkeiten des Alltags war nicht anzukommen. In der Erntezeit verschob Hahn schon von sich aus die Gottesdienste. Permanente Schwierigkeiten gab es auch wegen des Besuchs der Schule, der Kinderlehre und des Konfirmandenunterrichts, da schon die Kinder als Hilfskräfte gebraucht wurden. Mahnungen fruchteten wenig. Wollte der Pfarrer nach langem Zuwarten gegen die Eltern mit den vorgesehenen Strafen vorgehen, wurde er möglicherweise vom Kirchenkonvent, dem vor allem für die Sittenzucht zuständigen Gremium, daran gehindert. Der Kirchenkonvent hatte ferner bei der Sozialfürsorge, die u. a. dem zunehmenden Bettel steuern sollte, sowie bei Bausachen mitzureden. Die Abkündigungen wenden sich auch gegen exzessiven Wirtshausbesuch, nächtlichen Radau der Jugend und vor allem gegen das Neujahrsschießen, das österliche Eierlesen sowie die Kirchweihen. Hier wird etwas von einer kirchlich nicht approbierten Festkultur sichtbar, die der Pfarrer zusammen mit der Obrigkeit zu unterdrücken suchte. Den Lichtkärzen (Spinnstuben) der weiblichen Jugend suchte man eine feste Ordnung zu geben. In begrenztem Umfang hatte der Pfarrer auch Erlasse der weltlichen Administration, z. B. zum Gesundheitswesen, mitzuteilen. Die Feier des Geburtstages des Landesherren wurde gottesdienstlich begangen. Bei Reisen oder Kuren wurde seiner im Kirchengebet gedacht. Die Aufzeichnungen lassen erkennen, daß Hahn das politische System akzeptierte. Der Benutzer des Verkündbuchs wird bei der Lektüre oder ausgehend vom Register noch auf viele weitere, gerade in ihrer Konkretion interessante Sachverhalte stoßen.

Ein Dokument der Geschichte des Pietismus ist das Verkündbuch wegen der geistlichen Begründung der Anordnungen durch Hahn. Sie waren ihm nicht nur bloße Routine, sondern er suchte sie mit innerem Leben zu erfüllen. Deshalb wurde die gottesdienstliche, katechetische und pastorale Praxis immer wieder modifiziert. Dabei handelte es sich nicht um eine Infragestellung des bestehenden Systems: Mehrfach beruft sich Hahn auf 1.Kor 14,40: „Lasset alles ehrbarlich und ordentlich zugehen."

1988 wurde in der Dekanatsregistratur Balingen Hahns eigenhändiger Lebenslauf wieder aufgefunden, den er anläßlich seiner Investitur in Onstmettingen 1764 verfaßt hatte. Dieser Lebenslauf wurde nunmehr als Faksimile mit Transskription veröffentlicht.[16] Eine Kommentierung ist nicht

---

[16] *Philipp Matthäus Hahn*, Lebenslauf. Onstmettingen 1764, hg. vom Evang. Dekanatamt Balingen, Quellen und Schriften zu Philipp Matthäus Hahn Bd. 9, Stuttgart (1989).

beigegeben. Dennoch hat diese Publikation ihren Wert. Zwar hatte schon Christoph Ulrich Hahn 1828 seiner Edition von Hahns „hinterlassene(n) Schriften" einen Lebenslauf vorangestellt, „wie er sich in einzelnen zerstreuten, zum Theil zerrissenen Papieren findet".[17] Philipp Matthäus Hahn hatte seinen Lebenslauf für die Investituren in Kornwestheim und Echterdingen fortschreiben müssen. Die Veröffentlichung von 1828 reicht sogar bis in die Echterdinger Zeit hinein. Schon die redaktionelle Notiz des damaligen Herausgebers erweckt den Verdacht, daß es sich hier um eine Kompilation und Bearbeitung handelt. Dies wird durch den Vergleich mit dem originalen Onstmettinger Lebenslauf bestätigt. Auf eine inzwischen nachgeholte Erörterung über die verschiedenen Fassungen des Lebenslaufs wird unten einzugehen sein.

Nur andeutungsweise war bisher bekannt gewesen, daß es bei Hahns Amtsantritt in Onstmettingen Schwierigkeiten gegeben hatte. Alfred Munz hat darüber nunmehr eine Art Dokumentation mit mehreren Faksimiles und alten Abbildungen von Onstmettingen herausgegeben.[18] Eine Gruppe im Dorf lehnte die Berufung Hahns ab, weil er es nur mit den Pietisten halte, und setzte sich für den während der Stellenvakanz amtierenden Vikar ein. Dennoch konnte Hahn an Misericordias Domini 1764 seine Probepredigt halten. Sie ist als eine der frühesten Predigten Hahns erhalten geblieben und wird hier wiedergegeben. Hahn hat in ihr selbstbewußt sein Verständnis des Hirtenamtes mit der strengen Verantwortung für das Heil der Gemeindeglieder dargelegt. Aufgrund dieser Predigt versuchten drei Gemeinderäte und der Gemeindevorsteher nochmals, die Berufung Hahns beim Konsistorium zu verhindern. Hahn wurde seinerseits von einer anderen Gruppe im Dorf mit Schreiben an den Balinger Dekan und das Konsistorium unterstützt. Der Dekan und schließlich Hahn selbst bezeichneten die erhobenen Vorwürfe als haltlos. Das Konsistorium schloß sich dieser Auffassung an und ordnete den Aufzug Hahns an. Er hatte dann auch keine nennenswerten Schwierigkeiten mit der Onstmettinger Gemeinde. Der ganze Vorgang ist übrigens auch ein instruktives Beispiel dafür, daß eine württembergische Gemeinde gegebenenfalls bei der Berufung ihres Pfarrers durchaus mitreden konnte.

Der Kornwestheimer Pfarrer Dietrich Steck hat Hahns „Erzählung vom Anfang und Fortgang der Erbauungs-Stunden in K." (Kornwestheim) als Faksimile des Erstdrucks von 1779 neu herausgegeben.[19] Stecks einleitender Beitrag will die „Erzählung" im Spannungsfeld von Reformation und Neuzeit, Glauben und Verstehen, Erweckung und Erkenntnis einem breiteren

---

17 *M. Philipp Matthäus Hahn* Hinterlassene Schriften Bd. 1, hg. von *Christoph Ulrich Hahn*, Heilbronn und Rothenburg o. T. (1828), 1–44, hier 40.

18 *Alfred Munz*, Philipp Matthäus Hahn wird Pfarrer in Onstmettingen. So war es in Onstmettingen 6, Albstadt-Tailfingen (1988).

19 *Dietrich Steck* (Hg.), Erweckung und Erkenntnis. Philipp Matthäus Hahns Erzählung vom Anfang und Fortgang der Erbauungs=Stunden in K., Kornwestheim (1989).

Publikum verständlich machen, ohne damit wissenschaftliche Ansprüche zu erheben. Die „Erzählung" selbst war schon bisher, geringfügig modernisiert, in Ernst Philipp Paulus' Hahnbiographie[20] verfügbar. Zum Zeitpunkt ihres Erscheinens war die „Erzählung" keineswegs nur eine erbauliche lokalgeschichtliche Reminiszenz, und als solche war sie auch nicht von ihrem Verfasser gedacht. Sie wirkte vielmehr als Modell, wie sich Erbauungsstunden einrichten und durchhalten lassen.

Wissenschaftliche Ausgaben von Hahns theologischen Schriften wurden anläßlich des Jubiläums nicht vorgelegt und sind m. W. derzeit auch nicht geplant. Manche Schriften tauchen gelegentlich im Antiquariatshandel auf. Für eine umfassende Edition ist der Markt wohl zu klein und Hahn dann doch nicht profiliert genug. Immerhin sollte man das theologische Gewicht z. B. seines Predigtbuchs nicht unterschätzen. Es fand bereits bei seinem Erscheinen erstaunlichen Anklang und wird heute noch in württembergischen Gemeinschaftskreisen gebraucht, wie eine Neuauflage beweist.[21] Eine kleine Auswahl vor allem von Predigten hat Klaus Rieth besorgt und mit einem einleitenden Essay versehen. Eine Würdigung Hahns durch Werner-Ulrich Deetjen bildet den Abschluß.[22] Das Büchlein ist auf populäre Vermittlung abgezweckt.

Zu den Texteditionen ist in gewissem Sinne auch die Dissertation von Walter Stäbler (Münster 1990) zu rechnen: „‚Examen Rigorosum'. Die Theologie Philipp Matthäus Hahns im Spiegel des Zensurverfahrens des württembergischen Konsistoriums." Sie soll in absehbarer Zeit in den „Quellen und Forschungen zur württembergischen Kirchengeschichte" erscheinen. Stäbler bietet innerhalb der Dissertation die kompletten Akten des Zensurverfahrens gegen Hahn von 1781. Sie sind ein gewichtiges Dokument für das Verhältnis Hahns zu seiner Kirche und ihrer Lehre und darüber hinaus als relativ spätes Lehrzuchtverfahren gegen einen Pietisten aus der Oetinger-Schule interessant. Der Hintergrund des Verfahrens mit den beteiligten Personen und ihrem theologischen Standort innerhalb der Orthodoxie, der Aufklärung und dem Pietismus wird gut ausgeleuchtet. Das Verfahren führte bekanntlich dann doch nicht zu einer Amtsentsetzung Hahns, aber immerhin zu einem Veröffentlichungsverbot und zur weitgehenden Unterbindung seiner bisherigen pietistischen Aktivitäten.

Entlang dem Gang des Verfahrens stellt Stäbler die Theologie Hahns dar, wobei er aus einer umfassenden Kenntnis von Hahns Schriften, darunter z. B. dem bisher nicht ausgewerteten frühen „Theologischen Notizbuch", schöpfte. Die Dissertation schließt damit einigermaßen die Lücken, die derzeit hinsichtlich der Beschreibung von Hahns Theologie bestehen. Hahn

---

20 *Ernst Philipp Paulus*, Philipp Matthäus Hahn, Stuttgart (1858), 273–300.

21 *Philipp Matthäus Hahn*, Predigten und Betrachtungen samt einem Lebenslauf, Reprint der 11. Auflage, Reutlingen (1989).

22 *Klaus Rieth*, Den schönsten Sternen Gottes gleich. Philipp Matthäus Hahn. Sein Leben, Wirken und Denken, Stuttgart (1989).

geht in seiner Gotteslehre von den theosophischen Ansätzen Böhmes und Oetingers aus. In den Prozeß der Selbsterschließung Gottes gehören seine Lehre vom „ewigen Liebesvorsatz" Gottes und vom „Königreich Gottes und Christi" sowie vom erstgeborenen und eingeborenen Sohn hinein. Die Schöpfung gilt als das Werk des Erstgeborenen, das dann durch den doppelten Fall der Engel und des Menschen weithin, wenn auch nicht ganz, verdorben wurde. Um dem Tritheismus zu wehren, spricht Hahn von drei „Ichheiten" oder Lebensquellen in Gott. Der Heilige Geist wird als der Raum, „in dem Gott wohnt", vorgestellt. Die Pneumatologie will den Zusammenhang von Gott und Welt auch gegenüber den neuzeitlichen Herausforderungen aufrechterhalten. Mit seiner „Jesulogie" will Hahn die Menschheit Jesu ganz ernstnehmen. Nur durch die Wiedergeburt des irdischen Fleisches läßt sich Gottes Heilswerk vollenden, und dies erfolgt zunächst in der Entwicklung Jesu. Neben der Theosophie ging es Hahn um eine in seiner Zeit denkmögliche Christologie, die zugleich den Weg der Gläubigen vorzeichnet. Er wollte zwar an der Genugtuungslehre festhalten, was aber Spannungen mit seiner „Jesulogie" mit sich brachte. Daneben wird auf die Vorstellung vom Loskauf zurückgegriffen. Neben der iustitia imputativa wird stärker die iustitia inhaesiva betont, die der Erhöhte als Haupt des Christusleibes vermittelt.

Die Anthropologie Hahns geht im Gefolge Arndts, Böhmes und Swedenborgs von der ganz konkret verstandenen Gottebenbildlichkeit des Menschen aus. Mit der Vorstellung vom göttlichen Samen oder Keim wird wieder der Entwicklungsgedanke zur Geltung gebracht. Trotz des Falls ist der Mensch entwicklungsfähig, „ein kleiner Gott" zu werden. In diesem Zusammenhang erörterte Hahn, zunächst angeregt durch Swedenborg, auch immer wieder das Problem des Zustandes nach dem Tode und der postmortalen Entwicklung der Seele. Die Annahme unterschiedlicher Entwicklungsstufen wirkt sich dann auch auf Hahns Ekklesiologie aus. Besonders übelgenommen wurde Hahns Kritik an den damaligen Universitäten als theologischen Ausbildungsstätten. Der Gedanke vom Königreich Christi ist bei Hahn deutlich mit dem Chiliasmus verbunden, wobei er später allerdings von Bengels endzeitlichen Berechnungen abrückte. Die Johannesoffenbarung verstand er real, nicht bloß allegorisch. Vorsichtig, aber eindeutig vertrat er die für sein Geschichtsbild integrale Wiederbringung aller Dinge. Auch mit seiner Übersetzung des Neuen Testaments (1777) zog sich Hahn Kritik zu, obwohl sich seine Konzeption trotz gewisser Schwächen durchaus vertreten und erklären läßt. Das Faktum, daß er lange Jahre gegen die Zensurgesetze verstoßen hatte, konnte Hahn nicht in Abrede stellen. Ein Ausblick geht dann noch auf Hahns späte theologische Entwicklung ein, z. B. auf die bedeutsame Aufnahme von Herders Spinozismus.

In vielem steht der Theologe Hahn unverkennbar in den Traditionen des schwäbischen Pietismus, auch jenen, die mit dem lutherischen Bekenntnis nicht vereinbar waren. Dabei war er jedoch keineswegs lediglich Epigone

Bengels und Oetingers. Von diesem unterscheidet ihn schon sein Bemühen um verständlichere, eher denkbare Ausdrucksweise. Die Denkanläufe Hahns sind immer auch eigenständig, bisweilen sogar gewagt, um die Umsetzung der biblischen Aussagen und der heilsgeschichtlichen Konzeption in die Vorstellungsmöglichkeiten der eigenen Zeit bemüht. Deshalb sind Hahns „theologische Experimente" für den Beobachter eigentlich immer interessant. Stäblers Darstellung vermittelt davon einen guten Eindruck.

Neben den mehr oder weniger kommentierten Quellenpublikationen gibt es auch einige Darstellungen. Der Echterdinger Pfarrer Lothar Bertsch hat eine gemeinverständliche Biographie Hahns verfaßt.[23] Sie erfüllt ihren Zweck und spart auch die problematischen Seiten Hahns nicht aus. Gelegentlich ist die Darstellung etwas zu einfach geraten.

Die bedeutendste Darstellung hat Hahns Leben und Werk in den Ausstellungen des Württembergischen Landesmuseums Stuttgart und der Städte Ostfildern, Albstadt, Kornwestheim sowie Leinfelden-Echterdingen gefunden. Bleiben wird davon der Katalog- und Aufsatzband.[24] Ausstellungskataloge sind bereits seit Jahren zu einem wichtigen Medium historischer Dokumentation geworden. Dies trifft auch für den vorliegenden Fall zu. Die Ausstellungen des Württembergischen Landesmuseums und der Hahn-Orte wurden gemeinsam geplant und hatten jeweils ihren eigenen Schwerpunkt. Gewisse Überschneidungen wurden als unvermeidbar bewußt in Kauf genommen. Sie stören nicht, zumal die Darbietungsweise jeweils variiert. Die Stuttgarter Ausstellung konzentrierte sich vor allem auf die Uhren Hahns und seiner Schüler bis hin zu den großen astronomischen Maschinen. Ihnen wurden die Großuhren der „Priestermechaniker des 18. Jahrhunderts" zur Seite gestellt. Bei Johann Georg Neßtfell vermißt man allerdings den Verweis auf seine Beziehungen zu Oetinger, die Hahn angeregt haben könnten. Außer Betracht blieben Hahns vielfache Beziehungen zu Stuttgart. In Ostfildern(-Scharnhausen) als Hahns Geburtsort wurden vor allem der soziale und familiäre Hintergrund sowie der schulische Werdegang Hahns dokumentiert. In Albstadt(-Onstmettingen) lag der Schwerpunkt auf der Geschichte der Waagen-Produktion, die dort mit auf Hahn zurückgeht. Kornwestheim führte zunächst Hahn in seiner dörflichen Gemeinde und in seinem Pfarramt, sodann die Beziehungen zu Hof, Herzog und Residenz und die überörtlichen pietistischen Aktivitäten vor. Ein intensiver Einblick in Hahns theologische Arbeit wurde damit geboten. Bei den mechanischen Produkten Hahns lag hier der Schwerpunkt auf den Sonnenuhren und der Rechenmaschine. Insgesamt dürfte damit die Kornwestheimer Zeit recht repräsentativ

---

[23] *Lothar Bertsch*, Freude am Denken und Wirken. Das Leben des Pfarrers und Mechanikers Philipp Matthäus Hahn, Metzingen 1990.

[24] *Philipp Matthäus Hahn*. Ausstellungen des Württembergischen Landesmuseums Stuttgart und der Städte Ostfildern, Albstadt, Kornwestheim, Leinfelden-Echterdingen, Teil 1 Katalog, Teil 2 Aufsätze, Quellen und Schriften zu Philipp Matthäus Hahn Bd. 6 und 7, Stuttgart (1989).

erfaßt worden sein. Relativ knapp und allgemein ist hingegen die Echterdinger Ausstellung ausgefallen. Hier hätte sich in mancher Hinsicht mehr zeigen lassen.

Der erste Katalogband wird insofern ein dauerhaftes Instrument der Hahnforschung bleiben als er ein in mehrere Abteilungen gegliedertes „Hahn-Werke-Verzeichnis" (HWV) bietet, das die mechanischen Erzeugnisse aus den Werkstätten Hahns, seiner Brüder, Söhne und Schüler sowie Hahns Schriften enthält. Danach sollte künftig zitiert werden. Bei den mechanischen Erzeugnissen werden allerdings die Barometer, Thermometer und Hygrometer nicht erwähnt. Möglicherweise lassen sie sich nicht mehr identifizieren. Unter den Handschriften werden hauptsächlich die Bestände der Landesbibliothek Stuttgart erfaßt, wo sich der Nachlaß Hahns vor allem gesammelt hat. Einzelne kleinere Provenienzen kommen hinzu. Nicht erwähnt wird der von Rößle aufgeführte Bestand aus der Sammlung Collenbusch der reformierten Gemeinde Barmen-Gemarke.[25] Als Anhang werden „Briefe und amtliche Dokumente in Auswahl" nachgewiesen. Hier wäre Vollständigkeit derzeit schwerlich erreichbar gewesen. Im Anhang 5 (S. 528) vermißt man allerdings den Hinweis auf die Abschriften der Briefe Hahns an Herder in der Stadtbibliothek Schaffhausen. Auch die beiden Briefe Hahns im Archiv der Christentumsgesellschaft in Basel sind nicht nachgewiesen.[26] Das Verzeichnis der Drucke Hahns bietet u. a. auch Neufunde. Es geht am Schluß über die Lebenszeit Hahns hinaus, allerdings ohne alle Drucke von Hahns Werken anzuführen. Teilweise kommt es zu Überschneidungen mit der folgenden Auswahlbibliographie. Hier wäre eine saubere Trennung von Werk- und Sekundärbibliographie wohl die klarere Lösung gewesen. Die Auswahlbibliographie ist systematisch geordnet und geht innerhalb der Abteilungen chronologisch vor: Ein alphabetisches Register ist angefügt. Stichproben lassen die Vermutung zu, daß bei der Auswahl auch manches übersehen worden ist. Dennoch liegt der Wert der Verzeichnisse für die weitere Forschung auf der Hand.

Der Aufsatzband vereinigt 36 Beiträge. Die Herausgeber haben wohl die meisten „Hahn-Experten" zur Mitarbeit gewinnen können. So ist ein facettenreiches Bild Hahns entstanden, das an nicht wenigen Stellen und als Ganzes über den bisherigen Stand der Forschung hinausführt. Damit enthält nicht zuletzt dieser Band einen wesentlichen Ertrag des Hahn-Jubiläums. Vorangestellt ist ein notwendiger Überblick über „Württemberg in der 2. Hälfte des 18. Jahrhunderts" von Horst Carl. Der (kompilierte) Lebenslauf Hahns aus den „Hinterlassene(n) Schriften"[27] ist nochmals

[25] *Julius Rößle*, Philipp Matthäus Hahn, Stuttgart (1929), 262.

[26] *Ernst Staehelin*, Die Christentumsgesellschaft in der Zeit der Aufklärung und der beginnenden Erweckung. Texte aus Briefen, Protokollen und Publikationen, ThZ Sonderband 2, Basel (1970), 36.

[27] Vgl. Anm. 17.

wiedergegeben. Rudolf Paulus unterzieht ihn einer „kritischen Untersuchung", die man sich freilich eingehender gewünscht hätte.

Unter der Überschrift „Der breite und der schmale Weg" analysiert Hans-Volkmar Findeisen die Geschichte der Familie Hahn, zum Teil in distanzierender Ironie. Der Bezugspunkt ist das jeweilige Urteil über Philipp Matthäus Hahn. Teils berief man sich fromm auf den Pietisten, teils eher liberal auf den Mechaniker. Die Ausgestaltung der Familien-Saga repräsentiert und beeinflußt damit die bis heute anzutreffenden Alternativen der Hahn-Interpretation, über die die jüngste Forschung allerdings zumindest teilweise hinweggekommen ist. Eine gewisse Ergänzung zu diesem Beitrag bietet am Schluß des Bandes der Überblick von Rudolf Paulus über „Hahn in der Literatur des 19. Jahrhunderts". Er wurde als „Erbe der Reformation" deklariert oder von seinen methodistischen Nachkommen ekklesiologisch reklamiert oder vom landeskirchlichen Standpunkt aus kritisiert. Albrecht Ritschl zeichnete infolge unzulänglicher Quellenkenntnis ein schiefes Bild von ihm, und der Romancier Hermann Kurz konnte sein gespaltenes Verhältnis zu Hahn nicht verleugnen.

Die Medizinhistorikerin Sabine Sander hat „Körper, Gesundheit und Krankheit in den Tagebüchern... Hahns" untersucht. Das Thema drängt sich angesichts der zahlreichen eigenen Aussagen Hahns über eigenes und fremdes gesundheitliches Befinden auf. Er nahm häufig eine Beeinflussung des Geistes durch körperliche Zustände an. Als Todesursache Hahns wird eine Tuberkulose, wahrscheinlicher noch ein Lungenkarzinom vermutet. Pietistisch-medizinische Traditionen finden sich bei Hahn nicht. Sein Verhältnis zu Krankheiten war nicht homogen. Gottergebenes Hinnehmen stand neben rationalen Deutungen und Verfahren. So spiegelt sich auch hier präzise die Komplexität von Hahns Denken. Christel Köhle-Hezinger hat sich eines weiteren notwendigen Themas angenommen: „Philipp Matthäus Hahn und die Frauen". Der zeitgeschichtliche Kontext und das herrschende Eheideal, besonders das der Pfarrersehe werden berücksichtigt. Dann werden die unterschiedlichen Frauen vorgeführt, denen Hahn begegnete, ehe auf die beiden spannungsreichen Ehen eingegangen wird. Die Verfasserin bezweifelt, daß Hahns zwar subjektive, aber häufig sehr konkrete Äußerungen „Frauenleben als Realität spiegeln könnten". Zugegebenermaßen repräsentieren sie meist und nicht selten geradezu ärgerlich den männlichen Standpunkt. Aber dies läßt Schlüsse zu auf die altera pars. Darüber hinaus darf man die Selbstkritik Hahns nicht überhören. Angesichts der spärlichen Quellenlage sollte man Hahns Tagebücher als Dokument der Frauengeschichte nicht eskamotieren.

Joachim Trautwein geht psychologischen und theologischen Aspekten von Hahns Leben und Wirken nach. Die Narzißmusforschung wird zur Deutung herangezogen. Hervorgehoben wird die einsame Kindheit. Trotz bemerkenswerter Beobachtungen kann man sich fragen, ob das Resultat kohärent ist, zumal sich manches auch anders interpretieren läßt. Interessant ist der „Versuch einer Beschreibung und Deutung der Handschrift... Hahns" von Roswitha Klaiber. Schon die Leserlichkeit vor allem von Hahns privaten Aufzeichnungen ist bekanntlich ein Problem. Die interpretierten Schriftproben lassen es allerdings als fraglich erscheinen, ob der Verfasserin die Korrelation von Schreibsituation, Inhalt und Handschrift wirklich überzeugend gelungen ist. Dazu hätte man mehr ins einzelne gehen müssen und können. Es bleibt die Anregung, bei dem jeweiligen Text auf den Charakter von Hahns Handschriften zu achten.

Wolfgang Schöllkopf stellt ausführlich die Tübinger Studienzeit Hahns dar. Neue Aspekte ergeben sich kaum. Eberhard Gutekunst beschreibt aufgrund seiner bereits erwähnten Sachkenntnis Hahns Amt als Pfarrer. Der vorgegebene Rahmen wird ebenso sichtbar gemacht wie Hahns Bemühung um individuelle Ausgestaltung und Verlebendigung. Durch Wolfgang Bollacher erfährt der durch Hahn und andere (z. B. Schubart) sehr ambivalent beurteilte Ludwigsburger Spezialsuperintendent Georg Sebastian Zilling eine recht objektive Würdigung. Hahn dürfte seine theologischen Grenzen, aber auch seine korrekte Amtsführung einigermaßen zutreffend eingeschätzt haben. Dietrich Steck denkt der „Gelebten Theologie in Hahns Tagebüchern" nach. Die Reflexion bleibt ziemlich allgemein, weil ihr die historische Zuspitzung fehlt.

Norbert Haag hebt die Verwandtschaft Hahns mit der separatistischen Kirchenkritik, aber auch seine Differenz zu den Konsequenzen des radikalen Pietismus zutreffend hervor. Der komplexe Sachverhalt hätte noch prinzipieller in den Bedingungen der Geschichte des Pietismus verortet werden können. Parallel nimmt Walter Stäbler nochmals das Thema von Hahns Heterodoxie auf, die, gemessen am lutherischen Bekenntnis, nicht in Abrede zu stellen ist. Vielleicht hätte man aber Hahns Bemühungen um eine modernisierte, in der eigenen Zeit denkbare Theologie stärker betonen können.

Mit Hahns Selbstverständnis als „Lehrer des Evangeliums", also seinen umfassenden religionspädagogischen Intentionen von der Kindererziehung bis zur Erwachsenenbildung, befaßt sich Hermann Ehmer. Es ist verdienstvoll, daß auf diesen Bereich hingewiesen wird. Die genaue Auswertung und Bewertung von Hahns katechetischen Schriften steht freilich weiterhin aus.

Reinhard Breymayer geht unter dem etwas irreführenden Titel „Hahn als theologischer Publizist" dem Problem unbekannter Publikationen Hahns nach, von denen er selbst schon früher einige wieder ans Licht gezogen hat. Er versucht, den bibliographisch nachweisbaren Druck einer Predigt Hahns von 1762, der bisher nicht mehr aufgetaucht ist, zu identifizieren, muß dabei aber gleich eine doppelte Verschreibung der bibliographischen Angabe und schließlich auch ein anderes Entstehungsjahr annehmen. Auch der innere Beweis ist problematisch, da unbekannt ist, wie der junge Hahn gepredigt hat. So bleibt die Zuschreibung zweifelhaft, obwohl die Predigt in den Umkreis Oetingers gehören dürfte. Zutreffend dürfte hingegen die Zuweisung eines kurzen Textes im Anhang von Oetingers „Sensus communis“ von 1781 sein. Dafür sprechen sowohl unverkennbar der Stil als auch eine persönliche Reminiszenz. Ich selbst habe mich aufgrund meiner früheren Arbeiten mit der Korrespondenz Hahns und ihrer Bedeutung befaßt. Quellen dafür sind hauptsächlich die Briefe und Korrespondenzbücher im Nachlaß, dazu die Vermerke in den Tagebüchern. Abgesehen von seinen Veröffentlichungen ist der Pietist Hahn vor allem durch seine Korrespondenz weit über Württemberg hinaus bekannt geworden.[28]

An das schwierige Thema „Hahn – Pietist und Aufklärer“ hat sich Gerhard Schäfer gewagt. Hahns pietistisch-theologische Konzeption war im Grunde archaisch. An dezidierten Absagen an die Aufklärung fehlt es bei ihm nicht. Daneben stößt man in der Tat immer wieder auf aufklärerisch anmutende Gedanken oder bewußt moderne Argumentationen. Die wichtige Frage ist, ob man dies wie Schäfer als Teilhabe an der Aufklärung interpretieren darf, oder ob es, wie Hahn meinte, um eine bessere Alternative ging. Dann müßte man vorsichtig damit sein, Hahn als Aufklärer zu bezeichnen.

Einige Beiträge setzen Hahn in Beziehung zu Pietisten seiner Zeit und helfen damit zu seiner theologiegeschichtlichen Verortung. Dieter Ising behandelt in seinem Aufsatz „Hahn und die Christentumsgesellschaft“ u. a. dessen Auseinandersetzung mit der Trinitätslehre Johann August Urlspergers. Dabei kommt wiederum gut zum Vorschein, wie konsequent Hahns Trinitätslehre in seine heilsgeschichtliche Konzeption integriert ist. Der Oetinger-Experte Guntram Spindler geht den „Theosophisch-theologischen Einflüssen Oetingers auf Hahn“ nach. Spindler vermag die wesentlichen Elemente wie auch das System von Hahns Theologie auf Oetinger zurückführen. Dies ist gewiß dankenswert. Aber beide, Hahn und Oetinger, waren sich auch ihrer Unterschiede bewußt. Diese lagen nicht lediglich in der Sprachform oder im Temperament. Zunehmend ist Hahn auch eigene Wege gegangen, z. B. in der Aufnahme von Herders Spinozismus. Daß Hahn in späten Jahren von Bengels Endzeitberechnung abgerückt ist, war bereits bekannt. Wilfried Veeser hat mit „1784 – oder: Die Faszination eines Systems“ den wichtigsten Grund dafür eruiert. Nach Bengel hätte 1784 der Fall des Papsttums erfolgen müssen. Als sich dies als Täuschung herausstellte, zog Hahn, im Gegensatz zu anderen Bengel-Schülern, die Konsequenzen. Wohl durch Oetinger vermittelt hat sich vor allem der junge Hahn eingehend mit Swedenborg und übrigens gleichfalls mit Kants Gegenschrift befaßt. Walter Stäbler führt diese Beziehung vor. Hahn war von Swedenborgs Gottesvorstellung beeindruckt, obwohl er dann schließlich doch den Zorn neben der Liebe vermißte. Stärker noch dürfte Hahns Nachdenken über den postmortalen Zustand durch Swedenborg beeinflußt gewesen sein. Aber auch hier erfolgten schließlich Distanzierungen. Eine der interessante-

[28] Vgl. Anm. 6–10.

sten Persönlichkeiten im Umkreis Hahns war der junge, theologisch und philosophisch interessierte Thomas Wizenmann. Stephan Zehnle skizziert die gemeinsame Weg- und Denkstrecke beider, über die der jüngere Wizenmann dann in Richtung Frühidealismus hinausgegangen ist. Christa Mack schildert die merkwürdige Verbindung des dem Sturm und Drang zuzurechnenden Schubart mit Hahn, die während dessen Haft zustandegekommen war und darüber hinaus noch Bestand hatte.

Der Schluß des Aufsatzbandes ist vor allem dem Techniker Hahn gewidmet. Rudolf Paulus führt die wetterkundlichen Interessen Hahns vor. Hahn veröffentlichte Wettervorhersagen in Kalendern, obwohl er gegen solche aufgrund des Standes der Sterne gemachten Prognosen bereits kritisch eingestellt war. Alfred Munz würdigt Hahns frühen Mitarbeiter, den Onstmettinger Schulmeister Philipp Gottfried Schaudt. Über Hahns Lebenszeit hinaus reicht der Beitrag von Ulrike Zubal „Die Werkstatt... Hahns und die Aufhebung der Uhrmacherzunft in Württemberg". Bereits Hahn hatte selbstverständlich außerhalb des Zunftrahmens produziert. Ludwig Oechslin geht zunächst der Kosmologie der Priestermechaniker nach, die sich bei Hahn mit seiner Präsentation sowohl des helio- als auch des geozentrischen Systems zeigt. Oechslin würdigt sodann die astronomischen Uhren Hahns, wobei er auch die begrenzte Wirkung von Hahns Konstruktionen zu erklären sucht. Angelika Müller-Scherf unternimmt eine kunstgeschichtliche Einordnung der Uhrengehäuse Hahns. Rokoko, Louis-Seize sowie Klassizismus und Empire lösen sich ab. Auch darin erweist sich Hahn als eine Gestalt im Übergang. Erhard Anthes bespricht die Rechenmaschinen, Hans R. Jenemann die wägetechnischen Arbeiten und Günther Oestmann „Die Taschenuhren Hahns, seiner Söhne und Nachfolger". Jeweils werden recht sachlich die Stellung Hahns in der Entwicklung der Geräte und seine eigene Leistung dargestellt.

Der Aufsatzband zeigt insgesamt, daß die Hahnforschung ein Niveau erreicht hat, von dem man vor einem Jahrzehnt nicht zu träumen wagte. Hahns vielfältige Leistungen und Beziehungen können heute zusammengesehen werden. Seine geistige Herkunft, sein geschichtlicher Ort und, allerdings nur teilweise, seine Wirkungen sind bestimmbar. Seinem Einfluß auf Johann Michael Hahn, Johann Jakob Friederich, Christian Adam Dann sowie andere altpietistische Pfarrer und Gemeinschaften ist nicht nachgegangen worden. Einzelne Stränge seiner Theologie sind gut und mit überraschenden Resultaten aufgearbeitet worden. Für wesentliche Teile des theologischen Schrifttums steht dies jedoch noch aus. Aber gerade das erreichte hohe Niveau der Forschung hat auch ein Problembewußtsein geschaffen, das dafür sorgen wird, daß die wissenschaftliche Bemühung um Hahn nicht wieder einschläft.

Rainer Vinke

Jung-Stilling-Forschung von 1983 bis 1990

Gustav Adolf Benrath zum 7. 12. 91 in Dankbarkeit

Literaturübersicht

1. J. H. Jung-Stilling: Henrich Stillings Jugend, Jünglingsjahre und Wanderschaft. Hg., erl. und mit einem Nachwort versehen von G. Drews. München 1982. – G. Merk, Hg.: Jung-Stilling-Lexikon Wirtschaft. Berlin 1987. – G. Merk, Hg.: Jung-Stilling-Lexikon Religion. Kreuztal 1988. – G. Merk, Hg.: J. H. Jung-Stilling, Wirtschaftslehre und Landeswohlstand. Sechs akademische Festreden. Berlin 1988. – G. Merk, Hg.: J. H. Jung-Stilling, Sachgerechtes Wirtschaften. Schriften der J. G. Herder-Bibliothek Siegerland e. V. Bd. 20, Berlin 1988. – G. Merk, Hg.: J. H. Jung-Stilling, Gesellschaft, Leben und Beruf. Geschichten aus dem „Volkslehrer". Berlin 1990. – G. Merk, Hg.: J. H. Jung-Stilling, Gesellschaftliche Mißstände. Eine Blütenlese aus dem „Volkslehrer". Berlin 1990. – G. A. Benrath, Hg.: J. H. Jung-Stilling, Tägliche Bibelübungen. Gießen–Basel 1989. – U. Ummen, Hg.: J. H. Jung-Stilling, Unter den Sternen des Morgenlandes. Orientalische Erzählungen. Marburg 1990. – G. Schwinge, Hg.: J. H. Jung-Stilling, Herr, zeig mir stets die rechte Spur. Geistliche Erzählungen und Gedichte. Telos Tb 70 615. Lahr–Dillingen 1990.
2. A. Willert: Religiöse Existenz und literarische Produktion. Jung-Stillings Autobiographie und seine frühen Romane. Europäische Hochschulschriften, R 1, Bd. 471. Frankfurt (Main), Bern 1982. – F. Mehlhose: Der gottesfürchtige Jung-Stilling. Ein Pionier der Star-Extraktion. Düsseldorfer Arbeiten zur Geschichte der Medizin, Beihefte VII. Düsseldorf 1983. – T. Högy, geb. Lanko: Jung-Stilling und Rußland. Untersuchungen über Jung-Stillings Verhältnis zu Rußland und zum Osten in der Regierungszeit Kaiser Alexander I. Schriften der J. G. Herder-Bibliothek Siegerland e. V. Bd. 12. Siegen 1984. – A. M. Stenner-Pagenstecher: Das Wunderbare bei Jung-Stilling. Ein Beitrag zur Vorgeschichte der Romantik. Germanistische Studien und Texte Bd. 24. Hildesheim, Zürich, New York 1985. – R. Vinke: Jung-Stilling und die Aufklärung. Die polemischen Schriften J. H. Jung-Stillings gegen Friedrich Nicolai (1775/76). VIEG Bd. 129. Stuttgart 1987. – Otto W. Hahn: Jung-Stilling zwischen Pietismus und Aufklärung. Sein Leben und sein literarisches Werk 1778–1787. Europäische Hochschulschriften R XXIII, Bd. 344. Frankfurt (Main), Bern, New York, Paris 1988. G. Merk: Jung-Stilling. Ein Umriß seines Lebens. Kreuztal 1989. – G. Merk: Oberbergmeister J. H. Jung. Ein Lebensbild. Kreuztal 1989. – W. Lück: J. H. Jung-Stilling 12. Sept. 1740–2. April 1817. Wirtschaftswissenschaftler, Arzt und Schriftsteller. Lebensbilder und Werk des Siegerländer Gelehrten und Marburger Universitätsprofessors. Marburg 1990. – R. Arhelger: Jung-Stilling – Genese seines Selbstbildes. Europäische Hochschulschriften, R 1,

Bd. 1187. Frankfurt (Main), Bern, New York, Paris 1990. – Otto W. Hahn: Johann Heinrich Jung-Stilling. R. Brockhaus Taschenbuch 1108. Wuppertal–Zürich 1990. Th. Baumann: Zwischen Veränderung und Weltflucht. Zum Wandel der pietistischen Utopie im 17. und 18. Jahrhundert. Lahr-Dillingen 1991.

3. A. E. Jung: Die „russischen" Nachfahren Jung-Stillings. Der letzte Namensträger. In: Siegerland 58 (1981) 167–175. – W. Scherer: Heinrich Jung-Stillings „Berufung" zum Studium der Medizin. Begegnung mit Johann Baptist Molitor. In: Siegerland 58 (1981) 163–166. – A. E. Jung: Geheimschrift beseitigte letzte Zweifel. Jung-Stilling Relief von Johann Heinrich von Dannecker. In: Siegerland 69 (1983) 91. – A. P. Jung: Die „russischen" Nachfahren Jung-Stillings 2. Teil. In: Siegerland 61 (1984) 80–88. – F. Della Casa: Burgdorf und seine „Stars". In: Klin. Monatsbl. für Augenheilkunde. 186 (1985) 239–244. – R. Vinke: Jung-Stilling bei Flender (1763–1770). Ein Abschnitt auf dem Weg zu seiner „Bestimmung". In: ThZ 41 (1985) 359–390. – G. A. Benrath: J. H. Jung-Stilling. In: K. Corino, Hg., Genie und Geld. Vom Auskommen deutscher Schriftsteller. Nördlingen 1987, 129–139. – F. Della Casa: Burgdorf und seine „Stars". In: Burgdorfer Jahrbuch 53 (1987) 115–129. – J. Harder: Jung-Stilling, Rußland und die endzeitlichen Erwartungen bei rußlanddeutschen Kolonisten im 19. Jahrhundert. In: Jung-Stilling Studien. Schriften der J. G. Herder-Bibliothek Siegerland e. V. Bd. 15, 9–25. Siegen 1987^2. E. Mertens: Max von Schenkendorf und J. H. Jung-Stilling. In: Jung-Stilling Studien. Schriften der J. G. Herder-Bibliothek Siegerland e. V. Bd. 15, 27–114. Siegen 1987^2. – G. Schwinge: Jung-Stilling am Hofe Karl Friedrichs in Karlsruhe: Zu seinem 170. Todestag. In: ZGO 135 (1987) 183–205. – G. Schwinge: Heimweh nach dem Reich des Herrn. In: Aufbruch. Evangelische Kirchenzeitung für Baden 23 (1987) Nr. 14, 14–15. G. A. Benrath: Art., J. H. Jung-Stilling. In: TRE, Bd. 17, 1988, 467–470. – G. Schwinge: Jung-Stilling und seine Beziehung zur Basler Christentumsgesellschaft. In: ThZ 44 (1988) 32–53. – R. Vinke: J. H. Jung-Stillings Reaktion auf die Französische Revolution. In: Deutschland und Europa in der Neuzeit. Festschrift für K. O. Frhr. von Aretin zum 65. Geburtstag. Hg. von R. Melville u. a. Stuttgart 1988, 469–487. Th. Baumann: Jung-Stilling und die Französische Revolution. In: PuN 16 (1990), 132–154. – G. A. Benrath: Jung-Stillings Notizbuch aus den Jahren 1778–1813. In: Monatshefte für Evangelische Kirchengeschichte des Rheinlandes 39 (1990) 85–113. – G. Berneaud-Kötz: In memoriam: J. H. Jung-Stilling – Seine Bedeutung für die zeitgenössische Augenheilkunde –. In: Sitzungsbericht, 152. Versammlung des Vereins Rheinisch-Westfälischer Augenärzte am 5. und 6. Mai 1990 in Lüdenscheid. Balve 1990, 27–32. – P. Jung: Jung-Stillings zweite Gattin: Selma von Saint George und ihre Familie. In: Siegerland 67 (1990) 71–76. – G. Merk: J. H. Jung-Stilling als Landwirt. In: Land, Agrarwirtschaft und Gesellschaft, Zeitschrift für Land- und Agrarsoziologie 7 (1990) 239–259. – H. Nolting: Dr. med. J. H. Jung-Stilling. Ein Professor für „Vieharzneykunde" des 18. Jahrhunderts. Vortrag gehalten am 8. September 1990 auf dem 24. Kongreß für Veterinärmedizin in Karlsruhe. – K. Pfeifer: Beiträge zu einer Jung-Stilling-Bibliographie. In: Das 18. Jahrhundert. Mitteilungen der Deutschen Gesellschaft für die Erforschung des 18. Jahrhunderts. 14 (1990) 122–130. – R. Vinke: Das Verhältnis Jung-Stillings und der Erwekkung zur Revolution. In: Monatshefte für Evangelische Kirchengeschichte des Rheinlandes 39 (1990) 59–83. – G. Schwinge: Jung-Stilling – zwar kein Badener von Geburt, doch zum Karlsruher geworden. Zu einer Ausstellung der Badischen Landesbibliothek Karlsruhe aus Anlaß seines 250. Geburtstages. In Badische Heimat

(1990) 627–638. – M. Titzmann: Art. Jung-Stilling. In: Literatur Lexikon. Autoren und Werke deutscher Sprache, hg. v. W. Killy Bd. 6, Gütersloh–München 1990, 160–162. – Jung-Stilling: Arzt – Kameralist – Schriftsteller zwischen Aufklärung und Erweckung; eine Ausstellung der Badischen Landesbibliothek Karlsruhe in Zusammenarbeit mit der Stadt Siegen, Siegerlandmuseum und in Verbindung mit dem Generallandesarchiv Karlsruhe; Ausstellungskatalog, hg. v. der Badischen Landesbibliothek Karlsruhe 1990. Darin: G. Berneaud-Kötz, Jung-Stilling als Augenoperateur, 24–39. – R. Siegert, „Der Rettungsengel: Hofrath Dr. Jung." Eine Staroperation Jung-Stillings beschrieben aus der Sicht des Patienten, 40–47. – R. Vinke, Jung-Stillings Auseinandersetzung mit der Aufklärung, 48–70. – W. Lück, Jung-Stilling als Wirtschaftswissenschaftler, 71–80. – W. Lauterwasser: Jung-Stilling als Erzähler, 81–111. G. Schwinge, Prophet und Weltkind – Jung-Stilling und Goethe, 112–142. – H. Schwarzmeier, Jung-Stilling und der Karlsruher Hof, 143–165. – O. W. Hahn, Jung-Stillings Weg zur Erweckung, 165–182. – M. Frost, Hg.: Blicke auf Jung-Stilling. Festschrift zum 60. Geburtstag von G. Merk. Kreuztal 1990. Darin: G. A. Benrath, Jung-Stillings Leben, Denken, Wirken. Ein Überblick, 9–18. – G. Berneaud-Kötz, Jung-Stilling als Arztpersönlichkeit. Laienmediziner, Arzt, Augenarzt und Staroperateur, 19–39. – M. Frost, Jung-Stilling und sein Patenonkel J. H. Jung, 41–49. – K. Pfeifer, J. H. Jung-Stilling und sein Verleger George Jacob Decker, 50–61. – G. Schwinge, ... wie aus einer anderen Welt..." Jung-Stilling und Johann Peter Hebel, 63–78. – R. Vinke: J. H. Jung-Stilling und Immanuel Kant, 79–94. – G. A. Benrath: Jung-Stillings Frömmigkeit, 95–113. – O. W. Hahn, Jung-Stillings „Heimweh", 115–134. – E. Mertens: Jung-Stilling in der Dichtung Max von Schenkendorfs, 135–159. – G. A. Benrath, Jung-Stilling in Kaiserslautern 1778–1784. In: Pfälzische Heimat 42 (1991), 63–73.

Dieser Forschungsbericht – aus Anlaß des 250. Geburtstages von Jung-Stilling verfaßt – möchte an die Literaturübersicht anknüpfen, die ich 1983 in der Theologischen Rundschau[1] vorgelegt habe. Wie dort soll auch hier nur die Literatur zur Behandlung kommen, die wissenschaftlich von Wichtigkeit ist. Dabei werden zunächst die Werkausgaben, und zwar auch die Auswahl- und Teilausgaben behandelt. In einem zweiten Abschnitt finden die Monographien Berücksichtigung und in einem dritten Abschnitt werden die Aufsätze und Artikel vorgestellt.

I.

1983 erschien eine von Gabriele Drews herausgebrachte Ausgabe von Jung-Stillings Lebensgeschichte, die lediglich die drei ersten Teile, nämlich die „Jugend" (1777), „Jünglingsjahre" (1778) und „Wanderschaft" (1778) enthält. Nach der kritischen Gesamtausgabe, die G. A. Benrath 1976 vorgelegt hatte[2], erscheint eine erneute Veröffentlichung der „Lebensgeschichte"

---

[1] ThR 48 (1983) 156–186; 254–272.

[2] *Johann Heinrich Jung-Stilling*, Lebensgeschichte. Vollständige Ausgabe, mit Anmerkungen hg. v. *G. A. Benrath*, Darmstadt 1976.

oder auch von Teilen daraus nur dann als sinnvoll, wenn sie über die Ausgabe von Benrath hinausführt. Das aber ist bei G. Drews absolut nicht der Fall. Im Gegenteil, die Herausgeberin hat nicht einmal alle Möglichkeiten der Ausgabe von Benrath ausgeschöpft, so daß ihre Arbeit als bedauerlicher Rückfall hinter den Stand des Erreichten erscheint. So werden beispielsweise die „Dokumente zur Lebensgeschichte", die Benrath am Schluß seiner Ausgabe veröffentlicht hat, gar nicht berücksichtigt. Das ist um so bedauerlicher als die Herausgeberin im Nachwort eine dezidierte Sicht über die Intention der „Lebensgeschichte" vertritt, die mit Jung-Stillings eigenen Intentionen, jedenfalls wie er sie selbst zum Ausdruck bringt, nicht unbedingt übereinstimmt.

Spätestens, wenn G. Drews mit Zustimmung Karl Marx zitiert, weiß der Leser ihrer Ausgabe, mit welchen Kriterien Jung-Stilling beurteilt wird: „Für ihn ersetzte (soweit noch Drews, jetzt folgend dann Marx) ‚die Religion das Selbstbewußtsein und das Selbstgefühl des Menschen, der sich selbst... noch nicht erworben... hat'" (291). Dem frühen Jung-Stilling billigt sie emanzipatorische Absichten zu, die sie positiv bewertet: „Wenn die pietistische Frömmigkeit, der Jung-Stilling sein Leben lang verpflichtet war, seiner weltanschaulichen Entwicklung auch Grenzen setzte, so bereitete sie ihn doch in gewissem Sinne auf die Übernahme neuen bürgerlich-emanzipatorischen Gedankenguts vor..." (287). Zur Illustration dieser Auffassung bietet die Herausgeberin einen knappen, keineswegs unproblematischen Abschnitt[3] über die Entstehung und die Geschichte des Pietismus, von Jung-Stilling selbst zitiert sie aber lediglich einen Satz, um seine Empfänglichkeit für emanzipatorisches Gedankengut aufzuzeigen: „Stillings Enthusiasmus für die Religion hinderte ihn nicht, auch solche Männer herzlich zu lieben, die freier dachten als er..." (288). Dies versteht G. Drews unter Verweis auf Lessings Nathan als Bekenntnis zur Toleranz. Bei Jung-Stilling geht es aber weniger um Toleranz, sondern eher um die Nächstenliebe, die sich hier nicht einmal auf Andersdenkende, sondern lediglich auf solche Männer bezieht, die freier dachten als er. Jung-Stillings Meinung wird damit in ein vorgefaßtes Schema gepreßt: zu Beginn seiner Wirksamkeit soll er zu der Schicht bürgerlicher Intellektueller gehört haben, die sich um ‚Emanzipation' von den „rückständigen deutschen Verhältnisse(n)" (282) bemühten. Jung-Stilling habe begriffen, „daß dem vierten Stand, der bisher höchstens als ‚Last-

---

[3] Daß der Pietismus die Forderung Luthers nach dem allgemeinen Priestertum wieder aufgegriffen habe, wird man in einem eingeschränkteren Sinne, als es die Verfasserin meint, vielleicht noch konzedieren können, aber daß der Pietismus – generell, wie es den Formulierungen nach scheint – die „Forderungen... nach Freiheit und Radikalität der Gewissensentscheidung" habe wieder laut werden lassen (287), trifft für die wichtigsten seiner Erscheinungsformen nicht zu, allenfalls kommt das für einige Gruppen des radikalen Pietismus in Betracht. Eine interessante, aber leider nicht belegte und womöglich mehr der Phantasie der Verfasserin entsprungene als den Quellen entnommene Erklärung wird für den Ausdruck die „Stillen im Lande" geboten. So sollen die Pietisten „ursprünglich spöttisch von ihren Gegnern genannt" (287) worden sein!

tier' der Gesellschaft in die Kunst Eingang gefunden hatte, alle Achtung und literarische Beachtung gebühre" (284). Selbst wenn das zutreffen sollte, schreibt Jung-Stilling nicht, um diese Beachtung zum Ausdruck zu bringen. Er selbst äußert sich über seine Absicht: „Da ich nun wuste, wie sehr meine Freunde in Strasburg den leichten wizelnden französischen Geschmack liebten, auch wie sehr ihr Glaubensgrund in der Religion schwankte, so glaubte ich: wenn ich ihnen meine Lebensgeschichte in einem romantischen blumichten Kleide vorlegte: so würden die deutlichen Fustapfen der göttlichen Fürsicht ihnen auf eine angenehme Art gezeigt;"[4] Es ist also kein emanzipatorisches, sondern eindeutig ein missionarisches Interesse, das er mit der Abfassung seiner Lebensgeschichte verbindet.

So unzutreffend, weil unter Anwendung falscher Kriterien zustande gekommen, das Urteil über den frühen Jung-Stilling ist, so unzutreffend ist aus derselben Ursache das Urteil über den alten Patriarchen der Erweckung. Er wird entschieden negativ bewertet. Dabei wiegt weniger schwer, daß er sich nun nicht mehr nur als Werkzeug Gottes, sondern als „Mitarbeiter" oder gar als „Prophet" mit dem dafür kennzeichnenden Selbstbewußtsein versteht und geriert, entscheidend ist vielmehr etwas anderes: „Am Ende seines Lebens stand der einstige Bundesgenosse der Stürmer und Dränger also auf seiten der führenden Macht der ‚Heiligen Allianz', die ihre Restaurations- und Expansionsbestrebungen unter dem Deckmantel der Religion versteckte und als ‚Schiedsrichter Europas' alle nationalen Volkserhebungen erbarmungslos unterdrückte" (292). Diese geistige Einstellung muß natürlich jeder, der lediglich nach der „Emanzipation wovon", nicht aber nach der „Emanzipation wozu" fragt, absolut negativ beurteilen. Die Verfasserin macht sich auch hier nicht die Mühe, weitere Dokumente heranzuziehen, die ein tieferes Verständnis ermöglichen könnten. Ebenfalls fragt sie an keiner Stelle, ob sich zwischen der Position des frühen und des alten Jung-Stilling nicht doch Verbindendes entdecken läßt; die Gegensätze jedenfalls, die hier herausgearbeitet werden, erweisen sich als unter sachfremden Kriterien konstruiert.[5] Jung-Stilling ging es in der frühen Zeit genauso um die Darlegung und Verbreitung seiner reformiert-pietistischen Überzeugung wie im Alter. Unterschiedlich war dabei sein eigenes berufliches Tätigkeitsfeld und die zeitlichen Umstände, die sich insbesondere im Gefolge der Französischen Revolution stark gewandelt hatten. Von daher erklären sich bei ihm andere Akzentsetzungen und gewiß auch die zunehmende Intensität, mit der er sich zu religiösen Fragen äußert. Im ganzen kann man dieser Ausgabe nur eine

---

[4] Lebensgeschichte (wenn nicht anders vermerkt wird nach der Ausgabe von Benrath zitiert, vgl. Anm. 2), 655.

[5] Der Verweis auf den Tatbestand, daß Jung-Stilling, um der Gefahr zu wehren, man könne ihn für „dummorthodox" halten, 1775 eigens eine Schrift verfaßt, während er zwanzig Jahre später seinen „Grauen Mann" eine „orthodoxe Schrift" nennt, trägt gar nichts zur Unterstützung der These der Verfasserin bei: dummorthodox und orthodox sind schließlich zwei äußerst verschiedene Adjektive.

möglichst geringe Verbreitung wünschen und der Hoffnung Ausdruck geben, daß sowohl die großen interpretatorischen Linien ihres Nachwortes als auch die kleineren Fehler, die es enthält[6], nicht traditionsbildend wirken.

Dem Präsidenten der Jung-Stilling Gesellschaft und Siegener Wirtschaftswissenschaftler Gerhard Merk verdankt die Forschung unter anderem sechs Auswahlbände aus den verschiedensten Bereichen des umfangreichen Tätigkeitsfeldes von Jung-Stilling. Als erstes erschien 1987 das „Jung-Stilling-Lexikon Wirtschaft". In einer lediglich neun Seiten umfassenden Einleitung bietet Merk eine sehr gehaltvolle Einführung, die sich A. „Zur Person von Jung-Stilling" äußert und sich B. mit „Jung-Stilling als Ökonom" sowie C. mit „Jung-Stilling als Autor" beschäftigt und D. Hinweise „Zu den nachstehenden Zitaten" enthält. Daß der Autor ein „Stillings-Freund" ist, wird dem Leser bereits auf den ersten Seiten deutlich. Jung-Stillings vielfältige Tätigkeiten werden ausdrücklich gewürdigt und gelegentlich mit Titeln versehen, die ein wenig zu vollmundig ausfallen.[7] Die knapp sechs Seiten, die „Jung-Stilling als Ökonom" darstellen, bieten die derzeit zutreffendste und beste Zusammenfassung zu diesem Thema. Ohne sich genauer auf eine theologisch nuancierte Qualifizierung einzulassen, stellt Merk fest: „Im Mittelpunkt des Menschenbildes von Jung-Stilling steht die Beziehung der Person zu Gott" (IX), und das hat Auswirkungen auch für Jung-Stillings

---

[6] So behauptet G. Drews, Jung-Stilling habe im Vierteljahr etwa 400 Briefe bekommen. Die einschlägigen Archivalien, die die Autorin offensichtlich nicht kennt, zeigen, daß etwa höchstens die Hälfte zutreffend sein dürfte. Fünf Tagebücher Jung-Stillings sind erhalten, davon befinden sich vier im Archiv der UB Basel, Nachlaß Schwarz: 1. das Tagebuch von 1799 bietet als einziges ein Verzeichnis der erhaltenen und eins der abgeschickten Briefe. Danach hat er in diesem Jahr 687 bekommen und 680 selbst geschrieben. 2. 1806 trafen 668. 3. 1812: 494, 4. 1813: 417 Briefe bei ihm ein.

Das Tagebuch von 1803, in Privatbesitz befindlich, verzeichnet 827 erhaltene Briefe. Das ist die größte Anzahl, die nachweisbar ist. Zu diesem Tagebuch vgl. *G. A. Benrath*, Jung-Stillings Tagebuch von 1803. In: Der Pietismus in Gestalten und Wirkungen. Martin Schmidt zum 65. Geburtstag, hg. v. *H. Bornkamm/F. Heyer/A. Schindler*, 1975. AGP 14, 50–83.

Unzutreffend ist die Einschätzung, der Topos des pietistischen Bußkampfes habe den dritten Teil der Lebensgeschichte geprägt (289/290). Unzutreffend ist weiter, daß Jung-Stilling in den letzten Teilen der Lebensgeschichte „bewußt zurück zur Form pietistischer Lebensbekenntnisse" zurückgekehrt sei (294). Die Angaben beschränken sich im vierten und fünften Teil der Lebensgeschichte fast nur noch auf die äußerlichen Ereignisse. Wie die Autorin daher zu ihrer Einschätzung gelangt, vermag ich nur unter der Voraussetzung zu verstehen, daß sie die fraglichen Teile nicht gut genug kennt.

[7] „Universitätslektor für Chemie", „Repetitor für Philosophie", „Volkshochschuldozent für Gesundheitslehre". Alle diese Tätigkeiten hatte sich Jung-Stilling, teilweise zum Zwecke der eigenen Übung, selbst gesucht. Eine offizielle und vor allem eine bezahlte Stellung war mit keiner verbunden. Vgl. Lebensgeschichte, 286: „Den folgenden Winter laß Stilling, mit Erlaubnis des Herrn Prof. Spielmanns, ein Collegium über die Chymie..." Ebd., 270: „Die Philosophie war eigentlich von jeher diejenige Wissenschaft gewesen, wozu sein Geist die mehreste Neigung hatte. Um sich nun noch mehr darinnen zu üben, beschloß er, des Abends von 5 bis 6 Uhr, welche Stunde ihm übrig war, ein öffentliches Collegium darüber zu lesen" Ebd., 296: „Gleich von Anfang dieses Sommers machte Stilling bekannt, daß er den jungen Wundärzten und Barbiergesellen ein Collegium über die Physiologie lesen wolle, dieses kam zu Stande,..."

Auffassung von Politik und Ökonomie: „Die Gesellschaft muß sicherstellen, daß alle ihre Glieder die wahre Glückseligkeit erreichen. Vereinigung mit Gott durch Christus ist jenes Ziel, das ‚wie Morgenglanz dem Sterblichen von Jugend auf entgegen glänzt' (Lebensgeschichte 304)" (X). Die ganz profanen Bereiche von Politik und Ökonomie haben damit indirekt einer religiösen Zielsetzung zu dienen. Sie müssen helfen, die wahre Ordnung der Dinge, ihre Ausrichtung auf Gott zu erkennen und die entsprechenden Prozesse demgemäß zu steuern. Damit vertritt Jung-Stilling als Ökonom einen Ansatz, der ihn in der Geschichte seines Faches zu einem schwer einzuordnenden „Unikat" werden läßt. Hatten bereits Anneliese und Waldemar Wittmann[8] Jung-Stillings wirtschaftswissenschaftliches Werk von dem einseitigen Urteil W. Roschers befreit, der ihn in die aufklärerische Schule von Joseph Sonnenfels 1733–1817 eingeordnet hatte, so differenziert Merk weiter: „Aus alldem begründet sich nun bei Jung-Stilling eine die Individualität des Menschen betonende, die Sozialität jedoch nicht verkennende Denkart. Jung-Stilling steht so über dem stark etatistisch, zentralistisch und bürokratisch durchwirkten Kameralismus einerseits und den (zu seiner Zeit politisch rührigen) rein nominalistischen, individuellen Philosophen-Schulen sowie der ökonomischen Frühklassik andererseits" (XI). Die Aufzählung, die Merk daran anschließend bietet (XI–XIII), weist Jung-Stilling als einen mehrheitlich modernen, manchmal geradezu sozial, ökologisch, marktwirtschaftlich orientierten Denker aus, der sich, in seiner Zeit nicht unbedingt selbstverständlich, für die Rechtsfähigkeit der Frau genauso einsetzt wie für eine „höhere Frauenbildung" (XI). Ebenso signifikant wie folgerichtig erscheint es, daß nicht nur die modern anmutenden Elemente mit Jung-Stillings christlichem Ansatz – für jeden die ökonomischen Bedingungen zu schaffen, die ihm das Streben zu Gott ermöglichen – zusammenhängen, sondern auch seine Grenzen. Als nüchterner Siegerländer, Merk weist eigens darauf hin, daß ihm bei dieser Herkunft der Humor nicht in die Wiege gelegt war (XIV), sprach er sich gegen das Lotteriewesen aus, gegen jeden Luxus, gegen schrankenlose Pressefreiheit und gegen Landstreicherei, aber auch gegen das Adeln erfolgreicher Kaufleute. Als beste Staatsform erschien Jung-Stilling die Nomokratie, also die Herrschaft, die sowohl aufgrund angeborener Rechte als auch als Ergebnis von Wahlen legitimiert sein kann und sich nach Gesetzen richtet, die durch dafür geeignete Bürger (Nomokratoren) unter Mitwirkung des ganzen Volkes (schriftliche Beantwortung von Preisfragen) zustande kommen.

In über 500 Stichworten und weit mehr Ausschnitten (oftmals wird zu einem Stichwort aus mehreren Werken zitiert) besonders aus den ökonomischen und staatswissenschaftlichen Schriften stellt G. Merk Jung-Stillings wichtigsten Äußerungen zu allen Themen, die in diesem Bereich auch nur von irgendwelcher Bedeutsamkeit sind, zusammen. Der Wissenschaftler

[8] Vgl. dazu meinen Forschungsbericht (s. Anm. 1) 263–266.

wird die Zusammenstellung dankbar als Orientierung benutzen, die durchgängige Lektüre der Quellen selbst darf er sich, so verführerisch dies bei Merks kundiger Zusammenstellung auch sein mag, nicht ersparen. Dem Stillingsfreund, der auch die cameralistische Seite seines verehrten Patriarchen einmal kennenlernen möchte, wird die Zusammenstellung nicht nur Hilfsmittel sondern ausreichende Quellengrundlage sein.

In derselben Weise gearbeitet, brachte G. Merk 1988 das Jung-Stilling-Lexikon Religion heraus. Die neunzehnseitige Einleitung ist eher noch gehaltvoller und differenzierter als die des Lexikons Wirtschaft. So wird Jung-Stillings geistige Entwicklung, werden seine Interessen und wird seine (meistens autodidaktische) Bildung (VIII–XI) ebenso eingehend beschrieben wie seine Familie (XI–XIII) und sein religiöses Denken (XIV–XXIII). Bemerkungen über die Zitationsweise und die Auswahl der Zitate schließen das instruktive Vorwort ab.

Im Vergleich zum Lexikon Wirtschaft ist die Angabe der Zahl von Briefen, die Jung-Stilling bis zu seinem Tode schrieb, hier um 5000 niedriger, nämlich mit 15000 angesetzt. Die fünf erhaltenen Tagebücher[9] weisen 1803 mit 827 bekommenen Briefen die höchste und 1813, vier Jahre vor seinem Tod, mit 417 an ihn gerichteten Schriftstücken die geringste Zahl auf. Jung-Stilling korrespondierte seit seinem Weggang aus der Heimat 1762 ziemlich regelmäßig mit seinem Vater und seinem Onkel, das werden aber kaum mehr als 20 Schreiben pro Jahr gewesen sein.[10] Nach seinem Studium und erst recht nach seinen ersten belletristischen Veröffentlichungen dürfte die Korrespondenz dann stark zugenommen haben. Für die Jahre zwischen 1790 und 1810 dürfte als Mittelwert etwa 700 Briefe, zwischen 1810 und 1816 noch ca. 400 und zwischen 1775 und 1790 jährlich im Durchschnitt mindestens 250–300 Briefe anzunehmen sein, so daß sich insgesamt leicht eine Korrespondenz von über 20000 Schriftstücken ergibt.

In der Formulierung: „Er (= Jung-Stilling) übernahm gar vertretungsweise die Grundvorlesung in Chemie für den zuständigen Professor Spielmann" (X), wird man eine liebevolle Übertreibung des Stillingsfreundes Merk sehen müssen, sagt Jung-Stilling doch selbst lediglich, er habe mit Erlaubnis von Prof. Spielmann ein Kollegium „über die Chymie" gelesen.[11] Ebenso dürfte es ein wenig zu hoch gegriffen sein, Jung-Stilling „als eine der bedeutendsten Persönlichkeiten auch in der Geschichte der Kryptographik" (XI) zu bezeichnen. Die Geheimschrift selbst ist übrigens voll-

---

[9] Vgl. Anm. 6.

[10] Erhalten sind 77 Briefe von seinem Vater, die im Zeitraum zwischen dem 17. 3. 1764 und 17. 6. 1795 geschrieben wurden sowie 23 Briefe seines Onkels, die aus der Zeit zwischen 30. 1. 1765 und 14. 2. 1784 stammen. Handschriftlich im Archiv der UB Basel, Nachlaß Schwarz Abteilung I und II. Vgl. *M. Geiger*, Aufklärung und Erweckung. Beiträge zur Erforschung Johann Heinrich Jung-Stillings und der Erweckungstheologie. Zürich 1963, 72.

[11] S. o., Anm. 7.

ständig entziffert, lediglich die Zeichen am Rande, die die seelische Befindlichkeit kennzeichnen sollen, sind nicht eindeutig zuzuordnen.[12]

In der Darstellung des religiösen Denkens von Jung-Stilling betont G. Merk eingangs: „Jung-Stilling bekennt, daß er in langem, heftigen Ringen zwischen Glauben und Vernunft stand", um sofort hinzuzufügen: „Freilich sollte man diese Tatsache nicht überbewerten. Sie darf schon gar nicht zum Wesensmerkmal von Jung-Stilling aufgetürmt werden. Denn fast jeder denkende Glaubende und gläubig Denkende steht in solcher Spannung" (XIV). Dem ist m. E. zuzustimmen. Nur ergibt sich daraus die Konsequenz, daß Jung-Stilling selbst übertreibt, wenn er dem Einfluß der Philosophie Kants seine Befreiung aus jahrelangen Zweifeln zuschreibt, die ihm der „Determinismus" der „Leibniz-Wolfischen Philosophie"[13] verursacht haben soll. G. Merk äußert sich nicht direkt zum Thema Leibniz-Wolff einerseits, Kant andererseits, aber seine vorsichtig abwägende Herausarbeitung der positiven Vernunftauffassung Jung-Stillings und vor allem die Tatsache, daß er keine Zäsur in Jung-Stillings Werk vor und nach der Beschäftigung mit Kants Philosophie sieht, machen deutlich, daß er hier der Selbsteinschätzung Jung-Stillings nicht folgt. Anhand eines Briefes aus dem Jahre 1797 faßt Merk zusammen: „Die Vernunft ist ‚Werkzeug zur Erkenntnis der Wahrheit'. Sie ist natürlich nicht Ursprung der Wahrheit."[14]

Interessant sind Merks Darlegungen unter den Stichworten Konfessionalität und Pietismus (XV–XVIII). Daß Jung-Stilling zum Luthertum „ein kühles Verhältnis" (XV) gehabt habe, wird man kaum sagen können. Immerhin gehörten seine erste[15] und seine zweite[16] Frau dem Luthertum an. In der Zeit von Ende 1771 bis Mitte 1773, als er mit dem Geheimen Rat von Stengel und dem Akademiesekretär Lamey – beide in Mannheim – korrespondiert, verwendet er sich für die lutherische Gemeinde in Ronsdorf, um

[12] Da die Tagebücher nur noch teilweise und zwar aus den Jahren 1799, 1803, 1806, 1712 und 1813 vorliegen, wird es kaum möglich sein, die Bedeutung dieser *Zeichen* eindeutig zu ermitteln, zumal an manchen Stellen die Vermutung naheliegt, daß sich die Bedeutung einzelner Zeichen im Laufe der Zeit gewandelt hat. Nachdem ich selbst das Tagebuch von 1803 aus der Geheimschrift in Normalschrift übertragen habe (Kopie im Archiv der UB-Basel), darf ich aus eigener Erfahrung sagen, daß dies zwar eine mühsame Arbeit war, die möglicherweise nicht fehlerfrei gelungen ist, aber grundsätzliche, die Entzifferung der *Geheimschrift* betreffende Fragen, sind nicht offengeblieben.

[13] LG 448–452.

[14] Siehe *H. Müller* (Hg.), Wenn die Seele geadelt ist. Aus dem Briefwechsel Jung-Stillings. Gießen und Basel 1967, 38–40. Der Brief ist an den Sohn seines ehemaligen Meisters Johann Jakob Becker (1706–1767) in Radevormwald gerichtet und stammt vom 29. 5. 1792. Jung-Stilling arbeitete vom 12. 4. 1763 bis Mitte Juli 1763 bei Meister Isaak, wie Becker in der Lebensgeschichte heißt. Vgl. LG 211–219.

[15] Christine Heyder aus Ronsdorf, heute Wuppertal. Aus der Korrespondenz mit seinem Vater geht hervor (Brief von Johann Helmann Jung an seinen Sohn Johann Heinrich vom 23. 6. 1771), daß er um ein Dimissoriale gebeten hatte, um mit der lutherischen Christine getraut werden zu können. Vgl. *M. Geiger* (s. o. Anm. 10) 134.

[16] Vgl. *Peter Jung*, Jung-Stillings zweite Gattin: Selma von Saint George und ihre Familie, in: Siegerland 67 (1990) 71–76.

die Erlaubnis eines Kirchbaus für sie zu erhalten.[17] Das hätte er wohl kaum getan, hätte er ein wirklich distanziertes Verhältnis zum Luthertum gehabt. Merk nennt übrigens an dieser Stelle auch keinen Beleg.

Ebensowenig vermag ich der Meinung von G. Merk zuzustimmen, Jung-Stilling werde manchmal als Vater des Pietismus bezeichnet (XV). Es ist zwar richtig, daß Jung-Stilling selbst die Begriffe „erweckt" und „pietistisch" synonym verwendet, aber die Forschung hat hier stets zwischen dem ursprünglichen Pietismus, als dessen Begründer im allgemeinen Ph. J. Spener gilt, und der späteren Erweckung differenziert. Ihr größtes Unterscheidungsmerkmal liegt darin, daß der spätere Pietismus, also die Erweckung, gezwungen war, sich mit der inzwischen zur Beherrscherin des Zeitgeistes emporgestiegenen Aufklärung auseinanderzusetzen, und von daher rationalere, intellektualistischere Züge annahm, wie sie der ältere Pietismus nicht kennt. Jung-Stilling gilt vielen als Patriarch der Erweckung, aber gerade deshalb nicht als „Vater des Pietismus". In der Beschreibung der eindeutigen Zugehörigkeit Jung-Stillings zum Kreis der Erweckten oder, wie er selbst es ausgedrückt haben würde, zum Pietismus, ist Merk absolut zuzustimmen, zumal Merk die Kriterien dafür dem Werk Jung-Stillings selbst entnimmt: „ernstliche Buse, Bekehrung, Wiedergeburt, und Heiligung" (XVI). In der Folge arbeitet Merk die Kritik Jung-Stillings am Pietismus seiner Zeit klar heraus. Stets kommt dabei deutlich zum Ausdruck, daß diese Kritik geübt wird, gerade weil Jung-Stilling sich ihm zugehörig fühlt und er keine stolze Abkapselung (XVI), kein Schwärmertum (ebd.), keine Weltflucht (XVII), keinen Richtgeist (XVII f.) und keine Kulturfeindlichkeit (XVIII) im Pietismus zulassen möchte.

G. Merks interessante Ausführungen zu Raum und Zeit heben hervor, daß Jung-Stilling, obwohl kein gelernter Theologe, durchaus das Problem einleuchtend zu machen versteht, demzufolge unsere menschliche Erkenntnis in den Kategorien von Raum und Zeit erfolgt, daß Gott dagegen aber diesen Kategorien nicht unterworfen ist, weil ihm das Prädikat der Ewigkeit als anfangs, endloser und veränderungsloser Dauer zukommt.

Auch die merkwürdige Sonderlehre Jung-Stillings vom Hades erfährt bei Merk eine angemessene Behandlung (XXI-XXIII). Weder ist sie mit der katholischen Vorstellung vom Purgatorium oder gar seiner vulgären Fassung vom Fegefeuer zu identifizieren, besonders aber nicht mit der Ablehnung beider durch die Reformatoren. Es widerstrebt Jung-Stilling zwar, diese Lehre „auf die Canzel zu bringen" (XXIII), aber sie ist ihm deswegen wichtig, weil sich für ihn im Hades endgültig entscheidet, ob danach der Himmel offensteht oder nur noch die Hölle als letzte Möglichkeit bleibt, während nach katholischer Auffassung das Purgatorium stets mit dem gewissen Zugang zum Himmel beendet wird.

---

[17] *A. Krieger*, Briefe Jung-Stillings an Johann Georg von Stengel und Andreas Lamey aus den Jahren 1771–1774. In: Mannheimer Geschichtsblätter. Monatsschrift für die Geschichte, Altertums- und Volkskunde Mannheims und der Pfalz. Hg. v. Mannheimer Altertumsverein, Nr. 26, 1925, 25–39, 77–82. Gemeint sind die Briefe 2, 3, 12, 13, 16.

Der Textteil selbst enthält wie das Lexikon Wirtschaft unter gut 400 Stichworten und in weit mehr Zitaten – aus dem gesamten Werk mit Ausnahme der Romane – Jung-Stillings Auffassung zu allen wichtigen Fragen der Religion und angrenzender Gebiete. Auch diese Zusammenstellung wird der Fachmann gern als Orientierung benutzen, ohne daß er sich dadurch den Umgang mit den Quellen selbst ersparen darf. Der interessierte Fachfremde wird sich die Informationsquelle gern zur Belehrung dienstbar machen, und er darf sich damit begnügen.

Insgesamt hat Gerhard Merk damit eine ungeheure Fleißarbeit geleistet, die ihm besonders der Theologe zu danken hat, weil für beide Lexika viele Zitate mit religiösem Inhalt aus den ungeheuer weitschweifigen wirtschaftswissenschaftlichen Abhandlungen herausgesucht wurden, die aufzufinden für ihn überaus mühsam gewesen wäre.

Ebenfalls im Jahre 1988 brachte G. Merk unter dem Titel: „Wirtschaftslehre und Landeswohlstand" sechs akademische Festreden Jung-Stillings heraus. Es handelt sich um seine Kaiserslauterner Antrittsrede 1778, die Festrede auf den Namenstag der Kurfürstin Maria Elisabeth Augusta 1779, die auch in der Lebensgeschichte ausführlich erwähnte „Jubelrede über den Geist der Staatswirthschaft", die Jung-Stilling 1786 aus Anlaß des 400jährigen Bestehens der Universität Heidelberg hielt[18], seine Marburger Antrittsrede 1787 sowie zwei Reden, die weniger wegen ihres äußerlichen Anlasses als wegen ihres inhaltlichen Gewichts aufgenommen wurden, „Einige wichtige Bemerkungen über das Studium der Staatswirthschaft, nebst dem Beweis, daß auch die Vieharzneikunde wesentlich dazu gehöre" (1784) und „Ueber Geniesucht, Freigeisterei und ihre Wirkungen auf die bürgerliche und Staatsgesellschaft" (1781).

Ein äußerst knappes, aber dennoch instruktives Vorwort führt den Leser ein. Er erfährt, daß Jung-Stilling in seinem cameralistischen Werk „keinem der zu seiner Zeit gefeierten Lehrsysteme" anhing (8), aber „klar auf dem Standpunkt des Naturrechts" stand, sich aber auch in diesem Bereich seiner Tätigkeit als „fest im christlichen Glauben verwurzelt" erweist (9). Was den Stil anbelangt, so macht Merk darauf aufmerksam, daß sich bei Jung-Stilling „blühendes Beiwerk, geschnörkelter Aufputz und barocker Besatz" (9) im Vergleich zu anderen Rednern seiner Zeit nicht im Übermaß findet, auch wenn dies dem heutigen Leser anders erscheinen wird.

Der Fachhistoriker wird bei dieser Ausgabe allerdings bedauern, was der interessierte Laie begrüßen dürfte, nämlich, daß die Orthographie des Originals der heutigen Schreibweise angeglichen und daß allzu lange und geschachtelte Sätze getrennt wurden. Jedoch ergibt ein Vergleich mit dem Original, daß dies sehr sorgfältig und behutsam geschehen ist.[19] Der von G. Merk gebotene Text erscheint deshalb auch für wissenschaftliche Unter-

---

[18] LG 428–429.

[19] Ein Vergleich ist im Falle der Marburger Antrittsvorlesung leicht möglich, da W. Lück (95–124) einen photomechanischen Nachdruck der Erstveröffentlichung bietet.

suchungen durchaus als zitierbar. Der umfangreiche und sorgfältig erstellte Anmerkungsteil enthält eine Fülle von Informationen, die teilweise, weil mit Humor geschrieben, nicht nur interessant, sondern amüsant zu lesen sind (62, Anm. 94,2).

Nach demselben Prinzip brachte G. Merk ebenfalls 1988 sechs weitere Vorlesungen unter dem Titel „sachgerechtes Wirtschaften" heraus. Der Band umfaßt Texte aus den Jahren 1776–1787. Die Anordnung erfolgt nicht chronologisch, sondern nach systematischen Prinzipien der Wirtschaftswissenschaft. Wiederum erleichtern ein fundiertes Vorwort und ein sorgfältig erarbeiteter Anmerkungsteil das Verständnis. Da die hier veröffentlichten Vorlesungen enger fachbezogen sind als die sechs akademischen Festreden, enthalten die Anmerkungen weniger allgemein interessierende Informationen. Es scheint daher unbedingt geraten, beide Bände zur Kenntnis zu nehmen und dabei die Festreden und ihre Anmerkungen zuerst zu lesen, da dies Verfahren auch den wirtschaftswissenschaftlichen Laien in die Lage versetzt, die Spezialvorlesungen in „Sachgerechtes Wirtschaften" zu verstehen.

Zwei weitere Bände „Gesellschaft und Beruf" sowie „Gesellschaftliche Mißstände" stellte G. Merk aus Jung-Stillings zwischen 1781 und 1784 periodisch erschienener Zeitschrift der „Volkslehrer" zusammen. Teile daraus hatte O. W. Hahn bereits in seiner Untersuchung über Pietismus und Aufklärung behandelt, erst G. Merk gelang es aber, den vollständigen Bestand der Zeitschrift in der Universitätsbibliothek Salzburg nachzuweisen (12). Hahn, der anhand der Bibliotheksbestände aus Basel, München und Tübingen arbeitete, hatte gemeint, daß Teile des 1. Jahrgangs 1781 „vermutlich leider endgültig" als verloren angesehen werden müßten.[20] G. Merk hat sowohl Geschichten (in: Gesellschaft, Leben und Beruf) sowie Wichtiges und Wissenswertes zu den verschiedensten Stichworten (in: Gesellschaftliche Mißstände) zusammengestellt und somit diese für das Verständnis der Kaiserslauterner Zeit wichtige aber bisher schwer zugängliche Quelle erschlossen. Auch hier sind Orthographie und Satzbau vorsichtig modernisiert, was aber den Quellenwert der gebotenen Teile kaum mindert. Alle vier von G. Merk herausgegebenen Bände verfügen über Sachregister, die Festreden zusätzlich über ein Personenregister. Merk hat mit seinen Editionen wichtige Bereiche insbesondere des wirtschaftswissenschaftlichen und populär belehrenden Werkes von Jung-Stilling bequem zugänglich gemacht.

Im Jahre 1989 brachte der in der Jung-Stilling Forschung bestens ausgewiesene Gustav Adolf Benrath einen umfangreichen Band mit einem bis dahin nur Spezialisten bekannten Genus der schriftstellerischen Arbeiten des Patriarchen der Erweckung heraus, den Bibelübungen. In seiner Lebensgeschichte geht Jung-Stilling mit einem kurzen Abschnitt auf sie ein: „Stilling

---

[20] *O. W. Hahn*, Jung-Stilling zwischen Pietismus und Aufklärung. Europäische Hochschulschriften, R.XXIII, Bd. 344, Frankfurt (Main), Bern, New York, Paris 1988, 590, Anm. 1 und 5.

hatte seit Jahr und Tag den Gebrauch gehabt, täglich einen Spruch aus dem alten Testament, aus dem Hebräischen, und auch einen aus dem neuen Testament, aus dem Griechischen zu übersetzen, und dann daraus eine kurz gefaßte und reichhaltige Sentenz zu formiren. Dieser Sentenzen hatte er in einer großen Menge vorräthig, und dabei keinen anderen Zweck als Bibelstudium."[21]

Benrath hat diesem Genus der Bibelübungen in Jung-Stillings Gesamtwerk nachgespürt und ist dabei auch auf entlegene, teilweise in privatem Besitz befindliche Archivalien gestoßen. Nach diesen Untersuchungen hat es mit Sicherheit zwischen den Jahren 1794 und 1803 12 Halbjahrgänge, bzw. Jahrgänge solcher Betrachtungen gegeben, von denen gut die Hälfte vollständig erhalten sind (8–10), manche aber nur noch mit ein bis drei Blättern nachgewiesen werden können. Dabei waren bis dahin nur wenige veröffentlicht, wie beispielsweise die 152 in dem 1816 herausgebrachten „Schatzkästlein". Anhand der Herrnhuter Losungen, die Jung-Stilling seit dem 5. 4. 1799 benutzte[22], gelingt es Benrath, 102 davon in die Monate Januar bis Mai des Jahres 1802 zu datieren. In seine Ausgabe nimmt Benrath allerdings nur bisher ungedruckte und gereimte Sentenzen auf, die er im Anschluß an Tersteegen „Reimbetrachtungen" (5) oder mit einem eigenen Ausdruck auch „gereimte Bibelübungen" (8) nennt. In der Hauptsache greift er dabei auf die frühen Texte der Jahre 1794, 1795 (fragmentarisch), 1796, 1797/98 zurück, in denen, weil ursprünglich nicht zur Veröffentlichung bestimmt, das fromme Ich des Autors im Mittelpunkt steht.

In seinem instruktiven Vorwort (5–19) ordnet Benrath die Bibelübungen in den Ablauf des Lebens von Jung-Stilling ein (5–7)[23], bietet eine Bestandsübersicht (7–10) und nimmt abschließend eine inhaltliche Charakterisierung vor. Den biblischen Kontext berücksichtigt Jung-Stilling nur in Ausnahmefällen (12), historisch-kritische Überlegungen stellt er niemals an, sie wären ihm auch gewiß „als unnütze Bemühung um den ‚toten Buchstaben'" (12) erschienen. Um den tieferen, geistlichen Sinn eines Schriftwortes zu ermitteln, verschmäht er gelegentlich auch das Mittel der Allegorie nicht (13). Dabei hält er sich in seinen „Reimbetrachtungen" nicht so eng an den biblischen Wortlaut wie die ihm aus seiner reformierten Tradition bestens bekannten Psalmlieder, er folgt ihm jedoch enger, als es eine bloße Paraphrase tun würde. Inhaltlich stehen die Themen Glaubensvergewisserung, Erlösungslehre – und dabei besonders sein Christusbild –, vor allem aber Heili-

---

21 LG 489f.

22 *Benrath*, Bibelübungen, 9. Welche Spruchbücher Jung-Stilling zuvor im Gebrauch hatte, war bisher nicht zu ermitteln (11, Anm. 29).

23 Es wird meinen verehrten Lehrer G. A. Benrath nicht wundern, daß ich gegen die starke Hervorhebung der Überwindung der Determinismuszweifel durch Jung-Stillings Beschäftigung mit der Philosophie Kants meinen Widerspruch anmelde (vgl. dazu meinen Beitrag über Jung-Stilling und Kant in der Festschrift für G. Merk). Hätte die Kant-Lektüre ihm wirklich so starke Impulse vermittelt, wie es nach Benraths Äußerungen (6) scheint, so müßte man in der Tat fragen, warum Jung-Stilling erst sechs Jahre danach mit den Bibelübungen beginnt.

gung bzw. Nachfolge (15/16), die nicht allein die Tat der Liebe zugunsten des Nächsten sondern auch das Erleiden des Kreuzes umfaßt, im Mittelpunkt. Wachen und Beten sind ihm die Mittel, um ein Leben in diesem Sinne zu führen (16). In seiner Zeit sieht Jung-Stilling Kräfte des Abfalls am Werk (17). Um gegen sie die rechte Verkündigung des göttlichen Willens zu gewährleisten, versteht sich Jung-Stilling als Werkzeug Gottes (18).[24]

Die Bibelübungen bieten den besten Zugang zu Jung-Stillings ureigener persönlicher Meinung. Ihr ist man hier gewiß noch näher als in den Briefen. Gleichzeitig bieten die von Benrath erstmals zugänglich gemachten Bibelübungen auch Gelegenheit, Einblick in die dichterischen Fähigkeiten oder besser Fertigkeiten des alternden Jung-Stilling nehmen zu können. Um dies alles zu ermöglichen, war eine Fülle von Kenntnissen und Fähigkeiten, aber war auch ein gerüttelt Maß an editorischer Arbeit nötig. Dafür schuldet die Forschung G. A. Benrath aufrichtig Dank.

Bei den von Ulrich Ummen herausgebrachten Orientalische(n) Erzählungen Jung-Stillings handelt es sich um eine durchgesehene Neuauflage dieser Geschichten, die 1948 von Hermann Müller in Kreuztal publiziert worden war. Die hier zusammengestellten „Erzählungen" finden sich bereits verstreut in den Sämmtlichen Schriften Jung-Stillings. Leider enthält das kurze Vorwort des Herausgebers einige Fehler, deren Korrektur hier vermerkt werden soll, um die in der Jung-Stilling Literatur weitverbreitete Fehlertradierung nach Möglichkeit zu verhindern. In seiner Freizeit beim Kaufherrn Flender in Kräwinklerbrücke lernt Jung-Stilling zwar Griechisch, nicht aber Französisch. Das hatte er schon zuvor beim Sprachlehrer Altena in Barmen-Gemarke getan, denn dies war Voraussetzung für die Übernahme der Hauslehrerstelle bei Flender gewesen.[25] Was Ummen aber nicht erwähnt, ist, daß er in seiner Zeit in Kräwinklerbrücke nicht nur Griechisch, sondern auch Hebräisch[26] lernt. In Straßburg hat Jung-Stilling zwar Goethe und Herder, nicht aber Lavater kennengelernt, wie Ummen meint. Lavater sah er nur zweimal in seinem Leben, erstmals anläßlich der Elberfelder Zusammenkunft am 22. 7. 1774 und ein zweites Mal, als ihn Lavater auf der Rückfahrt von Kopenhagen im Sommer 1793 in Marburg besuchte.[27]

Unter dem Titel: „Herr, zeig mir stets die rechte Spur", brachte

---

[24] In der Einschätzung von Jung-Stillings Sendungsbewußtsein formuliert G. A. Benrath allerdings etwas zu vorsichtig, wenn er schreibt: „Dabei ging sein Selbstbewußtsein aber nirgends in ein prophetisches Selbstgefühl... über" (18). Am Schluß des 5. Teiles seiner Lebensgeschichte formuliert Jung-Stilling: „... ich kann Nebenbegriffe haben, die noch unlauter... sind, aber in der Hauptsache des Christenthums irre ich... gewiß nicht. Indessen bin ich mir vor Gott mit der vollkommensten Aufrichtigkeit bewußt, daß keine meiner religiösen Ideen durch mühsames Nachdenken entstanden, oder Resultat irgend einer Deduction der bloßen Vernunft sey, sondern Alle sind Aufschlüsse in meinem Gemüthe, die mir bei dem Betrachten schwieriger Bibelstellen von selbst gekommen sind." LG S. 618.

[25] LG 226–229.

[26] LG 238.

[27] LG 318–323, 495f.

G. Schwinge 1990 geistliche Erzählungen und Gedichte heraus. Ein ausführliches und in den Fakten korrektes Vorwort (9–21) – in der Jung-Stilling Forschung leider keine Selbstverständlichkeit, deshalb sei es hier hervorgehoben – führt in das Verständnis von Person und Werk Jung-Stillings ein. Ein instruktives Nachwort bietet mannigfache Informationen zur genaueren Erfassung der Texte (92–110). Unter den Gedichten findet sich auch eine bisher ungedruckte Bibelübung vom 17. Oktober 1796, die der Herausgeber in der Handschriftenabteilung der Landesbibliothek Dortmund aufgefunden hat.[28] Die Texte, von Schwinge sorgfältig ausgewählt, belegen, daß Jung-Stilling einiges geschrieben hat, was auch den modernen Leser von heute unmittelbar anzusprechen vermag.[29]

II.

In seiner Untersuchung über „Religiöse Existenz und literarische Produktion" widmet sich Albrecht Willert der Autobiographie und den frühen Romanen Jung-Stillings. Obwohl der Autor mehrfach betont, über die emotional ablehnende Beurteilung Jung-Stillings durch den Psychologen H. R. G. Günther hinauskommen zu wollen (22–24), bleibt er dessen Urteilen im Grunde doch verhaftet.[30] Da Günther seinerseits auf dem Pietismusverständnis Albrecht Ritschls fußt, ist von vornherein nicht zu erwarten, daß unter diesen Voraussetzungen eine verständnisvolle Würdigung erfolgt.[31]

Dies wird bereits deutlich, wenn Willert die Hauptthese formuliert, derzufolge Jung-Stilling seine „Lebensgeschichte" vor allem deswegen verfaßt habe, um seinem nicht unbedingt fadengerade verlaufenden Lebensweg nachträglich einen Sinn unterzuschieben: „denn nicht etwas, was als sinnhafte Einheit erlebt und begriffen wird, bedarf solcher Darbietung, die erst im Prozeß ihres Vollzuges die erstrebte Sinnhaftigkeit begründet... Wenn der Autor meint, sie erworben zu haben, mag die Konstanz der Aufbauelemente der verwendeten Formen zusätzlich einen didaktischen Aspekt gewinnen: daß das Erworbene vorgestellt wird, um für die Leser das vom Autor Erlebte zum Exempel werden zu lassen" (11). Hätte Willert recht, so könnte es keine in missionarischer Absicht verfaßte Darstellung eines Lebensabschnittes geben, wie Jung-Stilling sie nach eigenem Zeugnis bieten will[32], dann wird

[28] Wahrscheinlich gehört das Blatt in das bei *Benrath*, Bibelübungen (8,3) aufgeführte Bändchen von 1796.

[29] Darum scheint es G. Schwinge, verstehe ich den Schluß seines Vorwortes und die Zitate aus der Feder des Stilling-Verehrers H. Müller richtig, vor allem zu gehen.

[30] *H. R. G. Günther*, Jung-Stilling. Ein Beitrag zur Psychologie des Pietismus. 1948^2.

[31] *A. Ritschl*, Geschichte des Pietismus. Bd. I, Der Pietismus in der reformierten Kirche, Bonn 1880, 36–61, zu Jung-Stilling vgl. 523–540.

[32] LG 655.

die Abfassung autobiographischer Äußerungen stets zur Selbsttherapie eines Lebens, dessen Sinnhaftigkeit sich nicht unmittelbar ergibt, sondern erst über den Umweg der literarischen Produktion gewonnen, das heißt im Grunde fiktiv hergestellt werden muß. Jung-Stilling selbst dachte darüber ganz anders.[33] Auch wenn man ihm die missionarische Absicht, die er mit der Abfassung seiner Lebensgeschichte verfolgte, nicht abzunehmen bereit ist, so hätte man sich immerhin damit auseinandersetzen müssen. Willert berücksichtigt aber bei der Darstellung von Intention und Sinn der Lebensgeschichte nur seine eigenen Theorien, allenfalls noch den Text der autobiographischen Äußerungen selbst, nicht aber die Dokumente zur Entstehung der Lebensgeschichte, die seit langem in der Ausgabe von G. A. Benrath bequem zugänglich sind.

Weil diese Dokumente nicht berücksichtigt wurden, wird der erste Teil der Autobiographie falsch eingeschätzt (35f.).[34] Wenn seine religiöse Prägung in der jetzigen Form nicht so deutlich in Erscheinung tritt, wie das bei den weiteren Teilen der Fall ist, so liegt das gewiß an Goethes Kürzungen, die speziell an den religiösen Teilen vorgenommen wurden. Alle Teile der Lebensgeschichte sind stark religiös geprägt. In der Frühzeit kommt dies nicht zuletzt durch Goethes Kürzungen lediglich dezent andeutend zum Ausdruck, später dann aber tritt diese Tendenz massiv hervor.

Willert versucht, das wirkliche Leben unter Einbeziehung seiner soziokulturellen und psychischen Implikationen und dessen literarische Fixierung voneinander zu unterscheiden, um danach beides wieder in Beziehung zu setzen und dadurch besser zu verstehen. Das ist gewiß ein legitimes Anliegen. Aber er versucht, dies zu verwirklichen, indem er die autobiographischen Texte mit Theorien konfrontiert, die er sich selbst genau zu diesem Zweck zurechtgemacht hat. Nirgendwo wird beispielsweise versucht, die Aussageintention der verschiedenen Teile der Lebensgeschichte aus den verschiedenen Zeiten ihrer Abfassung heraus zu verstehen und etwaige Unterschiede von daher zu deuten.

Das Pietismusverständnis, dem Willert verpflichtet ist, sieht einseitig in den weltabgewandten, mystisch-spiritualistischen Zügen die Charakteristik dieser Frömmigkeit. Von daher wird die Straßburger Zeit, in der Jung-Stilling Medizin studierte, mit H. R. G. Günther als „das erste wichtige Glied in der ganzen folgenden Kette seiner Lebenssäkularisation" bezeichnet (32). Daß der Pietismus aber, wie seine hallische Form deutlich zeigt, auch

---

[33] Ebd.

[34] Willert ist der Auffassung, daß der Vorsehungsglaube im ersten Teil nur einmal begegne. Abgesehen davon, daß er einen weiteren Beleg (Lebensgeschichte 31) übersieht, hätte ihn folgende briefliche Bemerkung zur Vorsicht gemahnt, wenn er sie denn zur Kenntnis genommen hätte: „Der erste Band war würcklich noch eins so starck, wenn ihn Goethe gelassen hätte wie er war." Brief an G.J. Decker vom 21. 11. 1777, dem Jahr der Publikation von Teil I der Lebensgeschichte. In einem zwei Jahre danach (1779) erschienenen Artikel in den „Rheinische(n) Beiträge(n) zur Gelehrsamkeit" äußert er ganz klar: Goethe habe bei der Überarbeitung „grose und religiöse Stücke weggelassen oder verändert". LG 655 und 698.

auf die Welt zugehende und sie gestaltende Züge zeigt, wird bei Willert, wie in der germanistischen Forschung häufig, nicht zur Kenntnis genommen.

In der Darstellung der Glaubenszweifel, die nach Jung-Stillings eigener, späterer Einschätzung die Leibniz-Wolffsche Schulphilosophie ihm verursacht und aus der Kants „Kritik der reinen Vernunft" ihn befreit haben soll, folgt Willert unkritisch der Darstellung M. Geigers (69–80), ohne deren Schwäche zu bemerken, daß diese Zweifel sich für die fragliche Zeit nicht verifizieren lassen. Im Gefolge Geigers beurteilt er Jung-Stillings Berufung auf die eigenen Glaubenserfahrungen als Ausweg aus einer Situation, in der er sein Glaubensverständnis nicht mehr rational suffizient artikulieren kann (46). Damit weist er den Glaubenserfahrungen eine Hilfsfunktion zu, während sie bei Jung-Stilling vor und nach der Begegnung mit Kant stets die wesentlichen Träger der Gewißheit sind.

Willerts Ausführungen über Jung-Stillings Distanz zu den pietistischen Vätern sind unbrauchbar, weil er im Gefolge von H. R. G. Günther Jung-Stillings Flucht aus dem Hause Hartcop als Wiedergeburtserlebnis versteht (80). Diese Flucht weist aber kaum religiöse Implikationen auf. Daß Jung-Stilling jedoch in Solingen ein Erweckungserlebnis hatte und damit über eine Erfahrung verfügte[35], die der Bekehrung im älteren Pietismus durchaus vergleichbar ist, übersieht Willert. Er widmet der Darstellung eigener Theorien insgesamt mehr Aufmerksamkeit und Intensität als der Durcharbeitung seiner Quellen, übrigens eine Tendenz, die in der germanistischen Forschung über Jung-Stilling nicht nur bei Willert zu beobachten ist. Willert ist offensichtlich inspiriert von H. R. G. Günther und M. Geiger, aber in erheblichem Maße auch von eigener Theoriebildung an Jung-Stilling herangegangen, ohne den Quellentexten selbst die Chance zur Korrektur zu bieten. Da die Untersuchung zu dem noch an vielen Stellen fehlerhaft und ungenau ist[36], wird der Leser, der sich durch die manchmal bis zur Unverständlichkeit schwierig geschriebene Darstellung hindurchgequält hat, für seine Mühe keineswegs entschädigt.

Die 63 Seiten umfassende selbständige Publikation des Mediziners Friedrich Mehlhose beschäftigt sich unter dem Titel: „Der gottesfürchtige Jung-Stilling. Ein Pionier der Star-Extraktion" in sieben Kapiteln mit „Lebenslauf und Bestimmung" (1), „Jung-Stilling als Star-Operateur" (2), „Jung-Stilling in der Kritik Hirschbergs" (3), „Sonstige(r) Kritik der Mit- und Nachwelt" (4), „Reisen, Freundschaften, Verwandtschaft, Bekanntschaften" (5), „Jung-Stilling als Schriftsteller" (6) und dem „gottesfürchtige(n) Jung-Stilling" (7). Die einzelnen Teile sind von stark unterschiedlichem Wert, so wiederholen die Kapitel 5–7 fast ausschließlich bereits Bekanntes und erweisen sich in einigen nicht ganz unwichtigen Punkten als fehlerhaft, wie beispielsweise in der Behauptung, der Schwiegersohn F. H. Chr. Schwarz

[35] LG 198.

[36] Vgl. dazu die Zusammenstellung von *O. W. Hahn* (s. o. Anm. 20) 527, Anm. 129.

habe ein Nachwort zu Jung-Stillings Lebensgeschichte verfaßt, „das als 6. Band unter dem Titel ‚Heinrich Stillings Alter' 1817 herauskam" (39). Schwarz hat zwar 1817 ein Nachwort zur Lebensgeschichte verfaßt, deren 6. Teil aber ist damit nicht identisch. Der stammt nämlich aus Jung-Stillings eigener Feder, wie aus dem Untertitel der Überschrift „Heinrich Stillings Alter, von ihm selbst beschrieben. Ein Fragment" eindeutig hervorgeht.

Am fehlerhaftesten ist das biographische Eingangskapitel. Daß Stilling schon vor dem Studium Operationen am äußeren Auge durchgeführt haben soll, wäre eine interessante Tatsache, die allerdings belegt werden müßte, weil die bisher bekannten Quellen davon nichts berichten (9). Das Studium begann er 1770 in Straßburg, nicht 1772 (9). Er kam auch nicht 1804 „als ordentlicher Professor der Staatswissenschaften nach Heidelberg zurück" (10), sondern bereits 1803, und zwar als freier Schriftsteller sowie Berater des Kurfürsten. Schon während seiner Zeit bei Flender soll Jung-Stilling seine Erfahrungen „zu einigen Schriften verarbeitet" haben (11). Die aber sind der Forschung bisher nicht bekannt, und Mehlhose weist sie bibliographisch auch nicht nach. Die Berufung zum Professor der Kameralwissenschaft, die ihn aus der unbefriedigenden Tätigkeit als Arzt befreite, „erfolgte durch den Landgrafen Wilhelm von Hessen" (11). Das ist völlig unzutreffend. Die erste Berufung erfolgte 1778 durch Karl-Theodor, und zwar an die Kameralschule nach Kaiserslautern. Die Berufung durch Wilhelm von Hessen nach Marburg geschah 1787, zu der Zeit aber war Jung-Stilling bereits neun Jahre Professor in Kaiserslautern und Heidelberg gewesen. Seine Arztpraxis betrieb er während dieser Zeit nicht weiter, lediglich Augenbehandlungen und -operationen führte er, und zwar zumeist unentgeldlich, weiter durch. Die Beurteilung der ophthalmologischen Tätigkeit, die Mehlhose mit der Bemerkung suggeriert: „Hatte nicht Jesus selbst Blinde sehend gemacht" (13), geht entschieden zu weit. Jung-Stilling selbst hat Parallelen dieser Art niemals gezogen und hätte sie auch gewiß weit von sich gewiesen. Mehlhose urteilt hier als Stillingsfreund zu unüberlegt und enthusiastisch.

Kapitel 2 und 3 der kleinen Arbeit sind für die Forschung außerordentlich wertvoll, bieten sie doch eine allgemein verständliche Darstellung über den Augenoperateur Jung-Stilling und befassen sich eingehend mit den unsachlichen Urteilen, die Julius Hirschberg 1911 in seinem weitverbreiteten „Handbuch der gesamten Augenheilkunde" über Jung-Stilling als Arzt und als Person gefällt hatte. Auch wenn hier gelegentlich wieder zu enthusiastische Urteile begegnen, wie, Stilling war „eine Art von christlicher Reinkarnation des antiken, mit den göttlichen Mächten verbundenen Priester-Arztes" (21), in diesen beiden Kapiteln erhält gerade der Theologe wertvolle Hinweise, die ihn befähigen, Vorgänge aus einem ihm fremden Gebiet verstehend nachzuvollziehen. Er ist dadurch in der Lage, alten Vorurteilen argumentativ zu begegnen, die er sonst unkorrigiert stehen lassen müßte.

Im Jahre 1984 brachte die Johann Gottfried Herder-Bibliothek in ihrer Schriftenreihe, die Marburger Dissertation von Tatjana Högy-Lanko heraus, mit der die Verfasserin bereits 1954 promoviert worden war. Auch wenn die neuere Forschung in einigen Punkten über den bei Högy-Lanko repräsentierten Stand hinaus gelangt und einiges, besonders in der biographischen Einleitung auch abgesehen davon einfach fehlerhaft ist[37], so ist die Publikation der Arbeit dennoch zu begrüßen, da sie mit einem Tatbestand bekannt macht, dessen Quellen sich nur dem Kenner der russischen Sprache erschließen.

In einem ersten Abschnitt widmet sich die Verfasserin „Jung-Stillings Begegnungen mit Russen und Rußlanddeutschen" (6–25). Darunter finden sich der Politiker und Diplomat Sturdza, der Übersetzer Labzin, die Hofdame Roxandra Sturdza, der Fürst Golicyn, Frau v. Krüdener und immerhin Zar Alexander I. selbst und sein Hof. Im Jahre 1814 traf Jung-Stilling den Zaren sogar persönlich anläßlich von dessen Besuch beim Badischen Großherzog in Bruchsal. Wie wir zwar nicht von den Beteiligten selbst, sondern aus dritter Quelle erfahren, ging es in ihrer Unterredung vor allem um die Frage, „welche der christlichen Parteien er (= Jung-Stilling) am meisten übereinstimmend glaube mit der reinen Christuslehre" (17). Der so Befragte soll einer direkten Antwort ausgewichen sein, während Zar Alexander I. dieser Quelle zufolge klar äußerte: „ich dünke, die Herrnhuter entsprächen jenem Vorbild am meisten" (17). Nach einem längeren Abschnitt, in dem die Verfasserin den Äußerungen Jung-Stillings über Rußland, dessen Vergangenheit und Gegenwart, dem Begriff des „Ostens" in Jung-Stillings Geschichtsbild sowie seiner Einschätzung der orthodoxen Kirche nachgeht (26–66), widmet sie sich der Übersetzung und Aufnahme von Jung-Stillings Werk in Rußland selbst (67–134). Seit seine ersten Bücher 1805 auf russisch erschienen, wurden sie insbesondere von den westlich orientierten Freimaurern geschätzt und verbreitet. Zar Alexander I., der 1812 ein Erweckungserlebnis gehabt hatte, war ihnen ebenfalls sehr zugetan, bis sich erbitterter Widerstand in der orthodoxen Kirche bildete, der mit den westlichen „Erweichungen", zu denen man selbst die „Bibelgesellschaft" zählte, auch der Verbreitung der Bücher Jung-Stillings, die zuvor selbst Vertreter der eigenen Kirche geschätzt hatten, ein Ende machte (135–136).

---

[37] So wird der Vater einfach mit dem Pseudonym der Lebensgeschichte „Wilhelm Jung" (2) genannt, obwohl der richtige Name „Johann Helmann Jung" 1954 schon längst bekannt war. Daß Pastor Molitor „ihn in die damals geheime Kunst, den grauen Star zu stechen, einweihte", (2) wird schon der aufmerksame Leser der Lebensgeschichte (240–243) als Fehler entlarven. Molitor übergab ihm lediglich ein Manuskript mit Heilungsanweisungen für Augenkranke. Die Kunst des „Star-Stechens" begann damals Einzug in die chirurgischen Abteilungen der medizinischen Fakultäten zu halten und damit aus dem Bereich der obscuranten Geheimwissenschaft herauszutreten. Jung-Stilling jedenfalls hatte nach eigenen Angaben: „die Ausziehung des Staars bei Lobstein zu Strasburg vorzüglich gelernt, sich auch bey Bogner die Instrumente machen lassen..." (LG 310). Johann Friedrich Lobstein 1736–1784 war immerhin ein weit bekannter und anerkannter Chirurg. Selbst der Ostpreuße Herder reiste zu ihm, um sich eine Tränenkanalfistel entfernen zu lassen. Vgl. *J. G. Herder*. In Selbstzeugnissen und Bilddokumenten, dargestellt von *F. W. Kanzenbach*. Reinbek/b. Hamburg 1970, 51 u. 55.

Im Jahre 1985 wurde die Dissertation von Anne Marie Stenner-Pagenstecher über das „Wunderbare bei Jung-Stilling" veröffentlicht, mit der die Verfasserin 1931 promoviert worden war. Die Intention der Arbeit findet sich im Untertitel klar ausgedrückt: Ein Beitrag zur Vorgeschichte der Romantik. In fünf Kapiteln von stark unterschiedlicher Länge, wird Jung-Stilling der Mensch (1–19), der Dichter (20–94), der Philosoph und Seher (95–133), der Staatswissenschaftler und religiöse Führer (134–175) dargestellt. Im resümierenden Schlußkapitel „Hinweise auf die Romantik" (176–179) schließt sich die Verfasserin im Grundsatz der These G. Stechers an, derzufolge zwischen Jung-Stilling und der Romantik lediglich „Berührungen" (176) bestehen, die sich aus gewissen Wesenszügen Jung-Stillings oder auch aus jener „pietistisch-bäuerlichen Kultur" ergaben, der er entstammte. Die Verfasserin hat diese „Berührungen" im Werk Jung-Stillings umfassend aufgezeigt und damit nachgewiesen, daß es eigentlich mehr als „Berührungen" waren. Der Theologe wird die einzelnen Texte allerdings unter anderen Gesichtspunkten auszuwerten haben. Vorsehungsglaube, Mystik, Eschatologie darf er nicht einfach in die Kategorien des „Wunderbaren" und damit in die Vorgeschichte der Romantik einreihen, sondern er muß sie je in ihrer eigenständigen Bedeutung für das Leben des Betreffenden untersuchen. Trotzdem wird er die späte Herausgabe dieser Arbeit begrüßen, besonders da die Verfasserin auch in entlegenen Werken Jung-Stillings hervorragend Bescheid weiß und die einschlägigen Zitate mit dem Instinkt der Kennerin sicher auffindet. Allerdings muß kritisch angemerkt werden, daß die Verfasserin ohne Belegangaben zitiert, was den wissenschaftlichen Wert ihrer Untersuchung einschränkt, und daß gelegentlich auch inhaltliche Ungenauigkeiten begegnen.[38]

In meiner 1987 erschienenen Untersuchung über „Jung-Stilling und die Aufklärung" gehe ich der Kontroverse nach, die sich in den Jahren 1775/76 um den Roman des Berliner Aufklärers, F. Nicolai mit dem Titel: „Das Leben und die Meinungen des Herrn Magisters Sebaldus Nothanker" zwischen Jung-Stilling und dem Verteidiger Nicolais, Engelbert vom Bruck, entspann. Der fünfunddreißigjährige Jung-Stilling mußte sich durch den aggressiv aufklärerischen Roman in seiner religiösen Position, die von der reformierten Kirchlichkeit seiner Heimat, den mystisch-spiritualistischen Interessen seines Vaters und durch einige heftige Auseinandersetzungen mit freigeistig gesonnenen Kommilitonen während seiner Straßburger Studentenzeit geprägt war, stark angegriffen fühlen. Vehement verteidigte er in den drei Streitschriften, die er gegen den Nothanker-Roman und seinen Verteidiger vom Bruck richtete, seinen pietistisch getönten Glauben (157–161), der von der tiefen Verderbnis des Menschen nach dem Sündenfall ausgeht und von daher der Erlösung durch Jesus Christus den entscheidenden Anteil im Besserungsprozeß des Menschen zuerkennt, während Nicolai der Mei-

[38] Vgl. dazu *O. W. Hahn* (s. Anm. 20) 519f., Anm. 57.

nung war, der Mensch könne sich aus eigenen Kräften vervollkommnen. Die dabei eventuell auftretenden Defekte vergebe der gütige Gott ohne Sühnopfer und Lösegeld. In seiner Gegenposition fordert Jung-Stilling eine starke, an den Reformatoren orientierte Kirche, die dem Besserungsprozeß einen institutionell gesicherten Rahmen geben und sich dazu auf Bibel und Bekenntnisschriften stützen soll (163–165). Bereits zu dieser frühen Zeit ist er stark an den „letzten Dingen" orientiert. Auf sie hin soll der Mensch sein ganzes irdisches Leben richten und von ihnen her die Kriterien für seine Heiligung nehmen (163,219f. Anm. 95,264f.).

Nicolai selbst reagierte auf den Angriff nicht direkt. Natürlich hatte ihm Jung-Stilling durch seine emotionsgeladene Art der Auseinandersetzung und die gelegentlich mangelnde logische Stringenz der Gedankenführung (220 Anm. 96) einen ausreichenden Vorwand für seine öffentliche Zurückhaltung geboten. In seiner Korrespondenz, vor allem mit vom Bruck, geht Nicolai jedoch verschiedentlich auf Jung-Stilling ein. Indirekt wird dabei deutlich, daß er sich in der Tat getroffen fühlte, stand er doch auch von anderen Seiten wegen des „Nothanker-Romans" unter Beschuß.

Gerade während 1770 und 1780 klärten sich die geistigen Fronten. Nicolai wurde in dieser Zeit zum „Normalaufklärer" schlechthin und entfernte sich immer mehr von dem geistigen Duktus der Zeit, der die denkerischen Bemühungen in fruchtbares Neuland führte. Ein Element in diesem Prozeß war auch der Angriff, den Jung-Stilling gegen den Nothanker-Roman richtete (192–197).

Jung-Stillings hauptsächlicher methodischer Vorwurf gegen die gesamte aufklärerische Theologie richtete sich gegen die Anwendung strikt logisch-deduktiven Denkens auf theologische Inhalte. Immer wieder verweist er auf Christian Wolff, der seiner Meinung nach der Auffassung gewesen sei, philosophische Demonstrationen seien aus dem Bereich des Glaubens herauszuhalten (201). Er empfiehlt statt dessen einen unphilosophischen, einfachen Glauben an die Offenbarung in Jesus Christus (201).

Als er im Jahre 1788 Kants Kritik der reinen Vernunft gelesen hatte, meinte er, wie er im fünften Teil der Lebensgeschichte zum Ausdruck brachte, den er mehr als 15 Jahre danach 1803/1804 schrieb, er sei durch diese Lektüre von starken Determinismuszweifeln befreit worden (315–321). Diese Zweifel aber lassen sich für die fragliche Zeit nicht nachweisen. Die Belege, die Max Geiger hierfür anführt, haben sich bei genauem Hinsehen als nicht stichhaltig erwiesen (307–309). Inhaltlich ist zu bemerken, daß Kant den Beweis für die These liefert, die Jung-Stilling stets vertreten hatte, daß nämlich die Vernunft, die die Substanz des Glaubens normieren möchte, keine Kompetenz in diesem Bereich beanspruchen darf. Es mag sein, daß er diese These vor der Begegnung mit Kant unter Berufung auf Wolff zwar vertreten hat, ein letztes Gefühl der Unsicherheit dabei aber nicht überwinden konnte. Starke Zweifel lassen sich jedoch für die fragliche Zeit ebensowenig feststellen, wie die endgültige Überwindung aller Zweifel, die er durch Kant erfahren haben will. Interessant ist, daß Kant, der den Bereich, der der menschlichen Vernunft aufgrund ihrer Begrenzung unzugänglich bleiben muß, mit dem Sittengesetz ausfüllt, Jung-Stilling gestattet, diesen freien Raum mit dem Evangelium zu besetzen. Die Begegnung mit Kant war für Jung-Stilling in Wirklichkeit nicht die Wende, die er selbst darin sah. Dieses wird im Schlußkapitel weiter ausgeführt. Jung-Stillings „Theologie" bleibt somit von seinen schriftstellerischen Anfängen bis hin zu seinem Spätwerk im Grunde gleich, d. h. sie ist an seiner kirchlich reformierten Siegerländer Herkunft orientiert, ist durchsetzt von starken pietistischen Einflüssen und geprägt durch die Frontstellung gegen die Aufklärung. Unterschiede und Differenzierungen, die es selbstverständlich auch gibt, sind eher auf äußerliche Faktoren wie beispielsweise der wechselnden beruflichen Tätigkeit, der geänderten zeitlichen Umstände, oder auf einen anderen Adressatenkreis zurückzuführen, als auf Veränderungen in der theologischen Grundeinstellung.

Die gegenteilige These vertritt O. W. Hahn in seiner 1988 erschienenen, umfangreichen und mit großer Akribie ausgearbeiteten Untersuchung über „Jung-Stilling zwischen Pietismus und Aufklärung". Schwerpunkt der Arbeit bildet die Zeit, in der Jung-Stilling als Professor der Kameralwissenschaften in Kaiserslautern (1778–1784) und Heidelberg (1784–1787) tätig war. Hahn sieht ihn in dieser Periode als Vertreter der frommen Aufklärung: „Er fand seinen neuen theologischen Standort in einer *Verbindung* zwischen dem ihm anvertrauten Glaubensgut und den Grundideen der Aufklärung." (32) Das klingt, als ob Jung-Stilling bewußt aufklärerische Elemente aufgenommen und sie mit seinem überkommenen Glaubensverständnis verbunden habe, in dem Hahn eine Mischung sieht aus pietistischen, vom Vater vermittelten, aus reformiert-kirchlichen, auf den Ortspfarrer zurückgehenden und aus fromm-aufklärerischen Einflüssen, die er von seinem Großvater, einem einfachen Landwirt und Köhler übernommen haben soll. Dieses gleich zu Beginn der Untersuchung begegnende Urteil steht in deutlicher Spannung zu der Einschätzung, die das Schlußkapitel bietet: „Jung-Stilling wollte trotz der Erschütterung seines Glaubens durch die Aufklärungsphilosophie an seinem überkommenen Glauben und damit an der Heiligen Schrift und dem reformatorischen Bekenntnis, besonders an dem ihm vertrauten Heidelberger Katechismus, festhalten und ‚nicht ein Haar breit' von der ‚reinen apostolisch-evangelischen Lehre' weichen und doch geriet er in den Sog aufklärerischer Ideale." (480) Diese Beurteilung ist eher zu akzeptieren, es fragt sich nur, wieweit Jung-Stilling diesen Idealen dann wirklich erlegen ist und welcher Stellenwert ihnen beizumessen ist.

Nach Einleitung und biographischem Einführungskapitel, in dem Hahn besonders die gescheiterte Freundschaft zu seinem pietistischen Kollegen L. B. Schmid (1737–1793) und die „harmonischen Freundschaften" (IX) mit vier Vertretern der frommen Aufklärung geschildert hat, widmet er sich (Kap. 3) den Kameralwissenschaftlichen Veröffentlichungen (1778–1787), der Monatszeitschrift „Der Volkslehrer" (1781–1784, Kap. 4), den vier frühen Romanen 1779–1785, Kap. 5–8), den philosophischen Bemühungen Jung-Stillings (Kap. 9), um dann ein umfangreiches resümierendes Schlußkapitel anzufügen (Kap. 10) und mit einem Ausblick zu schließen, in dem er Jung-Stillings Wende hin zur Erweckung schildert, die er vor allem durch die Begegnung mit der Philosophie Kants, dem Theologen G. L. Sartorius († 1793), der Herrnhuter Brüdergemeine und durch den Ausbruch der Französischen Revolution sowie den daran anschließenden französischen Eroberungskriegen ausgelöst sieht.

Natürlich liegt eine gewisse Wende darin, wenn ein Professor der Kameralwissenschaften sein Amt aufgibt, um sich ganz der religiösen Volksschriftstellerei, der Seelsorge – vor allem mittels einer umfangreichen Korrespondenz – und der Beratung seines Landesfürsten zu widmen, aber ob dem eine deutliche Zäsur in den theologischen Anschauungen zugrunde liegt, ist eine Frage, die zu stellen sich lohnt und der Hahn auch intensiv nachgeht.

Dabei hebt er in der Interpretation der Jahre 1778–1787 scharf konturiert alle Elemente heraus, die Jung-Stilling vom Pietismus abzurücken und in die fromme Aufklärung einzureihen scheinen. Die gescheiterte Freundschaft zu L. B. Schmid und Christoph von Seckendorf (1747–1814) führt Hahn anhand einer Kombination von direkten Äußerungen Jung-Stillings und indirekten Bemerkungen, die er den frühen Romanen entnimmt, darauf zurück, daß Jung-Stilling jetzt eine andere, eben nicht mehr pietistische Grundeinstellung eingenommen habe. L. B. Schmid, der schon im Dezember 1781 Mitglied der Baseler Christentumsgesellschaft wurde, hatte sich bemüht, seinen Kollegen Jung ebenfalls dafür zu gewinnen. Jung-Stilling aber ging darauf nicht ein. Hahn sieht darin eine ablehnende Haltung. Zwar erwähnt er, daß der für die Kaiserslauterner Cameral-Hochschule zuständige Regierungsrat Medicus (1736–1808) Jung-Stilling geraten hatte, „nicht zu viel von der Religion zu reden", aber in seiner Darstellung berücksichtigt er diese Tatsache entschieden zu wenig. Durch die Veröffentlichung der ersten drei Teile seiner Lebensgeschichte (1778–1779) war Jung-Stilling in Kaiserslautern als Pietist bekannt geworden. Pietismus war zu dieser Zeit ein Begriff, dem die Herkunft als Schimpfwort noch anhaftete. Zudem herrschte Unmut in dem katholischen Bevölkerungsanteil darüber, daß die Professoren der Cameral-Hochschule sämtlich evangelisch waren, ein ordentlicher (L. B. Schmid) und zwei außerordentliche Professoren (F. P. Wundt, F. H. Schneider) waren gar Pfarrer. Jung-Stilling konnte sich in dieser Situation gar nicht erlauben, gegen den Rat von Medicus zu handeln. Seine starke Schuldenlast ließ es geraten erscheinen, auch nicht den geringsten Konflikt mit der Regierung zu riskieren, denn immerhin war man in Mannheim auf die Nachhutgefechte der Auseinandersetzung mit vom Bruck aufmerksam geworden und hatte Jung-Stilling gezwungen, sich zu verteidigen.[39] In

[39] Vgl. dazu meine Arbeit über Aufklärung und Erweckung 293–297.

dieser Situation konnte er sich nicht exponieren und der Baseler Missionsgesellschaft beitreten.

Die direkten Äußerungen Jung-Stillings geben, wenn überhaupt, lediglich einen Grund für die Entfremdung von L. B. Schmid an und der ist zum großen Teil das Zugeständnis eigener Schuld: Seine „Offenherzigkeit, die nicht immer mit der gehörigen Behutsamkeit verpaart gieng..." (61). Dies „wurde als Empordrang angesehen, man glaubte ich wollte jedem den Rang ablaufen; ... es war also nichts natürlicher, als daß bald Mistrauen und Kälte entstand..." (61). Auch die Bemerkung, Schmid sei „menschenliebend bis zur Schwärmerey..." läßt nicht auf einen grundsätzlichen weltanschaulichen Gegensatz schließen (65). In seinem Roman „Florentin von Fahlendorn" schildert Jung-Stilling die Position Schmids als mit der Seinen identisch. Daraus zieht Hahn den fragenden Schluß, ob er ihn damit dargestellt habe „wie er sich ihn eigentlich wünschte" (69). Der Möglichkeit, daß sie sich wirklich im Grundsatz einig waren, ihre Entfremdung daher durch andere, eher äußerliche Faktoren bewirkt wurde, geht Hahn nicht nach.[40]

Um Jung-Stillings Wende auch an diesem Punkt eindrucksvoll zu demonstrieren, hebt Hahn zum Schluß des Abschnitts seine späte, seit (1795) positive Beziehung zur Baseler Christentumsgesellschaft hervor. Daß er aber auch dann nicht ihr Mitglied wurde, erwähnt Hahn lediglich in einer Anmerkung und fügt entschuldigend hinzu: „weil er sich bei seinen weitreichenden Verpflichtungen keiner christlichen Organisation als Vollmitglied zur Verfügung stellen konnte" (565, Anm. 287). Hat Jung-Stilling in den Jahren 1778–1787 keine weitreichenden Verpflichtungen gehabt? Wäre er im Gegenteil zu dieser Zeit nicht wesentlich gefährdeter gewesen als später, wenn er sich öffentlich als Mitglied einer erwecklichen Missionsgesellschaft bekannt hätte? Später hätte er gewiß können, aber er wollte nicht. Früher konnte er aufgrund seiner Situation nicht, auch wenn er gewollt hätte. Immerhin enthalten die Quellen kein kritisches Wort Jung-Stillings gegen die Baseler Gesellschaft, selbst in der fraglichen Kaiserslauterner Zeit nicht. Die gestörte Beziehung zu L. B. Schmid ist genauso wenig wie die harmonische Freundschaft zu den Vertretern der frommen Aufklärung ein sicheres Indiz dafür, wie Jung-Stillings eigene Position zu dieser Zeit aussah.

Bei der Behandlung der religiösen Elemente in den kameralwissenschaftlichen Veröffentlichungen (109–130) berücksichtigt Hahn zu wenig, daß er es nicht mit theologischem, sondern mit wirtschaftswissenschaftlichem

[40] Ich halte es für völlig unwahrscheinlich, daß Ludwig Benjamin Schmid mit dem Pietisten „Schmid" gemeint ist, dem Jung-Stilling in seinem „Theobald" Roman abartige sexuelle Praktiken vorwirft (69). Für einen so weitgehenden Schluß gibt es über die Stelle in dem Roman hinaus gar keinen Anlaß. Der Name Schmid (selbst in dieser Schreibung) ist ja auch so selten nicht, daß Jung-Stilling damit gerade seinen Kollegen gemeint haben sollte. Beide lehrten bei Erscheinen des Romans in Heidelberg. Hätte Jung-Stilling ihn gemeint, so hätte er seinen Namen gewiß verschlüsselt. Immerhin liegt in der Tatsache, daß Jung-Stilling für eine Negativ-Figur seines Romans den Namen eines Kollegen wählt, im günstigsten Fall eine Unbedachtsamkeit vor.

Schrifttum zu tun hat. Immerhin ist es erstaunlich, daß selbst hier viele religiöse Äußerungen begegnen, die Hahn allerdings mehrheitlich aufklärerisch deutet. Richtig erkennt er, daß Jung-Stilling seine berufliche Tätigkeit als Erfüllung von Gottes Willen verstand. Statt dies vom calvinistischen Berufsgedanken her zu deuten, urteilt er: „Nachdem er (= Jung-Stilling) nun glaubte, von der Vorsehung genau zu diesem Beruf genau an dieser Stelle geführt und von Gott der für sein berufliches Wirken entscheidenden „Wahrheit" gegenübergestellt worden zu sein, ist die religiöse Überhöhung seiner kameralistischen Lehrtätigkeit zu einem priesterlichen Handeln im Heiligtum Gottes nur folgerichtig" (116). Hahn formuliert den Tatbestand sehr bombastisch, in seiner weiteren Darstellung aber läßt er ihn beinahe unbeachtet. Zudem klingt die Bemerkung so, als habe Jung-Stilling darin einen entscheidenden Fehler begangen. Hahn wirft Jung-Stilling vor, nicht „zwischen wissenschaftlicher Richtigkeit und religiöser Wahrheit" zu differenzieren. Um die Verhältnisbestimmung beider Größen korrekt vorzunehmen, hätte Jung-Stilling eigens dafür eine Abhandlung schreiben müssen, und daß beides gar nichts miteinander zu tun hätte, wird wohl niemand annehmen wollen, der sich nicht als Anhänger des Satzes von der doppelten Wahrheit versteht.

Wenn Hahn bemerkt: „nicht die geringste Kritik an der Theologie seiner Zeit klingt an" (127), so läßt er einmal den Charakter der Quelle unberücksichtigt – Jung-Stillings Jubelrede zum 400. Jubiläum der Universität Heidelberg[41] –, der von vornherein keine Veranlassung für die Erwartung bietet, daß ein Professor der Wirtschaftswissenschaften sich hier eingehend mit der Theologie seiner Zeit auseinandersetzt. Aber auch von der Sache her urteilt Hahn unzutreffend, denn Jung-Stilling stellt eindeutig fest, was Hahn auch zitiert, daß die Theologie „noch lange nicht das geleistet" habe, „was sie ihrer Natur und Bestimmung nach leisten könnte", auch „in ihrem aufgeklärtesten Zustand" nicht (126), wobei zu berücksichtigen ist, daß Jung-Stilling in dieser Rede von „wahrer Aufklärung" spricht, die für ihn „aus dem ewigen Osten, aus der Urquelle alles Lichts" (127) quillt. Aus der Tatsache, daß Jung-Stilling als Cameralist arbeitet und sich dabei um die Verbesserung der wirtschaftlichen Verhältnisse bemüht, was die Empfehlung pädagogischer Mittel unzweifelhaft umfaßt, darf noch nicht geschlossen werden, daß er dem Menschenbild der Aufklärung verpflichtet oder gar verhaftet ist. Hahn unternimmt an keiner Stelle seiner Arbeit den Versuch,

[41] Hahn deutet die Rede weithin als von Vorstellungen der frommen Aufklärung geprägt. Dabei hatte G. A. Benrath gegen M. Geiger zum Verständnis des hier begegnenden Begriffs „wahre Aufklärung" bemerkt: „Denn so selbstverständlich auch die Gegner der Aufklärung wie z. B. Jung-Stilling und Lavater Kinder ihrer Zeit waren und sich als solche immer wieder verraten, so ist doch in dem betreffenden Zitat einzig die Gegnerschaft zur Aufklärung zu entdecken: Es handelt sich nämlich um *wahre* Aufklärung, die aus dem *Osten* und zwar aus dem ewigen Osten, ... erstrahlen soll." *G. A. Benrath*, Die Freundschaft zwischen Jung-Stilling und Lavater. Bleibendes im Wandel der Kirchengeschichte, hg. v. *B. Moeller* und *G. Ruhbach*, Tübingen 1973, 251–306. Das Zitat findet sich S. 270, Anm. 63.

diese Zusammenhänge vom reformatorischen Berufsgedanken her und vor allem im Blick auf die reformierte syllogismus-practicus-Vorstellung zu verstehen. Beide Vorstellungen begegnen übrigens in Hahns 817 Seiten umfassender Untersuchung an keiner einzigen Stelle. Hingegen zeigt die Lebensgeschichte mit aller Deutlichkeit, daß Jung-Stilling selbst den Willen Gottes ständig nach dem Maßstab des syllogismus practicus zu ermitteln versuchte.[42]

Den ersten Roman Jung-Stillings, „Die Geschichte des Herrn Morgenthau" (1779) versteht Hahn als Gegenstück zu dem Sebaldus Nothanker-Roman des Berliner Aufklärers F. Nicolai, den Jung-Stilling vier Jahre zuvor so heftig bekämpft hatte. Diese Sicht ist möglich, wenn sie aus einem Blickwinkel erfolgt, der weit genug ist und berücksichtigt, daß Jung-Stilling seine ihm von Gott jetzt zugewiesene Aufgabe im Bereich der Kameralwissenschaften sieht. Das aber geschieht bei Hahn nicht genügend, und so gelangt er zu der Einschätzung: „Man könnte fast den Eindruck gewinnen, als handle es sich bei den polemischen Schriften (das sind die gegen Nicolais Roman) und beim Morgenthau um zwei verschiedene Autoren, so weit erscheint die Diskrepanz zwischen dem Glaubenskämpfer Jung-Stilling und der geheimnisvollen, in Glaubensdingen sehr zurückhaltenden Gestalt Morgenthaus" (187). Hahn würdigt nicht, daß diese Zurückhaltung gerade der Situation Jung-Stillings in Kaiserslautern entspricht, in der er das christliche Zeugnis, eingedenk der Warnung von Regierungsrat Medicus, lediglich indirekt zum Ausdruck bringen konnte.

Obwohl Hahn konzediert, daß Jung-Stilling subjektiv der Überzeugung war, „die ursprünglichen Anliegen des Pietismus bewahrt" (212) zu haben, rückt er ihn in seiner Interpretation des Romans entschieden vom Pietismus ab. Da Jung-Stilling wenige Jahre zuvor gegen den Aufklärer Nicolai polemisch zu Felde gezogen war und dies möglicherweise als Ausdruck einer pietistischen Einstellung verstanden werden könnte, möchte Hahn ihn „in seinem Kampf gegen Nicolai als ‚Anhänger der orthodoxen Geistlichkeit'" bezeichnen und meint, damit werde „man Jung-Stillings Haltung besser gerecht" (177). Das ist jedoch eine reine Zweckbehauptung des Verfassers, denn Jung-Stilling verteidigt in seiner ersten Schrift gegen Nicolai, die wahren Pietisten mit äußerstem Engagement, insbesondere ihre Auffassungen von der „Verdorbenheit des Menschen"[43], von der Notwendigkeit der Gnade[44], von „Durchbruch und Wiedergeburt"[45] und eingeschränkt von der „Ewigkeit der Höllenstrafen".[46]

---

[42] Auch *G. A. Benrath* sieht Jung-Stilling von daher, wenn er formuliert „Wie sehr war doch Jung-Stilling ein Kind des syllogismus practicus!" In: Die Freundschaft zwischen Jung-Stilling und Lavater (s. Anm. 41), 294.

[43] *Johann Heinrich Jung genannt Stilling*, Sämmtliche Schriften. Stuttgart 1837–1838. Neudruck Hildesheim–New York Ergänzungsband, 720f.

[44] SS, Erg.-Bd., 721–724.

[45] SS, Erg.-Bd., 724–727.

[46] SS, Erg.-Bd., 725f.

Daß Jung-Stilling „die aufklärerische Umwandlung des Pfarrerbildes ... in einem beachtlichem Maße geteilt" habe, wie Hahn in anderem Zusammenhang hervorhebt (163), ist nicht zutreffend. Daß die Pfarrer ihr Wissen auch außerhalb der Bereiche von Theologie und Kirche nutzbringend anwenden sollen, ist noch kein Grund dafür, ihnen im Eigentlichen ihres Faches aufklärerisch-säkulare Tendenzen vorzuwerfen. Im Schlußkapitel faßt Hahn Jung-Stillings Pfarrerbild so zusammen, sie hätten den „Verkündigungsauftrag", „die ‚Moral-Jesu' zu ‚beleben'" und durch die praktische Befolgung dieser Moral „ein Beispiel für die Nachfolge Jesu zu geben" (437). Der Beleg, auf den Hahn verweist, nennt aber an erster Stelle den Tatbestand, daß der Theologe die Geheimnisse verwaltet und lehrt, „die Gott durch sein Wort an die Menschen offenbart hat".[47] Deshalb ist er verpflichtet, ein rechtschaffener und würdiger Mann zu sein. Die Hebung der Moral ist danach erst seine zweite Aufgabe. Wenn daher die von Jung-Stilling selbst gesetzte Priorität beachtet wird, ist die Meinung wesentlich weniger naheliegend, er habe das Pfarrerbild der Aufklärung in beachtlichem Maße geteilt.

Auch an einer anderen wichtigen Stelle übersieht Hahn einen Beleg, der sich in seine Sicht Jung-Stillings nur schwer einfügt. Im Anschluß an die Rede eines alten, sterbenden Pfarrers, in der er sein theologisches Vermächtnis zum Ausdruck bringt, unterhält sich Morgenthau mit dem Sohn des Pfarrers über den Wert von Moralpredigten. Der Sohn des Pfarrers übt sie aus, weil Christus doch auch Moral gepredigt habe. Morgenthau antwortet ihm: „Ja, ... das hat Er, aber Er hat auch die Mittel angewiesen, wie sie gehalten werden können (= die Moralpredigten), durch Glauben an Ihn, durch Liebe zu Ihm und durch das Bleiben in Ihm, das lehre man einmal die Zuhörer, so wird sich die Moral selber finden."[48] Das heißt, im Grunde hält Morgenthau, hinter dem der Jung-Stilling der Jahre 1778/79 zu sehen ist, Moralpredigten für überflüssig. In dieselbe Richtung deutet die Bemerkung, mit der Jung-Stilling den Sohn des Pfarrers charakterisiert: „Er predigte nicht mehr so sehr Buße und Glauben an Christus und das Evangelium, als vielmehr Pflichten des Christen"[49] und fügt kommentierend hinzu, „da doch diese Pflichten und ihre Erfüllung erst aus jenen Quellen fließen".[50] Durch eine schwere Krankheit wird der junge Pfarrer geläutert, und in der

47 SS, Bd. IX, 778.

48 SS, Bd. IX, 544.

49 Erst in seinem resümierenden Schlußkapitel und lediglich in einer Anmerkung geht Hahn, vermutlich angeregt durch meine damals gerade abgeschlossene Dissertation, auf diese Stelle ein. Dazu bemerkt er: „An solchen Stellen wird deutlich, daß Jung-Stilling sein reformatorisch-pietistisches Erbe bewahren wollte und sich doch zugleich überwiegend der aufklärerischen Position zuwandte" (733, Anm. 152). Der Inhalt der letzten Bemerkung ist durch das Zitat allerdings eher widerlegt als gedeckt.

50 SS, Bd. IX, 536.

Konsequenz „fielen alle die seichten und ohnehin verbessernden Begriffe von der Religion weg“.[51]

In einer anderen Bemerkung des Romanhelden, in der es um die Zwei-Naturen-Lehre und die Lehre vom Opfertod Christi geht, sieht Hahn „Hilflosigkeit“ (196) und fügt hinzu: „Jung-Stillings Glaubenszweifel stehen dem Leser ziemlich unverhüllt vor Augen“ (197). Dabei verkennt Hahn, daß darin genau die zunächst an Leibniz-Wolff orientierte und ihm später von Kant bewiesene Auffassung zum Ausdruck kommt, nach der die inhaltlich normierende Vernunft in Glaubensdingen keine Kompetenz beanspruchen darf: „alle diese Sätze haben ihre Vordersätze im Reiche der Geister, wovon wir gar nichts wissen, kennten wir dieses, würden uns diese Vordersätze bekannt, wir würden uns hoch verwundern, wir würden jeden Augenblick sagen: Ja so! ... Wie herrlich leuchtet daraus Gottes Weisheit, Gottes Liebe, und daraus Gottes Allmacht hervor! ... hier müssen wir gar keine Reflexionen über Wahrheiten machen, die über unsre Vernunft sind: Laßt uns stille an unsrer Verbesserung arbeiten, mittlerweile Christum als unsern Gott, Heiland und Erlöser verehren.“[52] Die Auskunft, dieses seien Wahrheiten, die über unsere Vernunft gingen, die aber trotzdem zu akzeptieren seien, scheint mir nicht gerade ein Indiz für aufklärerische Tendenzen zu sein.

In der Interpretation des „Theobald“-Romans (287–376) berücksichtigt Hahn zu wenig, daß es sich nicht um direkte autobiographische Aussagen Jung-Stillings handelt, sondern um indirekte, dichterisch gestaltete. So erhalten die Bemühungen der Elberfelder Zeit um eine gesicherte philosophische Erkenntnis zu starkes Gewicht (358–362). Schließlich liegen als nachweisbare Dokumente nur der 62-seitige unveröffentlichte Theosophische Versuch aus dem Jahre 1776 vor[53] und fallen allenfalls Vorarbeiten für die 1787 erschienenen „Blicke in die Geheimnisse der Natur Weisheit“ in diesen Zeitraum. Der Romanheld „Theobald“ ist stärker als Schwärmer gezeichnet, als es Jung-Stilling de facto zur fraglichen Zeit war, denn immerhin hatte er, was Hahn in anderen Zusammenhängen zu betonen nicht vergißt, seinen „pietistischen“ Elberfelder Freunden deutlich gemacht, „er habe nun lange genug von Pflichten geschwatzt, jetzt wolle er schweigen und sie ausüben“.[54]

Hahn zitiert zwar korrekt, daß Jung-Stillings „Weg“, von „Mittelweg“ – wie Hahn – spricht er selbst bezeichnenderweise nicht, „zwischen Unglauben und Schwärmerei mitten durchgehe“[55], aber in seiner Interpretation nähert Hahn den Begriff der „Schwärmerei“ dem des „Pietismus“ bis zur Identifikation an. Im Anschluß an ein Romanzitat, in dem Jung-Stilling

[51] SS, Bd. IX, 569f.
[52] SS, Bd. IX, 423.
[53] Hahn behandelt ihn 386–394.
[54] LG 291.
[55] SS, Bd. VI, 8.

sich gegen den Vorwurf der Schwärmerei wehrt, bemerkt Hahn, er habe sich mit diesem Roman „vom Pietismus-Verdacht reinigen“ wollen.

Der Ausdruck „Mittelmaaß Die beste Straß“[56], den Hahn zur „seelige(n) Mittelstraße“ (310) hochstilisiert, ist demgegenüber etwas anders nuanciert. Zwischen dem Eifer für die Religion, und auf der anderen Seite dem Eifer gegen sie, benutzen die Wanderer auf der Mittelstraße die Leibniz-Wolffsche Philosophie in ihrer „Bibel- und Religionsforschung“, um „das lautere, reine einfältige Licht der Wahrheit von allem schwärmerischen Glast und Irrlichtern zu reinigen“.[57] Er bezeichnet diese Philosophie hier übrigens als „herrlichstes Mittel“.[58] Hahn sieht darin Jung-Stillings Zugehörigkeit zur frommen Aufklärung und markante Distanz zum Pietismus (302). Dem aber widerspricht Jung-Stilling selbst, wenn er über sich in Gestalt seines Helden Theobald schreibt: „ob nun gleich Doktor Theobald noch in vielen Stücken mit ihnen (= den Elberfelder Pietisten) harmonirte, so hatte er doch aus vieler Erfahrung und aus richtigen Begriffen vernünftiger Denken und Handeln gelernt.“[59] Die weltförmigen Bürger der Stadt dagegen halten ihn für einen Pietisten.[60] Die Substanz der Auffassung, die der Held des Romans vertritt, stammt demnach aus dem Pietismus, lediglich die Methode seines Denkens hat sich weiter entwickelt: Theobald ist von einem „schwärmerischen“ allenfalls zu einem „rationalen“ Pietisten geworden. Das bestätigt sich auch an anderer Stelle, wo es heißt: Theobalds „äußerer Anstrich, seine Sprache und sein ganzes Betragen war pietistisch und doch war seine Lebensart freier“.[61]

Zur Kennzeichnung von Jung-Stillings Einstellung hinsichtlich pietistischer Erbauungsstunden, benutzt Hahn die situationsgebunden ablehnende Haltung, die Jung-Stilling äußert, nachdem er dargestellt hat, wie seine Frau in Kaiserslautern eine solche Stunde zusammen mit Nachbarinnen im häuslichen Garten abgehalten hatte (370f.). Die ausgeglichene Stellungnahme, die solche Erbauungsstunden unter bestimmten Umständen zuläßt, zitiert er lediglich in einer Anmerkung (697, Anm. 349).

In seiner Darstellung Jung-Stillings als Freimaurer, dessen anfänglicher Neigung zu dieser Organisation und dessen späterer Gegnerschaft, sieht Hahn „die gesamte theologische Entwicklung Jung-Stillings vom Beginn seines fünften bis zur Mitte seines sechsten Lebensjahrzehnts (1780–1795)“ (375). Dabei berücksichtigt er nicht, daß Jung-Stilling selbst diese Entwicklung als Reaktion auf die Veränderung der Freimaurerei, nicht aber als Wandel der eigenen Einstellung beschreibt. Den sozialen Aspekt der Zugehörigkeit zu einer solchen Organisation bedenkt Hahn gar nicht.

---

[56] SS, Bd. VI, 40.
[57] Ebd.
[58] Ebd.
[59] SS, Bd. VI, 219.
[60] SS, Bd. VI, 220.
[61] SS, Bd. VI, 255.

Die Schlüsse, die Hahn im resümierenden Kapitel aus seinen Analysen zieht, offenbaren noch einmal dieselbe Tendenz, möglichst viel der Aufklärung und möglichst wenig dem Pietismus zuzuordnen.[62] Die reformiert-kirchliche Herkunft Jung-Stillings gerät fast völlig aus dem Blick. Die verschiedenen Pietismus-Definitionen, die Hahn anführt, um sie alle als für Jung-Stilling unpassend zurückzuweisen (484f.), sind am älteren Pietismus orientiert und stellen keine Überlegungen darüber an, wie ein weiterentwikkelter Pietismus aussehen könnte, der den Herausforderungen Rechnung trägt, wie sie dem Christentum im 18. Jahrhundert begegneten. Wenn die aufklärerischen Elemente nicht so einseitig herausanalysiert und dann noch einmal einseitig betont werden und wenn andererseits die erwecklichen Tendenzen im Spätwerk nicht als einseitig beherrschend gesehen werden[63], wie Hahn das tut, so dürfte weiterhin die These ihr Recht behalten, daß Jung-Stilling einen Pietismus nicht nur zu vertreten beabsichtigte, sondern auch wirklich vertrat, der vor dem Forum der aufklärerischen Philosophie denkerisch bestehen konnte und sich aktiv an der Gestaltung der Welt beteiligte.

Mit dem bescheidenen Untertitel „Ein Umriß seines Lebens" legte Gerhard Merk 1989 eine allgemeinverständlich geschriebene, gut lesbare Jung-Stilling Biographie vor, die er als „Lebensschilderung" nicht als „Biographie im wissenschaftlichen Sinn" verstanden wissen möchte (2).

Daß die Fakten grundsolide recherchiert sind, in der Jung-Stilling Literatur leider keine Selbstverständlichkeit, ist bei diesem Autor ebensowenig eine Überraschung wie der Ton liebender Verehrung, der jedoch Kritik nicht ausschließt (150, 153). Allerdings neigt der Stillingsfreund Merk dazu, Jung-Stilling zu entschuldigen, wo es nur irgend geht. So verteidigt er den jungen Elberfelder Arzt (1772–1778) mit der breiten Vielfalt seiner Anliegen und nimmt ihn ausdrücklich vor dem Vorwurf der „Verzettelung" in Schutz mit dem Argument, in der umfangreichen Tätigkeit habe für Jung-Stilling „lebensnotwendige Erfüllung" gelegen (78). Warum aber ging seine Praxis so stark zurück, fühlten sich die Patienten nicht doch vernachlässigt? Besonders der Theologe wird dankbar die Belehrung des Wirtschaftswissenschaftlers Merk entgegennehmen. Beispielsweise über die Gehälter und den Wert des Geldes im 18. Jahrhundert sowie die Lebenshaltungskosten, die damals einen höheren Anteil der Einkünfte verschlangen als heute (27, 50, 57). Der Wert von Jung-Stillings Studienschulden, 1500 Reichstaler, bedeutete immerhin das zehnfache Jahresgehalt des Bürgermeisters von Elberfeld, ein Vergleich, der die Last anschaulich werden läßt (73). Selbstverständlich

---

[62] Beispielsweise, daß im Morgenthau aus dem Tag des Heils der Tag der Aufklärung werde (440). Oder, daß „an die Stelle der Nachfolge Christi... der moralische Lebenswandel" trete (441). Oder: „Es legt sich die Gleichung nahe: Rechtschaffenheit = Rechtfertigung (466).

[63] Vgl. G. *Merk*, Jung-Stilling. Ein Umriß seines Lebens. Kreuztal 1989, 147: „Seine (= Jung-Stillings) Vorstellungen... von der Verdienstlichkeit des geleisteten Guten in der Welt und anderes mehr sah man als im Widerspruch zur protestantischen Lehre der Zeit."

unterrichtet Merk intensiv über Jung-Stillings wirtschaftswissenschaftliche Kenntnisse sowie seine einschlägigen wissenschaftlichen Abhandlungen (48–51, 124, 141–144). Ebenso werden Auskünfte über Land und Leute sowie historisch relevante Tatbestände erteilt (36f., 159–161).

Theologisch hält sich Merk klug zurück, ohne jedoch mit seiner Meinung hinter dem Berge zu halten. In Elberfeld sei Jung-Stilling „ein Muster des Pietisten" gewesen (64). Auch Merk, der in Jung-Stilling grundsätzlich einen Pietisten sieht, erkennt aufklärerische Tendenzen bei ihm, die ihm aber auch oder gar besonders im Spätwerk vorzuliegen scheinen, beispielsweise, „daß jeder Mensch nach Einsicht des Guten dieses im allgemeinen auch tue" (181). Jung-Stilling sehe zwar die Macht des Bösen im Menschen, aber er unterschätze ihre Kraft und Stärke (181). Merk ist durchaus bereit, dafür die Bezeichnung „frommer Aufklärer" zu akzeptieren. Die Glaubenszweifel, aus denen Jung-Stilling durch die Philosophie Kants befreit worden sein will, erwähnt Merk kaum. Lediglich auf die Kantlektüre weist er hin (134). Interessant ist es deshalb für jemanden, der die Kennzeichnung Jung-Stillings als „frommen Aufklärer" ablehnt, daß Merk diese Bezeichnung insbesondere im Blick auf das Spätwerk gelten lassen möchte, in dem O. W. Hahn bereits die volle Erweckungstheologie blühen sah. Dagegen gilt es festzuhalten, daß die Grundsubstanz der theologischen Position Jung-Stillings stets durch seine reformierte Herkunft und durch verschiedenartige pietistische Einflüsse bestimmt war, daß aufklärerische Elemente sich zwar damit verbinden konnten, daß aber sie die entscheidende Orientierung niemals grundsätzlich im Sinne der Aufklärung zu verändern vermochten. Gerade weil Merk der Kantlektüre nicht den großen Einfluß beimißt wie Jung-Stilling selbst oder O. W. Hahn, steht zu vermuten, daß er der getroffenen Feststellung trotz seiner Verwendung des Begriffs „frommer Aufklärer" zustimmen dürfte.

Merks „Lebensbild" von Jung-Stillings Onkel Johann Heinrich Jung (1711–1786) ist auch für die Jung-Stilling Forschung von großer Wichtigkeit. Sie enthält grundlegende Daten und Informationen über die Familie Jung (10–12), über Erzbergbau (9) und Markscheidung (18/19), bei der der intelligente Neffe und sein Vater Johann Helmann gelegentlich halfen. Über den auch für Jung-Stilling bedeutsamen Pfarrer und ‚Augenarzt' Molitor (1702–1768) wird ebenso ausführlich berichtet wie über den Glauben des Oberbergmeisters J. H. Jung (30–32), der genau wie sein Neffe von dem Hilchenbacher Ortspfarrer Johann Seelbach (1687–1768) konfirmiert worden sein dürfte.[64] Merk charakterisiert J. H. Jungs Glauben so: „Seine Hoffnung ist deutlich von Furcht überschattet. In dieser Haltung spiegelt sich die Verkündigung seiner Zeit wider – auch gerade im calvinistischen Sieger-

[64] Seelbach war seit 1725 in Hilchenbach. Da, wie aus der Lebensgeschichte hervorgeht, das Konfirmationsalter damals bei etwa 15–16 Jahren lag, ist es durchaus wahrscheinlich, daß J. H. Jung, Jahrgang 1711, noch Pastor Seelbachs Konfirmandenunterricht genossen hat. LG 89f., 708 Anm. zu S. 24.

land“ ... Der Christ muß sich danach „den Zugang zum Himmel erst durch ‚Heilsakte‘ erkämpfen. Die Briefe von J.H. Jung sind voll von diesem Lehrbegriff. Überdies finden wir die fast gleiche Auffassung von der Seligkeit auch bei seinem Neffen Jung-Stilling.“ (30) Von daher würden sich manche synergistischen Tendenzen in Jung-Stillings frühen Äußerungen zu Gnade und Erlösung erklären. Jedenfalls wäre diese Erklärung ungezwungener als die Ansicht, der einfache Landwirt und Köhler Ebert Jung, Jung-Stillings Großvater, habe ihn bereits als Kind mit fromm-aufklärerischen Gedanken bekannt gemacht. Es ist daher G. Merk mit Nachdruck zuzustimmen, daß die genannten Tendenzen dem „niedergedrückten, mißvergnügten“ und „freudlosen Drall“ des damaligen Siegerländer Calvinismus zuzuschreiben sind. Die Jung-Stilling Forschung schuldet Merk für die Erhellung dieses mit dem Onkel J.H. Jung zusammenhängenden Themenbereichs aufrichtigen Dank.

1990 zu seinem 250. Geburtstag erschien das Buch von W. Lück über „Johann Heinrich Jung-Stilling 12. Sept. 1740–2. April 1817. Wirtschaftswissenschaftler, Arzt und Schriftsteller, Lebensbilder und Werk des Siegerländer Gelehrten und Marburger Universitätsprofessors.“ Lück, Lehrstuhlinhaber für Betriebswirtschaftslehre und Wirtschaftsprüfung an der Universität Marburg, ist, wenn man so will, einer von Jung-Stillings derzeitigen Nachfolgern und hat sich in mehreren kürzeren Beiträgen (171) bereits mit seinem bekannten Vorgänger beschäftigt. Die auf diesem Hintergrund hochgesteckten Erwartungen werden durch das Buch selbst allerdings arg enttäuscht. Die vier Kapitel der Untersuchung über Jung-Stillings Leben im allgemeinen (11–39), seiner Jugend im Siegerland im besonderen (40–53), seiner Bedeutung als Wirtschaftswissenschaftler im allgemeinen (54–75) und seiner Tätigkeit in Marburg im besonderen (76–93) sind äußerst unterschiedlich, enthalten viele Wiederholungen und leider auch viele Fehler. Als symptomatisch dafür mag der Lebenslauf gelten (165f.). „Selbststudium bis zum 10. Lebensjahr“, danach „Besuch der Lateinschule in Hilchenbach“. Übersehen sind die Besuche der Dorfschulen in Grund und Allenbach.[65] In Solingen war er niemals Hauslehrer, gemeint ist wohl, da der Ort an 2. Stelle aufgeführt wird, Himmelmert bei Plettenberg. Statt „Gräfenbach“ muß es wohl Kredenbach, statt „Dreisbach“ Dreis-Tiefenbach heißen. In Hilchenbach war er 1762 nicht Schulmeister, sondern Hauslehrer.[66] Daß er bereits während seiner Studentenzeit in Straßburg Mitglied in der Kaiserslauterner staatswirtschaftlichen Gesellschaft war und deshalb zahlreiche Aufsätze über Handel und Gewerbe in der Zeitschrift der Gesellschaft veröffentlicht haben soll, ist absolut unzutreffend. Jung-Stilling studierte nur 1½ Jahre und beschäftigte sich außer mit seinem Hauptfach Medizin noch mit Chemie, Philosophie und Literatur. Daneben blieb gar keine Zeit für ein weiteres

[65] LG 695f.

[66] Vgl. dazu die Tabelle in meiner Arbeit über Jung-Stilling und die Aufklärung S. 5.

Wissensgebiet. Die Berufung nach Kaiserslautern 1778 erfolgte nicht durch den badischen Markgrafen Karl Friedrich, sondern durch den Pfälzischen Kurfürsten Karl Theodor. Hier mag mit der unerfreulichen Aufzählung abgebrochen sein.

Lück weist zwar im Literaturverzeichnis auf die Ausgabe der Lebensgeschichte von G. A. Benrath aus dem Jahre 1976 hin (169), aber er scheint sie nicht benutzt zu haben. Darüber hinaus ist neuere Literatur gar nicht mehr berücksichtigt. Das Kapitel über „Heinrich Stillings Jugend im Siegerland“ repräsentiert den Stand, wie er bei G. Stecher im Jahre 1913 zu finden ist. Mit Gewinn liest der Theologe lediglich die Referate über Jung-Stillings wirtschaftswissenschaftliche Arbeiten (z. B. 79ff., 82ff.), geradezu begrüßen wird er den Abdruck einiger schwer zugänglicher Vorträge und Dokumente (94–124, 134–164 sowie 127–133). Das aber dürfte als Reverenz der Wirkungsstätte, an der Jung-Stilling immerhin von 1787–1803 tätig war, entschieden zu wenig sein.

Im Jubiläumsjahr 1990 erschien die germanistische Untersuchung von Reinhard Arhelger über „Jung-Stilling–Genese seines Selbstbildes“. Der Untertitel gibt das intendierte Ziel der Studie an: „Untersuchungen zur Interdependenz von Religiosität, Identität und Sozialstruktur zur Zeit der ‚Jugend‘.“ Im weiteren führt der Autor dazu aus: „Es gilt, sich des individuellen Werdegangs mit den hier korrespondierenden Verhältnissen zu vergewissern und dazu u. a. in begründetem Rückgriff auf einen seitens der Persönlichkeitsforschung bereitgestellten Fundus von Erklärungsangeboten zu Entwicklungsursachen und -abfolgen einen Rekonstruktionsversuch zu wagen, mit dem Ziel, mittels sozio-psychologischer wie geistes- und kulturgeschichtlicher Spezifizierung der für den autorialen Lebenslauf wesentlichen Erfahrungsparameter für anschließende und vor allem innerdisziplinäre(!) Untersuchungen eine gründliche Faktizität zu gewinnen.“ (7f.) Das Zitat ist charakteristisch für Arbeitsweise und Stil der Untersuchung. In bewußt schwieriger Diktion und kompliziertem Satzbau werden Sachverhalte mitgeteilt, die sich gelegentlich nur dem einfühlsamen Ahnungsvermögen des Lesers erschließen. Dabei werden alle möglichen Theoreme ernster genommen als die Äußerungen Jung-Stillings selbst. Grundlegender Text der Untersuchung ist der erste Teil von Jung-Stillings Lebensgeschichte. Deren erste und bisher einzige wissenschaftliche Edition von G. A. Benrath liegt seit 1976 vor. Arhelger jedoch würdigt sie ebenso wenig eines Blickes wie die Dokumente, die auf die Entstehung der Lebensgeschichte einiges Licht werfen und die der Forschung zum Teil bereits seit der Unterbrechung von Stecher aus dem Jahre 1913 bekannt sind. Die neuere Jung-Stilling Forschung wird zum Schaden der Untersuchung souverän ignoriert, dabei sollten gerade Dissertationen – ich denke, das ist in der Germanistik nicht anders als in der Theologie – auch den Forschungsstand anzeigen und reflektieren. Weite theologische Teile der Studie sind einfach nach LThK oder RGG gearbeitet, ohne zumindest die neue TRE zur Kenntnis zu nehmen. Auch die historischen Passagen basieren zum großen Teil auf älteren Untersuchungen, die inzwischen von neueren Forschungen überholt worden sind. Insgesamt läßt sich nur mit Bedauern feststellen, daß hier viel Fleiß und Mühe in falsche Bereiche investiert wurde. Um die Genese von Jung-Stillings Selbstbild zu zeichnen, hätte es zunächst einmal der genaueren Erhebung dieses Selbstbildes in seinen verschiedenen Stufen bedurft. Erst das hätte die Chance geboten, im Lichte von Entwicklungs- und Lernpsychologie dessen Genese zu eruieren und verständlich zu machen.

Im Jubiläumsjahr 1990 erschien auch die Taschenbuch-Bildbiographie von O. W. Hahn. Hier wendet Hahn die Ergebnisse seiner Untersuchung über „Jung-Stilling zwischen Pietismus und Aufklärung" auf dessen Lebensgeschichte an. Diselbe Tendenz ist hier wie dort spürbar: Bis zu seiner Wende in der Marburger Zeit ist Jung-Stilling der fromme Aufklärer, danach der eifrige Erweckungstheologe. Beides aber ist einseitig, wie oben dargelegt wurde.

Insbesondere das Kap. 7 „Im Bannkreis der frommen Aufklärung" (90–109), in dem Hahn stark systematisierend das Bibelverständnis (90–95), das Gottesbild (95–97), das Menschenbild (97–101), das Bild Christi (101–102) sowie Wesen und Auftrag der Kirche (103–109) bei Jung-Stilling darstellt, gibt Zeugnis von dieser Einseitigkeit. Abgesehen davon, daß Jung-Stillings theologische Auffassungen in jeder Periode seines Wirkens recht weiche Konturen aufweisen, die einer Systematisierung nur schwer standhalten, muß der Leser hier zu der Auffassung gelangen, daß es eher das Pietismusverständnis des Verfassers O. W. Hahn ist, das Jung-Stilling zum frommen Aufklärer werden läßt, als die einschlägigen Äußerungen des ‚Patriarchen der Erweckung' selber.[67]

In seiner Freiburger Doktorarbeit, die sich laut Untertitel mit dem „Wandel der pietistischen Utopie im 17. und 18. Jahrhundert" beschäftigt, widmet Th. Baumann ein Kapitel auch Jung-Stilling (189–230). Ein ausführlicher biographischer Abschnitt, in der Erhebung der Fakten ebenso wie in der Abwägung der Beurteilung äußerst korrekt und den Stand der Forschung klug reflektierend, führt den Leser kenntnisreich ein. Baumanns geistesgeschichtliche Charakterisierung ist nur zuzustimmen: „Die durch den reformierten Glauben und die niederrheinische mystische Spielart des Pietismus bestimmte religiöse Grundhaltung war sicherlich das dominierende Element der Persönlichkeit Jung-Stillings" (200).

Baumanns Untersuchung der Utopien, die sowohl in Jung-Stillings frühen als auch in seinem späten Heimweh-Roman begegnen, ergibt, daß sich

[67] Hier mag eine kurze persönliche Bemerkung erlaubt sein. Ich bin O. W. Hahn seit seiner Assistentenzeit bei unserem gemeinsamen Doktorvater G. A. Benrath freundschaftlich verbunden. Diese freundschaftliche Verbindung hat unter der Tatsache, daß wir uns über das Verständnis Jung-Stillings stets tapfer, manchmal gar heftig gestritten haben, nicht gelitten. Ich bin deshalb überzeugt, daß die klaren Worte der Abgrenzung in der geistesgeschichtlichen Einordnung Jung-Stillings daran nichts ändern werden.

zwar in den Fragen der wirtschaftlichen Verhältnisse „vergleichsweise moderne Ansichten" (209) finden, ansonsten jedoch vor allem in staatspolitischer Hinsicht durchweg konservative Ansätze vertreten werden (208). Diese Tendenz verstärkt sich durch die Französische Revolution und ihre Folgen für das deutsche Reich (227/228) in Jung-Stillings spätem Heimweh-Roman. Allen Utopien gemeinsam aber ist eine Vorliebe für monarchische Verfassungen, für einen „frommen" Absolutismus, „der durch die Betonung des christlich-patriarchalischen Elements, der Fürsorgepflicht der Regenten, nur leicht abgemildert wird" (208). Ebenso gemeinsam ist allen Entwürfen die Ablehnung der Aufklärung, die sich in der späten Zeit ebenfalls verstärkt, weil sich gleichsam apokalyptische Dringlichkeit gewinnt (209/227).

Der besprochene Abschnitt in Baumanns Studie ist ein sehr willkommener und hilfreicher Beitrag zur Jung-Stilling Forschung, besonders da er eine sonst wenig behandelte Seite aus der Sicht des Historikers beleuchtet, dabei kenntnisreich alle anderen Aspekte einbezieht und vor allem im Gespräch mit dem neuesten Stand der Forschung darstellt.

III.

Der 1981 erschienene Aufsatz von A. E. Jung beschäftigt sich wie der 1984 herausgekommene Artikel seines Sohnes A. P. Jung mit den „russischen" Nachfahren Jung-Stillings, d. h. den Nachkommen seines jüngsten Sohnes Friedrich, den der Zar, der Jung-Stilling hoch schätzte, in seine Dienste genommen hatte. Der letzte Sproß dieses Zweiges der Familie Jung starb 1944 72-jährig in Berlin, wo er jahrelang unter dem Pseudonym Richard Starnburg als Schauspieler gewirkt hatte. Interessant für die Jung-Stilling Forschung ist die Bemerkung von A. E. Jung (174f., Anm. 2), er habe als erster die Geheimschrift Jung-Stillings entschlüsselt, galt doch bisher dieses Verdienst dem Schweizer André Langie, der die Entschlüsselung für Max Geigers im Jahre 1963 publizierte, aber bereits im Jahre 1956 vorgelegte Habilitationsschrift vorgenommen hatte.[68]

Wingolf Scherer brachte 1981 eine kurze aber gehaltvolle Abhandlung über Jung-Stilling und den katholischen Pfarrer und Augenheilkundigen Johann Baptist Molitor († 1768) heraus. Für die Jung-Stilling Forschung sind insbesondere die darin mitgeteilten Angaben über Molitor von Wert. Leider ist die Überschrift mißverständlich, weil sie nahelegt, daß Jung-Stilling erst durch die Begegnung mit Molitor zum Medizinstudium gefunden habe. In der Darstellung selbst wird aber korrekt beschrieben, daß der Entschluß, Medizin zu studieren, schon zuvor gefaßt war und in der Begegnung mit Molitor lediglich bestätigt wurde.

---

[68] *M. Geiger* (s. o. Anm. 10) 93–125.

Anhand von Jung-Stillings Tagebuch aus dem Jahre 1806 gelang A. E. Jung 1983 der Nachweis, daß das bekannte Jung-Stilling Relief von J. H. v. Dannecker kurz nach dem November des Jahres 1806 entstanden sein muß, da Jung-Stilling dem Künstler zwischen dem 22. und 24. 11. 1806 in drei längeren Sitzungen als Modell zur Verfügung gestanden hatte.

Die beiden kleineren Aufsätze des Burgdorfer Mediziners Franz della Casa aus den Jahren 1985 und 1987 beschäftigen sich mit der Geschichte der Augenheilkunde in Burgdorf. Da Jung-Stilling im dortigen Pfarrhaus 1802 mehrere Staroperationen vorgenommen hat, erhält auch er darin seinen Platz. Leider sind die Angaben über ihn außerordentlich fehlerhaft und berücksichtigen nicht einmal den Forschungsstand von 1963, wie er bei Geiger vorliegt.[69] So bleiben einzig die Angaben über Burgdorf, die für die Jung-Stilling Forschung von einigem Informationsgehalt sind, denn nicht einmal die im Rahmen dieses Themas wichtige Tatsache, daß Jung-Stilling am 16./17. Mai 1806 erneut bei Pfr. König in Burgdorf operiert, findet Erwähnung[70], da die kontinuierliche Darstellung von Jung-Stillings Leben in seiner Autobiographie praktisch mit dem Jahre 1803 abbricht und della Casa darüber hinaus offensichtlich keine weiteren Quellen herangezogen hat.

Durch einige Ungereimtheiten in Jung-Stillings Darstellung seiner Zeit bei Flender aufmerksam geworden, versuchte ich 1985 den Wechsel vom Handlungsgehilfen und Hauslehrer zum Medizinstudenten Jung-Stilling näher zu beleuchten. Dabei ergab sich, daß Flender mit seinem Angestellten andere Pläne verfolgte, als dieser selbst es beabsichtigte. Flender wollte ihn durch das Studium der Medizin und den Erwerb des Doktorgrades zu einem standesgemäßen Schwiegersohn heranbilden, während dieser selbst glaubte, der Beruf eines Arztes sei die ihm von Gott zugewiesene Bestimmung. Die Entfremdung, die über diesen Dissens zwischen Flender und seinem Angestellten eintrat, war so gravierend, daß Jung-Stilling offensichtlich von den drei Monaten Kündigungsfrist nur noch einen in Kräwinklerbrücke ausgehalten hat (386, Anm. 1). Noch 43 Jahre danach als 73jähriger Badischer Hofrat war sich Jung-Stilling der unguten Situation bewußt, die er 1770 im Bergischen Land zurückgelassen hatte (390).

Für den Sammelband, der unter dem Titel „Genie und Geld" 34 Rundfunkvorträge über große historische Persönlichkeiten von Walther von der Vogelweide bis Arno Schmidt enthält, bearbeitete G. A. Benrath den Abschnitt über Jung-Stilling. Dabei schildert er anhand der Lebensgeschichte wie Jung-Stilling durch das finanziell nicht abgesicherte Studium (1770–1772) in Schulden geriet, die sich durch die unglücklich verlaufenden Jahre seiner Praxis als Arzt 1772–1778 noch erheblich vermehrten und durch den Rückschlag mit einem landwirtschaftlichen Reformprojekt in der Kai-

[69] Vgl. Anm. 10, 119–122.
[70] Vgl. Anm. 10, 120.

serslauterner Zeit (1778–1784) weiter anstiegen. Sie konnten erst getilgt werden, nachdem ihm anläßlich einer Reise in die Schweiz seine Staroperationen fürstlich entlohnt worden waren. In die Darstellung verwoben sind Jung-Stillings Auffassungen von Genie und eigener Genialität (130, 132, 138). Daß die kleine Abhandlung kenntnisreich und in den Fakten korrekt ist, überrascht bei einem Forscher wie Benrath nicht. Nur in einem vermag ich nicht ganz zuzustimmen. Wenn Benrath für die Zeit nach 1801 schreibt: „Die Geldfrage war nunmehr glücklich gelöst" (138), so stimmt das nur im Blick auf die Studienschulden, nicht aber in allgemeiner Hinsicht. In Jung-Stillings Merkbuch ist nämlich auch für die spätere Zeit oftmals von irgendeiner „Aushilfe" in Geldverlegenheit oder gelegentlich auch direkt von Schulden die Rede. Schuldenfrei war der Professor, zu dessen Lehrbereich auch die Finanzwissenschaft gehörte, eigentlich nie.

In einem zwar äußerlich schmalen, aber inhaltlich reichen Aufsatzbändchen der Siegener Herder-Bibliothek beschreibt Johannes Harder, der selbst rußlanddeutscher Herkunft war, die Wirkungen von Jung-Stillings endzeitlichen Erwartungen[71] auf Rußland, die dort besonders in der Zeit nach den napoleonischen Wirren auf fruchtbaren Boden trafen. Das Freimaurertum hatte mitgeholfen, diesen Boden insbesondere für die Aufnahme von mystischem und nationalistischem Gedankengut zu bereiten, das hier eine eigentümliche Mischung einging (12). Schon 1763 war in der Kalmykensteppe ein Filialort der Herrnhuter gegründet worden (14). 1817 zog dann die erste große Auswanderungswelle aus Schwaben über Odessa in den Osten (15) hin zu dem Ort, an dem die Aufrichtung des endzeitlichen Jerusalem erwartet wurde. Obwohl „Jung-Stilling auch vor Hast und Übereile warnte", er hatte an der Motivierung zu dieser Auswanderung seinen Anteil. An deren Ende stand in der Regel die große Ernüchterung: „Wer wußte denn, daß der Kaukasus eine Landschaft mit etwa 10 Millionen Einwohnern darstellte, die sich aus 47 verschiedenen ethnischen Gruppen, darunter elf religiöse Bekenntnisse, zusammensetzte?"

In der umfangreichen zweiten Abhandlung des Bändchens widmet sich Erich Mertens der Beziehung des ostpreußischen Dichters Max von Schenkendorf (11. 12. 1783–11. 12. 1817) zu dem alten Badischen Hofrat Jung-Stilling. Bereits in frühen Jahren kommt Schenkendorf mit Jung-Stillings „Lebensgeschichte" in Berührung. Er nimmt die lebhafte Diskussion über die 1808 erschienene „Theorie der Geisterkunde" zur Kenntnis, der er anfänglich skeptisch gegenüber steht, die er später jedoch (20. 2. 1813) mit der Bemerkung verteidigt: „Das Buch ist übrigens geschrieben Geisterfurcht zu vertreiben und nicht zu erwecken" (41). Im Jahre 1812 lernt er Jung-Stilling in Karlsruhe persönlich kennen, Dezember 1812 heiratet er in Karlsruhe Henriette Barkley (36; 66), eine Bekannte aus Ostpreußen. In den folgenden

[71] Einen störenden Fehler gilt es zu beseitigen. Das gemeinte Werk (11) heißt „Siegesgeschichte der christlichen Religion" nicht „des Christenthums" und ist 1799 nicht 1788 erschienen.

Jahren weilt Schenkendorf mit seiner Gattin und seiner Stieftochter nahezu regelmäßig mindestens einmal im Jahr bei Jung-Stilling in Karlsruhe oder zusammen mit ihm zur Kur in Baden-Baden bis beide im Jahre 1817 sterben, der greise Hofrat 77jährig, der junge Dichter erst 34 Jahre alt (103). Schenkendorf, dem Jung-Stilling anfänglich in freundlicher Reserve, später aber in freundschaftlicher Offenheit gegenüberstand, schrieb einige Gedichte über den Verfasser des Heimweh-Romans, die Mertens in seiner Untersuchung abdruckt. Insgesamt ist die Abhandlung von E. Mertens eine echte Bereicherung für die Jung-Stilling Forschung, auch wenn sie gelegentlich zu breit angelegt erscheint und ein wenig strenger auf das eigentliche Thema hätte konzentriert werden sollen. Der Lesbarkeit hätte es zudem gut getan, wenn die Verweise auf Archivalien oder gedruckte Quellen nicht ständig im Text begegneten, sondern in den Anmerkungen mitgeteilt würden.

Die Stärken des Aufsatzes von Gerhard Schwinge über Jung-Stilling am Hofe Karl Friedrichs in Karlsruhe aus dem Jahre 1987 liegen in der Erhellung des lokalgeschichtlichen Umfeldes, in dem Jung-Stilling seine letzte Lebenszeit verbrachte. Damit hat Schwinge eine wertvolle Vorarbeit für die Biographie des alten Stilling geliefert. Einiges jedoch hätte präziser gefaßt werden können[72] oder gar müssen, wie Jung-Stilling und das Programm der Heiligen Allianz, über das Max Geiger bereits 1963 ausführlich gehandelt hat.[73]

In seiner Würdigung zum 170. Todestag von Jung-Stilling hebt G. Schwinge im „Aufbruch“, der evangelischen Kirchenzeitung für Baden, die Ereignisse hervor, die Jung-Stilling an den Karlsruher Hof führten und ihn hier eine segensreiche Tätigkeit als Berater des Landesfürsten, Augenarzt, Briefseelsorger und Erbauungsschriftsteller entfalten ließen. Schwinges Resümee: „Obwohl er (= Jung-Stilling) also keine unmittelbar eigene Bewegung hervorgerufen hat, lebte er fort als „Patriarch der Erweckung“, der zumindest zu seinen Lebzeiten vielen den Weg in einer bedrohten und bedrohlichen Zeit gewiesen hatte, den Weg zum Reich des Herrn“. Dem soll hier nachdrücklich zugestimmt werden, allerdings nicht ohne hinzuzufügen, daß dies für die gesamte Wirksamkeit von Jung-Stilling gilt, eben auch für die Zeit, in der er sich der Kameralistik, also einem ganz profanen Bereich widmete.[74]

---

[72] Jung nannte sich seit dem Erscheinen des ersten Teils seiner Lebensgeschichte im Jahre 1777 Stilling (183). Als kaufmännischer Verwalter war er nur bei Flender tätig und nicht bei verschiedenen Familien (184). Zwar hat er sich neben der Medizin in Straßburg noch mit anderen Dingen beschäftigt, daß er dort aber noch „andere Fächer“ studiert habe, wird man nicht sagen können (184). Der Einfluß freimaurerischer Geistigkeit auf Jung-Stilling scheint mir zu hoch veranschlagt (184). Die Zahl der jährlich an Jung-Stilling gerichteten und der von ihm geschriebenen Briefe (196) hätte sich anhand der in Basel befindlichen Tagebücher präziser ermitteln lassen (vgl. dazu meinen Forschungsbericht ThR 48 (1983)) 159, Anm. 6.

[73] Vgl. (Anm. 10) 333–433.

[74] Nicht zuzustimmen vermag ich der Beurteilung von Jung-Stillings Determinismuszweifel durch Schwinge und vor allem der Ansicht, mit Lavater habe ihn bis zu seinem Tode „eine

Die beste Zusammenfassung, die es über das Leben und Werk Jung-Stillings gibt, liegt in dem TRE Artikel von Gustav Adolf Benrath aus dem Jahre 1988 vor. Auch wenn ich der geistesgeschichtlichen Einordnung nicht in allem beizupflichten vermag[75], so bietet der Artikel eine so gedrängte Fülle von Fakten und sinnvoll auf sie bezogenen Urteilen, daß der Nichtfachmann einen idealen Zugang und der Fachmann eine kundige Zusammenfassung erhält.

In einem Aufsatz aus dem Jahre 1988 wendet sich G. Schwinge dem Thema: „Jung-Stilling und seine Beziehungen zur Basler Christentumsgesellschaft" zu. Nach einer Hinführung und einem kurzen biographischen Abschnitt wertet Schwinge vor allem die Briefe Jung-Stillings aus, die E. Stähelin in den zwei Bänden seiner Quellenpublikationen aus den Archiven der Gesellschaft mitgeteilt hat.[76] Über die anfänglichen Versuche, Jung-Stilling als Mitglied für die Basler Gesellschaft zu gewinnen, sind wir inzwischen durch O. W. Hahns Dissertation genauer unterrichtet.[77] Interessant ist, daß Jung-Stilling selbst sich 1795, also gut sechzehn Jahre nachdem ihn sein damaliger Kaiserslauterner Kollege L. B. Schmid zum Beitritt bewegen wollte, nicht mehr erinnert, daß er es war, sondern dies Urlsperger zuschreibt und den Grund für seine diskrete Weigerung in dem Satz angibt: „meine damalige Lage erlaubte mir diesen Beytritt nicht." Er habe aus eigener Erfahrung gewußt, „wie leicht solche Verbindungen in falsche Pietisterey, geistlichen Stolz und Pharisäismus ausarten" können (37). Man wird also in seiner Weigerung einen Reflex auf die Warnung des Mannheimer

tiefe Freundschaft" verbunden. *Gustav Adolf Benrath* hat die Geschichte dieser schwierigen Freundschaft eingehend beschrieben und hat dabei auf ihre gar nicht freundlichen Anfänge und langen Unterbrechungen verwiesen. In: Bleibendes im Wandel der Kirchengeschichte, (s. o. Anm. 41) 251–305.

75 Die Kategorien der Einordnung sind m. E. zu scharf trennend. Daß sich Jung-Stilling mit seinen frühen Romanen (468) „auf den Boden einer frommen Aufklärung stellte", geht selbst dann zu weit, wenn die Schriften Tersteegens als Maßstab für das genommen werden, was Pietismus heißt. Daß seine Auseinandersetzung mit dem Aufklärer Friedrich Nicolai aus den Jahren 1775/76 Spuren bei ihm hinterlassen hat, ist deutlich, daß er deshalb aber als Aufklärer, wenn auch als „frommer" Aufklärer gelten soll, scheint mir zu weit zu gehen. Jung-Stilling sah sich in seiner reformiert-pietistischen Kirchlichkeit angegriffen, er mußte sich verteidigen und benutzte dazu seinen Verstand, mit dessen Hilfe er seinen angestammten Glauben vor der Vernunft als denkmöglich erweisen wollte. Ebensowenig wie ihn das schon zu einem „frommen Aufklärer" macht, war er in seiner Spätzeit voll und ganz der Patriarch, der seine Anhänger auf die Erweckung verwies. Die Art, den christlichen Glauben rational zu durchleuchten und denkerisch abzusichern blieb erhalten, auch als ihm durch die Philosophie Kants seine ursprünglich an Leibniz-Wolff ausgerichtete Auffassung bestätigt wurde, daß die menschliche Vernunft in Sachen des christlichen Glaubens keine inhaltlich normierende Kompetenz beanspruchen darf.

76 *E. Stähelin* (Hg.), Die Christentumsgesellschaft in der Zeit der Aufklärung und der beginnenden Erweckung. Texte aus Briefen, Protokollen und Publikationen... Basel 1970 (ThZ, Sonderbd. 2) – *Ders.*, Die Christentumsgesellschaft in der Zeit von der Erweckung bis zur Gegenwart... Basel 1974 (ThZ, Sonderbd. 4).

77 *O. W. Hahn*, Jung-Stilling zwischen Pietismus und Aufklärung, 57–71.

Regierungsrates Medicus zu sehen haben, „nicht zu viel von der Religion zu reden“, weil seine Lebensgeschichte im katholisch geprägten Kaiserslautern das „Vorurtheil des Pietismus“[78] gegen ihn erregt hatte. Außerdem wollte er unabhängig sein. Mochten die Basler und die Herrnhuter ihre Aufgabe haben, er hatte durchaus eine eigene. Das muß keinen Dissens in der Sache bedeuten, sondern dürfte eher einen anderen methodischen Weg bezeichnen. Vor „falscher Pietisterey, geistlichem Stolz und Pharisäismus“ warnt er auch noch jetzt im Jahre 1795, als er seinen Heimweh-Roman bereits geschrieben hatte und sich anschickte, der Patriarch der Erweckung zu werden. Schwinge wertet die 93 Schreiben Jung-Stillings umfassend aus und erklärt die gelegentlich distanzierte Haltung Jung-Stillings einleuchtend mit Überlegenheitsgefühlen seinerseits und Unterlegenheitsgefühlen auf seiten der jungen Württembergischen Sekretäre der Gesellschaft (44–47).[79]

Mein Beitrag in der Festschrift für K. O. Frhr. von Aretin aus dem Jahre 1988 behandelt Jung-Stillings Schrift „Über den Revolutionsgeist unserer Zeit“ (1793) und versucht sie in den Ablauf seines Lebens und Denkens einzuordnen. Er schreibt sie erst, als er im Herbst 1792 hautnah mit den französischen Revolutionstruppen in Frankfurt in Berührung kommt. Trotzdem ist diese ganz im Geiste des Konservativismus gegen jede revolutionäre Neuerung verfaßte Schrift voller Ausdruck der staatspolitischen Gesinnung Jung-Stillings, für den Freiheit immer nur ein Anrecht des moralisch gebesserten Menschen, aber nie ein Prinzip sozialer Emanzipation war (486). Von hier aus mußte er jede mit Unruhe verbundene Veränderung ablehnen, da sie die moralische Besserung eher behinderte als beförderte.

In seinem 1990 erschienenen Aufsatz über „Jung-Stilling und die Französische Revolution“, in dem Th. Baumann die Ergebnisse seiner Freiburger Magisterdissertation zusammenfaßt, findet der Leser einen guten Überblick über Jung-Stillings staatspolitische Anschauungen, die, wie Baumann resümierend feststellt, vor und nach der Französischen Revolution „im wesentlichen gleichgeblieben“ sind (141). Lediglich nuancierende Änderungen weist Baumann nach. So fehlt in der „Grundlage der Staatswirthschaft“ von 1792 das eigens genannte Recht auf Freiheit, das das „Lehrbuch der Staats-Polizey-Wissenschaft“ 1788 noch ausdrücklich enthalten hatte. Jung-Stilling wird also eher noch eine Spur konservativer, als er zuvor ohnehin schon war.

Für einzelne Vorstellungen weist Baumann auf konservative, aufklärerische oder christliche (pietistische) Herkunft hin (134–140). Wie immer man zu dieser Rubrizierung stehen mag, man wird auf das organisierende Prinzip hinweisen müssen, das für Jung-Stilling hinter jeder Forderung nach sinnvoller Veränderung stand: sie mußte geeignet sein, jedem Menschen und

[78] LG 370.

[79] Leider übersieht Schwinge den instruktiven Aufsatz von *J. Müller*, Korrespondenten der Christentumsgesellschaft in der Pfalz. In: Blätter für pfälzische Kirchengeschichte... 18 (1963) 155–173.

seinem Mitmenschen das Streben nach Vervollkommnung und der reinen Liebe zu Gott zu ermöglichen. War dies gewährleistet, dann war ihm gleichgültig aus welcher Tradition sie kam, dann war sie selbst willkommen, wenn sie aus der von ihm so heftig bekämpften Aufklärung stammte.[80]

1990 stellte G. A. Benrath in einer gehaltvollen Untersuchung das bisher unbeachtet gebliebene „Gedenk Büchlein vor Johann Heinrich Jung den 15ten May 1778“ aus dem in der Handschriftenabteilung der UB Basel lagernden Nachlaß Schwarz vor. Die Angaben, die dieses 308 Seiten umfassende Notizbuch enthält, stammen aus dem langen Zeitraum zwischen 1778 und 1813. Sie sind nicht gleichmäßig auf die entsprechenden Jahre verteilt, sondern weisen Schwerpunkte auf. Insbesondere die Marburger Jahre 1788–1795 sind relativ ausführlich dokumentiert. Benrath druckt diesen Teil des Büchleins wörtlich ab (89–109) und versieht ihn mit umfangreichen Anmerkungen, die dem Leser ein vollständiges Verständnis der Informationen ermöglichen. Interessant ist die Bemerkung, die Jung-Stilling als Nachlese auf das Jahr 1788 festhält: „Merkwürdige Veränderung in meinem ganzen System, durch das Studium der Kantischen Philosophie im October und November. Einfluß, wohlthätiger Einfluß in meinen innern und äussern Würkungskreyß“ (97). Aus einer anderen Information geht hervor, daß der Heidelberger Kirchenrat J. F. Mieg (1744–1819), der ihn auf Kants Kritik der reinen Vernunft hinwies, zwischen dem 19. und 27. Juli sowie dem 3. und 9. August 1788 bei Jung-Stilling in Marburg weilte. Insofern ist die Angabe der Lebensgeschichte korrekt.[81] Anhand der Notiz aus dem Gedenkbüchlein ist jedoch das genaue Datum der Lektüre dieser Kantschrift auf Oktober/November zu datieren. Hier liegt auch die früheste Reaktion auf diese Lektüre vor. Immerhin schreibt er ihr eine „merkwürdige Veränderung“ in seinem „ganzen System“ und wohltätigen „Einfluß“ auf seinen „Würkungskreyß“ zu. Die weitere Beschäftigung mit Jung-Stillings Kant-Lektüre wird diese Notiz zu berücksichtigen haben, auch wenn von „Determinismuszweifeln“ darin nicht die Rede ist.

Der kurze Artikel von G. Berneaud-Kötz über Jung-Stillings „Bedeutung für die zeitgenössische Augenheilkunde“, bietet einen knapp gehaltenen Abriß über sein Leben, die Geschichte der Kataraktextraction, Jung-Stillings Schriften zu Fragen der Augenheilkunde und Augenoperationen und seine Bedeutung als Augenarzt allgemein. Berneaud-Kötz bescheinigt Jung-Stilling: „eine Reihe wichtiger Gedanken und Vorschläge“ unterbreitet zu haben, „die seiner Zeit deutlich vorauseilen“. Im einzelnen betreffe das die „praeoperative Prognosestellung“, die „Assistenz eines Wundarztes bei der Operation“ und „die korrekte Nachbehandlung“ (30). Jung-Stilling sei zwar kein Wissenschaftler im heutigen Sinne gewesen, „aber ein hervorragender und glänzender Praktiker“ (31). Der von der Theologie herkommende Jung-

---

80 Vgl. dazu seine 1776 erschienene „Theodizee“, SS, Erg.-Bd. 811 f.

81 LG 448.

Stilling-Forscher wird diesen gut lesbaren, allgemein verständlichen Artikel dankbar zur Kenntnis nehmen.

1990 legte Peter Jung eine kleine Untersuchung über „Jung-Stillings zweite Gattin: Selma von Saint George und ihre Familie“ vor. Ihr Hauptgewicht liegt auf dem Nachweis, daß die Familie St. George nicht, wie Jung-Stilling in seiner Lebensgeschichte anhand einer legendarischen Familientradition darlegt[82], aus italienischem und hugenottischem Adel stammte, sondern aus Treysa in Hessen (74). Die Vorfahren waren Bader und Chirurgen, die damals wenig Ansehen genossen. Gegen Ende des 17. Jahrhunderts finden sich die ersten Juristen in der Familie, die in fürstliche Dienste treten. Ein solcher ist auch Selmas Vater Johann Wilhelm (1716–1776), „der den Titel J. V. Lic., Nassauischer Kammerrat und Gräflich-Löwensteinischer und hochfürstlich Öttingen-Wallersteinischer Kammerdirektor führte“.

Jung-Stilling verdankt seiner zweiten Frau (1760–1790), die er am 14. 8. 1782 heiratete, eine Korrektur seiner gelegentlich nicht voll gesellschaftsfähigen Umgangsformen und eine sparsame Wirtschaftsführung, die Voraussetzung dafür war, daß trotz Jung-Stillings geringem Einkommen ein Teil seiner großen Schuldenlast abgetragen werden konnte.

Dem bisher eigentlich noch niemals behandelten Thema: „J. H. Jung-Stilling als Landwirt“ widmet G. Merk einen gehaltvollen Aufsatz. Nach den notwendigen biographischen Informationen (239–245), stellt der Verfasser die landwirtschaftlichen Veröffentlichungen von Jung-Stilling dar (245–250), behandelt in einem dritten Abschnitt sein „landwirtschaftliches Lehrsystem“ (251–256), um viertens und abschließend „Stillings landwirtschaftliche Leitgedanken“ (256–259) zu formulieren. Die Landwirtschaft war für Jung-Stilling der wichtigste Wirtschaftszweig. Ihr kam für die Beglückung der Menschen, der Jung-Stilling dienen wollte, absolute Priorität zu. Dabei begegnen in diesem Bereich überraschend modern anmutende Ansichten, beispielsweise, daß Produktionssteigerung nur über geldliche Anreize erreicht werden kann; fürstlicher Zwang ist dafür absolut nicht geeignet. Merks kundiger Überblick wird nicht nur für den unverzichtbar sein, der sich mit dem Aspekt der Landwirtschaft bei Jung-Stilling beschäftigt, sondern auch für den, der die gesamte Vielfalt von Jung-Stillings Persönlichkeit kennenlernen möchte.

Heinrich Nolting verfaßte 1990 einen kurz gehaltenen Abriß über Jung-Stilling als Professor der „Vieharzneykunde“. Nach ein paar knappen Bemerkungen zum Lebenslauf, weist Nolting anhand von Jung-Stillings Heidelberger Antrittsrede vom 10. 11. 1784 den systematischen Ort der „Vieharzneykunde“ in seinem Wirtschafts- und Staatswissenschaftlichen Schrifttum auf. Jung-Stilling teilt die Ökonomie in „Landwirtschaft, Fabriken und Handlung“ (43), und zwar nach der Reihenfolge ihres Gewichtes. Da zur Landwirtschaft die Viehwirtschaft als integraler Bestandteil gehört, muß der

---

[82] LG 412–416.

gebildete Landwirt auch etwas von der „Vieharzneykunde" verstehen. 1785 und 1788 brachte Jung-Stilling ein Lehrbuch der Vieharzneykunde in zwei Bänden heraus und sorgte 1788 mit gutachterlicher Unterstützung für die Gründung einer eigenen Tierarzneischule an der Universität Marburg. Damit hat er auch in der Geschichte dieses Faches als universitärer Disziplin sich seinen Platz gesichert.[83]

Einen wertvollen „Beitrag zu einer Jung-Stilling-Bibliographie" lieferte der Siegener Arzt Klaus Pfeiffer im Jahre 1990. Er stellte I. die Übersetzungen von Jung-Stillings Werken a) ins Russische, b) in skandinavische Sprachen, c) ins Niederländische, d) ins Englische und e) ins Französische zusammen, führte II. die deutschsprachigen Ausgaben seiner Werke in den USA auf, trug III. die deutschen Neuauflagen und Nachdrucke seiner Werke zusammen, um IV. eine Zusammenstellung deutschsprachiger Arbeiten über Jung-Stilling und sein Werk aus den Jahren 1970–1989 hinzuzufügen.

In meinem Aufsatz über das „Verhältnis Jung-Stillings und der Erweckung zur Revolution" versuche ich aufzuweisen, wie sehr Jung-Stillings Schrift über den Revolutionsgeist von 1793 die Konsequenz seines reformiert-pietistisch, staats-politisch durchweg konservativen Denkansatzes darstellt, aber auch wie stark darin Jung-Stillings Reaktion auf die Ereignisse in Frankreich und ihre Auswirkungen auf Deutschland vorliegt, auch wenn er direkt nur äußerst sparsam darauf anspielt. Nicht zuletzt, um Ereignisse wie die Französische Revolution und ihre Folgen für Deutschland zu verhindern, wandte sich Jung-Stilling immer stärker der religiösen Volksschriftstellerei zu, mit der er die Menschen zu bessern versuchte und wodurch er mit Unruhe verbundene Veränderungen überflüssig zu machen hoffte. Die Vertreter der Erweckung waren ihm darin ganz ähnlich, auch wenn einige von ihnen anfänglich Sympathie für die Ereignisse in Frankreich gezeigt hatten.

In der „Badische(n) Heimat" veröffentlichte G. Schwinge 1990 einen Aufsatz, in dem er die sechs Abteilungen der in Karlsruhe (12. 6.–15. 8. 90), Siegen (26. 8.–7. 10. 90) und Marburg (27. 10.–25. 10. 90) gezeigten Jung-Stilling-Ausstellung einleitet und kommentiert. Die Ausstellung, deren Katalog gleich zu besprechen sein wird, kam durch eine Zusammenarbeit zwischen der Badischen Landesbibliothek, dem badischen Generallandesarchiv, beides in Karlsruhe, und dem Siegerlandmuseum der Stadt Siegen zustande. Schwinge kennzeichnet anhand der sechs Abteilungen die 153 Exponate mit kundiger Feder.[84] Für den, der seine Ausführungen vor dem

---

[83] Ein Fehler liegt allerdings vor, wenn Nolting (43) das 400jährige Jubiläum der Universität Heidelberg ins Jahr 1787 verlegt. Richtig ist 1786, vgl. LG 428f.

[84] Daß Jung-Stilling einziges Kind seines Vaters gewesen ist (627), stimmt allerdings nicht. Aus der zweiten Ehe Johann Helmann Jungs mit Anna Margarete Feldmann, verw. Klappert hatte er noch mehrere Kinder. Siehe *M. Geiger* (vgl. Anm. 10) 553, Anm. 20, wo auf einige der Stiefgeschwister von Jung-Stilling verwiesen ist.

Von „wohlhabenden pietistischen Kaufmannsfamilien" in Elberfeld (631) spricht Jung-

Besuch der Ausstellung lesen konnte, werden sie eine gute Einführung gewesen sein, für den, der sie nach dem Besuch liest, stellen sie eine gute Zusammenfassung dar, um sich zu erinnern.

Der Artikel, den M. Titzmann 1990 im Literatur-Lexikon veröffentlicht hat, ist für die Jung-Stilling-Forschung nahezu unbrauchbar. Von der Kenntnis neuerer Literatur fast gänzlich ungetrübt, werden alte, dumme Vorurteile gegen Jung-Stilling erneut aufgewärmt und einfach fehlerhafte Angaben über ihn wiederholt.[85] Die germanistische Forschung sollte sich endlich einmal bequemen, über ihren zumindest im Fall von Jung-Stilling sehr engen Bretterzaun des eigenen Faches hinauszublicken. Hier wurde eine Chance vertan, auf korrektem Kenntnisstand über einen immerhin nicht unwichtigen Schriftsteller des 18. Jahrhunderts zu informieren, was angesichts des Verbreitungsgrades eines solchen Literatur-Lexikons nur bedauert werden kann.

Die soeben erwähnte Jung-Stilling Ausstellung wurde in einem instruktiven Katalogband erläutert, der, von der Badischen Landesbibliothek Karlsruhe herausgegeben, auch acht Aufsätze über Jung-Stilling enthält. Darin informiert der Wuppertaler Augenarzt G. Berneaud-Kötz über „Jung-Stilling als Augenarzt und Staroperateur" (24–39). Sein Beitrag beschreibt Jung-Stillings Weg zur Medizin, informiert allgemein über die Lage der Medizin im 18. Jahrhundert und beschreibt eingebettet in die Geschichte dieser Disziplin Jung-Stillings Operationsmethode, in der er sich dem Franzosen J. J. Daviel (1696–1762) anschloß. Schematische Illustrationen dokumentieren diese Methode und ihre Instrumente, von denen auch ein Photo beigegeben ist, eindrucksvoll.

R. Siegert (40–47) berichtet mit ausführlichen Zitaten aus der Darstellung des Betroffenen über die Operation, die Jung-Stilling im Frühjahr 1804 an dem völlig erblindeten und bereits einmal vergeblich operierten Karl Zacharia vornahm. Sie gelang und gab dem Erblindeten das Augenlicht zurück, das er im Alter jedoch als Folge eines gefährlichen Nervenfiebers wieder und diesmal endgültig verlor.

In meinem Beitrag über „Jung-Stillings Auseinandersetzung mit der Aufklärung" (48–70) – leider ist im Inhaltsverzeichnis ein falscher Titel angegeben – stelle ich den Lebens- und Entwicklungsgang Jung-Stillings dar von

---

Stilling nie. In der Darstellung dieser Zeit unterscheidet er stets zwischen „Pietisten" und den reichen Elberfelder Kaufleuten (LG 291, 292, 312, 342, 345). Einmal nennt er den reichen Kaufmann Krebs „rechtschaffen" und „gottesfürchtig", aber eben gerade nicht „pietistisch" (LG 359).

[85] Wer Frömmigkeit einfach als „Heteronomie religiöser Unterwerfung" (161) abtut, dokumentiert damit, daß er überhaupt nicht willens ist, so etwas wie Frömmigkeit zu verstehen. Daß Jung-Stilling 1803 wieder als Prof. der „Staatswissenschaften nach Heidelberg berufen" worden sein soll, ist völlig unzutreffend, zumal Titzmann fortfährt „1803 setzte der Kurfürst von Baden J. von der nunmehr ungeliebten Lehrtätigkeit frei" (161). Der Einfluß der Kant-Lektüre ist total insuffizient dargestellt. Immerhin hat Kant selbst Jung-Stillings Interpretation zumindest toleriert (LG 450).

seiner Prägung durch das reformiert-kirchliche Haus der Großeltern, den mystisch-spiritualistischen Einflüssen, die ihm der Vater vermittelte, dem orthodox-kirchlichen Konfirmandenunterricht des Ortspfarrers, den verschiedensten Begegnungen mit Literatur aller Art bis hin zu der ersten Lektüre aufklärerischer Schriften. Jung-Stillings (pietistische) Position wird dadurch beunruhigt, er versucht sie denkerisch abzusichern, was zunächst nicht voll gelingt, was er aber später mit Hilfe der Philosophie Kants dann endgültig gelungen glaubt. Wenn Jung-Stillings Position daher von der Aufklärung geprägt ist, dann höchstens so, daß entweder der Kampf mit ihr Blessuren bei ihm hinterlassen hat oder daß er Anregungen in sein reformiert-pietistisches Verständnis von ihr aufnehmen konnte, ohne dies im Grundsätzlichen verändern zu müssen. Daß er sich theologisch gesehen bewußt auf den Boden der Aufklärung begeben habe, ist m. E. gänzlich unzutreffend.

Wolfgang Lück bietet eine knapp gehaltene Zusammenfassung über „Jung-Stilling als Wirtschaftswissenschaftler" (71–80). Nach einer Skizze des Weges, der Jung-Stilling zur Staatswissenschaft führte (71–73), stellt Lück jedes der 11 wirtschaftswissenschaftlichen Lehrbücher vor, die er zwischen 1779 und 1792 schrieb. Eine vier Thesen umfassende Zusammenfassung bildet den Schluß, der allerdings sehr schematisch und inhaltlich kaum aussagekräftig ist.

Der gewichtige Beitrag von W. Lauterwasser gilt „Jung-Stilling als Erzähler" (81–111). Der Verfasser behandelt zunächst Jung-Stillings Lebensgeschichte (81–93), danach die vier frühen Romane (94–104), um mit dem zwischen 1794 und 1796 entstandenen Roman „Das Heimweh" (104–109) zu schließen. Die Entwicklung in der Lebensgeschichte sieht Lauterwasser so: „das Romanhafte, Fiktive wird zunehmend abgebaut, die Erzählung der Realität immer mehr angenähert; gleichzeitig wird das Faktische immer bedeutungsloser, indem es in zunehmend höherem Maße zum Demonstrationsmaterial für eine geistliche und religiöse Erfahrung wird" (92). Eine vergleichbare Entwicklung erkennt Lauterwasser in den Romanen. Die künstlerische Gestaltung tritt mehr und mehr zurück und verliert „jede Eigenbedeutung". Das Kunstwerk „wird geradezu zu einer Anweisung zum seligen Leben" (108) und damit funktionalisiert. Der Theologe wird Lauterwassers Ausarbeitung dankbar zur Kenntnis nehmen, zumal dieser die Methode des Psychologen Günther als zu kurz zurückweist (89). Lediglich hinsichtlich der unkritischen Verwendung des Ausdrucks „fromme Aufklärung", den er von O. W. Hahn übernimmt (90, 93 u. ö.), wären Rückfragen anzumelden. Lauterwassers Aufsatz ist ein zwar seltenes, dafür aber um so mehr zu begrüßendes Beispiel für einen gelungenen Beitrag zur Jung-Stilling Forschung aus der Feder eines Germanisten.

G. Schwinge behandelt für den Ausstellungskatalog das Thema: „Jung-Stilling und Goethe" (112–141). Er geht der spannungsreichen Beziehung der ungleichen Männer chronologisch nach von der Straßburger Studienzeit

(1770–71, Goethe reiste August 1771 zurück nach Frankfurt), über die Elberfelder Zusammenkunft (22. 7. 1774), die unglücklichen Aufenthalte Jung-Stillings in Frankfurt (1775), verschiedenen brieflichen Kontakten bis hin zum letzten, ungut verlaufenden Zusammentreffen Anfang Oktober 1815 in Karlsruhe. Jung-Stilling, der von diesem Besuch überrascht worden zu sein scheint, muß ungeschickt auf die erneute Begegnung mit Goethe reagiert haben, was ihm später leid getan hat, wie aus seinem bisher unveröffentlichten Brief vom 7. 1. 1816 an Goethe hervorgeht.[86] Der Aufsatz Schwinges wertet über das bekannte Material hinausgehend eine Fülle von bisher unbekannten Zeugnissen aus, was seinen Beitrag sehr wertvoll macht.

H. Schwarzmaier behandelt das Thema: „Jung-Stilling und der Karlsruher Hof" (143–160). Ausgehend von der brieflichen Kontaktaufnahme durch den späteren Großherzog Karl Friedrich vom November 1794 über verschiedene Besuche Jung-Stillings in Karlsruhe bei ihm in den Jahren 1801 und 1802, den Wechsel Jung-Stillings in badische Dienste 1803, seine Übersiedlung nach Heidelberg und später 1807 nach Karlsruhe, schildert Schwarzmeier die Bedeutung, die Jung-Stilling für Karl Friedrich und den Karlsruher Hof zukam. Sie lag in einer Gesprächspartnerschaft vornehmlich für den Großherzog vor allem in religiösen Fragen, aber auch darüber hinausgehend auf anderen Wissensgebieten. Dabei scheint sich Jung-Stilling streng gehütet zu haben, politische Einmischung zu betreiben. Teilnehmend stellt Schwarzmeier die Entfremdung beider Männer dar, die eintrat, als Karl Friedrich ab etwa 1806 eine zunehmende Cerebralsklerose bekam und mißtrauisch gegen seine gesamte Umgebung wurde. Nach dem Tode des Großherzogs wurden Jung-Stillings Dienste am Hof nicht mehr benötigt, obwohl der Kontakt zum badischen Herrscherhaus nicht gänzlich abbrach. Schwarzmeier wertet die Quellenbestände der Karlsruher Archive umfassend aus[87] und bereichert dadurch das Wissen der Jung-Stilling Forschung.

Otto W. Hahn beschreibt „Jung-Stillings Weg zur Erweckung" (165–182) unter Rückgriff auf das Schlußkapitel seiner Dissertation. Meine dagegen bereits oben skizzierten Bedenken richten sich deshalb auch gegen diesen Aufsatz, der zwar auf wissenschaftlich hohem Niveau ausgearbeitet ist, aber doch zu schematisch zwischen dem jüngeren Stilling, der zur „frommen Aufklärung" gerechnet wird, und dem älteren, der dann voll und ganz der Patriarch der Erweckung sein soll, unterscheidet. Auch wenn Jung-Stilling selbst dies gelegentlich so darstellt, diese Einteilung läßt sich m. E. am Quellenmaterial nicht verifizieren. Eine von G. Schwinge erarbeitete aus-

[86] Neben anderen Dokumenten ist auch dieser Brief (aus dem Goethe- und Schillerarchiv in Weimar) in dem Beitrag als Kopie abgedruckt (130–131).

[87] Leider gilt das nicht im gleichen Maße für die Sekundärliteratur. Die Einarbeitung der beiden Aufsätze von G. A. Benrath über Karl Friedrich von Baden und Jung-Stilling sowie über Lavater und Jung-Stilling (Bibliogr. Angaben ThR 48 (1983), 157) vermißt der Leser, der sie kennt, trotz Schwarzmeiers ansonsten instruktiven Ausführungen.

führliche Zeittafel (7–22) sowie eine Familientafel (272–273) runden den gelungenen Band ab.

1991 gab Michael Frost unter dem Titel „Blicke auf Jung-Stilling" eine Festschrift für den verdienten Wirtschaftswissenschaftler, Stillingforscher und Stillingsfreund Gerhard Merk heraus. Sie enthält neun Beiträge. G. A. Benraths erster Beitrag gibt einen Überblick über „Jung-Stillings Leben, Denken, Wirken" (9–18), der das Wichtigste zum Verständnis von Person und Werk kundig zusammenfaßt.

G. Berneaud-Kötz beschreibt in einem lehrreichen Aufsatz „Jung-Stilling als Arztpersönlichkeit" (19–39) und ordnet ihn in die Geschichte der Medizin und der ärztlichen Praxis ein. Berneaud-Kötz, ein ausgesprochener Stillings-Freund, läßt die Verehrung für seinen berühmten Wuppertaler Vorgänger in angenehmer Zurückhaltung zwischen den Zeilen zum Ausdruck kommen. Liest man seine instruktiven Ausführungen, so wird eigentlich nicht recht deutlich, warum Jung-Stilling mit seiner ärztlichen Praxis in Elberfeld (1772–1778) nicht erfolgreich war, sondern noch weit tiefer in Schulden geriet, in die ihn sein Medizinstudium in Straßburg hatte geraten lassen. Obwohl Berneaud-Kötz ausdrücklich meine Auffassung zurückweist, Jung-Stilling habe zu viele außermedizinische Dinge betrieben (31), sich zu wenig um die einzelnen Patienten gekümmert (28), möchte ich doch diesen Vorwurf weiterhin aufrecht erhalten. Jung-Stilling selbst sagt: „an Kenntnissen fehlte es ihm nicht, aber wol an der Kunst, sie anzuwenden... er war also zu nichts weniger geschickt, als zum practischen Arzt."[88] Als er den ersten Ruf nach Kaiserslautern an die Kameralhochschule bekommt, bricht er sofort mit der ärztlichen Arbeit weitgehend ab: „außer einigen wohlhabenden Staarpatienten, die ihm das nöthige Auskommen verschaften, that er fast nichts mehr in der Medizin..."[89] Nachdem sich die Sache zunächst zerschlagen hatte, intensivierte er die Arbeit an den Patienten. Das Ergebnis: „seine Praxis spann sich wieder an, und es hatte das Ansehen, als wenns ihm besser gehen sollte, wie vorher."[90] Indirekt scheint mir daraus auf dem Hintergrund seiner umfangreichen anderen Aktivitäten klar hervorzugehen, daß sich Jung-Stilling eine zeitlang nicht genügend um seine Praxis gekümmert hat.

Michael Frost stellt in seinem Beitrag Jung-Stillings Patenonkel Johann Heinrich Jung (1711–1786) vor. Schon früh hat dieser anregend auf sein Patenkind gewirkt, ihn zunächst mit Problemen der Mathematik, der Landvermessung und des Bergbaus vertraut gemacht. Seine Religiosität weist im großen und ganzen ein ähnliches Bild auf wie die seines Neffen bis in die Zeit der Französischen Revolution hinein. Frost meint allerdings, dieser habe sich seit 1778 „viel stärker auf dem Standpunkt der Naturreligion und der Naturethik" befunden. Das wird man bei rechter Würdigung auch der Lehrbü-

88 LG 350.
89 LG 357.
90 LG 358.

cher und der Zeitschrift „Der Volkslehrer“ nicht sagen können. Frosts Verdienst ist es, auf den in der Jung-Stilling Forschung oftmals vergessenen Patenonkel hingewiesen und seinen Einfluß auf den Neffen beschrieben zu haben, denn immerhin war es der Onkel, der die Verbindung zu Molitor herstellte und damit indirekt daran beteiligt war, daß Jung-Stilling zu einem der erfolgreichsten Augenoperateure seiner Zeit wurde.

Den Verleger George Jacob Decker (1732–1799), der neben den ersten vier Teilen von Jung-Stillings Lebensgeschichte auch seine „Geschichte des Herrn von Morgenthau“ (1779) und seine „Blicke in die Geheimnisse der Natur-Weisheit“ (1787) herausbrachte, stellt der Siegener Arzt Klaus Pfeifer vor (50–61). Da sich keine Verbindungen zwischen Goethe, auf den die Drucklegung der Lebensgeschichte zurückgeht, und Decker nachweisen lassen, vermutet Pfeifer, daß der Schweizer Christoph Kaufmann (1753–1795) den Verleger ausgesucht haben muß. Denn er war es, der das Manuskript nach Berlin brachte. Indizien dafür aber gibt es ebensowenig wie für die Vermutung, daß Kaufmann an der Elberfelder Zusammenkunft teilgenommen hat. Jedoch sind beide Annahmen interessant genug, um weiter verfolgt zu werden. Über die biographischen Angaben Deckers hinaus (54–55) bietet der Beitrag Pfeifers interessante Einblicke in das Verlagswesen des 18. Jahrhunderts.

G. Schwinges Aufsatz gilt „Jung-Stilling und Johann Peter Hebel“ (63–78), die eine zeitlang beide in Karlsruhe lebten, aber sich persönlich nur einmal, und zwar am 15. 2. 1807, an der großherzoglichen Tafel begegneten. Für den Seelsorger und Berater Karl Friedrichs, Jung-Stilling, gehörte die Umgebung des Hof zum täglichen Erleben, für Hebel war die Teilnahme an der großherzoglichen Tafel eine Besonderheit. Hebel kannte einige Werke von Jung-Stilling, darunter befand sich möglicherweise die Lebensgeschichte, mit Gewißheit aber das „Heimweh“ (bei dessen Lektüre Hebel bald das Endweh bekommen haben will), die „Siegsgeschichte“, die „Theorie der Geisterkunde“ und einige Teile aus dem ‚Grauen Mann‘. Jung-Stilling kannte Hebels Kalendergeschichten und schätzte sie hoch, wie man seiner einzigen Äußerung über Hebel entnehmen kann (72). Schwinge zeigt mit gutem Gespür für das Hintergründige besonders in Hebels Äußerungen über Jung-Stilling Gemeinsames und Trennendes zwischen beiden Personen auf, um als Fazit zu formulieren: „Jung-Stilling und Hebel – nicht widereinander lebten sie, aber doch nebeneinander her“ (73). Dabei hatte Hebel den älteren Jung-Stilling als christliche Persönlichkeit stets hochgeschätzt, obwohl er selbst eine andere Theologie und eine unterschiedliche Frömmigkeit pflegte.

Mein Beitrag über „Jung-Stilling und Kant“ (79–94) versucht den Nachweis zu führen, daß die Lektüre von Kants Kritik der reinen Vernunft für Jung-Stilling eigentlich nicht den Umbruch bedeutet haben kann, den er ihr selbst beimaß. Zuvor hatte Jung-Stilling nämlich unter Berufung auf Leibniz-Wolff stets die These vertreten, daß der menschlichen Vernunft in der Theologie keine inhaltlich normierende, sondern lediglich eine formal ordnende Bedeutung zukommen darf, und genau das wird ihm von Kant bestätigt. Vermutlich empfand er den Nachweis bei Kant wissenschaftlich stringenter als vergleichbare Überlegungen bei Leibniz oder Wolff. Die Behauptung, die Leibniz-Wolffsche Philosophie habe ihn in die Gefangenschaft des Deismus geführt[91], läßt sich nur als nachträgliche Übertreibung verstehen, denn in seinen religiösen Schriften kämpft er nach der Kantlektüre mit denselben Argumenten gegen deistische Vorstellungen wie vorher.

In seinem glänzend geschriebenen Beitrag stellt G. A. Benrath „Jung-Stillings Frömmigkeit" dar (95–113). Am Leitfaden des äußeren Lebenslaufes unterscheidet Benrath fünf Stufen in Jung-Stillings innerer Entwicklung. Ausgehend von der Jugend, die er durch „reformierte Konfession und Pietismus" geprägt sieht, über Studienzeit und erste Berufsjahre, „die im Zeichen der frommen Aufklärung standen", bis zur Neuorientierung seines religiösen Denkens", die zur Lösung von der frommen Aufklärung hin zur Erweckung führte, für die er seit seinem Abschied vom akademischen Lehramt unermüdlich tätig war.

Problematisch daran erscheint mir die Phase, in der Benrath ihn als Vertreter der frommen Aufklärung sieht. Immerhin verteidigt Jung-Stilling gerade in dieser Zeit gegen den Berliner Aufklärer F. Nicolai die Pietisten und ihr Verständnis des Christentums mit großer Heftigkeit.[92] Auch in dieser Periode hat er, darin völlig unaufklärerisch, an einem tiefen Sündenbewußtsein festgehalten: „Die Überzeugung von der Wahrheit der uralten und wahren christlichen Religion ist ganz unmöglich, ehe und bevor ein Mensch von seiner eigenen grundlosen Verdorbenheit gewiß überzeugt ist."[93] Der Roman „Theobald oder die Schwärmer"[94] ist eben keine generelle „Abrechnung mit dem Pietismus" schlechthin (101), sondern eine Abrechnung lediglich mit dem schwärmerischen Pietismus; denn immerhin bemerkt er gerade in diesem Roman, daß er (= Theobald) noch in vielen Stücken mit den Elberfelder Pietisten „harmonirte", nur habe er vernünftiger denken gelernt.[95] Zu den Pietisten gehören „die edelsten, die besten Menschen".[96] Ganze Passagen dieses Romans relativieren die Bedeutung der Vernunft. Der seligmachende Glaube kann nicht durch menschliche Beweisführung, sondern nur durch den Heiligen Geist gewirkt werden.[97] Theobald (= Jung-Stilling) erklärt sich klar als Anhänger Tersteegens, lediglich dessen Ehelosigkeit und Abwendung von der Welt werden kritisiert. Konsequenterweise finden A. H. Francke und seine Waisenhausgründung denn auch

---

[91] LG 448.
[92] SS, Erg.-Bd., 719–729.
[93] SS, Erg.-Bd., 644.
[94] Benrath schreibt „Theobald und die Schwärmer" (101).
[95] SS, Bd. VI, 219.
[96] SS, Bd. VI, 229.
[97] SS, Bd. VI, 324 vgl. auch 203.

Jung-Stillings volle Anerkennung.[98] „Der Bruch mit dem Pietismus war nunmehr perfekt“ meint Benrath im Blick auf die Kaiserslauterner Zeit (101). Das wird man gerade aber nach der Lektüre des „Theobald“-Romans (1784/85) nicht sagen dürfen. Außerdem müssen insbesondere zum Verständnis der Kaiserslauterner Zeit auch die nicht-theologischen Faktoren berücksichtigt werden, wenn man Jung-Stillings Frömmigkeit verstehen will. Das gilt speziell für seinen Beitritt zum Freimaurerorden.

Ich muß gestehen, auch nach der Lektüre dieses Aufsatzes noch nicht genau genug erfahren zu haben, was der Begriff der „frommen Aufklärung“ eigentlich bedeutet und wie er zum Pietismus einerseits und zur eigentlichen Aufklärung andererseits abzugrenzen ist. An dieser Stelle wird die Auseinandersetzung weiter zu führen sein, zu der G. A. Benrath mit diesem Aufsatz gewiß einen gewichtigen Beitrag geliefert hat.

O. W. Hahn behandelt Jung-Stillings „Heimweh“-Roman (115–132). Dabei wendet er sich eingangs dem „Pilgermotiv“ in der Heiligen Schrift und der Kirchengeschichte zu, skizziert danach die Entstehung des Romans, die in ihren Anfängen bereits auf Jung-Stillings Kindheit zurückgeht, aber erst von August 1793 bis Dezember 1794 verwirklicht wurde. Hahn arbeitet heraus, daß Jung-Stilling einen dreifachen Zweck mit diesem Werk verfolgte. 1. Wollte er den Heiligungsweg des Christen „von seiner Bekehrung bis zu seiner Vollendung“ (120) darstellen. 2. Beabsichtigte er damit, die Aufklärungsphilosophie zu bekämpfen, die diesen Heilsweg blockierte, und zum Kampf gegen sie alle wahren Christen aufzurufen und auszurüsten. 3. Wollte er den Weg der christlichen Gemeinde zu ihrem irdischen und ewigen Ziel beschreiben. Hahn folgt diesen Zwecksetzungen in der Charakterisierung des Romans und arbeitet die Stilmittel heraus, die Jung-Stilling verwendet. Das von Jung-Stillings „Heimweh“ verfolgte Ziel der Erwekkung sollte demnach nicht bei der Rettung des einzelnen und nicht allein bei der Neuorientierung der Kirche stehenbleiben, sondern darüber hinaus auf die ganze Breite des gesellschaftlichen Lebens einwirken“ (130), formuliert Hahn als Quintessenz, in der ihm durchaus zuzustimmen ist.

E. Mertens behandelt „Jung-Stilling in der Dichtung Max von Schenkendorfs“ (135–159) und bietet im Anhang die Texte der schwer zugänglichen sechs Gedichte (151–159), die in den Jahren 1814–1816 entstanden und ein schönes dichterisches Zeugnis der Verehrung für Jung-Stilling und des Gleichklanges mit ihm in der Grundüberzeugung darstellen. Eine genaue biographische Einführung, in tabellarischer Form abgefaßt, erleichtert das Verständnis der Texte ebenso wie eine Fülle von erklärenden Hinweisen. Mertens, der von der Schenkendorf-Forschung ausgeht, gebührt das Verdienst, auf wichtige Zusammenhänge zum Verständnis des alten Jung-Stilling verwiesen zu haben, auf die die Jung-Stilling Forschung von sich aus vermutlich nicht gestoßen wäre.

---

[98] SS, Bd. VI, 96.

Die Festschrift Merk erweist sich als gewichtiger Beitrag, der unbestritten seinen Platz in der Jung-Stilling Forschung finden und behaupten wird.

In einem Aufsatz, der in der „Pfälzischen Heimat" erschienen ist, beschreibt G. A. Benrath „Jung-Stilling in Kaiserslautern 1778–1784" mit einer beeindruckenden Fülle von wichtigen Detailkenntnissen, die die Forschung zweifellos bereichern wird. So identifiziert er den „Oberbeamten", der Jung-Stilling wegen Abhaltung von Konventikeln „eintürmen" wollte, mit dem Oberamtmann Horn (Anm. 29a) und macht wahrscheinlich, daß der in der Lebensgeschichte „Spässel"[99] genannte Intrigant möglicherweise mit dem Stadtphysikus Johann Nepomuk Gruber identisch ist (Anm. 31). Jung-Stillings ökumenische Gesinnung wird daran deutlich, daß er stellvertretend die Patenschaft für einen katholischen Täufling übernahm und, da er auch in zweiter Ehe mit einer Lutheranerin verheiratet war, daran, daß er sein erstes Kind aus dieser Verbindung reformiert und sein zweites lutherisch taufen ließ.

Insgesamt aber vermag ich der Einordnung der Kaiserslauterner Zeit in den Lebensgang von Jung-Stilling als „Absage an den Pietismus" nicht zuzustimmen. Meine oben angemerkten Einwände sind auch durch diesen Aufsatz nicht entkräftet worden.

Insgesamt wird man urteilen dürfen, daß die Jung-Stilling-Forschung in den letzten Jahren einen erfreulichen Aufschwung genommen hat. Wohl zu keiner Zeit nach seinem Tode hat der „Patriarch der Erweckung" so sehr im Blickpunkt wissenschaftlichen Interesses gestanden wie in der jüngsten Vergangenheit. Daß sich, was die Qualität der Forschungen anbelangt, Licht und Schatten zeigten, dürfte zur Normalität des Lebens gehören. Daß das Licht dabei erheblich überwog, wird deutlich geworden sein. Ebenso ist aber auch darauf zu verweisen, daß noch Desiderate der Erfüllung bedürfen. An eine kritische Gesamtedition seiner Werke zu denken, dürfte zur Zeit wohl vermessen sein. Eine Ausgabe seiner Briefe, insbesondere derer, die bisher nur handschriftlich existieren, sollte jedoch in absehbarer Zeit in Angriff genommen werden. Auch wenn eine solche Ausgabe nicht leicht zu erarbeiten sein wird, existieren inzwischen genug Vorarbeiten, die das Projekt als durchführbar erscheinen lassen.

---

99 LG 375–384.

Rezensionen

Wallmann, Johannes: Der Pietismus. Göttingen, Vandenhoeck & Ruprecht, 1990. 143 S. = Bernd Moeller (Hg.): Die Kirche in ihrer Geschichte, Lieferung 0,1.

Auf eine umfassende Darstellung des Pietismus aus der Feder des ausgewiesenen Spenerforschers durfte man gespannt sein. Entsprechend der Anlage von „Die Kirche in ihrer Geschichte" beschränkt sie sich auf den deutschen Pietismus des 17. und 18. Jahrhunderts. Unter den Stichworten religiöse Erneuerungsbewegung, Individualisierung und Verinnerlichung des religiösen Lebens, Parallele zur Aufklärung sowie protestantisches Phänomen bietet die Einleitung eine wohldurchdachte Definition des komplexen Phänomens Pietismus, die dessen Spannweite anzeigt. Bewußt ist dabei von einer Theologie des Pietismus nicht die Rede. Der sozialgeschichtliche Aspekt hätte stärker hervorgehoben werden können, und eine Äußerung über die geographische Erstreckung wäre hilfreich gewesen. Das Aufkommen der Bezeichnung „Pietismus" setzt der Vf. auf ca. 1674 an. Mehrere Äußerungen Speners weisen jedoch eher auf J. H. Horbs Streitigkeiten in der Hinteren Grafschaft Sponheim um 1678.

Der Vf. setzt auch diesmal mit einer produktiven Reflexion über die Forschungsgeschichte ein. Mit seiner bereits bekannten Formel „Pietismus im weiteren Sinn" wird die durch J. Arndt initiierte Frömmigkeitsbewegung einbezogen und zugleich das Neue bei Spener dagegen abgehoben. Nicht ganz glücklich ist, daß der württembergische Pietismus bei Oetinger endet und diesen so von seinen Schülern trennt. Die Darstellung behält die herkömmliche Orientierung an den führenden Gestalten bei. Dies hat den Vorzug der Übersichtlichkeit, geht aber etwas auf Kosten der sozialgeschichtlichen Realitäten. Gewisse sich durchhaltende Strukturen und Traditionen kommen zu kurz. Zudem wird die Ausbreitung des Pietismus in manchen Regionen ohne bedeutendere Repräsentanten (z. B. Ostfriesland, Hamburg, Franken usw.) allenfalls gestreift. Hier sind in der Zukunft vollständigere Lösungen denkbar. Hinweise bietet immerhin das gute Literaturverzeichnis am Anfang.

Das 1. Kapitel ist Arndt und der pietistischen Frömmigkeit gewidmet. Ausgegangen wird von der protestantischen „Frömmigkeitskrise" um 1600, deren Ursachen, möglicherweise etwas zu eng, in der vorangehenden Lehrentwicklung gesehen werden. Hier vermißt man einen Hinweis auf die von

Schwenckfeld, Paracelsus und Weigel herkommenden Einflüsse. Unter den „Bahnbrechern der neuen Frömmigkeit“ hätte wohl auch noch Martin Moller genannt werden müssen. Leben und Werk Arndts werden nunmehr anschaulich geschildert. Gewisse Probleme ergeben sich hinsichtlich der Wirkungsgeschichte Arndts. Da die Anlage des Gesamtwerks Orthodoxie und Pietismus des 17. Jahrhunderts gesondert behandelt, erkennt man den Einfluß Arndts auf weite Teile der Orthodoxie samt den daraus sich ergebenden Verformungen nicht recht. Die Abhebung J. V. Andreaes von Arndt befriedigt nicht ganz. Andreae war u. a. auch von der Mystik beeinflußt und zweifellos ein Vertreter des Chiliasmus. Als „linken Flügel der Arndtschule“ führt der Vf. zutreffend einige Spiritualisten des 17. Jahrhunderts an, spart aber deren anderen Vater, J. Böhme, aus. Man fragt sich, wo Böhme dann in dieser Kirchengeschichte seinen Platz finden wird.

Die Abhängigkeit des reformierten Pietismus (Kap. 2) von den Entwicklungen in den Niederlanden wird zutreffend hervorgehoben. Betont wird der Unterschied zwischen dem kirchlichen Pietismus Th. Undereycks und dem Separatismus J. de Labadies. Daß Undereyck schon früh Konventikel gehalten habe, wird übrigens neuerdings gegen den Vf. bezweifelt. Die Darstellung Labadies und seiner Wirkungen in Deutschland verrät die sichere Beherrschung des Stoffes. Zumindest überraschend werden sofort anschließend Tersteegen und die pietistische Mystik behandelt. Hier wäre es hilfreich gewesen, wenn die Problematik von kirchlichem und separatistischem reformiertem Pietismus im 18. Jahrhundert zuvor ausgewiesen worden wäre.

Provozierend ist das 3. Kapitel „Spener und die Anfänge des Pietismus“ überschrieben unter Berufung auf die Einrichtung der Collegia pietatis und die Pia Desideria. Basierend auf den eigenen Forschungen des Vf.s werden Bildungsweg, Tätigkeit in Frankfurt, das Collegium pietatis, die Pia Desideria samt ihrem Widerhall vorgeführt. Wallmann bleibt auch hier dabei, daß die Collegia ihre wesentliche Ausgestaltung, vermittelt durch *J.J. Schütz*, unter labadistischem Einfluß erfahren haben. Vor allem durch Schütz soll Spener auch der von der lutherischen Orthodoxie abweichende Chialismus zugekommen sein. Sehr ausgewogen ist die Darstellung der vergleichsweise bescheidenen ersten Ausbreitung des spenerschen Pietismus in einigen Reichsstädten und in Hessen-Darmstadt, wozu dann noch die Ausstrahlung in den baltisch-skandinavischen Raum kommt. Möglicherweise zu krass wird sodann von „Krise und Zusammenbruch des Frankfurter Pietismus“ gesprochen. Erstaunlich knapp werden die Dresdner und Berliner Periode Speners samt der großen Auseinandersetzung mit der lutherischen Orthodoxie abgemacht, obwohl sich dabei etwas von der Streuung sowie den Strukturproblemen des Pietismus hätte zeigen lassen.

An Spener schließt das 4. Kapitel sofort Francke und den halleschen Pietismus an. Daß Francke auch einiges mit dem erst danach behandelten radikalen Pietismus gemeinsam hatte, wird dann zwar ausdrücklich ausgewiesen, deutet aber ein Dispositionsproblem an, hinter dem sich noch mehr verbirgt. Dabei handelt es sich um die seit Arndt bestehende offene Flanke des Pietismus gegenüber Heterodoxie und Separatismus als struktureller Gegebenheit. Die Leistungen Halles, das Waisenhaus und die, denkt man an Leipzig, Gießen und Tübingen, allerdings nicht auf Halle beschränkte Reform des Theologiestudiums werden gut beschrieben. Hinter den „weltweiten Wirkungen“ Halles tritt der hallesche Pietismus als Epoche in Deutschland fast zu sehr zurück. Zutreffend wird der Erfolg der universalen Reformideen Franckes bezweifelt.

Eingangs der gesonderten Darstellung des „Radikalen Pietismus“ (5. Kap.) signalisiert der Vf. selbst das Problem, ob dieses Vorgehen angängig sei, weil die Übergänge zum kirchlichen Pietismus eben fließend sind. Zugleich gilt die Unterscheidung gegenüber anderen spiritualistischen Gruppen als schwierig. Zuzustimmen ist dem Vf. in seiner Entscheidung, den radikalen Pietismus für sich zu behandeln. Einige Schwierigkeiten rühren jedoch daher, daß von Anfang an die komplexe Mitgift des Pietismus nicht umfassender einbezogen worden ist, die eben phänomenal zu ihm gehört. Als Anfänger des separatistischen Pietismus im Luthertum wird mit zusätzlichen Quellenbelegen J.J. Schütz in Frankfurt herausgestellt. Er erscheint tatsächlich in vielen Beziehungen des frühen radikalen Pietismus, ist möglicherweise aber dennoch etwas überschätzt. Konsequent wird das Ehepaar Petersen angeschlossen. Mit G. Arnold, J.K. Dippel und Chr. Hochmann von Hochenau treten einzelne wichtige Vertreter des radikalen Pietismus in Erscheinung, aber dessen erheblicher Ausbreitung wird man nicht ganz ansichtig. Dies ist besser hinsichtlich der philadelphischen Bewegung und der radikalpietistischen Gemeinden (u.a. Neutäufer und Inspirierte) geglückt.

Im 6. Kapitel erfahren Zinzendorf und die Brüdergemeine eine gediegene und lucide Behandlung. Das letzte Kapitel ist dem württembergischen Pietismus gewidmet. Richtig gesehen ist, daß Spener dort früh von radikalen Pfarrern aufgenommen wird. Deutlicher müßte hervorgehoben werden, daß er auch in Tübingen und zwar noch früher als in Leipzig eine Reform des Theologiestudiums erreichte. Der weitere Streit in der württembergischen Kirche ging keineswegs nur um die Collegia pietatis, sondern war eine langanhaltende Auseinandersetzung mit verschiedenen Erscheinungsformen des radikalen Pietismus. Zu der sachlichen Darstellung Bengels ist lediglich zu bemerken, daß dessen Gnomon keine Wiedergabe des NT-Textes enthält. Die Aufspaltung der Schule Bengels in einen konservativen und einen spekulativen Flügel hätte man wohl erwähnen müssen. Die spannungsreiche Gestalt des spekulativen Pietisten Oetinger ist in der Kürze zutreffend beschrieben; die Komplexität seiner Traditionen und Beziehungen könnte vielleicht noch stärker unterstrichen werden. Wie schon gesagt, sollte man ihn von seinen Schülern nicht trennen.

Vergleicht man Wallmanns Darstellung mit den vorausgegangenen von

M. Schmidt und E. Beyreuther, wird offensichtlich, wie groß der Zugewinn an Problembewußtsein, Konturenschärfe und Einzelinformationen ist. Ob sich Wallmanns Konzeption mit der Einbeziehung Arndts in den deutschen Pietismus, die ich teile, durchsetzen wird, muß die weitere Diskussion zeigen. Sie zu widerlegen, dürfte schwerfallen. Durch die Konzentration auf die großen Repräsentanten erhält diese Geschichte des Pietismus ihre klare Gliederung und Anschaulichkeit, was trotz der geforderten Knappheit der Lesbarkeit erfreulich zugute kommt. Hier liegt somit die gewichtige Behandlung des deutschen Pietismus in unserer Generation vor. Gelegentlich wünscht man sich allerdings eine stärkere Berücksichtigung der einzelnen Theologien. Daß die Statik des Aufbaus zu Lasten der Berücksichtigung des breiteren Umfeldes und des sich durchhaltenden virulenten geistigen Erbes geht, wurde schon angedeutet. Eine künftige Darstellung des Pietismus wird darauf zu achten haben.

Münster/W. Martin Brecht

Hövelmann, Hartmut: Kernstellen der Lutherbibel. Eine Anleitung zum Schriftverständnis. Bielefeld, Luther-Verlag, 1989. 394 S. = Tab. 5.

Die vorliegende Arbeit, 1986 vom Fachbereich Evangelische Theologie der Universität Erlangen–Nürnberg als Dissertation angenommen, widmet sich einem Thema, das von der Forschung bisher nahezu unberücksichtigt geblieben ist. Die Kernstellen der Lutherbibel wurden offensichtlich stets unreflektiert über- und angenommen, ohne daß nach Auswahlkriterien und Intention gefragt wurde. Es ist das Verdienst Hövelmanns, auf diese Problematik aufmerksam zu machen und Denkanstöße zu bieten, die eine zukünftige Einrichtung der Lutherbibel nicht unberücksichtigt lassen darf.

Hövelmann hat in mühevoller Arbeit Bibelausgaben von der Reformationszeit bis heute auf Stellen durchgesehen, die im Druck optisch hervorgehoben sind, sog. „Kernstellen" (die Kernstellen von 48 besonders wichtigen Ausgaben werden in einem separat erschienenen Beiheft „Tabellen zu den Kernstellen der Lutherbibel", Bielefeld 1989, aufgeführt). Dabei ist er der Frage nachgegangen, was hervorgehoben wurde und welche Absicht dahinter stand. Während bei der Kernstellenausweisung Luthers noch Übereinstimmung zwischen seiner Theologie und dem faktischen Bibelgebrauch bestand, klafft heute eine große Lücke zwischen wissenschaftlicher Theologie und der durch die Kernstellenmarkierung bewirkten Gemeindefrömmigkeit. Der „Interdependenz und Differenz von Schriftlehre und faktischem Schriftgebrauch"[1] geht die Arbeit also nach.

[1] S. 7.

Trotz der nahezu erdrückenden Fülle von Details sei hier versucht, den Inhalt zwar kurz, aber ausführlicher als üblich zusammenzufassen, da die Arbeit Hövelmanns absolutes Neuland betritt.

Die Markierung von Kernstellen geht auf Luther zurück. Sie hat weder ein Vorbild in den vorlutherischen Bibeln noch wird sie von reformierten und katholischen Ausgaben übernommen. Hövelmann zeigt den Weg von der ersten (und einzigen) Kernstelle in der Ausgabe der Weisheit Salomos von 1529 (16,12, Hervorhebung der Wortfolge „WORT HERR") bis zu den 725 Kernstellen der Bibel von 1545. Luther ging es dabei nicht um die Hervorhebung isolierter, erbaulicher Sprüche. Die Intention seiner Kernstellen-Markierung war, den Leser zum richtigen Verstehen der Schrift anzuleiten, ihm ein Hilfsmittel zum reformatorischen Schriftverständnis zu bieten. Richtig verstanden zeugen die biblischen Texte von der Heilstat Gottes, der den sündigen Menschen allein aus Gnade durch den Glauben rechtfertigt.

Nachdem in der Bibel von 1546 nur noch ein Torso des Kernstellenbestandes vorhanden ist (im Neuen Testament fehlt die Markierung bis auf wenige Stellen), bemühte man sich sehr bald, Luthers Konzeption wiederherzustellen. Die Wittenberger Drucke von der „Normbibel" von 1581 ab orientieren sich wieder an der Bibel von 1545, ebenso ein großer Teil der Nachdrucke außerhalb Wittenbergs. In der Orthodoxie bahnt sich eine neue Art des Bibelgebrauchs an, was im Bereich der Katechetik besonders sichtbar wird. Hier „geht es nicht um Schriftbeweise, sondern um Applikation: Wohin paßt dieser und jener schöne Spruch?"[2] Das konnte nicht ohne Auswirkungen auf die Kernstellen-Konzeptionen bleiben. Die Kernstellen leiten zu einer Bibellektüre an, die als Intention der Schrift nicht mehr das Menschenverhältnis Gottes hervorhebt, sondern sie als „metaphysische Beurkundung des menschlichen Lebens und der Welt"[3] versteht. Daneben gibt es jedoch weiterhin Bibeldrucke, die die ursprüngliche Konzeption Luthers bewahren, besonders aus Lüneburg und Wittenberg. Dabei beschränkt sich Hövelmann auf die „Wittenberger" Bibeln des Frankfurter Druckers Balthasar Christoph Wust, die tatsächlich in Wittenberg gedruckten Bibeln von 1681/82[4] und 1695[5] werden – soweit ich sehe – von ihm nicht behandelt.

Die entscheidende Wende in der Gestaltung der Lutherbibel vollzieht sich im Pietismus. Nicht nur die Vorreden und Randglossen Luthers fallen weg, auch seine Kernstellen-Konzeption wird verlassen. Nunmehr sind katechetische Gesichtspunkte maßgebend. „Pietistische Bibeln haben eine zunehmende Interdependenz mit dem Material der Spruch- und Ziehkästlein."[6] Dementsprechend vergrößert sich die Zahl der Kernstellen erheblich. Die

---

[2] S. 135.

[3] S. 126.

[4] 3 Bände, gedruckt bei Christian Schrödter, kommentiert von Abraham Calov unter Benutzung von Schriften Luthers.

[5] Erschienen bei Johann Ludolph Quenstedt.

[6] S. 146.

Leipziger Bibel von 1694 mit einer Vorrede Speners tradiert im wesentlichen den Wittenberger Kernstellenbestand. Daß das auf Spener zurückgeht[7], möchte ich bezweifeln. Der Verfasser geht des öfteren davon aus, daß Spener für die Einrichtung dieser Bibel verantwortlich ist, bleibt den Beweis dafür aber schuldig. Die separate „Vorrede des Verlegers" weist eher darauf hin, daß Spener an der Ausgabe selbst nicht beteiligt war.

Die Kernstellen-Ausweisung der Cansteinbibeln steht unter dem Vorzeichen der Applikation. Hövelmann bezeichnet die – jetzt zum erstenmal in fetter Schwabacher Schrift gedruckten – Kernstellen als „eine Art eiserne Ration applikationsfähiger Sprüche".[8] Die Kernstellen-Konzeption des Württembergischen Pietisten Johann Reinhard Hedinger in seiner Ausgabe des Neuen Testaments zeigt vollends eine katechetisch-erbauliche Intention. „Die Bibel wird abgestuft nach dem Inhalt, der das Herz berührt, und für die Frömmigkeit gleichgültigen Bestandteilen."[9]

Die Theologie der Aufklärung mit ihrem „Bewußtsein für historische und geographische Abständigkeit"[10] kann sich die Applikationstheorie des Pietismus zwar nicht zu eigen machen, eine eigene Kernstellen-Konzeption wird jedoch auch nicht entwickelt. So haben Lutherbibeln der Aufklärungszeit, ebenso wie die meisten Neuübersetzungen, in der Regel keine Kernstellen, wenn doch, übernehmen sie die Hallesche Konzeption.

In der ersten Hälfte des 19. Jahrhunderts wird eine eigentlich neue Kernstellen-Konzeption nicht entwickelt. Die neu gegründeten Bibelgesellschaften verbreiten im allgemeinen den Text der Cansteinbibel. Die bibeldrukkenden Gesellschaften übernahmen dabei entweder die Kernstellen der Halleschen Bibel, seien es die von 1830 oder die von 1811, z. T. auch mit Abwandlungen, oder sie verzichteten nach dem Vorbild der British and Foreign Bible Society, die ihre Bibeln ohne alle Beigaben verbreitete, auf Kernstellen.

Als in der zweiten Hälfte des 19. Jahrhunderts die Revision der Lutherbibel, die von allen Bibelgesellschaften verbreitet werden sollte, in Angriff genommen wurde, enthielten die Probedrucke von 1867 (NT) und 1873 (Genesis) gegenüber der Halleschen Ausgabe von 1853 minimale Veränderungen. Erst die Probebibel von 1883 weist einen stark erweiterten und veränderten Kernstellenbestand auf. Die Auswahl war durch die Württembergische Bibelanstalt erfolgt und stark vom schwäbischen Biblizismus geprägt. Sie wurde von der Revisionskommission und dem Deutschen Evangelischen Kirchenausschuß ohne Diskussion genehmigt und in die revidierte Bibel von 1892 übernommen.

Die Kernstellen sind weitgehend reduziert auf Sprüche, die isoliert genommen ein bestimmtes Weltverhältnis einüben. Hövelmann zeigt am Bei-

[7] Vgl. S. 148.
[8] S. 164.
[9] S. 169.
[10] S. 221.

spiel des Buches Jesus Sirach, wie verklärt wird, „wie sich die Christen in Gehorsam gegen die Obrigkeit und in Gottesfurcht schicken sollen".[11] Von der Hinführung zu einem Auslegungsvorgang, den Luther mit seiner Kernstellenausweisung anstrebte, ist man hier weit entfernt.

Die Revision von 1912/13 übernimmt, bis auf eine Hinzufügung, die Kernstellen der Bibel von 1892. Das Probetestament von 1938 legt keine grundsätzlich neue Konzeption vor, wenn auch eine Reihe von Neuaufnahmen mit vorwiegend ethischen Weisungen hinzutritt. Auch die Revision des Neuen Testaments von 1956 bringt keine Neukonzeption, die des Alten Testaments von 1964 weist neben den übernommenen eine Fülle von neuen Kernstellen aus und zeigt einen „Trend zu geflügelten biblischen Worten".[12]

Im Neuen Testament von 1975 wurden die Kernstellen neu bearbeitet. Dabei wurde ihre Zahl gegenüber der Revision von 1956 reduziert. Getilgt wurde „liebgewordenes aszetisches Material", es ist aber „auch zu erkennen, daß die Ergebnisse der Textforschung Entscheidungen gegen bestimmte Kernstellen ausgelöst haben"[13] – was damit gemeint ist, erläutert der Verfasser leider nicht. Der Kernstellenbestand der Revision von 1984 steigt von 497 auf 619, davon sind 163 neu ausgewiesen. Die Heranziehung der Ausgaben von 1956 und 1892 ebenso wie der von 1545 wird deutlich, ohne daß sich dabei eine bestimmte Tendenz feststellen ließe. Insgesamt stellt Hövelmann eine „stärkere Indoktrination der bürgerlichen Moral" fest.[14]

Die heutige Kernstellenkonzeption der Lutherbibel entspricht also nicht der Intention Luthers. Kernstellen dienen nicht mehr „der Textinterpretation, sondern der Textextraktion"[15], aus dem verbum Dei werden verba. Hövelmann fordert für eine zukünftige Gestaltung der Lutherbibel: „Richtet sie so ein, daß mit ihrer Lektüre stets zugleich ein schriftgemäßes Verstehen der Texte ermöglicht ist!"[16] Sein Anliegen ist:

„1. die Schrift ihrem Stellenwert in den evangelischen Kirchen entsprechend aus dem Ghetto des immer weniger gelesenen Bestsellers herauszuholen,
2. an das zu erinnern, was der Lutherbibel einst sinnvoller Weise zugehörte,
3. auf die Differenz aufmerksam zu machen zwischen der kirchlichen und theologischen Schriftlehre einerseits und der Anleitung zum Schriftgebrauch in der kirchlich beschlossenen und eingeführten Lutherbibel andererseits. Solange die Lutherbibel zu einem dem Däumeln und Nadeln vergleichbaren Schriftgebrauch einlädt, d. h. sich zu einem heuristischen Verfahren gebrauchen läßt, so lange wird man in der bibellesenden Gemeinde den anderslautenden Sätzen der Theologen mit Mißtrauen begegnen, wie umgekehrt die Bibeltheologen die Bibelfrömmigkeit der Gemeinde mit Skepsis betrachten werden."[17]

[11] S. 256.
[12] S. 281.
[13] S. 294.
[14] S. 302.
[15] S. 305.
[16] S. 312.
[17] S. 313.

In der Einleitung hat Hövelmann seine Aufgabe als „keine historische, sondern eine empirisch-statistische und normativ-reflektive und somit systematisch-theologische“[18] bezeichnet. Trotz dieser Aufgabenbeschreibung Hövelmanns ist ein großer Teil seiner Untersuchung der Geschichte der deutschen Bibel und des Bibeldrucks gewidmet. „Die Beobachtung der Kernstellen von 1529 bis 1984 produziert so zwangsläufig ein Stück Geschichte des deutschsprachigen Bibeldrucks mit, ohne daß eine solche Darstellung hier beabsichtigt wäre.“[19] Gerade darin liegt jedoch die Schwäche des Buches. Der Verfasser versucht, die Untersuchung der Kernstellen mit einer Geschichte der deutschen Bibel zu verbinden. Beides kommt dabei zu kurz, ja, muß zu kurz kommen, ist es doch nahezu unmöglich, die Kernstellenausweisung für einen Zeitraum von über 450 Jahren zu untersuchen und dazu noch einen Überblick über die Geschichte der deutschen Bibel zu bieten.

Zunächst jedoch zum Begriff „Kernstelle“. Hövelmann bezeichnet damit „diejenigen Bibelstellen, die im Druck in besonderer Weise hervorgehoben oder entsprechend bezeichnet sind“. Er tut das, weil „dieser Begriff... sich eingebürgert“ hat, „auch wenn das Phänomen in anderen Jahrhunderten zuweilen andere Namen trug“[20] – welche Namen das waren, sagt Hövelmann leider nicht. Man wüßte auch gern, seit wann der Begriff „Kernstelle“ in diesem Sinn gebraucht wird. Mag sein, daß sich das nicht klären läßt, aber es wäre eigentlich zu erwarten, daß dies zumindest angesprochen wird.

Es sei also die schlichte Frage erlaubt, was eine Kernstelle bzw. ein Kernspruch eigentlich ist. Nach dem „Grimmschen Wörterbuch“ ein „auserlesener spruch, weisheitsspruch“ oder „die besten vornemsten sprüche“.[21] Rörer schreibt in seiner „Postfatio“ zur Bibel von 1541, daß „von anfang der Bibel durch vnd durch hin aus, bis ans ende, die furnemesten Sprüche, so jederman not vnd nütz zu wissen, Sonderlich aber die, darin Christus, das Euangelium etc. verheissen (deren das mehrer teil von Christo vnd den Aposteln im newen Testament angezogen werden, vnd es dadurch gründen und bewehren) mit ander vnd grösser Schrifft gedruckt sind, das sie bald vnd leicht zu finden seien“.[22] Hervorgehoben werden also die „vornehmsten Sprüche“ und alttestamentliche Zitate. Gewiß ist es möglich, ja wahrscheinlich, daß Luther die Kernstellenausweisung auch als exegetisches Hilfsmittel verstand, ob aber Hövelmann in Luthers Kernstellenkonzeption nicht zu viel hineininterpretiert, muß er sich zumindest fragen lassen.

Zur Darstellung selbst muß einiges Kritische bemerkt werden. Hövelmann stellt seinen Abschnitten über Bibelausgaben eines bestimmten Verle-

[18] S. 7.
[19] S. 8.
[20] S. 6.
[21] Bd. 11, Sp. 611, Art. Kernspruch.
[22] WA DB 6, S. LXXXVIII, von Hövelmann zitiert S. 66.

gers oder Bearbeiters stets eine Zusammenstellung der von ihm untersuchten Bibeln voran, indem er ihre Titel – gekürzt – anführt. Man wünschte sich hier eine Begründung für seine Auswahl, werden doch häufig Ausgaben benutzt, deren Heranziehung absolut nicht einleuchtet. So wird z. B. in Kapitel 4.3.1 über die Nürnberger Endter-Bibeln die Dilherr-Bibel in ihrer 10. Ausgabe von 1693 herangezogen[23], die erste erschien bereits 1656. Es ist hier zu fragen, ob der Kernstellenbestand in den 37 Jahren seit dem ersten Erscheinen tatsächlich gleich geblieben ist und ob sich anhand der 10. Ausgabe eine Aussage über die Kernstellen *der* Dilherr-Bibel machen läßt. Bei den Ausgaben des Neuen Testaments von Hedinger in Kap. 5.2 wird die dritte Ausgabe, Bremen 1711, untersucht. Zwar behauptet Hövelmann, daß „die Kernstellen aller Hedinger-Testamente übereinstimmen“[24], aber warum er, obwohl er demnach alle Ausgaben eingesehen hat, einen Bremer Nachdruck anstatt der ersten Ausgabe (Stuttgart 1704) zugrunde legt, ist nicht verständlich. Noch fragwürdiger wird es, wenn in Kapitel 5, Die Lutherbibel im Pietismus, von der Fresenius-Bibel (Frankfurt 1751) die 28. (8. mit Stereotypen) Auflage von 1831 benutzt wird, die – am Rande bemerkt – 3 Kernstellen hat.[25]

Eine weitere Schwäche liegt darin, daß Hövelmann unter einer bestimmten Überschrift Bibeln anführt, die er damit unter ein Vorzeichen stellt, das nicht zutrifft. So wird z. B. in Kapitel 5.1.4 unter der Überschrift „Die Leipziger Bibel von 1694 mit Speners Vorrede“[26] neben dieser Ausgabe auch die Berliner von 1699 genannt, die mit der Leipziger jedoch absolut nichts zu tun hat. So sieht es jedoch aus, als ob die Berliner Bibel ein Nachdruck der Leipziger sei. In Kapitel 6.2 untersucht Hövelmann „Bibeln mit Kernstellen nach dem Vorbild der Leipziger Ausgabe mit Speners Vorrede“.[27] Dennoch führt er hier Drucke an, die gar keine Kernstellen haben (in 6.2.1, 6.2.6).

Überhaupt hat sich der Verfasser mit dem Versuch, sozusagen nebenbei eine Geschichte der deutschen Bibel zu bieten, häufig übernommen. Man merkt seinen Urteilen immer wieder an, daß er die Zusammenhänge nicht durchschaut. Oft genug sind seine Darstellungen schlicht falsch. Was er z. B. zur Lutherbibel von 1546 schreibt, kann nicht ohne Korrektur bleiben. Hövelmann stellt die Frage, „warum der Druck der Bibel 1546 im Februar nach Luthers Tod nicht einfach abgebrochen bzw. nach dem Vorbild der 1545er fortgesetzt worden ist. Das wäre, so oder so, ein pietätvolleres Verhalten gewesen.“[28] Der Druck hätte erst kurz vor Luthers Tod beginnen können, denn erst zur Michaelis-Messe 1546 hätte die Bibel vorgelegen. Als Beweis dafür führt Hövelmann einen Brief Bugenhagens vom 20. 8. 1546 an

[23] Vgl. S. 127ff.
[24] S. 168.
[25] Vgl. S. 182f.
[26] S. 156f.
[27] S. 190ff.
[28] S. 72.

Christian III. von Dänemark an. Bugenhagen spricht jedoch eindeutig vom Neuen Testament mit „groben Literen“, und eine Ausgabe des Neuen Testaments mit großen Buchstaben wurde in der Tat Ende August ausgedruckt. Mit der Vollbibel hat das überhaupt nichts zu tun, sie lag bereits im Juli vor. Wenn Hövelmann mit Christian Reineccius „rätselt, was den kranken Luther wohl dazu veranlaßt haben könnte, kaum nach Erscheinen der Ausgabe von 1545 schon wieder eine neue Edition in Angriff zu nehmen“[29], so ist erstens dazu zu sagen, daß die Bibel von 1545 bereits am 2. März im Handel war. Zweitens braucht man sich nur eine Aufstellung der Lutherbibeln ab 1534 anzusehen, um festzustellen, daß sie in einem Abstand von ca. zwei Jahren, anfangs oft genug von nur einem Jahr, erschienen. Der Druck der Bibel von 1546 fällt also keineswegs aus dem Rahmen. Nichts wäre außerdem weniger in Luthers Sinne gewesen, als daß der Druck der Bibel durch seinen Tod abgebrochen worden wäre. Hövelmann kommt jedoch zu dem Schluß: „Kommerzielle Gründe verlangten die Fortführung und rascheste Vollendung des angelaufenen Drucks, solange der eben Verstorbene noch in aller Munde ist. Das ist bis heute nicht anders.“[30] In einer Anmerkung dazu erläutert er: „Man bedenke nur, wie rasch heute Bücher über internationale Sportturniere auf den Markt müssen, damit sie für den Verlag nicht zum Fiasko werden.“[31] Daß man den Bibeldruck der Reformationszeit nicht mit Literatur über moderne Sportereignisse vergleichen kann, bedarf wohl keines Kommentars.

Es gäbe zur Bibel von 1546 noch einiges zu bemerken, z. B. daß Hövelmann bei den Ausführungen zur Authentizität dieser Bibel die Revisionsprotokolle, die neben dem Handexemplar die Korrekturen in Röm und 1./2.Kor als von Luther stammend nachweisen, völlig übergeht. Daß die Eingriffe im Kernstellenbestand nicht auf Luther zurückgehen können, ändert nichts an der Tatsache, daß der *Text* dieser Bibel die letzte von Luther befürwortete Revision darstellt.

Die Arbeit Hövelmanns macht außerdem – es muß leider gesagt werden – streckenweise den Eindruck, als sei sie recht flüchtig hingeschrieben worden. Immer wieder ist es mir passiert, daß ich einem Literaturhinweis nachgehen oder ein Zitat nachlesen wollte und an der angegebenen Stelle nicht fündig wurde.[32] In Kapitel 3.6 fielen mir in einem Absatz[33] gleich drei Flüchtigkeiten auf: Die siebenbändige deutsche Ausgabe der „Osianderbi-

[29] S. 73.

[30] Ebd.

[31] Anm. 277, S. 355.

[32] Z. B.: Anm. 120 zu S. 33. Anm. 137 zu S. 36: Hier verweist Hövelmann auf S. 19* der Beilage zum Nachdruck der Bibel von 1545 (München 1972). Dazu ist zu sagen, daß der Anhang erst ab S. 145* zählt, aber auch auf S. 19* in Bd. 1 findet sich das Zitat nicht. Sollte hier WA DB 6, S. XCI gemeint sein? Anm. 11 zu S. 243: Hövelmann zitiert aus dem Vorwort zur siebenbändigen Ausgabe der Lutherbibel von Bindseil/Niemeyer mit dem Nachweis: S. Xf. Man sucht also zunächst in Bd. 1 – ohne Erfolg. Das Zitat findet sich schließlich in Bd. 7.

[33] S. 109.

bel" erschien nicht Stuttgart 1600, sondern 1600–1610. Übersetzer war nicht David Fürstner, sondern David Förter (Marx Fürster war Drucker der Bände 1–3, Band 4–7 wurde bei Gebhard Grieb gedruckt). Die Lüneburger Ausgabe von 1711 ist keine Neuauflage der siebenbändigen Ausgabe, sondern ein Nachdruck der auf einen Band gekürzten „Osianderbibel" des Verlages Stern von 1650. – In Kapitel 5.1.6.1 spricht Hövelmann davon, daß Francke in seinem „Kurtzen Proiect unparteyischer privat-Gedancken von einer Emendation der Teutschen Bibel" von 1712 sich mit möglichen Einwänden gegen die Cansteinsche Bibelanstalt auseinandergesetzt habe.[34] In meiner Arbeit „Die Lutherbibel im frühen Pietismus" habe ich nachzuweisen versucht, daß das anonym veröffentlichte „Kurtze Proiect" eben nicht, wie bis dahin angenommen, von Francke stammt.[35] Man kann Hövelmann noch nicht einmal vorwerfen, daß er das nicht zur Kenntnis genommen hat, denn in seiner Rezension meines Buches nennt er meine Ausführungen ein „überzeugendes Plädoyer dafür, daß die Verfasserschaft des ‚Kurtzen Proiectes...' offengelassen werden muß".[36] Warum er dann trotzdem wieder Francke als Verfasser anführt, ist eigentlich nur mit Flüchtigkeit zu erklären.

Was nun die Untersuchung der Kernstellen angeht, so wird es interessant, wenn Hövelmann, was leider nicht sehr oft geschieht, Kernstellen zitiert und ihre Tendenz herausarbeitet.[37] Oft genug beschränkt sich Hövelmann auf eine bloße Aufzählung, z. B. S. 178, wo er sieben Zeilen lang nur die neuen Kernstellen (ohne Zitierung) der Ratzeburger Bibel von 1702 anführt, ohne das auch nur mit einem Satz zu kommentieren. Man wünschte sich sehr viel häufiger ein intensiveres Eingehen auf die Kernstellen statt bloße Zahlenangaben, wie oft eine Bibel mit einer anderen übereinstimmt und wie viele Ergänzungen bzw. Tilgungen sie hat. Es ist außerordentlich zu bedauern, daß das eigentliche Thema zu kurz kommt, einmal wegen der ausführlichen Einleitungen über die Geschichte der behandelten Bibeln, letzten Endes aber auch deshalb, weil die Arbeit eine Menge Ballast enthält, der nicht unbedingt nötig wäre. Katholische und reformierte Ausgaben, neue Übersetzungen, Bibeln ohne Kernstellen – das alles hätte zugunsten der Kernstellenuntersuchung kürzer behandelt werden können.

Um es noch einmal zu betonen: Der Untersuchung Hövelmanns kommt das außerordentliche Verdienst zu, ein Thema aufgegriffen zu haben, das bisher nicht ins Bewußtsein gerückt war. Wenn es um Luthers Beigaben zu seiner Bibelübersetzung ging – gedacht als exegetische Hilfsmittel –, war stets nur die Rede von Vorreden, Randglossen, Verweisen. Daß auch die Kernstellenausweisung dazugehört, darf nach Hövelmanns Arbeit nicht mehr unberücksichtigt bleiben. Auch daß dem Leser der Lutherbibel, der

[34] S. 162.
[35] TAB 1, Bielefeld 1984, S. 161 ff.
[36] ZbKG 54, 1985, S. 252.
[37] Vgl. z. B. S. 138 f., S. 283.

jahrhundertelang die Kernstellen rezipiert hat[38], ohne zu fragen, wer sie mit wessen Legitimation und welcher Absicht ausgewählt hat, dieses Problem bewußt wird, ist von großer Bedeutung, ebenso die Konsequenzen für eine zukünftige Revision der Lutherbibel. Nur ist es Hövelmann leider nicht gelungen, in seiner Dissertation eine Schneise in das Dickicht der Lutherbibeln durch die Jahrhunderte hindurch zu schlagen und statt der Masse der Ausgaben repräsentative Beispiele vorzuführen. Das geht sowohl auf Kosten der Kernstellenuntersuchung wie der historischen Darstellungen. Ganz offensichtlich war Hövelmann schlecht beraten, als er sich entschloß, das Thema „Kernstellen" in derartiger Breite zu behandeln. Daran hätte sich auch ein gestandener Kenner der Geschichte der Lutherbibel kaum herangewagt.

Münster/W. Beate Köster

Trunz, Erich: Johann Matthäus Meyfart. Theologe und Schriftsteller in der Zeit des Dreißigjährigen Krieges. München, C.H. Beck, 1987. 461 S., 33 Abb.

Ob eine Biographie über den lutherischen Theologen J.M. Meyfart (1590–1642) in diesem Jahrbuch rezensiert werden soll, könnte man zunächst bezweifeln. Befaßt man sich jedoch näher mit ihm, so erweist er sich als eine jener Gestalten, bei denen sich die lutherische Orthodoxie mit neuen Impulsen der Frömmigkeit sowie der Reform verbunden hat. Immer deutlicher hat sich im Laufe der letzten Jahre herausgestellt, daß Theologen und Kirchenmänner wie er für das Verständnis der Vorgeschichte des deutschen Pietismus Interesse verdienen, obwohl sie ihm nicht direkt zuzurechnen sind.

Um Biographie und Werk Meyfarts hat sich in jüngster Zeit der Germanist Erich Trunz verdient gemacht mit der Besorgung des Reprints der „Tuba Novissima" von 1626 samt einer Auswahl aus weiteren Schriften Meyfarts (Tübingen 1980) und des Neudrucks der Biographie von Christian Hallier (Neumünster 1982). Den krönenden Abschluß bildet die hier zu besprechende Darstellung. Sie weist alle Qualitäten einer guten und schönen Biographie auf: intensive Recherchen aufgrund der Quellen samt den nöti-

[38] Als Ergänzung zu Hövelmanns Arbeit sei hier noch auf eine erstaunliche Äußerung Goethes über seine Studienzeit in Leipzig in „Dichtung und Wahrheit" hingewiesen: „Mir sollten die Anspielungen auf biblische Kernstellen untersagt sein." (Teil II, Buch 6, Hamburger Ausgabe, Bd. 9, S. 251). Goethes mit Zitaten aus der Bibel und Sprichwörtern durchsetzte Sprache – typisch für den „oberdeutschen Dialekt", wie er es nennt – hatte bei den Leipziger Gebildeten Anstoß erregt. Ein interessantes Beispiel für die Rezeption der Kernstellen.

gen Informationen über Hintergründe und Umfeld. Der Untertitel verspricht somit nicht zu viel. Die Schilderung ist einfühlsam, spannend und gut lesbar. Die Anmerkungen (349–436) bieten zusätzliche wichtige Auskünfte. Die Tafeln vermitteln eine Anschauung der vorkommenden Orte, Personen und Schriften. Verständlicherweise gilt das Hauptinteresse des Autors Meyfarts literaturhistorischer Leistung. Aber auch das theologische und das sozialkritische Werk finden ihre eingehende Würdigung. Daß die theologiegeschichtlichen Zusammenhänge häufig anhand der gängigen theologischen Nachschlagewerke und der älteren Literatur erklärt werden, ist dem Literaturhistoriker zugutezuhalten, zumal sich die neueste theologiegeschichtliche Forschung nur punktuell mit der lutherischen Orthodoxie befaßt hat. Über die geforderte Besprechung der vorliegenden Biographie hinaus will die Rezension vor allem auf die in der Darstellung erkennbaren Beziehungen Meyfarts zu der sich in seiner Zeit wandelnden Frömmigkeit hinweisen.

Obwohl Meyfarts Leben großenteils in die bewegte Zeit des Dreißigjährigen Krieges fiel, ist der Umfang der persönlichen Dokumente begrenzt. Die wichtigsten Zeugnisse sind formal und inhaltlich seine Veröffentlichungen. Dadurch bestimmt sich der Aufbau der Biographie. Die drei ersten Kapitel über die Jugend- und Studienjahre, die Coburger Jahre (1617–1633) und die Erfurter Jahre (1633–1642) bieten den Lebensabriß, die folgenden neun Kapitel sind dem literarischen Werk gewidmet. Abschließend wird abgesehen vom „Rückblick" auf „Die Beurteilung Meyfarts bei den deutschen Schriftstellern des 17. Jahrhunderts" eingegangen.

Der in Jena geborene Meyfart studierte in seiner Vaterstadt Artes und Theologie. Ein kurzer Studienaufenthalt in Wittenberg schloß sich an. 1616 wurde er Adjunctus an der philosophischen Fakultät in Jena, wo nunmehr Johann Gerhard lehrte. Meyfart wurde voll und ganz durch die lutherische Orthodoxie geprägt. Einer seiner philosophischen Lehrer, Elias Reusner, erwartete wie Philipp Nicolai das Weltende 1670. In seiner Eschatologie schloß sich Meyfart Gerhard an. In Jena wurde er mit dem späteren Nürnberger Antistes Johann Saubert bekannt. 1617 wurde Meyfart Professor am Gymnasium Casimirianum in Coburg, 1623 dessen Rektor. Der Lehrbetrieb des Casimirianum erreichte wie ähnliche Institutionen akademisches Niveau. Einer der Kollegen Meyfarts war der an einer Kirchenreform interessierte Andreas Kesler. 1631 sollte in Erfurt nach Gustav Adolfs Sieg eine komplette lutherische theologische Fakultät aufgebaut werden. Zu den neu berufenen Professoren gehörte Meyfart. Als 1635 Erfurt wieder mainzisch wurde, mußte Meyfart auf die Pfarrstelle an der Predigerkirche wechseln. In Erfurt hatte sich Meyfart u. a. zu den pädagogischen Bestrebungen des dort gestrandeten Wolfgang Ratke zu äußern. Das Urteil fiel positiv aus.

Die lateinischen Schriften der Coburger Zeit zeigen Meyfart als den gut lutherischen orthodoxen Theologen, der die antirömische Polemik seines Jenaer Lehrers Albert Grauer aufnimmt. Etwas mehr wüßte man gerne über das „Compendium geographicum systematicum“ (88–91). Teilt Meyfart hier bereits das neue Interesse an der Geographie? Dasselbe gilt auch für die „Ephemerides gymnasticae“, ein Gebets- und Betrachtungsbuch für Studenten (89f.), das von dem auch sonst auf Erbauungsliteratur spezialisierten Verleger Endter in Nürnberg herausgebracht wurde. Das Werk enthält auch vorreformatorische Texte wie so manche protestantischen Gebetbücher der Zeit. Ob die Frömmigkeit hier über den Rahmen der Orthodoxie hinausgeht, bleibt noch zu prüfen.

Die „Tuba poenitentiae“ über Jona 3 von 1625 eröffnet die Veröffentlichung deutscher Predigten Meyfarts. Bereits im Jahr darauf folgte die „Tuba novissima“, die wie die folgenden Schriften ausdrücklich die Eschatologie thematisiert. Sie enthält Meyfarts bestes Kirchenlied „Jerusalem, du hochgebaute Stadt“ mit seiner charakteristischen Jenseitsausrichtung. Abgesehen von Gerhard wird hier auf Nicolai zurückgegriffen. Die zeittypische theologische Polemik fehlt. Eigentümlich für Meyfart ist schon hier die durchkomponierte Kunstprosa, mit der ihn keiner der Zeitgenossen erreicht. An die „Tuba novissima“ schloß sich als Trilogie „Das himmlische Jerusalem“, „Das hellische Sodoma“ und „Das Jüngste Gericht“ an. Meyfarts wichtigster Gewährsmann ist Gerhard, von dem er auch zumeist das vorreformatorische Quellenmaterial übernimmt. Die eigene Leistung besteht in der erbaulichen Umsetzung auf den Leser. Pansophische oder paracelsistische Vorstellungen scheint Meyfart kaum aufgenommen zu haben, obwohl es Anklänge gibt (147). Damit würde sich Meyfart von Johann Arndt oder J. V. Andreae unterscheiden. Aber hier wüßte man gerne genauer Bescheid, zumal der junge Gerhard schon von diesen Einflüssen berührt worden war. Der Nachweis, daß Meyfart kaum von mystischen Traditionen beeinflußt ist, überzeugt. Das Problem des mit Bibelstellen operierenden „Cento-Stils“, dessen sich auch Meyfart bedient, scheint mir zwischen Literatur- und Theologiehistorikern erörterungsbedürftig hinsichtlich der mit den Bibelstellen vorausgesetzten Exegese. Dadurch könnte mehr an Zusammenhang gegeben sein, als die bloße Zitatmontage oberflächlich erkennen läßt.

Meyfart hat ein beachtliches rhetorisches Schrifttum, darunter mit der „Teutsch Rhetorica“ die erste deutschsprachige Rhetorik vorzuweisen. Dies unterscheidet ihn deutlich von der aufkommenden Frömmigkeitsbewegung, die gegenüber der Rhetorik kritisch eingestellt war. Meyfart bejahte den Gebrauch der Rhetorik auch innerhalb der Kirche. Trunz zieht hier die Linien zu seiner Rolle als prophetischer Mahner. Besonderes Interesse verdient das „Mellificium oratorium“, eine zweibändige Blütenlese der Eloquenz, die auch katholische und calvinistische Beispiele enthält. Hier wünscht man sich zusätzlich eine frömmigkeitsgeschichtliche Analyse des herangezogenen Materials.

Zum Ruhm Meyfarts gehört es, daß er, fast gleichzeitig mit Friedrich von Spee, einer der engagierten protestantischen Kritiker der Hexenprozesse und damit seiner Zeit voraus war. Meyfarts einschlägige Schrift wird vom Vf. kundig in die Zusammenhänge eingeordnet. Bekannt geblieben ist Meyfart gleichfalls mit seiner Kritik an der Verwilderung der Universitäten, dem sog. Pennalismus. Sie gehört in den Zusammenhang der orthodoxen Reformliteratur. Hier findet sich einmal auch ein Hinweis von ihm auf Arndt. Der alte Meyfart trat aus praktischen Gründen auch für die Aussöhnung der lutherischen und calvinistischen Kirche ein. Von ihm stammt übrigens auch die Übersetzung eines Andachtsbuches von Johann Michael Dilherr.

Für die historische Einordnung Meyfarts ist wichtig, was der Vf. über seine Beurteilung im 17. Jhdt. zusammengetragen hat. Die Literaten schätzten ihn als Rhetoriker und Stilisten. J. V. Andreae stellte ihn mit Arndt, Saubert und anderen reformgesinnten Kirchenmännern zusammen, ebenso Abraham von Franckenberg, Johann Michael Moscherosch und später Spener. Sehr instruktiv ist, was Simon Dach in einem Leichengedicht auf eine Königsbergerin über den Erbauungsschriftsteller schreibt (324):

> Was Arend lehrt, war ihr bekannt,
> Als uns die recht' und lincke Hand,
> Was Philipp Nicola geschrieben,
> Sein Ewigheit und Christi Reich,
> Bail(y), Gerhard, Meyfart und zugleich
> De Kempis pflage sie zu üben.

Hier und in einem späteren Zeugnis wird Meyfart nicht nur mit den frommen orthodoxen Lutheranern, sondern auch mit Arndt und dem Puritaner Bayly zusammengestellt. Die damalige Zeit gruppierte also etwas anders als die heutige Frömmigkeitsgeschichte. Man wird dies zur Kenntnis zu nehmen haben. Meyfart teilte, wie der „Rückblick" nochmals hervorhebt, das in der Frömmigkeitsbewegung sich findende Interesse an der Mystik, Pansophie und Emblematik nicht. Seine Bußpredigt, Endzeiterwartung und Sozialkritik verraten jedoch ein Sensorium für die Reformbedürftigkeit seiner Zeit, und dem wußte er auch einen eigenen Ausdruck zu geben. So ist er nicht nur ein eindrücklicher Zeitzeuge der großen Nöte des Dreißigjährigen Krieges, sondern auch ein freilich noch konservativer Repräsentant der sich anbahnenden Wandlungen in der Frömmigkeit des 17. Jhdts. Der Autor verdient großen Dank und Respekt, daß und wie er diese Gestalt wieder in unseren Gesichtskreis gerückt hat.

Münster/W. Martin Brecht

Bruckner, János: Abraham von Franckenberg. A bibliographical catalogue with a short-list of his library, Wiesbaden: Harrassowitz 1988 = Beiträge zum Buch- und Bibliothekswesen 25.

Über den Spiritualismus des 17. Jahrhunderts (Barockspiritualismus) besitzt die Forschung bislang leider immer noch kein wirklich befriedigendes Gesamtbild. Die Kenntnisse über die Ausbreitung des Spiritualismus, über die Existenz spiritualistischer Zirkel, ihre soziale Struktur, die Kontakte der Spiritualisten untereinander und die Wege spiritualistischer Propaganda sind noch recht beschränkt. Zu den Fortschritten, die durch neuere kirchen-, literatur- und philosophiegeschichtliche (vgl. die Rezension zu S. Wollgast in PuN 16) Arbeiten erzielt wurden, zählt nicht zuletzt die vorangetriebene Erschließung der Barockliteratur durch neuere Bibliographien.

Zentrum heterodoxer Literaturproduktion und -verbreitung waren im 17. und bis ins 18. Jahrhundert hinein die Niederlande. Zahlreiche Beispiele dafür bietet J. Bruckners erste, vor zwei Jahrzehnten erschienene Bibliographie: A Bibliographical Catalogue of Seventeenth Century German Books published in Holland (Anglica Germanica 13), The Hague – Paris 1971. Die religiöse Toleranz, die hier herrschte, schuf die Rahmenbedingungen. Werke, die wegen der strengen Zensurbestimmungen im Reich nicht oder nur mit großem Risiko des Druckers gedruckt werden konnten, erschienen in niederländischen Verlagen, von denen sich einige geradezu auf die heterodoxe Buchproduktion spezialisierten. Eine aufschlußreiche Untersuchung über die Publikationen *eines* Verlags legte W. Heijting vor: Hendrick Beets (1625? – 1708), publisher to the German adherents of Jacob Böhme in Amsterdam, Quaerendo 3 (1972) 250 – 280.

Bruckners Bibliographie zu Abraham von Franckenberg (1593 – 1652) gilt einem Mann, der als Biograph und Sammler des Nachlasses Jakob Böhmes, als Vertreter spiritualistischer Kreise in Schlesien, dann in Danzig und Westpreußen, aber auch durch seinen Einfluß auf Angelus Silesius und Daniel Czepko von Reigersfeld schon immer sowohl bei Kirchen- wie Literaturhistorikern Beachtung gefunden hat. Auch eine Reihe seiner Werke sind in den Niederlanden gedruckt oder nachgedruckt worden.

Die sehr sorgfältig gearbeitete Bibliographie umfaßt vier Abteilungen: Teil A enthält Franckenbergs Schriften und die von ihm herausgegebenen Werke in chronologischer Folge der Erstdrucke, denen jeweils spätere Auflagen, Nachdrucke und Übersetzungen folgen. Unechte Schriften bilden eine eigene Gruppe (II). Neben sehr detaillierten Titelaufnahmen enthält jeder Eintrag Angaben über die Gliederung des Werkes, bibliographische und (möglichst zahlreiche, aber nicht vollständige) Bibliotheksnachweise. Der Abteilung A vorangestellt ist eine chronologische Kurztitelübersicht, die eine rasche Übersicht ermöglicht. Teil B führt Franckenbergs ‚occasional writings' (Einträge in Alba amicorum, Epicedien u. a.) und Korrespondenzstücke auf. Tafeln der Titelblätter aus Teil A und B finden sich als Anhang am Ende des Werkes. Teil C enthält wiederum in chronologischer Anordnung die – 115 Titel umfassende – Literatur über Franckenberg vom 18. Jahrhundert (besonders ausführlich dokumentiert) bis zur Gegenwart. Für die Spiritualismus-Forschung von besonderem Interesse ist Teil D, der eine alphabetische Liste von 54 nachweisbaren Titeln der berühmten Bibliothek Franckenbergs bietet (vgl. dazu J. Bruckner, Die „Bibliotheca Eusebiana Abraham von Franckenbergs: zur Rekonstruktion einer Gelehrtenbibliothek, Wolfenbütteler Barock-Nachrichten 13 [1986] H. 2, 66–70). 34 dieser Bände sind in der Breslauer Universitätsbibliothek vorhanden; aufschlußreich sind die ermittelten Einträge der Vor- und Nachbesitzer. Ein ausführliches kombiniertes Personen- und Autorenregister erweist sich bei der Benutzung als äußerst hilfreich.

Unter den Titeln in Teil A vermisse ich ein Werk, das ein Pseudonym Franckenbergs verwendet: Continuatio oder Fortsetzung des Verunruhigten Holländischen Löwens [...] ins Hochteutsche übersetzt durch Amadeum von Friedleben Freyburgens. Misnicum. Gedruckt im Jahr 1674 [vorh.: Stadtbibl. Passau]. Gottfried Arnold (Unpart. Kirchen- und Ketzerhistorie III) nennt neben der latein. Admonitio (A 61) eine holländische (vgl. Bruckner nach A 63: „not traceable") und eine bei Bruckner nicht aufgeführte deutsche Übersetzung: Getrewe Warnung vor dem Betrug der Menschlichen Vernunft in geistlichen Sachen zu meiden, Newhauß 1684 (vgl. auch S. Wollgast 788 f.). In Teil C fehlt der o. g. Artikel von W. Heijting. Bei den Angaben über deutsche Drucker und Verleger wären Hinweise erwünscht auf J. Benzing, Die Buchdrucker des 16. und 17. Jahrhunderts im deutschen Sprachgebiet (Beiträge zum Buch- und Bibliothekswesen 12), Wiesbaden 1963; ders., Die deutschen Verleger des 16. und 17. Jahrhunderts. Eine Neubearbeitung, Archiv für Geschichte des Buchwesens 18 (1977) 1077–1322.

Marburg — Hans Schneider

Des *Jesaias Romplers von Löwenhalt* erstes gebüsch seiner Reim-getichte 1647. Mit einem Nachwort, Kommentaren und bibliographischem Anhang hgg. von Wilhelm Kühlmann und Walter E. Schäfer. Tübingen, Niemeyer 1988. IV, XXXII, 240, 117 S. = Deutsche Neudrucke, Reihe Barock, Bd. 38.

Als Erich Trunz 1966 die Reihe Barock der Deutschen Neudrucke begann, die nun Conrad Wiedemann weiterführt, hat er das Unternehmen vor allem mit dem Bedürfnis begründet, solche wichtigen oder doch typischen Werke des deutschen Barock, die sich nur noch in wenigen Exemplaren erhalten haben, bis zum allenfallsigen Erscheinen einer historisch-kritischen Edition wenigstens in faksimilierter Gestalt für Forschung und Studium bereitzustellen. In diese Reihe ist vor kurzem, herausgegeben von zwei bewährten Sachkennern, die 1647 in Straßburg verlegte Gedicht-Sammlung des Jesaias Rompler von Löwenhalt getreten.

Wessen? Der Name dürfte selbst manchen Fachleuten unbekannt geblieben sein. Rompler wird in Literaturgeschichten allenfalls beiläufig erwähnt (so von Newald 1951, Boeckh u. a. 1962), und in Anthologien deutscher Barocklyrik ist er selten mit mehr als einem Gedicht vertreten (so bei Cysarz 1937, Szyrocki 1971). Gewiß: man findet ihn im Goedeke und in der ADB behandelt, und es gibt sogar zwei Dissertationen über ihn (Prag 1938, Utrecht 1940). Aber erst die nun von Kühlmann und Schäfer besorgte Neuausgabe verspricht, diesen „Barocklyriker mit eigentüml. Sprache" (Wilpert 1963) wirklich bekannt zu machen.

Jesaias Rompler, bürgerlicher Herkunft und lutherischer Konfession, wurde 1605 in der Freien Reichsstadt Dinkelsbühl geboren und ist um 1676 an unbekanntem Ort verstorben. Nach Studien in Altdorf, Tübingen und Straßburg trat er in den Dienst erst des markgräflich badischen, dann des herzoglich württembergischen Hofes, hat es aber hier wie dort offenbar nicht zu höheren Funktionen gebracht. Als Dichter ist Rompler – Gründer und Haupt der Straßburger Tannengesellschaft – außer mit einer Reihe von Casualcarmina, meist Epicedien, nur mit dem ‚Ersten gebüsch seiner Reimgetichte' hervorgetreten, einer vergleichsweise schmalen Sammlung von meist geistlichen Gedichten lehrhaften, liedhaften und spruchhaften Charakters in lockerer Anordnung. Sie bekunden eine entschiedene Frömmigkeit lutherischer Prägung, halten sich aber frei von jeder konfessionellen Polemik, nähern sich auch wohl schon dem Frühpietismus an. Ebenso deutlich wird Romplers eher altdeutsch-bürgerliche als modern-höfische Gesinnung – nicht zuletzt darin, daß so beliebte Genres wie Herrscherlob und Liebesklage in der Sammlung seiner Gedichte überhaupt nicht vertreten sind. Obwohl mit den rhetorischen und metrischen Kunstmitteln der Opitz-Zeit bestens vertraut, hält Rompler doch selbst im Sonett und in der Pindarischen Ode seinen Redestil weithin in den Grenzen des sermo humilis. Ihren durchaus eigentümlichen Charakter gewinnen seine Gedichte zumal aus der alltagsnahen Drastik ihrer Bildlichkeit und aus der Körnigkeit ihrer oft prosaischen Diktion.

Beides hängt zusammen (und verbindet sich) mit Romplers sprachreformerischen Bemühungen. Wie er in seiner fulminanten „Vorred" mitzuteilen weiß, ist es „vorsatz und absehen" der „Aufrichtigen gesellschaft von der Tannen" gewesen, die er 1633 in Straßburg gegründet und die freilich nicht lange bestanden hat: „alter Teütscher aufrichtigkeit, und rainer erbauung unserer währten Mutter-spräch sich zubefleisen." Schon diese Erklärung gibt einen Begriff von der zwar eigenwilligen, aber darum doch nicht „grillenhaften" (Goedeke) Orthographie, deren Rompler sich in seinem

Buch durchgehend (wenngleich nicht ganz konsequent) bedient. Sie soll unter anderem etymologische Zusammenhänge bewahren *(ädel, Göttse, männsch)* und andererseits zwischen Homonymen unterscheiden (*ein*, Artikel; *eyn*, Numerale; *einn*, Präfix). Als Hilfszeichen nimmt Rompler den Akut *(sél, éwig; sprách, rásend)* sowie etwa bei präfigierten Verben *(hergebracht, kherum)* einen Bindebogen in Gebrauch – der bei Fernstellung der Teile *(an mag kleben)* in unterbrochener Gestalt erscheint.

Derlei Finessen erschweren nun freilich schon das korrekte Zitieren und vollends den Neusatz von Romplers Gedichten – so daß zumindest unter diesem Gesichtspunkt die Faksimilierung als das geeignetste Editionsverfahren erscheint. Ohne Schwierigkeiten geht es jedoch auch da nicht ab. „Die Druckvorlage", so heißt es in den Vorbemerkungen der Herausgeber, „wird ohne Korrektur wiedergegeben." Das schließt den Verzicht auf Retuschierungen ein – also auf jene Eingriffe, die verhindern sollen, daß schwach ausgedruckte Zeichen des Originals im Faksimile ganz verschwinden und umgekehrt Flecken und Fasern des Originals im Faksimile wie Schriftzeichen (Punkte, Kommata) erscheinen. Vielleicht geschreckt von den Erfahrungen, die Erich Trunz bei der Herausgabe des ersten Bands der Reihe mit der arg fehlerhaften Retuschierung seitens der Druckerei gemacht hat, haben die Herausgeber des Romplerschen Buches diese Fehlerquelle lieber ganz verstopfen wollen – auf die Gefahr hin, daß im Faksimile nun allerlei Satzzeichen und einige Buchstaben nicht mehr zu sehen sind, die das Original (zumindest im Göttinger Exemplar) durchaus noch erkennen läßt. Überdies hat ein früher Besitzer oder Benutzer des Tübinger Exemplars, das der Faksimile-Ausgabe zugrunde liegt, darin eine Reihe von Anstreichungen vorgenommen – in Gestalt doppelter Anführungszeichen am äußeren Seitenrand, die im Faksimile kaum mehr zu unterscheiden sind von den gleichförmigen Zitat-Markierungen auf S. 31 des Druckes selbst.

Von solchen Vorbehalten abgesehen, ist die Ausgabe vor allem darum nicht genug zu rühmen, weil die Herausgeber dem Faksimile von Romplers Buch einen Anhang beigegeben haben, der auf insgesamt fast 120 Seiten einen gediegenen Kommentar, eine umfassende Bibliographie (mit drei Handschriften-Faksimila) und eine als „Nachwort" verkleidete Monographie über Leben und Werk des Rompler von Löwenhalt enthält. Damit steht einer besseren (und besser begründeten) Schätzung dieses Dichters, der als Mitglied in Zesens Deutschgesinneter Genossenschaft den schönen Namen „Der Freie" trug, nun wirklich nichts mehr im Wege.

Göttingen Christian Wagenknecht

Weiss, Hartmut: Philipp Jakob Speners Verhältnis zum römischen Katholizismus, Diss. theol. Kiel 1987. (Selbstverlag) 295 + 78 S.

Die von dem Kieler Kirchenhistoriker Gottfried Maron betreute Dissertation wendet sich einem von der bisherigen Spenerforschung vernachlässigten Thema zu: Speners Wirken als Kontroverstheologe des von der Gegenreformation bedrängten lutherischen Protestantismus in der Auseinandersetzung mit dem römischen Katholizismus.

Herkömmlich kennt man Spener nur als Vater des Pietismus. Soweit er als Streittheologe beachtet wird, denkt man an seine Rolle als Verteidiger des Pietismus in den innerprotestantischen „Pietistischen Streitigkeiten". Daß Spener neben Luther, Martin Chemnitz und Johann Gerhard zu den bedeutendsten Kontroverstheologen des Luthertums gegenüber Rom gehört, daß er – in seiner „Evangelischen Glaubensgerechtigkeit" (Frankfurt a. M. 1684) – die wohl ausführlichste Auseinandersetzung des Luthertums mit der tridentinischen Rechtfertigungslehre vorgelegt hat, ist heute kaum noch bekannt. Angesichts der Unbekümmertheit, mit der ökumenische Ireniker der Gegenwart über Jahrhunderte hinweg direkt in die Zeit der reformatorischen Bekenntnisbildung zurückzuspringen pflegen, als ob in den Jahrhunderten danach nichts zwischen den Konfessionen geschehen wäre, was der Aufarbeitung harrt, tut die Erinnerung an den Vater des Pietismus gut. In Württemberg, dem vom Pietismus am kräftigsten geprägten Land, läuft das Wort um, zur Wiedervereinigung der Evangelischen mit den Katholischen käme es erst am Jüngsten Tag und in Altwürttemberg dann erst am späten Nachmittag. Die hier vorgelegte Studie über das Verhältnis Speners zum römischen Katholizismus kann verständlich machen, warum der Pietismus, soweit er von Spener geprägt ist, nicht zu den Wegbereitern der ökumenischen Bewegung gehört.

Weiss beginnt mit einem „Überblick über den Stand der Forschung" (S. 3–18). Die meisten Spenerforscher (Albrecht Ritschl, Kurt Aland, Martin Schmidt u. a.) seien auf Spener als Kontroverstheologen gar nicht oder nur unzureichend eingegangen. Der Spenerbiograph Paul Grünberg erwähne diese Seite nur am Rande. Lediglich Emanuel Hirsch habe erkannt, daß sich erstmals bei Spener die – von der lutherischen Orthodoxie abweichende, im Neuprotestantismus dann weiterwirkende – Erkenntnis von der Grundverschiedenheit des Verhältnisses der lutherischen Kirche zur römischen Kirche von dem zur reformierten Kirche finde. Spener sei nach Hirsch derjenige Theologe, der die kontroverstheologische Arbeit des älteren Luthertums auf neue Bahnen geleitet hat (S. 11). Sodann habe Johannes Wallmann Spener als Kontroverstheologen gewürdigt, ihn als unnachgiebigen Verteidiger der lutherischen Lehre dargestellt und auf seine „Evangelische Glaubensgerechtigkeit" als sein wichtigstes kontroverstheologisches Werk hingewiesen, es jedoch versäumt, „eine nähere Untersuchung zu präsentieren" (S. 16). Aus diesem Defizit der bisherigen Forschung leitet Weiss das

Desiderat nach einer Darstellung Speners als Kontroverstheologen her. Er hat freilich übersehen, daß unlängst Erich Beyreuther (in der Einleitung zu Band IV der Spener-Reprintausgabe im Olms Verlag, 1984, S. 74–84) ausführlich, wenn auch auf einer schmaleren Textbasis, Speners „Stellung zur römischen Kirche" zusammenfassend behandelt hat. Auch ist Weiss entgangen, daß Spener als Kontroverstheologe erst kürzlich gewürdigt wurde, freilich im Blick auf seine antisozinianischen Schriften (vgl. Pietismus-Bibliographie in PuN 10, 1984, Nr. 111).

Im Hauptteil der Arbeit, den Weiss als „Biographischen Grundteil" bezeichnet (S. 63–283), wird „Speners Werdegang als Kontroverstheologe" untersucht (zu ergänzen wäre hier: als antirömischer Kontroverstheologe, die vielfältigen anderen Kontroversen gegen innerlutherische Gegner, Sozinianer, anfangs auch die Reformierten bleiben außerhalb des Gesichtskreises). Weiss folgt der üblichen Einteilung von Speners Biographie in die Orte seines öffentlichen Wirkens, Frankfurt a. M. (1666–1686), Dresden (1686–1691) und Berlin (1691–1705). Vorangestellt ist unter der Überschrift „Die theologischen Wurzeln Speners" (S. 19–62) ein Kapitel über die frühe elsässische Zeit (1635–1666), in der es zwar noch keine kontroverstheologischen Stellungnahmen Speners gibt, in der er aber seine grundlegende Ausbildung als Kontroverstheologe empfangen hat durch seinen Straßburger Lehrer Johann Conrad Dannhauer. Die Darstellung Dannhauers als Kontroverstheologe und die Untersuchung von Speners Verhältnis zu ihm bleibt unbefriedigend. Weiss schöpft hier weithin aus Wilhelm Hornings altem Buch über Dannhauer (1883) und unternimmt einen etwas vordergründigen Vergleich von Dannhauers „Hodomoria Spiritus Papaei" (1653), seiner umfangreichsten Auseinandersetzung mit dem römischen Katholizismus, mit Speners „Evangelischer Glaubensgerechtigkeit".

Sehr viel instruktiver ist dann im Hauptteil der Arbeit die Präsentation der antirömischen Stellungnahmen Speners aus den genannten drei Perioden seines öffentlichen Wirkens. Dabei ist die Frankfurter Zeit noch einmal in die frühen Frankfurter Jahre (1666–1682) und die späten Frankfurter Jahre (1682–1686) unterteilt. Vom Umfang der kontroverstheologischen Veröffentlichungen wie vom inhaltlichen Gewicht her liegt der Schwerpunkt der Arbeit auf den späten Frankfurter Jahren, die in den meisten Spenerdarstellungen nur kurz behandelt werden. Für den Kontroverstheologen Spener aber sind sie von besonderer Bedeutung wegen der großen literarischen Auseinandersetzung über die Rechtfertigungslehre, die in der voluminösen „Evangelischen Glaubensgerechtigkeit" (1684) mit dem katholischen Frankfurter Kanonikus Johann Breving geführt wird. Dazu kommt die Apologie der lutherischen Rechtfertigungslehre gegenüber dem zum Katholizismus hinneigenden Johann Ernst Grabe (Christliche Aufmunterung zur Beständigkeit bei der reinen Lehre des Evangelii, Frankfurt a. M. 1684). Außerdem fällt in die späte Frankfurter Zeit die Revokation des Edikts von Nantes (1685), die Spener in seiner Identifizierung des römischen Papstes mit dem Babel der Johannesoffenbarung deutlich bestärkt hat.

Weiss verfährt so, daß er für jeden Lebensabschnitt die einschlägigen Quellenzeugnisse aufsucht, chronologisch ordnet und dann inhaltlich knapp referiert. Bei seinem Quellenstoff handelt es sich einmal um die antikatholischen Schriften und Predigtbände Speners, die bereits Johann Georg Walch in seinem – Weiss offenbar unbekannten – Werk „Historische und theologische Einleitung in die Religionsstreitigkeiten, welche sonderlich außer der evangelisch-lutherischen Kirche entstanden" (2. Bd., 1734, Neudruck 1972, S. 829f.) zusammengestellt hat und die man in Paul Grünbergs Spenerbibliographie mit zusätzlichem Verweis auf einige Einzelpredigten unter der Rubrik „Polemik gegen die römische Kirche" zusammengestellt findet. Zum anderen hat Weiss, hauptsächlich aus den durch Register einigermaßen erschlossenen Sammlungen der Spenerschen „Bedencken" und „Consilia", die grundsätzlichen Stellungnahmen Speners zu kontroverstheologischen Problemen gegenüber Rom herausgesucht.

Weiss hat mit der Fülle der anfallenden Texte offensichtlich seine Schwierigkeiten, zumal es an einer klar definierten Fragestellung fehlt. Einerseits soll Speners Verhältnis zum römischen Katholizismus untersucht werden, was dazu nötigt, über explizit kontroverstheologische Schriften und Stellungnahmen hinauszugehen und gelegentliche Äußerungen in Briefen und Gutachten zu ganz anderen Problemen (z. B. Ratschläge an evangelische Prediger zum Verhalten angesichts der Religionsbedrückung durch katholische Obrigkeiten, etwa in Schlesien; Warnungen vor einem Eingehen auf die katholischen Reunionsversuche des Bischofs Spinola und des Elsässer Jesuiten Dez) in den Kreis der Untersuchung einzubeziehen. Andererseits soll Spener als Kontroverstheologe dargestellt werden, was den Radius verengt und dazu führt, daß Texte wie die „Pia Desideria" (1675) oder die „Behauptung der Hoffnung künftiger besserer Zeiten" (1693) am Rande bleiben, obwohl sie wegen der Explikation der mit dem Fall des päpstlichen Roms verknüpften pietistischen Zukunftshoffnung grundlegend sind für Speners Verhältnis zum römischen Katholizismus. Um Speners Verhältnis zum römischen Katholizismus zu erfassen, müßte der Kreis der Untersuchung eigentlich sehr viel weiter gezogen werden – ein angesichts des schier unendlichen Meers der Quellen unmögliches Beginnen. Hierher gehörten neben den kritischen Stellungnahmen ja auch Speners irenische Äußerungen, die das eigentlich Neue, verglichen mit der lutherischen Orthodoxie und speziell der Kontroverstheologie seines Lehrers Johann Conrad Dannhauer, darstellen. Zum Beispiel das neuerdings mehrfach beachtete, vermutlich für den katholischen Landgrafen Ernst von Hessen-Rheinfels erstellte Toleranzgutachten Speners aus dem Jahre 1684 (vgl. Grünberg Nr. 191), das von Weiss nirgendwo erwähnt wird.

Speners polemisches Verhältnis zum römischen Katholizismus ist bestimmt im wesentlichen durch zwei Faktoren: einmal durch sein rigoroses

Festhalten an der reformatorischen Rechtfertigungslehre, sodann durch sein beharrliches Insistieren auf der reformatorischen Identifizierung des päpstlichen Roms mit dem Babel der Johannesoffenbarung. Das ist das Entscheidende an Speners Verhältnis zum römischen Katholizismus, und das wird aus den in dieser Arbeit herangezogenen Zeugnissen auch hinreichend deutlich. Eine von Weiss nicht angestellte Beobachtung zur Wirkungsgeschichte drängt sich hier freilich auf.

Es fällt auf, daß sich Spener in seiner kontroverstheologischen Auseinandersetzung mit der römisch-katholischen Theologie auf das Thema der Rechtfertigung konzentriert, während er in seinen „kontroverstheologischen Predigten" meist vom Papsttum handelt. Nun sind die gegen das Papsttum gerichteten Predigten Speners nach seinem Tod gesammelt und zum Druck gebracht worden. Zuerst geschah dies bereits vier Jahre nach Speners Tod, als vom Hallischen Waisenhaus eine Sammlung scharf antipäpstlicher Predigten Speners herausgegeben wurde unter dem Titel „Die Wohltat Gottes in der Reformation Lutheri" (Halle 1709). Dieser Druck ist von Grünberg nicht verzeichnet worden und blieb auch Weiss unbekannt. Einige Jahre darauf sind dann von dem Frankfurter Senior Johann Georg Pritius und von dem Hallenser Theologen Joachim Lange Speners antipäpstliche Predigten gesammelt und unter scharf antirömischen Titeln herausgegeben worden. Einmal in dem von Johann Georg Pritius herausgegebenen Band „Gerechter Eifer wider das Antichristliche Papstthum" (Frankfurt a. M. 1714), dann in dem von Joachim Lange besorgten Band „Geistreiche Vorstellung des Ungrundes unterschiedlicher Päpstischen lehren" (Halle a. S. 1714). Johann-Georg Steinmetz hat beide Bände 1741 noch einmal in die große Sammlung der Spenerschen „Kleinen Schriften" aufgenommen. Weiss führt diese postumen Spenerbände im Schlußkapitel seiner Arbeit an (S. 289–293). Er unterläßt es aber, die Schlußfolgerung zu ziehen, daß der Pietismus von den antikatholischen Äußerungen Speners weniger die über die Rechtfertigungslehre als die gegen den Papst rezipiert hat. In diesem Zusammenhang sei darauf hingewiesen, daß der von dem Frankfurter Senior Pritius herausgegebene Band „Gerechter Eifer wider das Antichristliche Papstthum" wohl das von Johann Albrecht Bengel am häufigsten zitierte Werk Speners gewesen ist.

Da Weiss der Stoffülle nicht ganz Herr wird, bleiben die Inhaltsangaben im ganzen etwas vordergründig. Angesichts des riesigen Umfangs an brieflichem Material bleiben auch beträchtliche Lücken (so gibt es aus der frühen Frankfurter Zeit beträchtlich mehr „kontroverstheologische" Äußerungen als von Weiss verzeichnet). Der konkrete Hintergrund von Speners literarischen Kontroversen und aktuellen Stellungnahmen wird kaum oder sehr unzureichend ausgeleuchtet (vgl. den etwas kümmerlichen Exkurs über die Religionsbedrückung in Schlesien). Sekundärliteratur ist kaum herangezogen. Hier ist einfach das Thema zu umfangreich gewesen, um eine gründliche und die Forschung wirklich weiterführende Arbeit zu liefern. Als Ausrufungszeichen hinter ein viel zuwenig beachtetes Thema und als zu vorläufiger Orientierung durchaus nützliche Materialsammlung hat diese Arbeit freilich ihren Wert, der ihr angesichts leicht aufzufindender Schwächen nicht so schnell abgesprochen werden sollte.

Bochum Johannes Wallmann

Spener, Philipp Jakob: Consilia et Iudicia Theologica Latina. Opus posthumum Ex eiusdem Litteris 1709. Partes 1–2, Pars 3. Eingeleitet von Dietrich Blaufuß. Hildesheim–Zürich–New York, Georg Olms, 1989 = Schriften Bd. XVI.1.2., Korrespondenz, hrsg. von Erich Beyreuther.

Mit den „Consilia" Philipp Jacob Speners wird die Abteilung Korrespondenz der Reprint-Ausgabe der Spener-Schriften im Olms Verlag entsprechend den bisherigen Bänden fortgesetzt. Die in der Zählung vorangehenden Bände XV.1 und 2, die die „Letzten Theologischen Bedenken" Ph.J. Speners enthalten, wurden an gleicher Stelle von Wolfgang Sommer besprochen (Pietismus und Neuzeit 15 [1989] 235–240). Dort ist wesentliches zur Bedeutung des Spenerschen Briefwechsels insgesamt und speziell zum Anliegen dieser Reihe gesagt, was hier nicht wiederholt zu werden braucht. Inzwischen hat sich Udo Sträter, Mitarbeiter der Spener-Arbeitsstelle an der Ruhr-Universität in Bochum, die „eine historisch-kritische Ausgabe der Briefe Speners aus seiner Frankfurter Amtszeit (1666–1686) vorbereitet und durchführt", ausführlich „zur Edition der Briefe Philipp Jacob Speners" geäußert (Udo Sträter, Von Bedenken und Briefen, in: Zeitschrift für Religions- und Geistesgeschichte 40 [1989] 235–250). Er möchte „klarstellen, in welchem Verhältnis die in Bochum veranstaltete Ausgabe der Spener-Briefe zu einem Reprint der ‚Bedenken' und ‚Consilia' steht" (S. 236), und setzt sich deshalb ausführlich mit dem Editionskonzept von Dietrich Blaufuß auseinander. Darin sieht U. Sträter eine „unglückliche Konzeption einer letztlich völlig undurchschaubaren Ansammlung von Reprints und einander ergänzenden und kommentierenden Reihen und Kommentarfaszikeln", die „bestimmt (ist) durch die Entscheidung, von einem Reprint der ‚Bedenken' und ‚Consilia' als Zentrum der gesamten Ausgabe auszugehen" (S. 241 f.). Am Ende wird die Kontroverse jedoch dadurch entspannt, daß es „die Editionsprinzipien der Bochumer Spener-Briefausgabe (vor)sehen, die umfangreichen theologischen Bedenken Speners nicht aufzunehmen"! So darf man sich um so dankbarer gerade diesen bereits vorliegenden Bänden der Reprint-Ausgabe zuwenden, nähren sie doch das Interesse der Forschung an einem riesigen Fundus theologischer und sachbezogener, bewußter Stellungnahmen des Hauptvertreters des klassischen Pietismus.

Die instruktive, 90 Seiten umfassende Einleitung von D. Blaufuß informiert über die 1709 in Frankfurt am Main erschienenen „‚Consilia‘ als opus postumum“ (9★–11★] und nennt wichtige Inhalte. So stellen „die ‚Consilia‘... eine einzigartige Quelle für die Kommentierung der Reformschrift des Pietismus, die ‚Pia Desideria‘ von 1675 dar, sowie einen wichtigen Fundort für das den ‚Pia Desideria‘ voraufgehende Gespräch mit Gesinnungsfreunden.“ Speners Amtsführung, seine Publikationstätigkeit, der „z. T. hochkarätige“ Korrespondentenkreis mit europäischer Dimension sowie die pietistische Personalpolitik usw. sind weitere Stichpunkte, die das Interesse an einer Erschließung dieser Materialfülle wecken (11★–16★]. Ein dritter Abschnitt der Einleitung (17★–23★] informiert über die Drucklegung der „Consilia“; daß der Text mit vielen Fehlern behaftet ist, war seinerzeit bereits bekannt, ohne deshalb eine intensive Konsultation und Verwertung bis in die Gegenwart hinein zu verhindern (22★f.). Bei der Auflistung der noch vorhandenen Exemplare (23★] hätte es wenigstens Halle verdient, auch erwähnt zu werden.

Relativ ausführlich werden Chronologie und Korrespondenten der „Consilia“ untersucht, denn „neben der chronologischen Grundorientierung ist die Frage nach den Briefpartnern ein nie außer Kraft gesetztes Grunderfordernis jeder Beschäftigung mit Speners Briefen“ (4., 24★–28★, 26★].

Hauptstück der Einleitung ist naturgemäß ein „Chronologisches Verzeichnis der Briefe in Cons.“ (29★–80★, danach die Literatur, 81★–85★, und Auswahlregister zu Personen und Orten), das hier unterteilt wird in Briefpartner, NN und Orte. Daran schließt sich – dem Anliegen der von D. Blaufuß betriebenen Spener-Briefwechselforschung folgend – ein Verzeichnis der in den Stücken der „Consilia“ genannten Briefpartner an, worauf die datierten Stücke jahrgangsweise und danach die undatierten Stücke entsprechend der Anordnung in „Consilia“ folgen. Eine kurze Liste undatierter Stücke, die sich zeitlich zuordnen lassen sowie von Spener-Schriften und ihn betreffende Werke in „Consilia“ beschließen diesen Teil.

Da die Sachgesichtspunkte gegenwärtig hinreichend und von kompetenter Seite diskutiert werden, darf hier ausnahmsweise einmal der für die Materialerschließung nicht ganz unwesentliche formale Aspekt beleuchtet werden.

Die Qualität der reprographischen Wiedergabe eines 280 Jahre alten Drucks stellt ein technisches Problem dar, weil ständig ein Kompromiß zwischen klarer Buchstabenkontur und dem Schatten durchschlagender Buchstaben bzw. sich braunfärbenden Papiers gefunden werden muß. Es ist in der vorliegenden Ausgabe erneut mustergültig gelöst worden. Selbst das Titelkupfer mit dem Porträt Philipp Jacob Speners von Joseph von Montalegre in Nürnberg (vgl. 20★f.) besticht durch präzise Linien. Im Vergleich dazu wäre für die Repro-Vorlage der Einleitung wohl die Verwendung eines

Laserdruckers und echter Blocksatz angemessen. Die Sinnfälligkeit der verschiedenen Auszeichnungsschriften und Sonderzeichen könnte dadurch nur gewinnen. Formal bietet besonders der 5. Teil der Einleitung ein organigraphisches Kunstwerk; wer bereits mit elektronischer Textverarbeitung zu tun hatte, kann den hierfür notwendigen Aufwand ermessen. Der Fehleranfälligkeit solcher komplizierter Systeme kann nur durch strengste Konsequenz oder aber durch Vereinfachungen, die dann natürlich etwas mehr Raum beanspruchen, begegnet werden. Die Leistungsfähigkeit muß sich in einem konkreten Testfall erweisen.

Uns interessierten Belege zum Verhältnis Ph. J. Speners zu Johann Fischer, dem livländischen Generalsuperintendenten, der seit 1700 eine ganz entscheidende Rolle in der Veränderung der kirchenpolitischen Situation in Brandenburg-Preußen zugunsten des Pietismus spielte. Das Personenregister verzeichnet nur die beiden Angaben „ | u1,17 | | u3,324 | “ (87*], deren Bedeutung sich mittels der Übersicht über Abkürzungszeichen (29*] entschlüsseln läßt: Es sind jeweils undatierte Stücke in Teil 1 bzw. 3, S. 17 bzw. S. 324 der „Consilia“. Dank der Registervorbemerkung läßt sich ein weiterer Hinweis auf J. Fischer als „ermittelten bzw. genannten Briefpartner“ auf S. 29* finden, dort mit dem Vermerk „2. 10. 1676C“. Damit ist der Einstieg in die datierten Stücke gegeben, wo sich S. 42* die volle Namensform Johann Fischer, erste Hinweise auf Sekundärliteratur und vor allem der Verweis auf den nächsten Brief, „23. 10. 1677“ befindet (ohne „C“, d. h. die Bezugnahme auf „Consilia“ versteht sich jetzt von selbst). Von hier aus läßt sich die Spur über den 16. 7. 1678 bis zum 16. 4. 1679 verfolgen, wo der Verweis auf einen vorangehenden bzw. nachfolgenden Brief fehlt. Nach dem Auffinden des Briefes vom 31. 10. 1679 führen dann die Verweise über 30. 9. 1680, 26. 4. 1681, 7. 11. 1687, 4. 2. 1688, 13. 5. 1696 bis zu „u3,713–715“, einem weiteren undatierten Stück. Zwei Zeilen weiter taucht der Name J. Fischer beim Schriftstück vom 11. 7. 1696 wieder auf, und die Kette reicht nun über 21. 12. 1699, 3. 1. 1700, 27. 1. 1700 bis zum 6. 3. 1700, wo nur rückverwiesen und damit dieser Brief als der letzte im Zusammenhang mit J. Fischer kenntlich gemacht wird. Ein weiteres Hilfsmittel zur Erschließung des Inhalts – wenn auch in eingeschränktem Maße (vgl. 19*] – stammt vom ersten Herausgeber der „Consilia“: der „Index Rerum & Verborum“ im 3. Teil, S. 851 ff. Dadurch läßt sich unsere Sammlung von Fundstellen zu J. Fischer um drei weitere Belege vermehren. Die Gewinnung von Informationen in umgekehrter Richtung, also ausgehend von einem bestimmten Schriftstück Ph. J. Speners ist ebenfalls möglich: Je nachdem, ob und wie es datiert ist, stehen die drei Verzeichnisse (datierte Stücke, undatierte Stücke sowie undatierte Stücke, die zugeordnet werden können) zur Verfügung.

Gerade angesichts der Fülle der dargebotenen, wichtigen und hilfreichen Informationen zu den einzelnen Stücken ist es bedauerlich, daß der Zugang so sehr verschlüsselt und hin und wieder auf Zufälle angewiesen ist. Die mnemotechnischen Zeichen in den verschiedenen Verzeichnissen werden gelegentlich neu definiert; es empfiehlt sich vor einer ersten Recherche die vollständige Durchsicht dieses 5. Teils der Einleitung.

Die kritischen Bemerkungen zu den Formalia wollen keineswegs den positiven Wert der Ausgabe einschränken, sondern sind im Gegenteil dem Anliegen geschuldet, die „Consilia“ der Forschung, insbesondere der Briefwechselforschung zu erschließen.

Der Herausgeber bedauert an einer Stelle – sicher mit einem gewissen Recht –, daß verschiedene Versuche zur „Ermittlung von verschwiegenen Briefpartnern Speners“ weder zur Nachahmung anregten noch auch gebührend beachtet wurden (26★–27★, Anm. 18: „selbst in Büchern, die an einem Ort mit hoher Sensibilität gegenüber solchen Problemen entstanden sind“). Trotz beachtenswerter Teilergebnisse wird hier wohl doch erst eine quellen- und textkritische Edition mit entsprechenden historischen Untersuchungen auf einer methodisch und formal klaren Basis Abhilfe schaffen. Für solche Editionen aber braucht es Zeit. Währenddessen leistet der alte, publizierte Textbestand nun wieder in breitem, d. h. nur vom finanziellen Vermögen der Bibliotheken und Personen eingeschränktem Maße seinen Beitrag. Offen bleibt dabei in einigen Fällen, ob dieses Maß einen Nachdruck und einen historisch-kritischen Neudruck verträgt.

Halle/S. Peter Weniger

Francke, August Herrmann: Predigten II. Hg. von Erhard Peschke. Berlin –New York, Walter de Gruyter, 1989. XXV + 639 S. = TGP Abt. II, Bd. 10.

Mit diesem zweiten Band ist die zwei Jahre zuvor begonnene Auswahl-Edition der Franckeschen Predigten abgeschlossen. Wir werden also hin und wieder einen Blick auf das Ganze werfen können.

Zunächst: Was erfahren wir über die Predigten? In der „Einleitung“ werden wiederum die Predigt-Editionen Franckes auf etwa einer Seite charakterisiert, aus denen Predigten für die Auswahl ausgewählt wurden. Bei den einzelnen Predigten gibt es zudem noch zwei, drei Sätze zum Gedankengang derselben sowie Hinweise auf weiterführende Literatur.

Hierzu eine Anmerkung: In unserem Bande sind dies fast bei jeder Predigt ein Abschnitt, manchmal auch nur eine Seite aus des Herausgebers „Studien zur Theologie August Hermann Franckes“ (ausschließlich Band I, Berlin 1964). Manchmal passen sie, manchmal auch nicht; selten helfen sie als solche dem Verständnis auf; und in ihrer Summe ist's fast das ganze Buch: Also das sollen wir lesen, wenn wir inhaltlich mehr über die Predigten wissen wollen. – Die wenigen weiteren Verweise scheinen, soweit ich das nachprüfen konnte, sachlichen Aufschluß zu geben. Jedoch: So sehr es der Eitelkeit des Rezensenten schmeichelt, daß auch seine Dissertation vorkommt: Der Verweis führt an der Stelle, wo er sich findet, durchaus in die Irre (außerdem ist der Titel falsch zitiert).

Ganz anders als zur Theologie sind die Informationen dort reichlicher, wo gestritten wird: die Affären in Stuttgart und Ulm; die Auseinandersetzung mit dem Fürsten von Anhalt-Dessau wegen dessen Praxis der Werbung von Rekruten; die Aktivitäten Franckes im Zusammenhang mit der Vertreibung von Christian Wolff – da werden wir ausführlich und aus den Quellen unterrichtet, auch zu erfreulicheren Anlässen: dem Besuch des Königs Friedrich Wilhelm I. in Halle und einem Sieg über die Türken. Biographisches, und da insbesondere zum streitbaren Francke, da liegt ein Akzent der kommentierenden Arbeit. Gewichtiger ist noch der andere: der auf dem Editorisch-Technischen. Ich brauche hierzu nur zu wiederholen, was ich an dieser Stelle früher zu den Streitschriften und dem ersten Predigtband (TGP II, 1 und 9) geschrieben habe:

Die Texte sind vorbildlich aufbereitet; die Quellenlage ist umfassend dargestellt; man kann sich ein umfassendes Bild von Franckes Editions- und Redaktionstätigkeit und der Sorgfalt seines Arbeitens machen. Gelegentliche Unstimmigkeiten und Ungenauigkeiten fallen gegen die Akribie der Edition als ganzer nicht ins Gewicht.

Ich kann allerdings nicht umhin, eines noch einmal nachdrücklich zu bemerken: So bewundernswert die Sorgfalt des Lesarten-Vergleichs ist (alle greifbaren Drucke und Varianten von etwa vorhandenen Nachschriften werden verglichen, und sämtliche Abweichungen werden mitgeteilt, auch die allerkleinsten); so interessant es ist zu sehen, wie sich Druck und Nachschrift unterscheiden – ein Beispiel hätte gereicht; den enormen Aufwand jedoch in beiden Bänden getrieben, das halte ich nicht nur für unpassend: Francke ist kein Apostel oder Kirchenvater; ich denke auch, daß Zeit (schnelleres Erscheinen der Bände) und Platz (mehr Texte oder weniger Bände) ohne den Aufwand ökonomischer hätten genutzt werden können.

Nun noch einmal zum zweiten Bande die Frage, unter welchen Gesichtspunkten die Predigten ausgewählt wurden. Nach dem „Vorwort“ sollen

1. der „Prediger Francke in den letzten zwei Jahrzehnten seiner Wirksamkeit“ begleitet und solche Predigten ausgewählt werden, die wegen des Zusammenhangs „mit besonderen Vorkommnissen seines Lebens ... zur Bereicherung einer neuen Francke-Biographie dienen können“;
2. „die Kenntnis der Theologie Franckes“ vertieft werden; und
3. „eine Antwort auf die Frage“ gegeben werden, „ob sich die Lehre Franckes im Laufe der Jahre gewandelt hat“ (S. IX).

In der Tat kommen *erstens* besondere Vorkommnisse vor, siehe oben. Keineswegs allerdings tragen die Predigten zur Bereicherung der Biographie bei; vielmehr ist es gerade umgekehrt: Die Predigt etwa „Von denen zeitlichen Gerichten Gottes über die Boßheit und Vnbußfertigkeit der Menschen“; wenn es da zum Beispiel heißt: „kehret euch nicht an das, was weise, was groß, was herrlich scheinet, sondern bleibet bey dem Worte Gottes, so wird euch Niemand verfolgen, beleidigen und verletzen“ – dann versteht man dies etwas besser, nachdem man weiß, daß die Predigt zwei Tage nach der nächtlichen Vertreibung des Philosophen Wolff aus Halle in der Ulrichskirche gehalten wurde. Noch stärker erhellt die Kontextinformation zur Werbungspraxis des Dessauer Fürsten den Inhalt der Predigt über den „Helden-Muth der Gläubigen".

> Ich finde es übrigens überaus raffiniert, wie erstens Francke seine Rolle in der Wolff-Affäre stilisiert und wie zweitens der Herausgeber das darstellt: Natürlich sah Francke „in der Vertreibung Wolffs das gnädige Wirken der göttlichen Allmacht"; und sicher waren es nicht „persönliche Rachegefühle" oder „eigensüchtige Ambitionen", die Francke leiteten, so der Herausgeber, Francke gleichsam entschuldigend. Ich lese die Sache heute so, daß Francke sich einfach als ein Werkzeug Gottes sah, daß er demnach dessen Geschäfte geführt und seine Allmacht in ihrer irdischen Erscheinungsform ausgeübt hat.

Nun aber zum Prediger Francke. In den zweiten Band hat, um ihn vorzustellen, der Herausgeber das „Send-Schreiben vom erbaulichen Predigen" aufgenommen, das in die Vorrede der „Predigten über die Sonn- und Fest-Tags-Episteln" integriert ist – sehr passend an beiden Orten, da es zugleich eine gute Lesehilfe ist. Ich versage mir nicht, hier auf einen anderen Text, die „Rechtschaffen-neue-Prediger-Kunst M. A. H. Franckens" hinzuweisen, den ich nicht nur viel anschaulicher finde; vielmehr thematisiert Francke zudem an dessen Beginn recht klar diejenige produktive Spannung, die das Prinzip seiner paränetisch-lehrhaften Rede, ja, seines Werkes überhaupt ist; ich habe sie gelegentlich als Dialektik von Ordnung und Liebe rekonstruiert (Die Erziehung der Jugend zur Ehre Gottes und zum Nutzen des Nächsten etc. Wuppertal etc. 1969, S. 89–95):

> „Wenn insgemein gefraget wird, was für einen Processum in Lehren und predigen man am füglichsten halten könne, damit bey der Gemeine eine wahre Frucht geschaffet werde, antworte ich... predigen und lehren ist keine kunst, sondern ein Werck des H. Geistes, und solts ja eine seyn, so muß doch der H. Geist der Meister seyn, der einen die Kunst lehret...". Aber: „Wenn dieses... vorausgesetzet wird, bleibet dennoch dieses, daß Gott sowohl in der Natur als in dem Werck seiner Gnaden sich beweise als einen Gott der Ordnung." (AFSt D 80 Bg. 520f.).

Die Predigten jedenfalls gewinnen ihre Spannung und ihre Eindringlichkeit aus diesem Prinzip.

Was nun *zweitens* die Theologie und Frömmigkeit Franckes angeht, so wird durch die Predigten in der Tat ihre Kenntnis vertieft. Der Literaturgattung entsprechend, geschieht das nicht systematisch. Da ist das Sachregister hilfreich: Seine Begriffe dokumentieren den Umkreis von Franckes Theologie; Gewichte dort bezeichnen Schwerpunkte hier. Vielmehr soll sich, wer die Predigten liest, in sie einleben, sie sich zu eigen machen. Und wenn man das tut, so mag man erfahren, was die „praxis pietatis" alles umfaßt. Am eindrücklichsten waren da für mich die Predigten, die das alltägliche Leben zum Thema haben: zur „täglichen Berufs Arbeit" oder die frühe Predigt über das 7. Gebot. Vielleicht kann ich bei anderen den Ort im Alltag nur deswegen nicht ausmachen, weil mir allerlei Kontextwissen fehlt? Oder liegt das daran, daß vornehmlich solche Predigten ausgewählt wurden, die von eher dogmengeschichtlichem Interesse sind?

Tatsächlich unterscheiden sich *drittens* die frühen von den späteren Predigten – im Stil. Was der Herausgeber zu den beiden Predigten über das 7. Gebot sagt (1694 und 1720):

> „1720 treten die theologischen Grundgedanken klarer und allgemeingültiger hervor. Die konkreten Erscheinungsformen des Diebstahls werden nur gestreift." (S. 403)

Das trifft für mein Empfinden durchweg zu. Ob hingegen Francke in seinen späteren Jahren in der Sache „anders als zuerst gepredigt" hat, wie man ihm vorgeworfen habe (S. XXIII), das vermag ich auf der Grundlage der Auswahl nicht zu entscheiden: Werden da 1697 (im Bd. I) andere Aspekte der „leiblichen Arbeit" angesprochen als 1719 zum Thema der „Berufs Arbeit" (Bd. II), oder unterliegt den Unterschieden ein modifiziertes Berufsverständnis? Die beiden Predigten reichen nicht aus, die Frage zu entscheiden.

Nimmt man alles in allem: die zwei Bände unserer Ausgabe sowie zwei weitere Predigten in der frühen Auswahl-Ausgabe (August-Herrmann Francke: Werke in Auswahl. Hg. von Erhard Peschke. Berlin 1969), so sind damit 49 Predigten Franckes zugänglich gemacht worden, etwa 2,5% der im Halleschen Predigtkatalog erfaßten. Das ist ausreichend für diejenigen, die
- sich ansprechen lassen wollen von einem begnadeten Prediger und Lehrer;
- einen Eindruck von Franckes *Predigen* gewinnen wollen: von der Vielfalt der Themen, der stringenten Form, seiner Sprache und den charakteristischen Topoi;
- seine Klugheit und sein praktisches Geschick kennenlernen möchten: Methode und Sorgfalt von Nachschrift und Bearbeitung, Sorge für die Verbreitung seiner Botschaft.

Für die Forschung reicht eine solche Auswahl natürlich nicht aus. Wenn etwa die Franckesche, die pietistische Predigt deren Gegenstand sein sollte, so wird man alle jene knapp 300 Predigten heranziehen müssen, die Francke schon selbst veröffentlicht hat. Für seine Theologie oder etwa – was den Rezensenten besonders interessiert – seine Pädagogik sind alsdann die einschlägigen systematischen Schriften die vorzügliche Quelle. Daß diese in der nächsten Zeit wie angekündigt erscheinen können, das wünscht dem Herausgeber und sich selbst

Siegen — Peter Menck

Sames, Arno: Anton Wilhelm Böhme (1673–1722). Studien zum ökumenischen Denken und Handeln eines halleschen Pietisten. Göttingen, Vandenhoeck & Ruprecht, 1990. 199 S. = AGP 26. [Zugleich Dissertation (Promotion B) der Theol. Fakultät der Martin-Luther-Universität Halle–Wittenberg 1983]

Bei aller Würdigung, die das Lebenswerk A. W. Böhmes im Kontext der Erforschung des Pietismus gefunden hat, ist die Person selbst nie recht in den Blick genommen worden. Der Brückenschlag zwischen Halle und London stand stets im Vordergrund des Interesses, damit verbunden eine funktionalisierte Betrachtung einzelner Verdienste Böhmes wie seines Wirkens überhaupt. Natürlich stellt er sich selbstlos in den Dienst Halles, doch gründet sein unermüdlicher Einsatz in eigenen, persönlichen wie theologischen Wurzeln und der eigentümlichen Entwicklung seines Lebensweges. Ein nicht geringes Verdienst von Arno Sames ist es, mit seiner biographisch orientierten Untersuchung einen Wechsel der Perspektive einzuleiten, der bis hin zur lexikographischen Erfassung seinen Niederschlag erst noch finden muß. (In der ADB ist Böhme nicht, in der NDB mit einem unspezifischen, in RGG^3 nur mit einem elementaren Eintrag vertreten. Die TRE verzichtet darauf, den Mangel der älteren RE zu beheben, und übergeht ihn erneut.) Die Aufnahme Böhmes in einen Ergänzungsband der TRE sei hiermit angeregt, Sames als Bearbeiter empfohlen.

Ganz unprätentiös will Verf. sich von unterschiedlichen Problemkreisen her der „ökumenischen Theologie" Böhmes nähern, weder will er ein „geschlossenes Bild der Persönlichkeit" noch eine „Synthese [ihrer] Theologie" bieten (S. 7). Verläßliche Grundlage dieses Vorhabens ist ein Forschungsbericht, der als reine „Problemfindung" unterschätzt wäre. Geboten wird ein fundierter Bericht über die Wege der Forschung mit historischer Tiefenschärfe und systematischen Ergebnissen: polemische, theologiegeschichtliche, hallensische, biographisch-erbauliche sowie ökumenisch orientierte Rezeption Böhmes. Schon in seiner Waldecker Zeit war Böhme gleichzeitig als „Multiplikator hallescher Gedanken" und „Inspirator neuer Gedanken" aktiv. Die in Waldeck wegen seiner kritischen Äußerungen von Böhme geforderte Verantwortung (mit der Folge seiner Ausweisung aus der Grafschaft) läßt Grundpositionen seiner Theologie hervortreten. „Aus dem abstrakten Geistgedanken folgen... Kritik an der verfaßten Kirche und eine Neigung zum Separatismus." Verbunden damit ist eine „Relativierung der Konfessionszugehörigkeit" mit der – gegenüber dem auch in der Familie Böhmes begegnenden Hang zum Separatismus – eigenartigen Folge, daß es auch möglich sei, Gott „in der verfaßten Kirche zu dienen". Das muß allerdings keine bestimmte sein, für den Heilsweg ist das indifferent. Ein entscheidendes Gegengewicht stellt nun die „Harmonievorstellung" dar. Die „von Gott gesetzte Ordnung und die durch ihn gebotene Liebe" verlangen nach der „tätigen Ausübung des Willens Gottes". Das ist eine Absage an quietistische und enthusiastische Neigungen, die in Böhmes mystischem Spiritualismus auch angelegt sind. Damit ist das Spannungsfeld der Theologie Böhmes abgesteckt, und zwar bewußt dem Resümee des Verf. über die Waldecker Zeit folgend (S. 105f.), weil hier schon festzustellen ist, was später nur noch Ausformungen unter dem Eindruck einer „abgeklärten Lebenshaltung" (S. 131) Böhmes erfährt. Um den Nachweis dieser Kontinuität ist es Sames zu tun. Eine Abkehr von frühen Positionen kann er im weiteren Lebensweg Böhmes nicht ausmachen. So ist festzuhalten, daß Böhme sich bei seiner Berufung zum Hofprediger in London nicht ordinieren ließ; sein Vorschlag, die Aufgaben zu teilen und die Amtsverrichtungen einem ordinierten Kollegen zu überlassen, wurde verwirklicht. Ebenso scheint die Geistesverwandtschaft mit H. W. Ludolfs Streben nach einer allgemeinen Kirche echter Christen größer zu sein als mit Ph. J. Speners konfessionsverhaftetem Reformanliegen (S. 148f.). Die Zusammenarbeit zwischen Halle und der SPCK in praktischen Dingen sei auf einem „produktiven Mißverständnis" (S. 55) gegründet, extrapoliert Sames; im Verhältnis zwischen Böhme und A. H. Francke sieht er in theologischen Dingen eine „fruchtbare Differenz" (S. 154f.) am Werk.

In jedem Fall wird man im Tätigsein Böhmes für seine Überzeugungen von einer persönlichen wie theologischen Integrität ausgehen müssen. Ihn als Emissär im geheimen Auftrag A. H. Franckes zu sehen (E. Beyreuther) oder auch behutsamer als Sendbote (M. Schmidt), das scheint zu sehr *ex eventu* begriffen zu sein. Wie die Fortsetzung der Wanderjahre Böhmes in London aus kümmerlichen Anfängen zur Position des Hofpredigers führt, kann nicht deduziert werden; es muß, wie Sames es tut, induktiv aus der Abfolge der kleinen Schritte im Leben Böhmes verstanden werden. Da regiert kein langer Arm, wohl ziehen da zwei an einem Strang.

Eine solch geraffte Zusammenfassung kann weder alle wichtigen Aspekte berühren noch eine hinreichende Vorstellung von der Bedeutung der vorgetragenen Aussagen vermitteln. Um Dimension und Tragweite der von Sames gelieferten Ergebnisse nur kurz anzudeuten, sei die anachronistische Frage gestellt, welche Wirkungsmöglichkeiten ein Mann von Böhmes Anlagen und Neigungen sowie Format eine Generation später im Pennsylvania H. M. Mühlenbergs gehabt hätte? Die Entsendung Mühlenbergs ist als späte Folge des Wirkens Böhmes zu begreifen, die „Errettung der Seelen" zweifellos pietistisches Grundanliegen beider, doch hätte Böhme als „selbst gelauffener" Prediger ohne Ordination und Vokation nur einen Platz am äußersten Rand, ja wohl nur außerhalb des Ministeriums Mühlenbergs finden können. Es ist müßig, dem nachzugehen, es wirft aber ein bezeichnendes Licht auf das von innerer Kraft und Dynamik getragene ökumenische Denken und Handeln des halleschen Pietismus der ersten Generation. Dies aufzuzeigen, ist gleichfalls Anliegen der Untersuchung. Sames tut das mit einer auf die Sache gerichteten Bescheidenheit und pflegt einen verständlichen Diskurs, ein streng wissenschaftliches und lesbares Buch.

Ohne daß dies dem Verf. vorgehalten werden könnte, ist auf eine bedauerliche Beschränkung der Arbeit hinzuweisen. Sames hat seine Habilitationsschrift unter den Bedingungen der DDR abgeschlossen. Niemand dürfte schmerzlicher als er empfinden, daß nicht alle verfügbaren Quellen erreichbar waren. Bestände in Marburg, London und anderen Orten zu sichten und auszuwerten, war ihm versagt. (S. 111 muß er nach Beyreuther aus der „Tüb. Handschr.Kapsel 30, Nr. 449, z. Z. Staatsbibliothek Preußischer Kulturbesitz in Berlin [West]" zitieren und perpetuiert damit unscharf ein Relikt der Nachkriegszeit, als die Bestände nach Tübingen ausgelagert waren. Eine entsprechende Anfrage in Berlin löst zunächst nur Verwirrung aus. Die Manuskripte werden dort heute ordnungsgemäß unter der Bezeichnung „August-Hermann-Francke-Nachlaß Kapsel 30" geführt.) Wie Sames aus seiner Not eine Tugend macht, verdient hohe Anerkennung. Konsequent konzentriert er sich auf die ihm vorliegenden Quellen, erhebt die Befunde, interpretiert mit Sorgfalt und Gespür für die Zusammenhänge. Nie wagt er sich über das hinaus, was „seine" Quellen ihm zu sagen erlauben. Mehr als einmal führt er den Leser an die Grenzen der Aussagekraft seines Materials, schöpft es aus. Stets bleibt er zuverlässig und besticht durch seine überlegte Urteilsbildung. Er liefert keine „Betrachtungen", sondern „Ergebnisse", die trotz der einengenden Entstehungsbedingungen Bestand haben werden. Sein perzeptiver Forschungsbericht wird auf lange Sicht Ausgangspunkt jeder Beschäftigung mit Böhme sein, das Kapitel über die waldeckische Zeit Böhmes dürfte ein unverrückbarer Baustein einer Gesamtbiographie sein, auch die Kapitel über die Wirksamkeit Böhmes in London – hier macht sich der fehlende Zugang zu wichtigen Quellen vor allem bemerkbar – können künftig nicht übergangen werden. Daß hier allerdings weiterreichende Bezüge zu berücksichtigen sind, als sie eine von den Quellen verordnete hallezentrische Sicht erlaubt, belegt inzwischen Daniel L. Brunner, The Role of Halle Pietists in England (c. 1700–c. 1740), with Special Reference to the S.P.C.K., D. Phil. Diss., Oxford 1988. Sames beschränkt sich in seiner Bibliographie ganz legitim auf benutzte Quellen und Literatur. Wieviel mehr noch hinzugezogen werden kann, veranschaulicht die beeindruckende Bibliographie bei Brunner.

Im Anhang wird eine diplomatisch getreue Wiedergabe von 20 Briefen aus dem Archiv der Franckeschen Stiftungen in Halle geboten. Die Auswahl favorisiert frühe Briefe Böhmes an A.H. Francke, ergänzt um aufschlußreiche Einzelstücke. Ein Register der Briefe Böhmes nach Halle (verschiedene Empfänger) erschließt der Forschung das briefstellerische Werk Böhmes in einem wichtigen Teilbereich, nicht jedoch den Brief*wechsel* dieses Bereichs. Zumindest im Briefregister hätte der Verf. seine Konzentration auf Böhme aufgeben und die – ihm vertrauten – Antwortbriefe aus Halle mit aufschlüsseln können. Die edierten Briefe vermitteln dem interessierten Leser einen authentischen Eindruck, der ernsthafte Benutzer wird eine text- und sachkritische Kommentierung vermissen. Hier hätte mit sparsamen Mitteln schon viel erreicht werden können.

So wird z. B. ein junger Graf von Leiningen erwähnt (S. 161, 163), ohne daß er identifiziert oder im Register nachgewiesen würde. Es handelt sich um Georg Hermann Graf von Leiningen, Neffe des Grafen Rudolf Ferdinand von Lippe-Biesterfeld. Dies wird dem Verf. geläufig sein, aber wie vielen seiner Leser? Allein die Zahl der Registerpositionen weist dem Arzt Dr. Slare eine beachtenswerte Rolle zu. Solch rudimentäre Informationen, daß er mit Vornamen Frederick hieß und 1727 80jährig verstarb, können dem vorliegenden Buch nicht entnommen werden. Wer nickt schon kenntnisreich mit dem Kopf, wenn er ohne Kommentar mit „Speneri praefation ad Henric. Vindic." (S. 180) konfrontiert wird? Natürlich ist das Rätsel mit Hilfe von Grünberg zu lösen, aber all das, wie zahlreiche unerwähnte Beispiele auch, wäre doch wohl Aufgabe des Verf. gewesen. Dem Benutzer werden solche Versäumnisse ein Ärgernis bleiben. – Nebenbei sei bemerkt, daß der 14. 9. 1704 alten Stils auf den 25. 9. 1704 neuen Stils umzurechnen ist (S. 180; oder liegt in der Kopfzeile nur ein Druckfehler, „24" statt „14", vor?). In der Bibliographie muß „Lowther Clarke, W. K." unter „Clarke, William Kemp Lowther" geführt werden. Das Register stellt eine unbefriedigende Lösung dar, Einzelheiten führen zu weit. Die engmaschige Gliederung bietet einen gewissen Ersatz.

Doch zurück zum Inhaltlichen. Auch ohne nachträgliche Autopsie muß ein begründeter Zweifel erlaubt sein: „VorEnglischten Fues-stapffen" (d. i. die englische Übersetzung von A. H. Franckes Programmschrift des halleschen Pietismus) muß wohl„VerEnglischten Fues-stapffen" heißen (S. 183; zur Bestätigung vgl. S. 186 unten). Diese Unstimmigkeit erhärtet Zweifel an der Lesung „jetzigen Verfall" (S. 186, 1. Zeile). Hier wird „jetzigen Vorfall" zu lesen sein. Die Formulierung steht im Kontext einer nüchternen Erörterung Böhmes über seine Haltung zur Ordination, eine Frage, die durch den Thronwechsel in England (Königin Anna/Georg I.) für ihn wieder aktuell wurde. Mit „jetzigen Vorfall" wird offensichtlich auf den Regierungswechsel Bezug genommen; dies fügt sich zwanglos in den Kontext, während „Verfall" ohne Einbindung in den Gedankengang erscheint. Das muß erwähnt werden, weil es Auswirkungen auf die Interpretation hat (S. 120: „Verfall der Kirche"), allerdings ohne verheerende Folgen.

Mit diesen notwendigen kritischen Bemerkungen und Einschränkungen kann eine Rezension der vorliegenden Studie jedoch nicht schließen. Der Brauchbarkeit, ja Zuverlässigkeit des Werkes tun sie keinen Abbruch. Die herausgestellten Verdienste von Sames und die Vorzüge seiner Arbeit seien nachdrücklich in Erinnerung gerufen. Die Praxis verlangt leider noch nach einer Zusammenfassung der Ergebnisse in englischer Sprache, um gerade dieser Studie die gebührende Aufnahme auch im angelsächsischen Sprachraum zu sichern, dem Gebiet der nachhaltigen Wirksamkeit Anton Wilhelm Böhmes.

Münster/W. Karl-Otto Strohmidel

Martens, Wolfgang: Literatur und Frömmigkeit in der Zeit der frühen Aufklärung, Tübingen: Max Niemeyer Verlag 1989. VIII + 291 S. (= Studien und Texte zur Sozialgeschichte der Literatur, Bd. 25).

Der vorliegende Titel bietet eine Zusammenstellung von 10 größerenteils bekannten, z. T. leicht überarbeiteten Aufsätzen, die freilich (im Gegensatz zum unpräzisen Titel) nur das Verhältnis von norddeutscher Literatur und protestantisch-pietistischer Frömmigkeit in der frühen Aufklärungszeit behandeln. Die grob-chronologisch gegliederte Sammlung spricht zwar eine breite Vielfalt von Gegenständen an, entbehrt aber nicht aller organischen Einheitsmomente. Thematische Schwerpunkte sind stets: a) der für die Moderne weichenstellende Paradigmawechsel der Weltanschauung, vom Theozentrismus zum Anthropozentrismus; und b) die sozialen, die literarischen und theologisch-frömmigkeitsgeschichtlichen Spannungen, die sich daraus ergeben. Geographisches Zentrum und logischer Ort der Argumentation ist meistens Halle.

Die ersten vier Aufsätze bilden eine Gruppe für sich und beanspruchen als Rückgrat der Sammlung gut zwei Drittel des Bandes (181 S.). In den bekannten Arbeiten über „Hallescher Pietismus und Rhetorik. Zu Hieronymus Freyers ‚Oratoria'" (1984; S. 1–23), „Officina Diaboli. Das Theater im Visier des halleschen Pietismus" (1988; S. 24–49) und „Hallescher Pietismus und Gelehrsamkeit. Oder von der ‚nimia diffidentia in litteris'" (1987; S. 50–75) klärt Martens anhand einer eingehenden, materialreichen aber niemals ermüdenden Untersuchung von Schulordnungen bzw. Lehrbüchern des Pädagogiums oder von anderen maßgeblichen programmatischen Schriften der Halleschen Pietisten (Freyer, Vockerodt, A. H. Francke) das scheinbare Paradoxon des Halleschen Pietismus auf. Das Problem von dessen ausdrücklicher Kunst-, Rhetorik-, Gelehrsamkeits- und Kommerzfeindlichkeit neben seiner geflissentlichen Pflege eben dieser verpönten Aktivitäten wird gelöst durch die wichtige (freilich im Kern schon bei Hinrichs zu findende) Erkenntnis der theologisch fundierten Komplementarität von Innerlichkeit und Weltzugewandtheit für die expansionsorientierte und realpolitisch handelnde Franckesche Weltanschauung. Wie es im Zeichen der Säkularisation (speziell im Bereich der Auseinandersetzung mit Poesie und Beredsamkeit) zur Auflösung dieser prekären Harmonie entgegengesetzter Energien kam, wird im völlig neuen, in vier Abschnitten gegliederten vierten Aufsatz „Hallescher Pietismus und schöne Literatur" (S. 76–181) ausführlich dokumentiert. Die Schlüsselfigur heißt hier S. J. Baumgarten. Dieser konnte, gerade weil er aus einer *innerpietistischen* Perspektive argumentierte, die spannungsreiche Inkonsequenz der Halleschen Kunstfeindlichkeit durch seine zukunftsträchtige Rechtfertigung der Künste als humanitätsbildend restlos zerstören und somit deren langsame Rehabilitierung in Halle in die Wege leiten (159–167).

Leider rächt sich gerade im Rahmen dieses Halle-Komplexes die von Martens gewählte Anthologie-Form des Bandes. Die Aufsatz-Sammlung ist gewiß eine willkommene Form der Veröffentlichung. Sie kann die innere Gestalt von disiecta membra nachträglich transparent machen und uns die wahre Bedeutsamkeit von Vernachlässigungsbedrohtem einbläuen. Als Teil unserer Handbibliothek spart sie uns ermüdende Bibliotheksgänge. Und diese Aufsätze sind, wie die sinnvolle Gliederung und das nützliche Register beweisen, keineswegs ohne ordnende Hand zusammengewürfelt worden. Trotzdem leidet hier, insbesondere beim 4. Aufsatz, auch der wohldisponierte Leser an den stoff- sowie gehaltlichen Wiederholungen in der ersten Gruppe von Arbeiten. So hören wir z. B. (jeweils in verschiedenen Aufsätzen) dreimal (S. VII f., 24 f., 80 f.), daß die Literaturwissenschaft die Erzeugnisse von Pietisten und Poeten im Zeitraum 1690–1750 zu Unrecht ignoriert; zweimal, daß Wieland ein Zögling von Kloster Bergen war (46, 63) (was ohnehin intensiver behandelt wird S. 178–181); zweimal, daß Christian Wolff 1723 Halle binnen 48 Stunden bei Strafe des Stranges verlassen mußte (60, 80); und zweimal (diesmal im gleichen Aufsatz), daß die Hallesche Kunstfeindlichkeit nicht nur Theatervorstellungen, sondern auch fromme Volksbräuche wie Knecht Ruprecht-Darstellungen u. dgl. verbot (101, 128). So wird ferner der speziell preußische Hintergrund (die Thronwechsel etc.) für die ambivalente Verurteilung der schönen Künste in Halle zweimal skizziert (27 f., 79 f.). Und so wird schließlich zweimal (mit gleicher Funktion) das gleiche Zitat freimaurerischer Provenienz über die Hintansetzung der schönen Wissenschaften und Beredsamkeit in Halle eingesetzt (60, 77). Schwerwiegender freilich sind die gehaltlichen Wiederholungen, denn weite Teile des 4. Aufsatzes rekapitulieren nur in längerer Form die (gewiß wertvollen) Ergebnisse der ersten drei (etwa: der Pelagianismus-Verdacht als Basis für die Hallesche Kritik des aufgeklärten Tugendbegriffes (S. 38, 98); oder die Stellungnahme zur Lehre der indifferenten Dinge (39, 119 f.)). Der große Reiz der ersten Gruppe von Arbeiten liegt – in nicht geringem Maße – im Stofflichen: in der bewundernswürdigen Auffindung, Ausbreitung und geistigen Durchdringung bisher unerschlossenen Quellenmaterials.

Wenn Germanisten interdisziplinär arbeiten, dann haben sie u. a. die Pflicht, einen für die Germanistik als Text- und Kommunikationswissenschaft charakteristischen Beitrag zur interdisziplinären Arbeit zu leisten. Sie haben stets die *Textualität* eines gegebenen Werkes im Kontext der außertextualen Wirklichkeit zur Geltung zu bringen. Hatte man also in Hinsicht der ersten Gruppe von Arbeiten in diesem Band den leisen Verdacht, als würde in diesem Sinne der Text zu kurz kommen, so haben wir mit der zweiten Gruppe von Arbeiten (S. 182–286) es mit einer deutlichen und zu begrüßenden Verschiebung des Erkenntnisinteresses zu tun. Denn hier steht der Text als solcher entschieden im Mittelpunkt.

Im 5. Aufsatz „Frommer Widerspruch. Pietistische Parodien auf Oden der frühen Aufklärungszeit" (1988; S. 182–198) konstatiert Martens erwartungsgemäß, daß die Hallenser Pietisten im Gegensatz zur Praxis anderer Religionserneuerer der Reformation und Gegenreformation erst spät oder nie die Aufklärung mit ihren eigenen dichterischen oder publizistischen Mitteln bekämpften, sondern sich freiwillig (und mit verhängnisvollen Konsequenzen für ihr Projekt) auf den innerkonfessionellen Diskurs beschränkten. Dann aber kann er unsere Erwartungen übertrumpfen, indem er doch eine Gattung – die geistliche Parodie einer genannten weltlichen Ode – ausfindig macht, die in ihrer Eigenschaft als seriöse Umdichtung einer als fehlerhaft angesehenen Vorlage von den Hallensern für apologetisch-korrektive (aber natürlich nicht polemische) Zwecke in der Welt eingesetzt wird. Im anderen neuen Aufsatz dieser Sammlung, „Gellert zwischen Frömmigkeit und Tugend. Sein ‚Leben der schwedischen Gräfin von G.' vor pietistischem Hintergrund" (199–213), kann Martens wahrscheinlich machen, daß Gellert pietistische Vorlagen kannte: Sammlungen von Briefen wiedergeborener schwedischer Gefangener aus Rußland, die erbauliche Funktion haben sollten. Der Pietistensohn Gellert benutzte sie aber nur mit besonderem Vorbehalt: er zensierte die ganze pietistisch-erbauliche Dimension und substituierte dafür vernünftig-empfindsame Tugendlehre (208), so daß man kaum noch wie bisher von der Affinität dieses Textes zur pietistischen Frömmigkeit sprechen dürfte. Mehr noch: da Gellert in anderen Gedichten doch unleugbar Pietismusnahes äußert, zeigt dies, daß es paradoxerweise eher Gattungs- als weltanschauliche Momente waren, die Gellert zu dieser Art von Akzentsetzung in der „Schwedischen Gräfin" bewogen. Als die am meisten von den zeitgenössischen gesetzgebenden Ästhetiken ignorierte Gattung, war der Roman eben „disponibel für Neues" (210). Von 1975 stammt der Aufsatz „Über die Tabakspfeife und andere erbauliche Materien. Zum Verfall geistlicher Allegorese im 18. Jahrhundert" (214–238). Beispielhaft für den genannten Verfall ist das Gesellschaftslied aus dem J. S. Bachschen Stammbuch „Erbauliche Gedanken eines Tobackrauchers", da die in ihm zu beobachtende erbauliche Allegorese der Tabakspfeife in Wahrheit Spuren der Lösung dieses Redemittels aus der ursprünglichen geistlichen Bindung verrät. Der Verfall einer eigentümlichen Gattung, der „zufälligen Andacht" (230f.), belegt den neuzeitlichen Paradigmawechsel der Gesinnung. „Die alte Frömmigkeit und das neue Weltbild im Flugschriftenstreit um den Hamburger ‚Patrioten' (1724)" (1972; 239–260) deutet die Polemik gegen die moralische Wochenschrift in eben diesem Sinne. „Erbauliche Naturlyrik eines Aufklärers (B. H. Brockes)" (1978; 261–275) setzt die Ausführungen am Schluß des Tabakspfeife-Aufsatzes in einer für Brockes' physikotheologischen Realismus exemplarischen Analyse fort. Der 10. und letzte Aufsatz, „‚Schüler der Natur'. Albrecht von Hallers Alpengedicht als Utopie sündloser Existenz" (ebenfalls neu, aber simultane Doppelveröffentlichung; 276–286), konstatiert, wie eine Parallele zum Gellert-Aufsatz, aber radikaler noch, nicht nur das Fehlen pietistischer, sondern auch das Fehlen christlicher, ja aller Elemente der Transzendenz und Religion in „Die Alpen". Auch hier erwägt Martens die Möglichkeit, daß eine Gattungsdynamik – die Nachahmung der utopischen Entwürfe um den „Naturmenschen" des Reiseberichts – diese gehaltliche Überraschung herbeigerufen haben könnte (283 f.). Diesmal aber bleibt die Frage der Interaktion von Gattungsmomenten und Weltanschauung unter Heranziehung vieler sich gegenseitig aufhebender Belege leider unentschieden (285 f.).

Seit der Erscheinung der bekannten Arbeiten von Langen, Schöne, Kaiser und Voßkamp war es eine Zeitlang in der Germanistik scheinbar still geworden um den Pietismus. Neben Hans-Jürgen Schraders Monographie „Literaturproduktion und Büchermarkt des radikalen Pietismus. Johann Heinrich Reitz' „Historie der Wiedergebohrnen" und ihr geschichtlicher Kontext" (Göttingen 1989) hat aber die Germanistik der letzten Jahre jetzt mit Martens' Sammlung durchaus eine zweite große Leistung auf dem fruchtbaren Boden des Pietismus zu reklamieren. Wie Schrader will Martens nicht nur die Germanistik für die Pietismus-Forschung, sondern auch die Pietismus-Forschung für die Germanistik fruchtbar machen. Wo Schrader nachdrücklich auf die vielfache Relevanz des Radikalpietismus für die Herausbildung des geistigen Klimas der Geniezeit hinweist (Schrader: Literaturproduktion, S. 12, 23 f., passim), kann Martens scharfsinnig die überraschendsten Begriffsgenealogien im Prozeß der literarischen Säkularisation überzeugend herausstellen (z. B. wie er eine Frühform der Theorie der Kunstautonomie als die dunkle Ahnung eines „Eigengewicht[s]" der Kunst (Martens, 43; vgl. 43–49; 129 f.) in der frühen Kunstkritik der Hallenser entdeckt). Wie Schrader hat Martens auch, besonders in den ersten vier Arbeiten, den soliden Grundstein gelegt für weitere Forschungen. Neben den gerechten Forderungen von Schraders Forschungsbericht, der schließlich zur dringenden Aufgabe der Kanonbildung der pietistischen Literatur überhaupt aufruft („Probleme der bibliographischen und editorischen Erschließung pietistischer Literatur", in: Wolfgang Martens (Hg.): Bibliographische Probleme im Zeichen eines erweiterten Literaturbegriffs. Weinheim 1988, S. 88–111), sind auch Martens' viele Aufgaben für die zukünftige Forschung zu beachten. Man gestatte Rez. die Lizenz, die ansehnliche Liste (ohne Vollständigkeitsanspruch) zu reproduzieren. Zu untersuchen sind: die Bücherproduktion in der Waisenhausbuchhandlung (68, Anm. 73, 74); der Einfluß pietistischer Ermahnung auf die Praxis der Literaturzensur in Preußen (131 f.); die Verbindungen zwischen Campe und Nicolai und dem Pietismus (137 f.); der undurchsichtige interne Prozeß der langsamen Wiederaufwertung der schönen Wissenschaften in Halle im Hintergrund zu Baumgartens entscheidender Vorrede (169f.); die weiteren literarischen Reaktionen der Hallenser auf das publizistische Vordringen der Aufklärung (182f.); und schließlich sind die gedruckten sowie Hss.-Bestände der Hauptbibliothek und des Archivs der Franckeschen Stiftungen in Glaucha zu erkunden (68, 129). Rez. fügt drei eigene Desiderate aus germanistischer Sicht hinzu: 1) eine Untersuchung unter der Rubrik „Hallenser Pietismus und Aufklärung" über die mögliche Verbindung zwischen der Hallenser Polemik wider die Fiktion und der neuen Kunsttheorie Bodmers und Breitingers. Der für die Kunstlegitimation der Schweizer zentrale Begriff der in Gottes möglichen Welten begründeten möglichen Wahrheit der Kunst scheint eine direkte Antwort auf Hallesche Argumente zu sein (die, wie Martens S. 94 bemerkt, sich auch auf weiten Strecken mit Gottschedschen Vorstellungen der Wahrscheinlichkeit decken); 2) eine systematische Ausdehnung des gattungsgeschichtlichen Ansatzes bis auf die Erkundung der pietistischen Gebrauchsliteratur. Packend wird Martens' Buch eigentlich immer dort, wo der Text im Mittelpunkt steht, und es fällt auf, daß dieser Ansatz am fruchtbarsten bei der Analyse von ästhetischen Texten ist, die aber nur am Rande der eigentlich Hallenser pietistischen Literaturproduktion zu orten sind. Sind nichtästhetische Textsorten, Predigten, Hausväterliteratur, Autobiographien und sonstige Spielarten der Hallenser Gebrauchsliteratur, wirklich (wie Einige behauptet haben) so unergiebig für den Textanalyst? 3) Es gibt Arbeiten über Zinzendorf und die katholische Frömmigkeit. Sollte man nicht über literarische Beziehungen zwischen den anderen pietistischen Strömungen und dem Katholizismus (etwa Boos und Sailer in Bayern) nachforschen?

Dublin — Nicholas Saul

Winkle, Stefan: Die heimlichen Spinozisten in Altona und der Spinozastreit. Hamburg, Eigenverlag Verein für Hamburgische Geschichte, 1988. 136 S. = Beiträge zur Geschichte Hamburgs. Herausgegeben vom Verein für Hamburgische Geschichte, Band 34.

Das Buch ist ein Beitrag zur Ortsgeschichte von Altona, der damals dänischen Stadt, und von Hamburg, aber doch auch sehr viel mehr. Der Genese nach ist der Kern des Buches für den Mediziner Stefan Winkle sicherlich das Kapitel über Johann Friedrich Struensee und den jüdischen Arzt Hartog Hirsch Gerson gewesen. Struensee als Stadtphysikus von Altona und Landphysikus der Herrschaft Pinneberg und Gerson arbeiten zusammen in der Erforschung und Bekämpfung der Fleckfieber-, Typhus-, Ruhr-

und Pockenerkrankungen. Die Tafelrunde Struensees, zu der Ärzte, Gelehrte, Juristen, Journalisten, Offiziere, Kaufleute und Schauspieler gehören, ist geprägt vom Geist der Toleranz und Gedankenfreiheit im Sinne Spinozas, den Struensee wahrscheinlich durch Gerson kennenlernte, und Gerson wird durch die pantheistische Weltdeutung Spinozas – wie andere – zur mikroskopischen Untersuchung von Kleinlebewesen angeregt (S. 60). Das Wirken Struensees als Minister am dänischen Hof erscheint als Anwendung der Anregungen, die er in Altona bekam. Geistesgeschichte, Religionsgeschichte, Sozialgeschichte, Wissenschaftsgeschichte, Medizingeschichte, politische Geschichte: hier wie in den anderen Kapiteln erscheinen diese verschiedenen historischen Sichtweisen in der Kristallisation einzelner Lebensläufe, die sich wiederum berühren und verflechten.

Das Einleitungskapitel deutet die Linien an, die sich in den Lebensläufen vielfach verknüpfen und auch verwirren: Der Anstoß, den Spinoza mit seinem Tractatus Theologico-Politicus und seiner Ethica gibt; der Pietismus und hier vor allem Arnolds Kirchen- und Ketzergeschichte, die immer wieder zur Radikalisierung der Ansichten führt; die dänische Stadt Altona, die auch in der Zeit Zufluchtsort der Verfolgten sein kann, in der vom dänischen Hof eine restriktive Kirchenpolitik betrieben wird, weil sich Einwohner finden, die der eigenen Gesinnung wegen die Verfolgten aufnehmen.

Die Lebensläufe von Johann Conrad Dippel, Theodor Ludwig Lau, Johann Lorenz Schmidt und – in einem eigenen Kapitel – Johann Christian Edelmann werden in den wesentlichen Fakten und ihren literarischen Werken geschildert. Daraus lassen sich gewissermaßen Itinerarien erstellen, Itinerarien der Verfolgung, der Zuflucht und der eigenen Unruhe des Suchens nach der Wahrheit. In allen vier Lebensläufen tauchen früher oder später die Stationen Berleburg und Altona auf, wobei Altona nur für Lau letzte Zuflucht bleibt, alle anderen können sich auch in Altona nicht halten. Schmidt und Edelmann müssen auch dort unter falschem Namen leben, Dippel stirbt in Berleburg, Schmidt in Wolfenbüttel, Edelmann in Berlin, wo er auch zur Zeit des „aufgeklärten" Friedrich II. nur unter falschem Namen leben kann.

Im Geflecht dieser Lebensläufe taucht immer wieder der Name des Hermann Samuel Reimarus auf, der öffentlich gegen Dippel und Schmidt Stellung nimmt, um seine eigene Arbeit an der „Apologie" zu schützen. Winkle wirft ihm „erschreckende Doppelzüngigkeit" (S. 31) vor, zitiert aber auch die Stelle aus der „Apologie" (S. 44), in der Reimarus von der Qual spricht, sich sein ganzes Leben hindurch verstellen zu müssen, aus Sorge um das Ansehen der Familie, allerdings wohl auch, weil das Schicksal des Verfolgten gescheut wird. Auch Lessings Name erscheint immer wieder. In Lessing laufen manche Linien zusammen. Teile der Schrift des Reimarus gibt Lessing als Schrift von Lorenz Schmidt heraus – Fortsetzung der Verstellung und des Schutzes –, und die Auseinandersetzung um Lessing kulminiert in dem von Jacobi entfachten Spinozastreit, der in seinen wesentlichen Stationen den historischen Fakten nach angeführt wird.

Man darf von Winkles Buch keine theoretischen Erörterungen und Analysen, sei es theologie- oder philosophiegeschichtlicher Art erwarten. Winkles Buch ist eine Sammlung von Geschichten, die in ihrer von Winkle so schön gezeigten Verflechtung das ergeben, was wir dann mit Allgemeinbegriffen „Geschichte von..." und „Geschichte des..." nennen: Geschichte des Spinozismus, Pietismus, des Spinozastreits, der Frühaufklärung und Aufklärung, der Stadt Altona. Es ist gut, dies einmal nicht auf der Ebene historischer, theologischer und philosophischer Allgemeinbegriffe behandelt zu sehen, sondern als das Geflecht von Geschichten, in die wir verstrickt sind und in denen die Geschichte für den Mann steht.

Paderborn — Rainer Piepmeier

Weyer-Menkhoff, Martin: Christus, das Heil der Natur. Entstehung und Systematik der Theologie Friedrich Christoph Oetingers, Göttingen. Vandenhoeck & Ruprecht, 1990. XII und 334 S. = Arbeiten zur Geschichte des Pietismus 27.

„Ziel dieser Arbeit ist es, sich in Oetinger ,zu finden', um die Möglichkeit zu schaffen, das so gewonnene Verständnis Oetingers unserem heutigen Verständnis von Welt, Leben und Glauben gegenüberzustellen. Es ist also angestrebt, ihn in Motiven, Anliegen, Ausbildung, Durchgang und Ergebnissen seiner Arbeit, wenngleich auch nur exemplarisch anhand wichtiger Einsichten, zu hören und zu verstehen" (3). Auf dem Weg zu diesem Ziel hält sich der Autor an den Grundsatz: „Die Methode, Oetinger zu verstehen, ist ihm zuzuhören" (6). Bei solchem geduldigen Zuhören und genauen Hinsehen kommt Weyer-Menkhoff zu überzeugenden Einzelbeobachtungen und Gesamtergebnissen, wie sie zuvor in dieser Präzision nicht formuliert wurden. Die hier vorzustellende Arbeit über Oetinger, 1985 als Marburger theologische Dissertation angenommen, wurde vom Systematiker Carl Heinz Ratschow betreut; der Zweitgutachter war der Kirchengeschichtler Heinz Liebing. In systematischer wie in historischer Hinsicht legt Weyer-Menkhoff damit eine Meisterleistung vor, die reife Frucht einer weit über zehn Jahre langen und ganz intensiven, geradezu liebevollen Beschäftigung mit der Lebensgeschichte und der Theologie des schwäbischen Theosophen und Pietisten Friedrich Christoph Oetinger (1702–1782), wobei der Verfasser – was durchaus besonders zu bemerken ist – seine Oetinger-Arbeit während seines Pfarramts in Idstein bewältigt hat.

Ohne zu übertreiben, wird man konstatieren dürfen, daß diese Oetinger-

Monographie das herausragende Werk der seit 1960 begonnenen von Weyer-Menkhoff selbst so genannten „Oetinger-Renaissance" (15) darstellt, wenn es nicht die gründlichste und tiefgehendste Studie zum Gesamtkomplex des Oetingerschen Denkens überhaupt ist.

Ein Vergleich mit den beiden letzterschienenen großen Oetinger-Arbeiten ist da aufschlußreich: Sigrid Großmanns in Saarbrücken kurz zuvor (1977) in der philosophischen Fakultät angenommene, thematisch sehr ähnlich ausgerichtete Dissertation über Oetinger (Friedrich Christoph Oetingers Gottesvorstellung. Versuch einer Analyse seiner Theologie, Göttingen 1979 = Arbeiten zur Geschichte des Pietismus 18) bringt zwar auch wesentliche Aspekte Oetingerschen Denkens sachgerecht in ihrem Zusammenhang zur Sprache, reicht aber – so verdienstvoll sie ist – in ihrer theologisch-historischen Durchdringung wohl kaum an das Niveau dieser Arbeit heran, während Rainer Piepmeiers philosophisch orientiertes Werk: „Aporien des Lebensbegriffs seit Oetinger" (Freiburg/München 1978 = Symposion 58), von Weyer-Menkhoff an mehreren Stellen mit sichtlichem Respekt lobend erwähnt (vgl. etwa 15f. u. ö.; siehe Register, interessant in Distanz zu Piepmeier die letzte Anmerkung: S. 270 A. 10), in ganz eigenständiger und origineller Weise Oetinger als Denker problematisiert und vor allem den „garstigen Graben", der uns von ihm trennt, thematisiert.

Ganz anders Weyer-Menkhoff: sein erkenntnisleitendes Interesse ist deutlich ein theologisches und auch apologetisches. Ihm geht es vorrangig um das, was heute von Oetinger zu lernen ist. Es ist seine „Aufmerksamkeit auf Fragen und Verwirklichung einer Theologie der Geschöpflichkeit, Integration und Bewegung" (VI) gerichtet, und diesbezüglich ist Weyer-Menkhoff bei Oetinger in die Schule gegangen, wie die Darstellung zeigt. Diese Arbeit besticht durch souveränen Umgang mit der Stoffülle, was sich auch in der systematischen Darstellungsform, die Oetinger angemessen ist, niederschlägt. Das Bestechendste an Weyer-Menkhoffs Arbeit nämlich ist in der Tat die von ihm gefundene, Oetinger voll gerecht werdende Form der Darstellung. So schwierig es ist, einen fliegenden Vogel abzuzeichnen, so schwierig ist es, die prozeßhaft-lebendige universale Theologie und Verkündigung des geradezu gegen ‚künstliche Systematik' allergischen, total unsystematischen Systematikers Friedrich Christoph Oetinger ohne Verzeichnungen seines Anliegens in der Darstellung angemessen abzubilden. Es ist das Kreuz jeder Oetinger-Darstellung, das vielschichtige und mehrsträngige Denken dieses belesenen Eklektikers und Universalwissenschaftlers, bei dem dennoch auf jeder Seite alles mit jedem ganzheitlich-harmonisch in ganz eigener ‚Systematik' zusammenhängt und dynamisch auf die chiliastische ‚güldene Zeit' und danach auf die eschatologische Endvollendung zuläuft, richtig zu beschreiben.

In vornehm-leiser Kritik an früheren Oetinger-Aufsätzen und -Monographien, die (anders als die beiden genannten) historisch und systematisch oft recht grobschlächtig mit Oetinger umgegangen sind und damit das für

Oetinger Charakteristische und Eigentümliche an manchen Stellen arg verzeichnet haben, geht Weyer-Menkhoff in seiner Arbeit sehr eigenständig, aus profundester Quellenkenntnis schöpfend, ans Werk.

Bereits in seinem einleitenden Kapitel (1–20: knappe Bemerkungen über Ziel und Aufgabe, Methode, Quellenlage, bisherige Oetinger-Forschung und Oetingers Biographie) zeigt Weyer-Menkhoff, inwiefern seine Arbeit über die bisherige Oetinger-Forschung hinausführt. Da ist zuerst die Gründlichkeit der Quellenerforschung (vgl. etwa: 10) zu nennen. Allein die von ihm erstellte „Chronologisch-systematische Bibliographie der Werke Friedrich Christoph Oetingers" (10 A. 24a), die zur Marburger Dissertation gehörte und dort die Seiten 431 bis 613(!) ausmachte, stellt einen ganz großen Dienst für die Oetinger-Forschung dar (was in jener Bibliographie zu erwarten ist, deutet schon das gründliche Literaturverzeichnis Weyer-Menkhoffs an; Werke von Oetinger: 273–295; Werke über Oetinger: 295–326). Zum andern zeigt sich in diesem Einleitungskapitel bereits, daß Weyer-Menkhoff bei aller historischen Detailgenauigkeit sich nicht im ‚Dschungel' geschichtlicher Einzelbeobachtungen ‚verirren' möchte. Es geht ihm eben um jene Darstellungsform, die ebenso historisch genau wie systematisch klar ist und in der ein so eigentümlicher Denker, wie Oetinger es war, – wie angedeutet – in seinem Grundanliegen zu seinem Recht kommt.

Der schönste und wichtigste Teil des Buches, durchweg gut zu lesen und streckenweise geradezu spannend geschrieben, ist der grundlegende erste Hauptteil unter der Überschrift: „Die Entstehung der Theologie Oetingers (bis 1738)" (20–119). Hier wird nicht nur die theologisch-biographische Genese des Oetingerschen Denkens sehr genau verfolgt; es kommen auch einige fundamentale Beobachtungen Weyer-Menkhoffs zur Sprache, die für ihn in seinem Umgang mit Oetingers Leben und Werk zum Verständnis dessen, was dieser wollte, eine Schlüsselrolle für die gesamte nachfolgende Ausführung erhalten.

Einige der wichtigsten Beobachtungen Weyer-Menkhoffs aus diesem Teil sind hier zusammenzufassen. Zunächst geht es um drei Ereignisse im Leben des jungen Oetinger, die diesen nach eigenem Zeugnis (vor allem in seiner 1762 geschriebenen Selbstbiographie, der ‚Genealogie der reellen Gedanken eines Gottesgelehrten', aber auch in anderen späteren Werken im Rückblick beschrieben) von Jugend an einschneidend geprägt haben: 1. eine mystische Gewißheits-Erfahrung des siebenjährigen Oetinger im Zusammenhang mit dem Paul-Gerhardt-Lied ‚Schwing dich auf zu deinem Gott' (vgl. 20–23), 2. Oetingers bewußte Entscheidung als 19jähriger in der höheren Klosterschule in Bebenhausen (1721), Theologie zu studieren, was er als „Bekehrung" (vgl. 23–25) verstanden hat, und 3. seine Schlüsselerkenntnisse, die ihm als 14jährigem im Zusammenhang mit universalistisch-eschatologischen Passagen des Jesaja-Buchs zuteil wurden (vgl. 25–30). Nach kritischer historischer Prüfung dieser von Oetinger als Knotenpunkte seiner ganz frühen Entwicklung herausgestellten Erlebnisse kann Weyer-Menkhoff konstatieren: „Die beschriebenen Ereignisse ... sind ... nicht lediglich als anekdotenhafte, vielleicht im Nachhinein so hingestellte Geschichten zur Vereinheitlichung seines Lebensbildes anzusehen, sondern mit großer Wahrscheinlichkeit tatsächlich weichenstellende Geschicke, Schlüsselerlebnisse ... Damit gewinnt das Bild Oetingers Züge großer Konsequenz. Sie lassen es angeraten erscheinen, die Einwirkung seiner Biographie auf sein Denken besonders im Blick zu haben" (30).

Nach dem gleichen Grundmuster nimmt Weyer-Menkhoff dann die gesamte weitere Lebensgeschichte Oetingers in den Blick. Kritisch erforscht und dargestellt wird deren Verlauf mitsamt den zu beobachtenden Umbrüchen, Knotenpunkten und leichten Akzentverschiebungen, die behutsam historisch geprüft und beschrieben werden. Weyer-Menkhoff kann auf diese Weise dann nacheinander Oetingers Studiumserfahrungen ab 1722 (Begegnung und Auseinandersetzung mit der Leibniz-Wolffschen Philosophie: 31–39; seine Begegnung mit Jacob Böhmes Gedanken ab 1725: 39–45 u. ö.; seine intensive Beschäftigung mit patristischem Schrifttum und der jüdischen Kabbala: S. 45–52 u. ö.) vorstellen, um dann zu zeigen, wie der Ertrag der bis zum Studium angesammelten Gedankenwelt sich in den ‚Er-Fahrungen' der diversen Studienreisen nach dem Studium angereichert, modifiziert und verändert hat (ab 1729; vgl. 53–63). In dieser Darstellung spielt immer wieder auch Johann Albrecht Bengel eine Rolle, aber das Hauptaugenmerk gilt in dem Zusammenhang Oetingers spannungsreicher Haßliebe, die er gegenüber Nikolaus Ludwig Graf von Zinzendorf und Herrnhut (dem wichtigsten Ziel seiner Reisen) empfand, was Weyer-Menkhoff sehr genau und schön anschaulich zu machen versteht (63–102). Oetinger wird hier beschrieben als ein suchender und prüfender, für mystische Tendenzen stark aufgeschlossener (und diesbezüglich auch gefährdeter), gleichwohl streng biblisch oder biblizistisch von Bengel geprägter Pietist, der sich dem Charisma Zinzendorfs und der Faszinationskraft des Herrnhuter Gemeinschaftslebens kaum verschließen kann. Umgekehrt hat Oetinger in Herrnhut z. B. für J. Böhme geworben und durch seinen mystisch geprägten Pietismus auch durchaus eine Gefährdung der Herrnhuter Glaubensform dargestellt, so wie zum anderen Oetinger in Zinzendorf und seinem saloppen Umgang mit der Bibel und ihrem Zusammenhang seinerseits zunehmend Verrat an der biblischen Wahrheit gewittert hat, eine Spannungskonstellation, die im innerpietistischen Streit zwischen beiden schließlich sogar dazu führte, daß Zinzendorf als Schlußpunkt der Beziehung zwischen beiden Oetinger den Tod wünschte, damit der aufhöre zu schwärmen (vgl. 77; zu der fast psychopathologischen Beziehung zwischen beiden vgl. etwa auch 78f.).

In Weyer-Menkhoffs Darstellung stellen die Jahre 1736/37 den Tiefpunkt der Krise und das Jahr 1738 die ganz entscheidende theologische und biographische Wende für Oetinger dar, wobei Wende nicht so sehr Abkehr von dem in den ‚Lehr- und Wanderjahren' Er-Fahrenen und kritisch Geprüften bedeutet, sondern Abkehr vom temperamentvoll-jugendlichen Suchen hin zu einem ausgereifteren Hindurchdringen zur Mitarbeit in der verfaßten Kirche. Gewisse separatistische Tendenzen und schwärmerisch-mystische Lieblingsneigungen begegnen von diesem Jahr an moderater. Luther z. B. erhält einen höheren Stellenwert bei Oetinger, und Oetingers Wertschätzung der mystischen „Zentralschau", so wie Böhme, aber auch andere von Oetinger geschätzte Gewährsleute sie besaßen, tritt zugunsten des von Oetinger sog. „sensus communis" sehr in den Hintergrund. Kurzum: So wie jeder Schwabe mit 40 langsam gescheit wird, so hat nach Weyer-Menkhoff Oetinger ab 1736/37 und vollends 1738 die Bestandteile seines Denkens in Grundzügen zusammen, von denen aus es weitergeht, hin zu Oetingers Hauptwerken und den weiteren Denkbemühungen und Auseinandersetzungen.

Der hier genannte Einschnitt ist von Weyer-Menkhoff sehr pointiert herausgearbeitet worden, wobei auch der biographische Aspekt (Verheiratung, Übernahme der Pfarrstelle in Hirsau) eine Rolle spielt: „Das Jahr 1738 bietet... einen größeren Einschnitt in Oetingers Leben. Mit festem Wohnsitz, Arbeit und Familie wird er nun kontinuierlich auf dem aufbauen, was er erfahren und sich an Grundlagen erarbeitet hat" (111).

Der Rest der Biographie tritt dann bei Weyer-Menkhoff sehr viel summarischer in den Blick (z. B. im Exkurs über „Oetinger als Geisterseher?", 186–190, in dem einige Legenden entmythologisiert werden und wo zusammen mit der Oetingerschen Lehre vom Zwischenzustand der Seele auch seine Stellung zum ‚Geisterseher' Emmanuel Swedenborg sowie sein in der Autobiographie beschriebener Kontakt mit Schill und Oechslin behandelt wird). Stattdessen zeigt er, wie sich beim ‚reifen' Oetinger sein Denken ausgestaltet hat. Dieser 2. Hauptteil (121–230) dient der Aufgabe, „das Ergebnis der theologisch-philosophischen Erkenntnis Oetingers in einigen wichtigen Punkten in einer von ihm abgeschauten Systematik zu skizzieren" (230). Die obligatorischen großen Themen jeder Arbeit über Oetinger kommen hier zur Sprache: sein eigenständiger Umgang mit dem theosophischen Gedankengut J. Böhmes (zu dessen drei Grundprinzipien und den ‚sieben Geistern' vgl. 166–171 u. ö.), seine Übernahme der 10-Sefirot-Symbolik aus der jüdischen Kabbala (zu den 10 Sefirot vgl. 171–175 u. ö.) und viele andere Einzelfragen der Oetingerschen Aufnahme und Verarbeitung alter Traditionen werden hier dargestellt. Doch insgesamt weist dieser 2. Hauptteil – zwangsläufig! – zahlreiche Parallelen mit den großen Oetinger-Arbeiten der letzten Jahre auf, in denen mit anderen Worten das Gleiche dargestellt wurde (Großmann, aber auch Piepmeier), so daß man sich hier auf einige Aspekte beschränken kann, die aus Weyer-Menkhoffs Optik über das Bisherige hinausführen.

Er beschreibt im Einzelnen im genannten 2. Hauptteil („‚Etwas Ganzes' im Leben", 120–230) unter dem Aspekt der typischen Oetingerschen Ganzheitlichkeit (1) dessen Schöpfungslehre (121–146), (2) seine Christologie

(146–205) und (3) sein Verständnis von Leiblichkeit, das ganz und gar eschatologisch ausgerichtet ist („Die Konkretion des ‚Ganzen'. ‚Leiblichkeit ist das Ende der Werke GOttes'", 205–230).

(1) In der Darstellung der Schöpfungslehre nimmt die für Oetinger eigentümliche Konzeption, vom ‚allgemeinen Wahrheitsgefühl', dem ‚sensus communis' auszugehen und sich damit am ‚Einfachsten, Nützlichsten und Notwendigsten' zu orientieren, einen besonders breiten Raum ein (124–141). Die besondere Pointe der Meyer-Wenkhoffschen Deutung liegt dabei (aufgrund der Erkenntnisse seines 1. Hauptteils) darin, daß diese ‚sensus-communis'-Konzeption gleichsam bei Oetinger die Ersetzung der früheren Favorisierung der elitär(-esoterischen) mystischen Zentralschau oder Zentralerkenntnis darstellt (vgl. dazu 89–92, aber v. a. 103–110), so daß der den ‚sensus communis' betonende ‚reife' Oetinger in dieser universalen Konzeption mystisch elitäre Motive gleichsam ‚demokratisiert' und auf den Boden des ‚Alltags-Lebens' heruntergeholt hat. Daß Weyer-Menkhoff im Zusammenhang mit der Schöpfungslehre Oetingers Naturforschungen und -Experimente alchemistischer und ähnlicher Prägung (z. B. das berühmte Melissenblatt-Experiment) in die Darstellung miteinbezieht (140–146), ist hier am Rande zu nennen.

(2) Die Mitte des 2. Hauptteils (und der ganzen Arbeit) bildet das christologische Kapitel: „Jesus Christus – der Weg zum Leben" (146–205), in dem das Ineinandergreifen von Schöpfungslehre und Anthropologie mit der Christologie bei Oetinger ebenso gezeigt wird wie die eschatologische Ausrichtung (auf das Reich Gottes und die Apokatastasis hin), die von Oetingers Christologie nicht zu trennen ist. Weyer-Menkhoff stellt dar, wie in dieser durch und durch dynamisch vorzustellenden universalen Theologie des Werdens und Lebens der Mensch an den gleichen prozeßhaft-lebendigen Grundkräften des Werdens partizipiert, welche die übrige Natur in Gang halten (er ist ein ‚Mikrokosmos vom Makrokosmos', ein ‚kleines Ganzes vom großen Ganzen'), wobei das von Sünde und Entfremdung korrumpierte ‚auflösliche Leben' in der gefallenen Welt am ‚unauflöslichen Leben Gottes' heil werden kann und soll, nämlich in Christus, dem ‚Wiederbringer des Lebens', dem „Heil der Natur" (vgl. zu dieser Formulierung des Titels 131, 148 und 260). Christus als „Heil der Natur", auch das ist Oetingers Gottesvorstellung gemäß kein Sein, sondern ein prozeßhaftes Geschehen und ein geschichtliches Werden. So zeichnet Weyer-Menkhoff nach, wie – Oetingers Reich-Gottes-Vorstellungen zufolge – von diesem Verheißenen etwas geschichtlich zutage treten soll und sich eschatologisch in der Wiederbringung aller Dinge vollenden wird (197–205).

(3) Den wichtigen eschatologischen Themenaspekt Chiliasmus bei Oetinger freilich behandelt Weyer-Menkhoff (gleichsam ‚nachklappend') zum Schluß seiner systematischen Darstellung von Oetingers Konzeption, im Abschnitt: „Die Konkretion des Ganzen, ‚Leiblichkeit' ist das Ziel der Werke GOttes" (205–236). Hier geht es um die geschichtlich-‚leiblichen' Vollen-

dungen, die als Verheißene nach Oetinger ab 1836 (Bengels Datum) stattfinden werden samt all den utopisch klingenden Vollendungen auf dem Gebiet der Wissenschaft und des gesamten sozialen Lebens, die Oetinger in dieser von ihm sog. ‚Güldenen Zeit' erwartet, wenn etwas vom Reich Gottes auf Erden präsent sein wird. In diesem Sinn hat sich nach Oetinger (wie Weyer-Menkhoff auch zeigt) jegliche Theologie, Wissenschaft und (Sozial-)Ethik auf das Güldene Reich auszurichten.

Schließlich bietet Weyer-Menkhoff am Ende seiner Arbeit noch einen schmaleren 3. Hauptteil: „Strukturen der Ganzheit in Alltag und Wissenschaft" (231–264). Im Sinne des Letztgenannten geht es hier darum, nachzuzeichnen, was Oetinger selbst als Nutzen und Zweck seiner Lebensarbeit beschrieben hat: „Vorarbeiten zu geben für Leben, Glauben und Denken im Horizont der Erlösung während der anbrechenden Zeit großer Revolutionen" (230; gemeint ist: vor dem Datum 1836). Erwähnenswert außer dem schönen Abschnitt: „Die Zeiten Gottes" (231–234; über den für Oetingers Denken formal und inhaltlich theologisch wie philosophisch konstitutiven Faktor der Zeit) ist aus diesem 3. Hauptteil insbesondere der Abschnitt über „Die Methode" (239–256). Es geht hier um die „Methode", die Oetinger in seinen ‚reifen' Hauptwerken anwendet. Herausgearbeitet wird vor allem, daß es da Oetinger um „drei Methoden geht, die seine Theologie und Philosophie in Handlungsanweisungen bringen" (240), oder anders gesagt: „die drei Mittel, durch die Erkenntnis gewiß werde... Die drei Mittel sind: Die Weisheit auf der Gasse, Sinn und Geist der Heiligen Schrift, die Schickungen Gottes, also Philosophien und sensus communis und die Bibel unter Beachtung der Lebensumstände" (241), die man „alle zusammennehmen müsse" (ebd.), wobei in dieser Trias nach Weyer-Menkhoff eine „trinitarische Systematik der geschaffenen und wiederhergestellten Leiblichkeit" (240) beschlossen liegt. Dieser eigentümliche Trinitätsgedanke spielt in der Arbeit als weitere besondere Pointe der Weyer-Menkhoffschen Deutung eine beträchtliche Rolle (vgl. etwa: 5, 116, 119, 193, 245, 252, 256).

Im resümierenden kleinen Schlußkapitel über die „Systematik der Theologie Oetingers" (265–271) faßt Weyer-Menkhoff bündig zusammen, was er als Sinn dieses Trinitätsgedankens bei Oetinger sieht: „Oetingers Theologie der Leiblichkeit ist in überraschend... reformatorischer Weise trinitarische Theologie und trinitarisch strukturiert. Bedeutsam war auch die Feststellung, daß er die Idee des Lebens und der Leiblichkeit nicht aus dem ersten, sondern aus dem zweiten Glaubensartikel ableitet, von Jesus Christus, dem Wiederhersteller des Lebens, der ins Fleisch kam. Erst durch Christus könne der erste Glaubensartikel wirklich geglaubt werden. Erster und dritter Artikel existieren in ständiger Kommunikation. Im ersten ist der sensus communis begründet, der dritte zeigt die actualitas des sensus communis als Weisheit auf der Gasse an, die auch ‚die Heiden belebt'. Im ersten ist ausgedrückt, daß Gott die Leiblichkeit schafft, im dritten ihre Verwirklichung durch den Schöpfergeist; der Geist Gottes ist Gestaltungsprinzip" (266).

Das eingangs dieser Rezension genannte erkenntnisleitende Interesse, von Oetinger etwas lernen zu wollen, kommt in diesem Schlußzitat – implizit schön zum Ausdruck: Weyer-Menkhoff stellt, sichtlich fasziniert von diesem Denken, Oetingers Größe und die Chancen von dessen Theologie für heute heraus. Das ist ihm aufs beste gelungen, wobei seine Darstellung auch durch das Bemühen gekennzeichnet ist, Oetinger als (freilich ‚unorthodoxen') Orthodoxen (dazu vgl. 262–264) zu schildern.

Daneben freilich käme Oetingers Grenze deutlicher in den Blick, wenn man ihn klarer als württembergischen Pietisten sähe in der chiliastischen Reich-Gottes-Tradition, die von Spener über Bengel zu Oetinger, Philipp Matthäus Hahn und Michael Hahn führt, ferner wenn man die Art der Swedenborg-Rezeption Oetingers in die Darstellung einbezöge. Das Ergebnis einer solchen Sicht (Weyer-Menkhoff nennt die hier Genannten zwar häufig, prüft ihren Einfluß auf und ihre Beziehung zu Oetinger nicht mit jener Sorgfalt, die er dem Verhältnis Zinzendorf/Oetinger angedeihen läßt) wäre ein etwas ‚unlutherischerer' und ‚theologisch auch gefährdeterer' Oetinger, dessen eschatologischer Universalismus allerhand Fragen aufwirft, die der Rezensent an anderer Stelle gestellt hat. Doch diese Schlußanmerkung zu Weyer-Menkhoffs großartigem Buch ist nicht im Leisesten als Kritik und Abwertung gemeint, sondern als Fortsetzung eines Gesprächs über Oetinger zu dem Weyer-Menkhoff einlädt.

Hemer-Deilinghofen | Friedhelm Groth

Weyer-Menkhoff, Martin: Friedrich Christoph Oetinger, Wuppertal/Zürich, R. Brockhaus Verlag, Metzingen, Verlag E. Franz. 1190, 174 S. = R. Brockhaus Bildbiographien, R. Brockhaus Taschenbuch 1107

Mit ähnlichem Vergnügen wie die vorher besprochene große wissenschaftliche Oetinger-Monographie Weyer-Menkhoffs ist diese für einen breiteren Leserkreis geschriebene preiswerte Bildbiographie zu lesen, die ein ‚Lebensbild' von Oetinger im besten Sinne des Wortes darstellt und darüber hinaus eine gute Einführung in Oetingers Denken und Schaffen bietet. Es handelt sich dabei keineswegs bloß um eine verkürzte oder popularisierte Fassung der Dissertation, sondern um ein ganz neu geschriebenes Buch, in dem Oetinger anschaulich in Wort und Bild den Lesern nahegebracht werden soll.

Dazu dienen nicht zuletzt die etwa 60 Abbildungen (Portraits von Oetinger und seiner Zeitgenossen, mit denen er zu tun hatte, Titelseiten seiner

Werke, Handschriftenabbildungen und Bilder der Orte, an denen er wirkte). Aber genauso anschaulich zeigt der flüssig geschriebene Text sehr viel von Oetinger, dessen Leben in elf Abschnitten nachgezeichnet wird: 1. Wer war Oetinger? (7–12), 2. Kindheit (13–22), 3. die Berufsentscheidung (mitsamt den dahin gehörenden ‚Schlüsselerlebnissen‘: 23–33), 4. die Tübinger Studienerfahrungen (z. B. mit der Begegnung mit Böhmes Schrift ‚Antistiefelius‘ durch den Pulvermüller; 34–50), 5. seine Reisen (v. a. nach Herrnhut zu Zinzendorf, 50–74), 6. seine Eheschließung und die Aufnahme des Pfarramts in Hirsau (74–82), 7. seine Zeit in Schnaitheim und Waldorf (83–91), 8. seine Krisenzeit als Stadtpfarrer und Dekan in Weinsberg (92–98), 9. die Herrenberger Zeit (99–113), 10. Oetinger als Prälat in Murrhardt (114–137) und 11.: „Das Letzte: Bergwerks- und Geisterpredigt" (138–150).

Es kann v. a. die didaktische Leistung beeindrucken, daß es dem Verfasser gelingt, alle wesentlichen Erkenntnisse, die er in seiner Dissertation gesammelt hat, in diese Schilderung von Oetingers Leben einzubauen und trotzdem ein leicht verständliches Buch für jedermann anzubieten, das – mit ganz viel ‚Lokalkolorit‘ und einigen Geschichten zum Schmunzeln – uns Oetinger sympathisch nahebringt. Zum Beispiel wird im 11. Abschnitt „Das Letzte" dargeboten. Da wird seine Bergwerkspredigt erzählt und die Geschichte von seinen angeblichen Geisterpredigten ‚entmythologisiert‘, und in diesem schmalen Abschnitt hat der Leser exemplarisch alle wesentlichen Einsichten der Oetingerschen Eschatologie zur Hand (Buch zur Wiederbringung aller Dinge). Eine Tabelle der wichtigsten Lebensdaten, ein Anmerkungsteil, ein gut ausgewähltes Literaturverzeichnis sowie ein Personen- und Ortsregister beschließt den Band. Interessant ist, daß dieses in einer ‚evangelikalen‘ Reihe herausgekommene Bändchen (Weyer-Menkhoff hat in den letzten Jahren viel über Oetinger für sog. ‚Evangelikale‘ publiziert, bis hin zu Rundfunkvorträgen im Evangeliumsrundfunk) die dort oft sehr beargwöhnten ‚ketzerischen Tendenzen‘ Oetingers nicht *kritisch* berührt (z. B. seine Wiederbringungslehre).

Hemer-Deilinghofen Friedhelm Groth

Streiff, Patrick Philipp: Jean Guillaume de la Fléchère, John William Fletcher 1729–1785. Ein Beitrag zur Geschichte des Methodismus. Frankfurt/Main–Bern–New York, Peter Lang, 1984. 540 S. = Basler und Berner Studien zur historischen und systematischen Theologie, Bd. 51.

Die durch A. Lindt betreute Berner Dissertation orientiert sich am Lebensgang Fletchers, bespricht gründlich sein Schrifttum, erhebt theologiegeschichtliche Zusammenhänge und bettet Fletchers Werk insgesamt in die

Geschichte der von John Wesley ausgelösten religiösen Bewegung ein. Um es vorwegzunehmen: Der Vf. liefert tatsächlich einen substantiellen „Beitrag zur Geschichte des Methodismus".

Im September 1729 wurde Fletcher im waadtländischen Noyon geboren. Über seine Familie gibt es nur wenige Quellen, so daß späteres autobiographisches Material die Lücke füllen muß. Auffallende Züge scheint seine frühe Entwicklung nicht gehabt zu haben. Eine klassische Bildung erwarb er sich in Genf, dort kam er auch in der Person von Jacob Vernet mit der „vernünftigen Orthodoxie" in Berührung. Schon früh interessierte sich Fletcher für England. Das Beispiel der Brüder Wesley in Oxford beeindruckte ihn, er studierte angelsächsisches Schrifttum und begann sich englische Sprachkenntnisse anzueignen. Ohne eine theologische oder philosophische Fachausbildung genossen zu haben, verließ er die Genfer Akademie und reiste 1750 nach England. Als Hauslehrer arbeitend kam er mit der methodistischen Bewegung in Berührung und erlebte 1754 eine Bekehrung, die sich ihm wesentlich als Überwindung der Gerichtsangst darstellte. Fletcher vertiefte seine schon in Genf angefangene Beschäftigung mit den endzeitlichen Passagen der Bibel, insbesondere mit den Aussagen zum Tausendjährigen Reich. Unter Einfluß Wesleys, dessen Tagebuch schon für seine Bekehrung entscheidende Anstöße gegeben hatte, schwächte sich dieses Interesse jedoch wieder ab und machte einer Zuwendung zu den Fragen von Sünde und Erlösung Platz. Im Jahre 1757 wurde Fletcher in der anglikanischen Kirche ordiniert und zum Hilfsgeistlichen in der mittelenglischen Ortschaft Madeley ernannt. Die Beziehungen zwischen Wesley und Fletcher intensivierten sich, der Schweizer kam mit allen Aspekten der methodistischen Bewegung in Berührung, bewahrte sich jedoch ein eigenes theologisches Profil, etwa bei den Fragen von Heiligung und Rechtfertigung, wo Fletcher der traditionellen calvinistischen Position verpflichtet blieb. Wohl noch enger schloß er sich an Charles Wesley an. Mit ihm korrespondierte er in seiner französischen Muttersprache.

Fletcher hatte Mühe, seine eigenen Fähigkeiten zutreffend einzuschätzen und über seine weitere berufliche Tätigkeit Klarheit zu gewinnen. Unter Mißbilligung von J. Wesley nahm er 1760 die Pfarrstelle von Madeley an: Für Fletcher war es ein Ruf Gottes, für Wesley Fletchers eigener Wunsch. Die Gemeinde Madeley befand sich mitten in einem der wichtigsten Kohlengebiete Englands, das während der zweiten Hälfte des 18. Jahrhunderts wegen der Neuerungen auf dem Gebiete der Eisenherstellung und des Transportwesens tiefgreifende Wandlungen durchmachte. Fletcher erlebte die Frühindustrialisierung Englands aus unmittelbarer Anschauung. In seiner pfarramtlichen Tätigkeit versuchte Fletcher den sich wandelnden Lebensverhältnissen seiner Gemeindeglieder Rechnung zu tragen. Er legte andere Gottesdienstzeiten fest, förderte eine „Gesellschaft" nach Wesleys Vorbild, predigte gegen Trunksucht und Tierhetze. Eigentliche politische und soziale Fragen werden in seinen Predigten allerdings nicht angerührt (S. 220). Bald galt er als „Methodist", was Entfremdung zu den Nachbarpfarrern mit sich brachte. Diese wird noch dadurch verstärkt, daß Fletcher seine Gemeindegrenzen überschreitet, andernorts tätig wird, anstoßerregend gar 1765 erstmals im Freien predigt (S. 186). Seine Persönlichkeit ist keineswegs rundum gefestigt. Selbstquälerisch zweifelte er an seiner beruflichen Eignung, kränkelte ständig und konnte sich in seiner anhaltenden Unentschlossenheit nicht zu einer ehelichen Verbindung entschließen. Wie im Persönlichen so bewegte er sich auch im Beruflichen in fortgesetzter Spannung. Er schwankte zwischen der Loyalität zur Staatskirche und der Hinwendung zur innerkirchlichen Erneuerungsbewegung des Methodismus.

Bei den Differenzen im Methodismus selbst nahm Fletcher eine durchaus eigenständige Position ein. Voll zustimmen konnte er weder dem „calvinistisch" bestimmten Flügel um Lady Huntingdon und John Whitefield, noch dem eher „arminianisch" bestimmten Kreis um John Wesley. Während der Pfarrer von Madeley bei Pneumatologie, Christologie und Trinitätslehre weitgehend das calvinistische Erbe repräsentiert, hat er in der Kardinalfrage der Erwählungslehre eine Wandlung durchgemacht. Nachdem er eine Zeitlang gezögert hatte, wurde er zum entschiedenen Gegner der calvinistischen Prädestinationslehre und damit ein treuer Parteigänger John Wesleys. Mit ihm teilte er fernerhin die positive Beurteilung von John Lockes Empirismus sowie die vierfache Begründung religiöser Aussagen: Schrift, Vernunft, Erfahrung, Tradition. Als im achten Jahrzehnt die innermethodistische Kontroverse offen ausbrach, konnte sich Fletcher wiederum nicht rückhaltlos entscheiden. Er sah Teilwahrheiten auf beiden Seiten (S. 316). In mehreren Schriften hat er seine Haltung dargelegt, sie konnte allerdings auch keine Aussöhnung zwischen den beiden Positionen herbeiführen. Fletchers vermittelnde Haltung ist geschichtlich wirkungslos geblieben.

Mittlerweile hatte sich sein Gesundheitszustand weiter verschlechtert, 1776 ist er todkrank (S. 395). Deshalb nahm er vom Pfarramt in der Hoffnung Abschied, die Rückkehr ins wärmere Klima des Kontinents werde ihm die Wiedergenesung bringen. Tatsächlich besserte sich sein Zustand während des mehrjährigen Aufenthalts in Südfrankreich und in seiner westschweizerischen Heimat. Sein literarisches Werk führte er durch eine Auseinandersetzung mit Voltaire und Rousseau fort. Ihnen gegenüber betonte er das Wirken des dreieinigen Gottes in der Geschichte und die Überlegenheit einer offenbarten über die natürliche Moral. Philosophisches Wissen käme erst durch die Offenbarung zur „wahren Weisheit" (S. 430). Heimisch ist Fletcher im Land seiner Herkunft nicht wieder geworden. Die stets gepflegten Verbindungen zu den Freunden in England ließen ihn seine dortige Verwurzelung erkennen. So kehrte er 1781 vom Kontinent zurück, nahm seine pfarramtliche Tätigkeit in Madeley wieder auf und heiratete doch noch Mary Bosanquet, die er vor mehr als fünfundzwanzig Jahren kennengelernt hatte. In seiner Gemeindearbeit läßt sich kein prinzipieller Wandel erkennen. Fletcher sah die Gründe für die verbreiteten Nöte der Bevölkerung nicht in den wirtschaftlichen oder gesellschaftlichen Bedingungen, sondern in mangelnder Frömmigkeit und fehlender Moral der einzelnen Menschen. Deshalb erhoffte er sich eine Veränderung von einer Besserung der Erziehung insbesondere der Kinder. So verfaßte er pädagogische Anleitungen für Lehrer und einen Kinderkatechismus. Am Geschick der methodistischen Bewegung nahm Fletcher, soweit es ihm seine beschränkten Kräfte erlaubten, weiterhin lebhaften Anteil. Charles Wesley sah in ihm den natürlichen Führer nach dem Abtreten der Gründergeneration der Wesleys (S. 461 f.). Fletchers eigener Tod am 14. August 1785 machte allen solchen Spekulationen ein Ende. Kein Geringerer als John Wesley selber widmete dem Freund eine Biographie. In ihr wird Fletcher als leuchtendes Vorbild hingestellt, was ihm den bis heute im Methodismus gängigen Ehrentitel „The Saint“ eingetragen hat. Eine detaillierte Briefliste, Bibliographie und Personenregister schließen das gehaltvolle Buch ab.

Basel — Ulrich Gäbler

Knoll, Renate (Hg.): Johann Georg Hamann, 1730–1788, Quellen und Forschungen, Bonn 1988 = Schriften der Universitätsbibliothek Münster, Bd. 3.

1988 wurde der 200. Todestag Johann Georg Hamanns begangen. Das Gedenkjahr hat eine Reihe von Publikationen hervorgebracht. Bei dem vorliegenden Band handelt es sich um den Katalog der Ausstellung, die aus diesem Anlaß in der Universitätsbibliothek Münster gezeigt worden ist und danach noch an einer Reihe von Orten in der Bundesrepublik zu sehen war. Hamann, der Königsberger, ist bekanntlich in Münster während eines Besuches der dortigen „familia sacra“ um die Fürstin Gallitzin verstorben und in Münster auch bestattet worden. So ergab sich nun eine Kombination. Die Kulturstiftung der deutschen Vertriebenen war dankenswerterweise zur Finanzierung bereit, und eine in Münster tätige Hamann-Forscherin, Renate Knoll, verdient besonders um die Erforschung der Beziehungen zwischen Friedrich Heinrich Jacobi und Johann Georg Hamann, besorgte in mühevoller und hingebender Arbeit die Ausstellung und den Katalog. Dabei konnte Renate Knoll insbesondere auf den Hamann-Nachlaß zurückgreifen, der sich – von Josef Nadler seinerzeit in Königsberg fotokopiert – nunmehr in der Universitätsbibliothek Münster befindet. Die Originale sind übrigens, wie sich nach und nach herausstellt, in Königsberg nicht völlig verlorengegangen. Einige Stücke tauchen besonders in Bibliotheken in Polen wieder auf.

Der Katalog hat drei Teile und einen Anhang. Der erste Teil bietet eine

Erläuterung der Exponate der Ausstellung. Der zweite Teil enthält Brieftexte aus der Spät- und Nachgeschichte Hamanns, die weitgehend zum ersten Mal veröffentlicht werden. Der dritte Teil gibt drei Forschungsaufsätze. Der Anhang bringt Varia, darunter auch einen berichtigten Stammbaum der Hamann-Familie.

Die Vorstellung und Erläuterung der Exponate läßt eine reiche und wohlgegliederte Ausstellung erkennen. Sie umfaßt Lebensgeschichte und Lebenswerk Hamanns in wünschenswertem Umfang und kenntnisreicher Darbietung. Wie bei solchen Ausstellungen üblich, geschieht die Repräsentation vor allem durch die Wiedergabe handschriftlicher und gedruckter Texte sowie durch Bilder von Personen und Orten. Daß Hamanns Pempelfort- und Münster-Aufenthalt einen deutlichen Schwerpunkt bildet, ist verständlich. Daß die familiengeschichtlichen Linien ausgezogen werden zurück zu Hamanns Onkel Johann Georg, Pfarrer, Literat und Textdichter besonders für Telemann, und voraus bis zu Hamanns Sohn Johann Michael, Altphilologe und nunmehr auch als Poet identifiziert, ist erfreulich. Die Lebensmitte wird vorzugsweise durch Titelblätter von Hamann-Schriften und Porträts von Beziehungspersonen dargeboten, aber da ließ sich auch kaum mehr machen. Der Forscher bekommt reichlich Hinweise und Anregungen, sehr schön z. B. die Faksimile-Wiedergabe eines Teils von Kreutzfelds Widmungsgedicht zu Hamanns Geburtstag 1777, dessen Druck sich in Herders Nachlaß fand. Wenn der Forscher auch noch mit Luther zu tun hat, wird er allerdings bei der Umschrift des Untertextes der Hopferschen Luther-Radierung von 1523 stutzen, sie ist arg verlesen, genau lautet sie: „Des lutters gestalt mag wol verderbenn / Sein cristlich gemiet (nicht: namet) wird nÿmer sterben. M.D.X.X.III. D. H." Man wird ansonsten nur seinen hohen Respekt vor der Leistung Renate Knolls und ihrer Mitarbeiter bezeugen können, insbesondere auch für die kleine Welt von Exponaterläuterungen, in die sich jeder mit Gewinn versenken kann, der sich der Gestalt und dem Werk Hamanns in seiner Zeit und Umwelt nähern möchte.

Einige Korrekturen zu den Bezeichnungen der Ausstellungsexponate finden sich bei J.-U. Fechner, Nordamerikanische Bibliotheks- und Archivbestände und ihre Bedeutung für die Hamann-Forschung, in: J. G. Hamann und die Krise der Aufklärung, Acta des fünften Internationalen Hamann-Kolloquiums in Münster i. W. (1988), hg. v. B. Gajek u. A. Meier, Frankfurt a. M. 1990, S. 548 u. 550. Außerdem: S. 144, Z. 3 v. u. „166" statt „116".

Ein wirkungsgeschichtlicher Leckerbissen ist der zweite Teil. Man sieht in Briefen vor allem aus dem Umkreis von Hamanns Wohltäter Franz Kaspar Bucholtz zunächst in die Bewegungen um Hamann noch vor seinem Aufenthalt in Münster hinein (beachtlich die Wiederauffindung des Originals des Briefes von Hamann an Bucholtz vom 23. 8. 1787 in ungenannt bleibendem Privatbesitz); dann bekommt man indirekt Hamanns Pempelforter und Münsterer Aufenthalt gespiegelt, bis hin zu seinem Tod und der Errichtung seines Grabmals, schließlich aber sieht man auch noch, wie aus diesem Kreis heraus (es gab daneben andere wichtige Förderungskreise) die Bemühung um die Zusammenfassung und Veröffentlichung von Hamanns Werk beginnt, bis hin zu Friedrich Roth, der die erste Hamann-Ausgabe dann schließlich zustande brachte. Ein zweiter Briefkreis erschließt sich von Hamanns Sohn Johann Michael aus, seinem Erleben des Todes seines Vaters, seiner Rückreise aus Münster, seinen Bemühungen um das Schicksal der hinterbliebenen Familie. Das ist etwas auch für persönliche Anteilnahme (aber er war auf der Rückreise auch bei Claudius, tief beeindruckt offenbar von Julia Reventlow: „4 Tage, die glücklichsten die ich mich aus meinem Leben zu erinnern weiß"). Schließlich gibt es noch ein drittes Briefwiedergabe-Konvolut. Es sind Briefe von Arthur Warda (1871–1929), dem Königsberger Juristen, der die größten persönlichen Verdienste um die Zusammenfassung des Hamann-Nachlasses in Königsberg und die textmäßige Grundlegung der Hamann-Ausgaben dieses Jahrhunderts hat, die Ausgaben aber tragischerweise auch in Verzögerung geraten ließ, weil offensichtlich die Fachphilologie dem Amtsrichter dergleichen nicht anvertrauen mochte. Leider gibt es nicht hier, sondern nur im Zusammenhang der Erläuterung der Ausstellungsexponate einen kurzen biographischen Hinweis auf Wardas Persönlichkeit. Geistes- und frömmigkeitsgeschichtlich werden die Briefe aus dem Münsteraner Umkreis am beachtenswertesten sein. Die engere Forschung wird die Johann-Michael-Hamann-Briefe wichtig und anrührend finden. Daß endlich Wardas Bemühungen durch Briefwiedergaben dokumentiert sind, kommt einer persönlichen Satisfaktion gleich.

Schließlich haben wir noch den Aufsatzteil. Hier schreibt Peter Rohs aus Münster einfühlsam über Kants Vernunftkritik und Hamanns erst postum veröffentlichte Metakritik und wägt dabei ausgleichend mit einem kleinen Prae für Kant Argument und Gegenargument. Es ist eine vorzügliche Einführung in diese heute so aktuelle Auseinandersetzung über Vernunft und Sprache, von der man wünschte, daß sie irgendwo in der Kant- oder Hamann-Literatur nicht nur beachtet, sondern vielleicht auch noch einmal gedruckt würde. Henri Veldhuis aus Utrecht hat in der Freimaurerbibliothek Groot Oosten in Den Haag eine Abschrift der „Art Royal du Chevalier de Rosecroix" ausfindig gemacht, deren Druck von 1770 in die Vorgeschichte von Hamanns „Des Ritters von Rosencreuz letzte Willensmeynung über den göttlichen und menschlichen Ursprung der Sprache" von 1772 hineingehört und bisher von der Forschung nicht aufgefunden werden konnte. Die Abschrift wird wiedergegeben. Der Text erlaubt auch inhaltlich einige Bezüge in Hamanns Schrift näher aufzuschlüsseln. Mit einem Unfall hat man es, so scheint es, bei dem Aufsatz von Kurt Christ zu tun, der eine „Portraitskizze nach hypochondrischen Briefen" zwischen Hamann und Jacobi versucht. Jacobi habe, so heißt es, die Problematik seiner eigenen Sohn-Vater-Beziehung auf Hamann projiziert, während als Hamanns „grundlegende(s) Manko seiner Person" (S. 243) diagnostiziert wird, er sei unvermögend gewesen, andere vorurteilsfrei zu akzeptieren, „weil er sich letztlich selbst auch nicht akzeptiert" (S. 243) habe. Nun ja, was soll's. Hamann war Christ. Da hat so etwas Dimensionen, die für derart psychologisierende und mit derart mediokren Maßstäben arbeitende Aufsätze nicht greifbar sind. Forschungsmäßig ist zu vermerken, daß Christ das Hamann-Buch von Salmony nicht kennt, in dem manches, das er zu sehen versucht, auf ungleich höherem Niveau schon einmal in den Blick genommen wurde.

Es ist schade, daß der Band kein Personen- und Ortsregister hat, weil sein Reichtum nur dadurch ganz aufgeschlossen werden könnte. Man versteht aber, daß dies nun nicht auch noch zu leisten war. Der Katalog ist auch so ein Einlese- und Forschungsförderungsbuch von erheblicher Bedeutung. Es ist also abschließend noch einmal darauf aufmerksam zu machen, daß der Band für die persönliche und forschungsmäßige Annäherung an Hamann beachtliche Potenzen bereithält, für deren Vorstellung und Auffindung anteilnehmende Zeitgenossen Renate Knoll zu großem Dank verpflichtet sind.

Jena Martin Seils

Aus den Tagebüchern von *Philipp Matthäus Hahn*. In Erwartung der Königsherrschaft Christi. In Verbindung mit Gerhard Schäfer hg. von Rudolf F. Paulus. Metzingen, Ernst Franz Verlag, 1989. 264 S.

Die Tagebücher Philipp Matthäus Hahns zählen inzwischen mit Recht zu den herausragenden Quellen nicht nur der Geschichte des Pietismus. Das ist uneingeschränkt der editorischen Leistung von Martin Brecht und Rudolf F. Paulus zuzuschreiben, die diese Aufzeichnungen des württembergischen Pfarrers aus den Jahren 1772–1790, seiner Kornwestheimer und Echterdinger Amtszeit, in einer zweibändigen wissenschaftlichen Ausgabe vorgelegt haben (Texte zur Geschichte des Pietismus, Abt. 8, Band 1 und 2, Berlin 1979 und 1983).

Angesichts des Reichtums dieser Quelle entstand schon bald das Bedürfnis, der kostspieligen wissenschaftlichen Ausgabe eine Kurzfassung folgen zu lassen, die auch einer breiteren Leserschicht den Zugang zu Leben und Werk dieser Ausnahmegestalt ermöglicht, dieser Dreifachbegabung in theologischer, technischer und organisatorischer Hinsicht. Zum Jubiläumsjahr 1989/1900 haben Rudolf F. Paulus und Gerhard Schäfer das Wagnis der vorliegenden Auswahlausgabe unternommen. Und um ein Wagnis handelt es sich allemal, den Inhalt der großen Ausgabe auf weniger als den zehnten Teil zu komprimieren.

Hier gilt es, die Klippe der subjektiven und tendenziösen Auswahl zu umschiffen und wo nicht das ganze, so doch ein breites, das Wesentliche erfassende Spektrum der Persönlichkeit und des Wirkens von Hahn mit Licht und Schatten sichtbar werden zu lassen.

Eine Auswahlausgabe von Tagebüchern fordert eine Strukturierung des ungegliederten und ungewichteten chronologisch weiterfließenden Materials. Das ist ein weiterer Prüfstein einer solchen Aufgabe. Eine bloße Sammlung von Kernstellen verbietet sich hier. Die Herausgeber haben die Fülle des Stoffs in fünf Hauptabschnitte gepackt, in denen der Pfarrer und Ingenieur, seine Berufspflichten, das Zusammenleben im Pfarrhaus, seine Theologie und sein Hineinwirken in die pietistischen Kreise dargestellt wird. Diese Hauptabschnitte sind wiederum in unterschiedlich umfangreiche Unterabschnitte gegliedert. Lediglich das größte und zentrale Kapitel „Theologie“ verzichtet bezeichnenderweise auf solche Untergliederungen. Kurze Einführungstexte der Herausgeber stellen die einzelnen Abschnitte in größere Zusammenhänge, die durch eine Zeittafel am Schluß ergänzt werden.

Dieser Systematisierungsversuch vermag nicht völlig zu befriedigen. Weniger, weil Vorgänge in Kapitel eingegliedert sind, in denen man sie nicht vermutet. Das ist das Schicksal jeglicher Systematisierung. So würde man Hahns Qualen um die Wahl seiner zweiten Frau eher in dem Kapitel suchen, das Hahns Verhältnis zu seinen Ehefrauen thematisiert und nicht im Kapitel Besigheimer Kreis, in das es nur in einem theologischen Kontext gehört. Nein, vielmehr werden einige für Hahn elementar wichtige Faktoren entweder gar nicht oder nur marginal dargestellt. So kommt der Erfinder und Techniker, auch der Unternehmer, entschieden zu kurz, wie man auch die angemessene Repräsentanz die für Hahns Theologie und seelsorgerisches Wirken zentrale Auseinandersetzung mit Bengels Eschatologie schmerzlich vermißt.

Zumindest ein Unterkapitel hätte Hahn als Paradigma einer Umbruchzeit verdient gehabt. Beinahe auf den Tag genau läßt sich im Kornwestheimer Tagebuch festmachen, als Hahns biblizistisches Weltbild durch die naturwissenschaftlichen Methoden der Moderne einen entscheidenden, irreparablen Riß erhielt. Das aktuelle Bemühen um die Einheit von Offenbarung und Vernunft, von Theologie und Naturwissenschaft wurde schon von Hahn durchgekämpft. Hier wurde die Chance vertan. Daß Hahns weite Ausstrahlung in den gesamten deutschsprachigen Raum nur angedeutet wird, mag für Württemberger belanglos sein, verkleinert aber seine wahre Bedeutung.

Innerhalb der einzelnen Kapitel wurde die chronologische Abfolge der Einträge beibehalten. Auf diese Weise wird Dynamik spürbar, deutlicher als in der großen Ausgabe, das Entwerfen und Verwerfen von Werken und Gedanken, aber auch die Kontinuität, die Konstanten des Charakters wie Sendungsbewußtsein, ja Hochmut mit den Folgen des Gewissensdrucks und der Selbstkritik.

Hahns Persönlichkeit bleibt in dieser Auswahlausgabe plastisch, das Charakteristische dieser menschlich wie theologisch irisierenden Gestalt bleibt sichtbar. Den Herausgebern gebührt das Verdienst, eine wissenschaftliche Ausgabe nahezu verzerrungsfrei in eine anregende Gemeindeausgabe umgeformt zu haben – trotz aller Einwände eine schätzenswerte Tat.

Stuttgart — Eberhard Gutekunst

Ulrich Gäbler und *Peter Schram* (Hgg.): Erweckung am Beginn des 19. Jahrhunderts. Referate einer Tagung an der freien Universität Amsterdam, 26.–29. März 1985. Amsterdam 1986. 320 S.

Der Band enthält die Referate des Amsterdamer Symposions vom März 1985, das sich von verschiedenen Blickwinkeln her mit den Erweckungsbewegungen am Anfang des 19. Jahrhunderts beschäftigt. Anhand von Einzelfragen sollen methodische und inhaltliche Probleme besprochen werden. Maßgebend beteiligt an der Vorbereitung und an der Durchführung des Symposions war Andreas Lindt, der im Herbst 1985 starb und dem als Zeichen des Dankes der Band gewidmet ist.

In den drei einleitenden Referaten werden grundsätzliche Fragen der Abgrenzung, Terminologie und Wesensbestimmung erörtert. Martin Brecht arbeitet für den deutschen Raum etwa für die Zeit zwischen 1780 und 1820 eine eigene Epoche heraus, die vom älteren Pietismus zur Erweckung führt. Das persönliche Beziehungsgeflecht zeigt eine große Vielfalt, eine Offenheit gegenüber der Aufklärung wird spürbar, gemeinsam ist die biblizistische Grundhaltung und das eschatologische Interesse. Matthijs Dirk Geuze geht den historischen Wurzeln des Begriffs „Erweckung“ nach, die er vor allem im Umkreis Herrnhuts findet. Andreas Lindt stellt 15 Thesen zur Erweckungsbewegung besonders in Westeuropa vor: Neben den Landeskirchen bilden sich unterschiedliche Sondergruppen, die aus dem bloßen Gewohnheitschristentum ausbrechen, nach einer neuen, nicht kircheninstitutionell geformten Einheit suchen und politisch im allgemeinen im konservativen Raum zu Hause sind. So kommt es zur Reich-Gottes-Arbeit; die Christentumsgesellschaft ist eines der Modelle. In diesen Zusammenhang gehört auch das Referat von Johannes van den Berg über den Zusammenhang von Erweckungsbewegungen in den Niederlanden im 18. und 19. Jahrhundert.

Die weiteren Beiträge befassen sich mit der Erweckung in verschiedenen Räumen in Europa. Frankreich ist durch einen Blick auf den Prophetismus der Außenseitergruppen in den Cevennen vertreten (Frederik R. J. Knetsch). Den ungarisch-sprachigen und den böhmisch-mährischen Raum behandeln Endre Zsindely und Pavel Filipi. Skandinavien bleibt ausgeklammert, die

USA kommen kurz in den Blick (Manfred Siebald). Einzelnen Personen ist ein besonderes Kapitel gewidmet: Lavater (Horst Weigelt), Claus Harms (Hartmut Lehmann), Isaac da Costas (Ulrich Gäbler), Otto Gerhard Heldring (Hommo Reenders). Zwei Beiträge behandeln den Methodismus (Patrick Philipp Streiff und David Hempton), auf Erweckung und Freimaurerei in Genf geht Hugh R. Boudin ein und Gustav Adolf Benrath steuert Bemerkungen zur Zeitschriftenliteratur bei. Soziale Aspekte werden eingebracht für England (W. Reginald Ward), Peter L. Schram berichtet über die Betreuung deutscher Gastarbeiter in den Niederlanden durch Reiseprediger. Am Beispiel des schlesischen Barons Hans Ernst von Kottwitz wird ein Modellfall diakonischer Arbeit vorgestellt (Peter Maser). Abgerundet ist der Band durch ein Personen- und Ortsregister.

Durch das Amsterdamer Symposion und durch die anschließende Veröffentlichung der Referate ist ein Raster gegeben für eine genauere Erforschung und Einordnung der Erscheinungen der Erweckungsbewegung. Es wird nun darum gehen, an weiteren Einzelheiten in den verschiedenen Räumen noch andere Gemeinsamkeiten und Eigenprägungen in den Blick zu bekommen.

Nürtingen — Gerhard Schäfer

Schwinge, Gerhard: Die Erweckung in Baden im 19. Jahrhundert. Vorträge und Aufsätze aus dem Henhöfer-Jahr 1989. Karlsruhe, Verlag Evangelischer Presseverband für Baden e. V., 207 S. = Veröffentlichungen des Vereins für Kirchengeschichte in der Evangelischen Landeskirche in Baden, Bd. 42.

Anläßlich des 200. Geburtstages von A. Henhöfer fanden in Baden zahlreiche Veranstaltungen statt. Höhepunkt war ein Mitarbeiterkongreß, verbunden mit einer Wissenschaftlichen Tagung in Karlsruhe im September 1989. Von den insgesamt 10 Vorträgen dieses Bandes wurden allein 5 Beiträge – nämlich von G. A. Benrath, H. Weigelt, E. Hagedorn, H. Pfisterer und G. Silberer – in Karlsruhe dargeboten.

Angel- und Drehpunkt der Erweckung in Baden ist ohne Zweifel A. Henhöfer. Der öffentliche Vortrag von G. A. Benrath faßt im Wesentlichen Erkenntnisse zusammen, die bereits in dem 1987 von Benrath neu herausgegebenen Werk von W. Heinsius über A. Henhöfer vorlagen. So sei hier besonders auf einige weiterführende Vorträge aus diesem Band eigens hingewiesen: H. Weigelt zeigt, wie die Allgäuer katholische Erweckungsbewegung vor allem über J. M. Sailer, J. B. Fink und M. Boos auf den süddeutschen und Schweizer Raum gewirkt hat und wie differenziert dieser Einfluß auf A. Henhöfer in diesen entscheidenden Jahren 1819/1820 zu veranschlagen ist. E. Hagedorn zeigt, wie Henhöfer von einer Moralpredigt zur Gnadenpredigt gelangt. Die Frage nach dem Heilsweg wird so beantwortet: Erst Buße, dann Glaube und erst selig, dann heilig.

G. Schwinge versucht die innere Nähe zwischen Henhöfer und Luther nachzuweisen, wobei für Henhöfer Luther selbst als ein erweckter Prediger und als ein Bekenner des Evangeliums erscheint.

H. Pfisterer erläutert, wie in einer von Aufklärung und Liberalismus her geprägten badischen Landeskirche A. Henhöfer zusammen mit sechs befreundeten Pfarrern auf die Notwendigkeit hinweist, sich an das reformatorische Bekenntnis, speziell an die C. A., zu binden.

Diese Auseinandersetzung entzündet sich im Jubiläumsjahr 1830. In diesem Jahr sollte probeweise in Baden ein neuer Katechismus eingeführt werden. Auch wenn sich Henhöfer nur zum Teil durchsetzen kann, entsteht allmählich eine wirkungsvolle kirchliche und theologische Opposition innerhalb der Landeskirche.

G. Gerner-Wolfhard zeichnet in seinem Vortrag nach, wie die Kirchenleitung in Karlsruhe, in jenen Jahren vertreten durch den Prälaten Hüffell, dem pietistischen Anliegen Henhöfers mit Sympathie begegnete, wobei Hüffell stärker an einer soliden geistlichen, theologischen Ausbildung seiner Pfarrerschaft gelegen war und Henhöfer in erster Linie Seelsorger in seiner Gemeinde sein wollte. Nun wäre es verkehrt, daraus auf ein schiedlich friedliches Miteinander von Kirchenleitung und Erweckung in Baden zu schließen.

J. H. Wicherns Aufruf zur Begründung der Inneren Mission (1848) fand auch in Baden Widerhall. Im Januar 1849 wird in Durlach der Evangelische Verein für innere Mission augsburgischen Bekenntnisses in Baden begründet. Den Vorsitz übernimmt der erweckte Theologe und Pädagoge Wilhelm Stern. Als Gegenspieler kann der Heidelberger Vermittlungstheologe Carl Ullmann gelten (Prälat ab 1853). Ihm ist für einen derartigen Verein die Betonung des Heils zu eng. Nein, es geht doch um das Wohl eines jeden. So wird im April 1849 der „Badische Landesverein für innere Mission" ebenfalls in Durlach gegründet.

Von besonderem Interesse sind die Beiträge, die drei Vertretern der Erweckung in Baden gewidmet sind, nämlich dem Pfarrer und Dekan Karl Mann (M. Ertz), dem Pädagogen und Leiter des Karlsruher Lehrerseminars Wilhelm Stern (G. Silberer) und schließlich dem südbadischen, christlichen Unternehmer, sowie dem Freiburger Kommunal- und Landespolitiker Carl Mez (K. vom Orde). So sehr dem „Patriarchen" Mez am Wohl des Arbeiters gelegen ist, so legt er doch zugleich größten Wert auf dessen „Seelenpflege".

Besonders diese letzten drei Beiträge rechtfertigen den weitgefaßten Titel dieses sehr lesenswerten Buches: „Die Erweckung in Baden im 19. Jahrhundert".

Konstanz

Jochen Winkler

Barth, Hans-Martin: Einander Priester sein. Allgemeines Priestertum in ökumenischer Perspektive. Göttingen, Vandenhoeck & Ruprecht, 1990, 257 S. = Kirche und Konfession Bd. 29.

Ein eindrucksvolles, überzeugendes Plädoyer für einen neuen ekklesiologischen Ansatz hat H.-M. Barth mit dieser Arbeit vorgelegt, die in der Reihe „Kirche und Konfession", Veröffentlichungen des Konfessionskundlichen Instituts des Evangelischen Bundes als Band 29 erschienen ist. Die damit gegebene Verpflichtung zu ökumenischer Weite schlägt sich nicht nur plakativ im Untertitel nieder, sie gibt vielmehr dieser Arbeit ihr besonderes Profil. Barth ist theologischen Spuren nachgegangen, die manch einem seiner protestantischen Leser zunächst sehr fremd erscheinen mögen. Doch ein Thema von diesem theologischen Gewicht kann nicht provinziell angegangen werden, es verlangt nach reflektierter ökumenischer Erfahrung und Offenheit, wie sie dem Vf. bekanntermaßen eigen sind.

Die Herausforderung dieser theologischen Arbeit formuliert Barth selber so: „Nimmt man das allgemeine Priestertum als theologische Basiskategorie ernst, so verändert sich damit die gesamte Ekklesiologie. Ein neues Selbstverständnis der Kirche würde gewiß auch die empirische Wirklichkeit der Gemeinden allmählich umgestalten." (S. 25) Hier leuchtet zugleich etwas von der verheißungsvollen Dynamik dieses neuen ekklesiologischen Ansatzes auf, der entgegen einer selbstzufriedenen Rechtfertigung des status quo in Sachen Kirche auf Erneuerung hoffen läßt: „Deutlich ist..., daß Theorie und Praxis des allgemeinen Priestertums immer mit Erneuerung der Kirche zu tun haben und daß es Erneuerung der Kirche ohne Wiederentdeckung des allgemeinen Priestertums – unter welcher Terminologie auch immer – nicht gibt. Dies belegen die großen Erneuerungsbewegungen der Christenheit, die Reformation voran und innerhalb der reformatorischen Kirchen der Pietismus und die Erweckung des 19. Jahrhunderts, im Bereich des Katholizismus der Aufbruch des II. Vatikanums und die Entstehung der lateinamerikanischen Basisgemeinden." (S. 191)

Damit ist zugleich die Gliederung der Untersuchung Barths angedeutet. Im Hauptteil stellt er „Modelle" dar, die eine Wiederentdeckung des allgemeinen Priestertums in bestimmten kirchengeschichtlichen Situationen deutlich machen. Paradigmatisch gelten Barth hierfür Luther, Spener und Wichern. Zweifellos werden diese Theologen mit ihrem Programm zur Erneuerung der Kirche zu Recht gewürdigt. Ich vermisse jedoch die Erwähnung und theologische Würdigung von Vertretern der zweiten und dritten Reformation, obwohl ganz sicher Theologen des reformierten Protestantismus wie ebenso der Täuferbewegung wesentliches zum Thema beizusteuern hätten! Im Anschluß an diese drei Theologen werden drei weitere „Modelle" aufgeführt: „Das Laienapostolat nach dem Verständnis des II. Vatikanums und seiner Folgedokumente", „Das lateinamerikanische Konzept der ‚Basisgemeinden'" sowie „Das gemeinsame königliche Priestertum nach orthodoxem Verständnis". Schließlich mündet die Arbeit in einem theologischen Schlußkapitel, das der Leser mit zunehmender Spannung und geweckten theologischen Interesse erwartet. Barth legt den „Entwurf einer Theorie des allgemeinen, gegenseitigen und gemeinsamen Priestertums" vor, der weit mehr als eine „Quersumme" des bisher Dargestellten bietet, denn er formuliert die eigentliche theologische Herausforderung des biblischen Gedankens vom allgemeinen Priestertum.

Die einzelnen sechs Kapitel sind in sich glänzende Darstellungen, die der Kenner der jeweiligen theologischen Gebiete aufgrund ihrer Präzision, ihrer Überschaubarkeit sowie der notwendigen weiterführenden kritischen Rückfragen schätzt; anderen vermitteln diese Kapitel eine zutreffende Einführung in wichtige Teilbereiche der Theologiegeschichte. So verschweigt das Kapitel über Luther die „Unschärfen und Unklarheiten" (S. 46ff.) in den verschiedenen Schriften Luthers ebensowenig wie die „Widersprüchlichkeit der reformatorischen Praxis" (S. 48ff.); Luther selbst habe „seiner Theologie des allgemeinen Priestertums die Durchsetzungskraft genommen oder sie doch stark beeinträchtigt". (S. 53) Das kräftige lutherische Amtsverständnis mit entsprechend ausgiebigem Niederschlag in der theologischen Literatur sowie die beherrschende Rolle des Pastors im lutherischen Gottesdienst sind bis heute Indikatoren dafür, daß es in der Kirche der Reformation Luthers mit dem allgemeinen Priestertum nicht zum besten steht. (S. 29)

Die Bedeutung Speners sieht Barth weniger in der theologischen Begründung des geistlichen Priestertums als vielmehr in seiner Konkretisierung in der praktischen Gemeindearbeit. Dabei wird besonders die Kompetenz der „Laien" hervorgehoben, die unter der Anleitung des Heiligen Geistes zum Verständnis wie zur Auslegung der Heiligen Schrift befähigt werden. Jedoch hat die starke Betonung des geistlichen Priestertums bei Spener wie im Pietismus überhaupt nicht zu einem wirklichen ekklesiologischen Neuansatz geführt. Die collegia pietatis konnten sich entgegen der Intention Speners zu leicht zu elitären geistlichen Zirkeln entwickeln und erwiesen sich eher als „Element der Begrenzung", „das wohl dafür verantwortlich zu machen ist, daß das ‚geistliche Priestertum' nicht als ekklesiologisches Gesamtprinzip entdeckt wurde und schließlich die gesamte Kirche zu erfassen vermochte". (S. 67)

Daß Barth in diesem Zusammenhang auf die Wirkungsgeschichte des Pietismus in den Freikirchen nicht eingeht, ist allerdings höchst verwunderlich. Außer ihrer Erwähnung in Form von Fußnoten und einem knappen Hinweis auf den russischen Stundismus vermißt man in dieser Arbeit die Würdigung der reichhaltigen Entfaltung dieses gerade für die Freikirchen zentralen biblischen Themas. Es wäre nicht nur lohnend gewesen im Blick auf manche nicht zu Ende geführten Ansätze bei Luther und Spener, wenn der Vf. hier der freikirchlichen Theologie und Praxis Raum gegeben hätte. Es ist m. E. auch ein erhebliches Defizit, wenn eine bewußt ökumenisch angelegte Arbeit die evangelischen Freikirchen mit ihrer Theologie und

Praxis gar nicht zur Kenntnis nimmt, wenn über das allgemeine Priestertum gehandelt wird, das wie kein anderer Terminus Profil und Selbstverständnis der Freikirchen charakterisiert!

Davon abgesehen, das Kapitel über „Johann Hinrich Wicherns Auffassung vom ‚Beruf der Nichtgeistlichen'" (S. 79ff.) läßt manche Elemente der Erweckungsbewegung erkennen, die Wichern in seinem Wirken entscheidend beeinflußt hat. Seine Betonung der Berufung zum Dienst aller Gemeindeglieder sowie die Entdeckung der Charismen haben der evangelischen Kirche wesentliche biblische Punkte in Erinnerung gerufen, wobei sich seine eigene starke Einbindung in lutherische Tradition und politische Strukturen für die von ihm vertretene Sache jedoch nachhaltig auswirkte.

Die drei folgenden Modelle laden zur weiteren Diskussion über Eckdaten röm.-kath. Ekklesiologie, zu intensivem Hören auf Positionen und Erfahrungen von Christen in lateinamerikanischen Basisgemeinden sowie zur näheren Beschäftigung mit orthodoxer Theologie, Frömmigkeit und Gemeindeleben ein. Jedoch muß klar gesagt werden, daß in diesen Feldern auch manches unvergleichbar ist. Der gemeinsame Terminus schafft jedenfalls keinen theologischen Konsens!

Im letzten Kapitel seines Buches setzt Barth Akzente, die das theologische Gespräch anregen und bereichern sollen – in den jeweiligen Konfessionen sowie in verantwortlichem ökumenischen Miteinander. Barth verzichtet auf eine biblisch-theologische Klärung, obwohl ich das gerade als Grundlegung für dieses Kapitel mit seiner „theologischen Summe" erwartet hätte.

Barth problematisiert die Terminologie von Priester und Laie, um dann jedoch zu betonen, auch für eine evangelische Ekklesiologie sei der Begriff „Laie" unverzichtbar (S. 192). Der Vf. bleibt m. E. zu stark einem sakramentalen Denken verhaftet, wie es sich in seiner Arbeit an verschiedenen Stellen eher zum Nachteil niederschlägt. Die Bedeutung seiner Arbeit liegt zweifellos darin, die ekklesiologische Dimension theologischer Arbeit wie des Christseins klar herausgestellt, Glaube und Frömmigkeit aus dem Ghetto eines theologisch verbrämten Individualismus sowie aus einer Weltabgeschiedenheit herausgeholt zu haben. Deutlich erinnert er den einzelnen Christen an die Verantwortung, die er für sich ebenso wie für seine Mitchristen und Mitmenschen coram Deo trägt. Anregend und weiterführend sind seine Ansätze, die er im Abschnitt „Strukturen des allgemeinen Priestertums" (S. 219ff.) formuliert; sie sollten dringend aufgenommen, theologisch verifiziert und in den Gemeinden konkretisiert werden, damit es wirklich zu einem – wie Barth formuliert – „allgemeinen, gegenseitigen und gemeinsamen Priestertum" in der Kirche Jesu Christi kommt. Es ist Barth zu danken, daß er für diesen notwendigen Prozeß mit seiner Arbeit einen wichtigen Anstoß geliefert hat.

Hamburg — Edwin Brandt

Personen- und Ortsregister

Erstellt von Ute Gause-Leineweber

Johannes Wallmann

Der Pietismus

(Die Kirche in ihrer Geschichte, Lieferung O1). 1990. V, 143 Seiten, kartoniert. ISBN 3-525-52363-7

Die Darstellung, die sich auf den deutschen Pietismus konzentriert, berücksichtigt den neuesten Forschungsstand und geht an einigen Stellen darüber hinaus. Es wird versucht, mittels biographischer Darstellung und theologischer Interpretation das weite Feld des Pietismus von den zentralen bewegenden Gestalten her übersichtlich zu machen, ohne dabei Randgestalten und Randgruppen aus dem Blick zu verlieren.

Aus dem Inhalt: Johann Arndt und die pietistische Frömmigkeit; Die Frömmigkeitswende zu Beginn des 17. Jahrhunderts; Johann Arndts „Wahres Christentum" / Der reformierte Pietismus; Die Anfänge des reformierten Pietismus; Theodor Undereyck, Begründer des Pietismus in der reformierten Kirche; Jean de Labadie und der pietistische Separatismus; Gerhard Tersteegen und die pietistische Mystik / Philipp Jakob Spener und die Anfänge des Pietismus / August Hermann Francke und der hallische Pietismus / Der radikale Pietismus; Johann Jakob Schütz und die Anfänge des separatistischen Pietismus im Luthertum; Das Ehepaar Johann Wilhelm und Johanna Eleonara Petersen; Gottfried Arnold; Johann Konrad Dippel und Ernst Christoph Hochmann von Hochenau; Die philadelphische Bewegung; Radikalpietistische Gemeinden / Nikolaus Ludwig Graf von Zinzendorf und die Brüdergemeine / Der württembergische Pietismus; Die Anfänge des württembergischen Pietimus; Johann Albrecht Bengel und der schwäbische Biblizismus; Friedrich Christoph Oetinger und der spekulative Pietismus.

„... eine Arbeit, die alle wissenschaftlichen Ansprüche und Wünsche erfüllt: reich aufgearbeitete Bibliographie, kritisch, souveräne, nicht ausufernde Darstellung, die eine angenehme Lesbarkeit des Werkes sichert."
Leo Ettlin, Schweizerische Kirchenzeitung